| 형사소송법 |

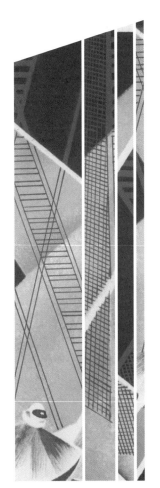

최판총

백광훈 최신판례 총정리

백광훈 편저

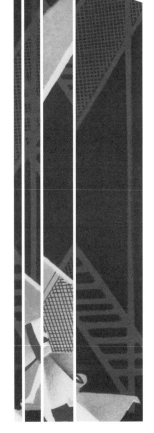

메가  공무원 X 경단기

박영사

PREFACE

백광훈 최신판례 총정리(최·판·총) 형사소송법에 대한 독자들의 호응에 힘입어 개정 2025년 판을 출간하게 되었다.

본서는 2025년도에 시행될 검찰·마약수사·교정·보호·출입국관리·법원·경찰·경찰경채·경찰 승진·변호사시험 등 각종 국가시험에 대비하기 위하여 위 시험에서 출제가 예상되는 판례들을 총정리 한 교재이다. 최신판례집을 만드는 목적은 분명하다. 최단 시간에 최대의 최신판례를 마스터함으로써, 출제될 만한 핵심내용을 정리하는 것이다.

이를 위해 본서에서 역점을 둔 부분은 다음과 같다.

① 최신판례로서, 2018년 1월부터 2024년 10월 31일까지 판시된 약 7년간의 대법원판례(헌법재 판소결정례 포함)를 수록하였다.

② 판례를 대법원 종합법률정보에 나오는 방식대로 수록하는 것이 수험공부에는 그리 효과적이 지 못하므로, 본서는 필자의 판례정리 방식인 문제와 해결(Q&A)식으로 정리함으로써 주어진 질문을 해결하는 과정에서 자연스럽게 판례의 내용과 결론이 숙지되도록 하였다. 특히 시험 장에서 판례가 직관적으로 연상되는 것에 목표를 두었다.

③ 판례 중 판결요지 부분은 시험에 그대로 출제되므로 있는 그대로 수록하되, 각 판례의 판결이 유까지 장황하게 소개하는 것은 독자들의 정리에 큰 도움이 되지 못할 것이므로, 화제가 되는 중요판례를 제외하고는 핵심법리 위주로 압축하였다.

④ 최근 국가시험에서 출제된 판례들에는 기출표시를 명시함으로써 수험용 판례집으로서의 활용 도를 높이고자 하였다.

본서는 필자의 형사소송법 기본서, 기출문제집, 퍼펙트써머리 등으로 공부하는 독자들과 마무리과 정에 있는 수험생들에게는 필수적인 자료라고 생각된다. 최신판례를 정리하지 않고 시험에 응시하는 것은 사실상 어려운 일이기 때문이다.

끝으로 본서의 출간을 위해 많은 도움을 주신 도서출판 박영사의 임직원님들에게 깊은 감사를 드린다.

2025년 1월
백 광 훈
cafe.daum.net/jplpexam(백광훈형사법수험연구소)

CONTENTS

PART **03** **수사와 공소**

CONTENTS

PART **04** **공판**

PART 05 상소 · 비상구제절차 · 특별절차

PART

01

서론

CHAPTER

01 형사소송법의 본질

1 형사소송법의 의의와 성격

2 형사소송법의 법원과 적용범위

CHAPTER 02 형사소송의 이념과 구조

1 형사소송의 이념

2 형사소송의 구조

소송주체와 소송행위

CHAPTER

01 소송의 주체

1 법 원

2 검 사

3 피고인

● ● ○
001 법인의 당사자능력 소멸시기

> 법인에 대한 청산종결 등기가 마쳐진 이후 공소제기가 있는 경우 형사소송법상 당사자능력이 소멸하는가?

판례 법인에 대한 청산종결 등기가 되었더라도 청산사무가 종결되지 않는 한 그 범위 내에서는 청산법인으로 존속한다(대법원 2003.2.11, 99다66427,73371 등). 법인의 해산 또는 청산종결 등기 이전에 업무나 재산에 관한 위반행위가 있는 경우에는 청산종결 등기가 된 이후 위반행위에 대한 수사가 개시되거나 공소가 제기되더라도 그에 따른 수사나 재판을 받는 일은 법인의 청산사무에 포함되므로, 그 사건이 종결될 때까지 법인의 청산사무는 종료되지 않고 형사소송법상 당사자능력도 그대로 존속한다(대법원 2021.6.30, 2018도14261).

보충 피고인 법인의 대표이사 등이 법인 존속 중 무등록 투자일임업을 함으로써 자본시장과 금융투자업에 관한 법률을 위반하였고, 피고인 법인에 대한 청산종결등기가 마쳐진 이후 피고인 법인에 대한 공소가 제기된 사안에서, 법인 존속 중 위반행위가 있었던 경우에는 청산종결 등기가 마쳐진 이후 위반행위에 대한 수사가 개시되거나 공소가 제기되더라도 그에 따른 수사나 재판을 받는 일은 법인의 청산사무에 포함되므로 그 사건이 종결될 때까지 법인의 청산사무는 종료되지 않고, 형사소송법상 당사자능력도 존속한다는 전제에서 피고인 법인에 대하여 유죄를 인정한 원심의 판단에 형사소송법상 당사자능력에 관한 법리를 오해하거나 형사소송법 제328조 제1항 제2호를 위반한 잘못이 없다고 한 사례이다.

보충 법인의 해산의 경우 당사자능력 소멸시점에 대해서는 청산시설과 판결확정시설의 대립이 있으나, 판례는 사건이 종결되지 아니하는 한 당사자능력이 존속한다고 보아 판결확정시설을 취한다.

solution 소멸하지 않는다.

변호인

002 필요적 국선변호인 선정사유인 형사소송법 제33조 제1항 제1호의 '피고인이 구속된 때'의 의미

> [제1문] 형사소송법 제33조 제1항 제1호의 필요적 국선변호인 선정사유인 '피고인이 구속된 때'를 '해당 형사사건에서 구속되어 재판을 받는 경우'로 한정하여 해석하여야 하는가?
> [제2문] 필요적 국선변호인 선정사유인 형사소송법 제33조 제1항 제1호의 '피고인이 구속된 때'에는 피고인이 별건으로 구속영장이 발부되어 집행되거나 다른 형사사건에서 유죄판결이 확정되어 그 판결의 집행으로 구금 상태에 있는 경우도 포함되는가?

[판례] 형사소송법 제33조 제1항 제1호의 '피고인이 구속된 때'라고 함은 피고인이 해당 형사사건에서 구속되어 재판을 받고 있는 경우에 한정된다고 볼 수 없고, 피고인이 별건으로 구속영장이 발부되어 집행되거나 다른 형사사건에서 유죄판결이 확정되어 그 판결의 집행으로 구금 상태에 있는 경우 또한 포괄하고 있다고 보아야 한다(대법원 2024.5.23, 2021도6357 전원합의체).

[보충] 형사재판에서 검사와 구속 피고인 사이에 존재할 수 있는 '힘의 불균형'을 바로잡아 '법이라는 저울의 형평성'을 복원하기 위해서는 법률전문가인 변호인이 피고인을 조력하는 것이 필요하다. 그렇기 때문에 구속 피고인에게 변호인이 없는 때에는 국가가 비용을 들여서라도 반드시 변호인을 선정하여 그가 구속 피고인을 위해 조력하도록 해야 한다. …… 형사소송법 제33조 제1항 제1호가 정한 법 문언을 그대로 따르더라도 필요적 국선변호인 선정사유인 '구속'은 해당 형사사건의 구속으로 한정되어 있지 않다. …… 여러 죄를 범한 동일 피고인에 대하여 검사가 그중 일부를 분리기소하거나 법원이 별건으로 계속 중인 사건을 병합하는지 여부, 일부 죄에 대한 판결이 먼저 확정되는지 여부와 그 시기 등에 따라 '해당 형사사건에서의 구속 상태', '별건 구속 상태', '다른 형사사건에서 유죄로 확정되어 형 집행 중인 상태'로 구금 상태의 유형이 달라질 수 있다. …… 국선변호인 제도가 경제적 약자의 형사사법절차상 권리를 실질적으로 보장하기 위한 것이므로 그 적용 범위를 되도록 넓게 인정하는 방향으로 국선변호인 제도를 운용할 필요가 있다는 관점에서도 타당성을 찾을 수 있다. …… 여러 죄를 동시에 재판받을 경우와 비교하여 피고인의 방어권 보장에 상당한 불균형이 발생하지 않도록 하여야 한다. …… 피고인이 이 사건과는 별개의 형사사건에서 발부된 구속영장과 확정된 유죄판결의 집행으로 계속 구금된 상태에서 국선변호인이 선정되지 않은 채 변호인 없이 제1심 및 원심의 공판절차가 진행되어 징역 3개월의 유죄판결이 선고되었다. 대법원은 필요적 국선변호인 선정사유인 '구속'의 의미를 종래의 판례 법리보다 확대하고, 이에 따라 국선변호인을 선정하지 않은 채 변호인 없이 피고인만 출석한 상태에서 공판기일을 진행하여 판결을 선고한 원심의 조치에는 소송절차가 형사소송법을 위반하여 판결에 영향을 미친 잘못이 있다고 판시하였다.

♀solution [제1문] 한정하여 해석하여야 하는 것은 아니다.
　　　　　 [제2문] 포함된다.

003 필요국선 사유 중 심신장애의 의심이 있는 때

· 법원9급 20

> 법원이 국선변호인을 반드시 선정해야 하는 사유로 형사소송법 제33조 제1항 제5호에서 정한 '피고인이 심신장애의 의심이 있는 때'의 의미와 관련하여, 피고인의 의식상태나 사물에 대한 변별능력, 행위통제능력이 결여되거나 저하된 상태로 의심되어 피고인이 공판심리단계에서 효과적으로 방어권을 행사하지 못할 우려가 있다고 인정되는 경우가 여기에 포함되는가?

판례 법원이 국선변호인을 반드시 선정해야 하는 사유로 형사소송법 제33조 제1항 제5호에서 정한 '피고인이 심신장애의 의심이 있는 때(피고인이 심신장애가 있는 것으로 의심되는 때 <개정 2020.12.8.>)'란 진단서나 정신감정 등 객관적인 자료에 의하여 피고인의 심신장애 상태를 확신할 수 있거나 그러한 상태로 추단할 수 있는 근거가 있는 경우는 물론, 범행의 경위, 범행의 내용과 방법, 범행 전후 과정에서 보인 행동 등과 아울러 피고인의 연령·지능·교육 정도 등 소송기록과 소명자료에 드러난 제반 사정에 비추어 피고인의 의식상태나 사물에 대한 변별능력, 행위통제능력이 결여되거나 저하된 상태로 의심되어 피고인이 공판심리단계에서 효과적으로 방어권을 행사하지 못할 우려가 있다고 인정되는 경우를 포함한다(대법원 2019.9.26, 2019도8531).

🔑solution 포함된다.

● ○ ○

004 국선변호인과 필요적 변호사건

> [제1문] 법원이 국선변호인을 반드시 선정해야 하는 사유로 형사소송법 제33조 제1항 제5호에서 정한 '피고인이 심신장애의 의심이 있는 때(피고인이 심신장애가 있는 것으로 의심되는 때 〈개정 2020.12.8.〉)'의 의미와 관련하여, 피고인의 의식상태나 사물에 대한 변별능력, 행위통제능력이 결여되거나 저하된 상태로 의심되어 피고인이 공판심리단계에서 효과적으로 방어권을 행사하지 못할 우려가 있다고 인정되는 경우가 이에 포함되는가?
>
> [제2문] 제1심법원에서 피고인의 일부 범행에 대하여 심신미약 감경을 하고 벌금형을 선고하였으나 검사만 양형부당 등을 이유로 항소하였는데, 피고인의 심신장애 상태가 의심됨에도 불구하고 항소심은 변호인이 선임되지 않은 피고인에 대하여 국선변호인 선정 없이 공판 심리절차를 진행한 다음 검사의 양형부당을 받아들여 피고인에게 실형을 선고하고 법정구속하였다. 항소심의 공판절차에서 이루어진 소송행위는 유효인가, 무효인가?

[제1문]

판례 법원이 국선변호인을 반드시 선정해야 하는 사유로 형사소송법 제33조 제1항 제5호에서 정한 '피고인이 심신장애의 의심이 있는 때(피고인이 심신장애가 있는 것으로 의심되는 때 <개정 2020.12.8.>)'란 진단서나 정신감정 등 객관적인 자료에 의하여 피고인의 심신장애 상태를 확신할 수 있거나 그러한 상태로 추단할 수 있는 근거가 있는 경우는 물론, 범행의 경위, 범행의 내용과 방법, 범행 전후 과정에서 보인 행동 등과 아울러 피고인의 연령·지능·교육 정도 등 소송기록과 소명자료에 드러난 제반 사정에 비추어 피고인의 의식상태나 사물에 대한 변별능력, 행위통제능력이 결여되거나 저하된 상태로 의심되어 피고인이 공판심리단계에서 효과적으로 방어권을 행사하지 못할 우려가 있다고 인정되는 경우를 포함한다(대법원 2019.9.26, 2019도8531).

🔑solution 포함된다.

[제2문]

판례 범행의 내용, 범행 전후에 나타난 피고인의 이상행동, 구속수감된 이후에도 계속된 피고인의 정신이상 증세, 정신과 전문의의 진단 결과와 약물 처방내역 등 제반 사정을 종합하면, 범행 당시 정신이상 증세로 인한 피고인의 심신장애 상태가 원심 공판심리단계에서도 계속되어 피고인이 공판심리단계에서 효과적으로 방어권을 행사하지 못할 우려가 있었을 가능성을 배제할 수 없고, 이는 형사소송법 제33조 제1항 제5호의 '심신장애의 의심이 있는 때(심신장애가 있는 것으로 의심되는 때 <개정 2020.12.8.>)'에 해당하여 형사소송법 제282조, 제33조 제1항 제5호에서 정한 필요적 변호 사건에 해당한다고 볼 여지가 충분할 뿐만 아니라, 같은 법 제33조 제3항에 따라 피고인의 명시적인 의사에 반하지 아니하는 범위 안에서 피고인의 권리 보호를 위해 직권으로 국선변호인을 선정하여야 할 필요성도 있다. 따라서 원심이 변호인이 선임되지 않은 피고인에 대하여 국선변호인을 선정하지 아니한 채 공판절차를 진행한 조치는 소송 절차가 형사소송법에 어긋나 위법하고, 위와 같이 위법한 공판절차에서 이루어진 소송행위는 무효라고 하여야 한다(대법원 2019.9.26, 2019도8531).

♀solution 무효이다.

---

005 **형사소송법 제33조 제3항의 재량국선의 권리보호를 위하여 필요하다고 인정되는 경우의 의미**

> 피고인은 구속상태에서 메트암페타민 투약 혐의로 공소제기되었는데 피고인의 약물중독 등으로 인한 심신미약 정도나 마약 투약으로 수사 받던 피고인이 중요한 수사협조를 하여 특별감경 양형요소로 반영될 개연성이 높은 경우에 해당한다. 피고인은 제1심에서 사선변호인을 선임하고 공소사실을 다투어 1심이 무죄판결을 선고하자 검사는 사실오인 등을 이유로 항소를 제기하였고, 항소심은 변호인이 선임되지 않은 피고인에 대하여 국선변호인을 선정하지 않은 채 공판기일을 진행하고 변론을 종결한 다음 검사의 주장을 받아들여 제1심판결을 파기하고 피고인을 실형에 처하는 유죄판결을 선고하였다. 그렇다면 항소심법원은 형사소송법 제33조 제3항에 의하여 피고인의 명시적 의사에 반하지 아니하는 범위에서 국선변호인을 선정하였어야 했는가?

(조문) **형사소송법 제33조(국선변호인)** ③ 법원은 피고인의 나이 · 지능 및 교육 정도 등을 참작하여 권리 보호를 위하여 필요하다고 인정하면 피고인의 명시적 의사에 반하지 아니하는 범위에서 변호인을 선정하여야 한다.

(판례) 시각장애인 또는 청각장애인 피고인의 경우 피고인의 나이 · 지능 · 교육 정도를 비롯한 시각장애 또는 청각장애의 정도 등을 확인한 다음 권리보호를 위하여 필요하다고 인정하면 시각장애인인 피고인의 명시적 의사에 반하지 아니하는 범위에서 국선변호인을 선정하여 방어권을 보장해 줄 필요가 있다(대법원 2010.4.29, 2010도881; 2010.6.10, 2010도4629). 제1심에서 피고인의 청구 또는 직권으로 국선변호인이 선정되어 공판이 진행된 경우 항소법원은 특별한 사정변경이 없는 한 국선변호인을 선정하는 것이 바람직하다고 강조해 왔다(대법원 2013.7.11, 2013도351). 또한 제1심법원이 피고인에 대하여 벌금형을 선고하였으나 검사만이 양형부당으로 항소한 사안이나 제1심법원이 피고인에 대하여 집행유예를 선고하였으나 검사만이 양형부당을 이유로 항소한 사안에서 항소법원이 변호인이 선임되지 않은 피고인에 대하여 검사의 양형부당 항소를 받아들여 형을 선고하는 경우에는 공판심리단계에서부터 국선변호인의 선정을 적극적으로 고려하여야 한다(대법원 2016.11.10, 2016도7622; 2019.9.26, 2019도8531). …… 공소제기된 범죄의 내용과 보호법익, 피고인의 직업이나 경제력, 범죄 전력, 예상되는 주형과 부수처분의 종류, 약물중독 등으로 인한 심신미약 정도, 마약 투약으로 수사 받던 피고인이 중요한 수사협조를 하여 특별감경 양형요소로 반영될 개연성이 높은 경우 등 피고인에게 유리한 양형요소를 주장할 필요성이 있다면 피고인의 권리보호를 위하여서는 피고인의 명시적 의사에 반하지 아니하는 범위에서 국선변호인을 선정하여 방어권을 보장해 줄 필요가 있다

고 할 것이다. 그런데도 국선변호인의 선정 없이 공판심리가 이루어져 피고인의 방어권이 침해됨으로써 판결에 영향을 미쳤다고 인정되는 경우에는 형사소송법 제33조 제3항을 위반한 위법이 있다고 보아야 한다(대법원 2024.7.11, 2024도4202).

♀solution 선정하였어야 한다.

5 기 타

CHAPTER

02

소송행위와 소송조건

1 소송행위의 일반적 요소

006 공소장에 검사의 서명 또는 날인이 누락된 경우 공소제기의 효력

판례 공소를 제기하려면 공소장을 관할법원에 제출하여야 한다(형사소송법 제254조 제1항). 공무원이 작성하는 서류에는 법률에 다른 규정이 없는 때에는 작성 연월일과 소속공무소를 기재하고 기명날인 또는 서명하여야 한다(형사소송법 제57조 제1항). 여기서 '공무원이 작성하는 서류'에는 검사가 작성하는 공소장이 포함되므로, 검사가 기명날인 또는 서명이 없는 상태로 공소장을 관할법원에 제출하는 것은 형사소송법 제57조 제1항에 위반된다. 이와 같이 법률이 정한 형식을 갖추지 못한 채 공소장을 제출한 경우에는 특별한 사정이 없는 한 공소제기의 절차가 법률의 규정을 위반하여 무효인 때(형사소송법 제327조 제2호)에 해당한다. 다만 이 경우 공소를 제기한 검사가 공소장에 기명날인 또는 서명을 추후 보완하는 등의 방법으로 공소제기가 유효하게 될 수 있다(대법원 2007.10.25, 2007도4961; 2012.9.27, 2010도17052; 2021.12.16, 2019도17150).

보충 이 부분 공소장에는 공소를 제기한 검사의 기명만 있을 뿐 서명 또는 날인이 없다. 이러한 하자에 대한 추후 보완 요구는 법원의 의무가 아니다. 이 부분 공소는 공소제기의 절차가 법률의 규정을 위반하여 무효인 때에 해당한다(위 판례).

007 공소장에 공소제기 검사의 간인이 누락된 사건

• 법원9급 22

판례 공소를 제기하려면 공소장을 관할법원에 제출하여야 한다(형사소송법 제254조 제1항). 공무원이 작성하는 서류에는 간인하거나 이에 준하는 조치를 하여야 한다(형사소송법 제57조 제2항). 여기서 '공무원이 작성하는 서류'에는 검사가 작성하는 공소장이 포함된다(대법원 2007.10.25, 2007도4961; 2012.9.27, 2010도17052). '간인(間印)'은 서류작성자의 간인으로서 1개의 서류가 여러 장으로 되어 있는 경우 그 서류의 각 장 사이에 겹쳐서 날인하는 것이다. 이는 서류 작성 후 그 서류의 일부가 누락되거나 교체되지 않았다는 사실을 담보하기 위한 것이다. 따라서 공소장에 검사의 간인이 없더라도 그 공소장의 형식과 내용이 연속된 것으로 일체성이 인정되고 동일한 검사가 작성하였다고 인정되는 한 그 공소장을 형사소송법 제57조 제2항에 위반되어 효력이 없는 서류라고 할 수 없다. 이러한 공소장 제출에 의한 공소제기는 그 절차가 법률의 규정에 위반하여 무효인 때(형사소송법 제327조 제2호)에 해당한다고 할 수 없다(대법원 2021.12.30, 2019도16259).

보충 공소장 1쪽 뒷면에 간인 일부가 되어 있으나, 2쪽 앞면에는 나머지 간인이 되어 있지 않고, 2쪽 뒷면부터 마지막 장까지 간인이 없는 공소장이 제출된 사안으로서, 대법원은 이 사건 공소장에 일부 간인이 없더라도 이 사건 공소장의 형식과 내용은 연속된 것으로 일체성이 인정되고, 동일한 검사가 작성하였다고 인정할 수 있으므로 이 사건 공소제기는 그 절차가 법률의 규정에 위반하여 무효인 때에 해당한다고 할 수 없다고 보아 원심을 파기환송하였다.

●●○
008 정식재판청구에 서명은 되어 있는데 날인이 되어 있지 않은 경우의 처리

> 피고인이 즉결심판에 대하여 제출한 정식재판청구서에 피고인의 자필로 보이는 이름이 기재되어 있고 그 옆에 서명이 되어 있는데, 피고인의 인장이나 지장이 찍혀 있지 않았다. 이러한 정식 재판청구는 적법한가?

(판례) 즉결심판에 관한 절차법(이하 '즉결심판법'이라 한다) 제14조 제1항에 따르면, 즉결심판에 대하여 정식재판을 청구하고자 하는 피고인은 정식재판청구서를 경찰서장에게 제출하여야 한다. 즉결심판절차에서 즉결심판법에 특별한 규정이 없는 한 그 성질에 반하지 않는 것은 형사소송법의 규정을 준용한다(즉결심판법 제19조). 형사소송법 제57조는 "공무원이 작성하는 서류에는 법률에 다른 규정이 없는 때에는 작성 연월일과 소속공무소를 기재하고 기명날인 또는 서명하여야 한다."라고 정하여 공무원이 작성하는 서류에 대한 본인확인 방법으로 기명날인 외에 서명을 허용하고 있다. …… 피고인이 즉결심판에 대하여 제출한 정식재판청구서에 피고인의 자필로 보이는 이름이 기재되어 있고 그 옆에 서명이 되어 있어 위 서류가 작성자 본인인 피고인의 진정한 의사에 따라 작성되었다는 것을 명백하게 확인할 수 있으며 형사소송절차의 명확성과 안정성을 저해할 우려가 없으므로, 정식재판청구는 적법하다고 보아야 한다. 피고인의 인장이나 지장이 찍혀 있지 않다고 해서 이와 달리 볼 것이 아니다(대법원 2019.11.29, 2017모3458).

🔑solution 적법하다.

●●○
009 변호사 사무소로 송달한 사건
• 법원9급 20·21

> 피고인이 원심 공판기일에 불출석하자, 검사가 피고인과 통화하여 피고인이 변호인으로 선임한 甲 변호사의 사무소로 송달을 원하고 있음을 확인하고 피고인의 주소를 甲 변호사 사무소로 기재한 주소보정서를 원심에 제출하였는데, 그 후 甲 변호사가 사임하고 새로이 乙 변호사가 변호인으로 선임된 경우, 원심이 피고인에 대한 공판기일소환장 등을 甲 변호사 사무소로 발송하여 그 사무소 직원이 수령하였다면 형사소송법이 정한 적법한 방법으로 피고인의 소환이 이루어졌다고 볼 수 있는가?

(판례) 검사가 피고인의 주소로서 보정한 甲 변호사 사무소는 피고인의 주소, 거소, 영업소 또는 사무소 등의 송달장소가 아니고, 피고인이 형사소송법 제60조에 따라 송달영수인과 연명하여 서면으로 신고한 송달영수인의 주소에도 해당하지 아니하며, 달리 그곳이 피고인에 대한 적법한 송달장소에 해당한다고 볼 자료가 없으므로, 원심이 피고인에 대한 공판기일소환장 등을 甲 변호사 사무소로 발송하여 그 사무소 직원이 수령하였더라도 형사소송법이 정한 적법한 방법으로 피고인의 소환이 이루어졌다고 볼 수 없다. 이와 달리 본 원심의 조치에는 소송절차에 관한 법령을 위반한 잘못이 있다(대법원 2018.11.29, 2018도13377).

🔑solution 볼 수 없다.

010 기록에 나타난 피고인의 다른 주소지에 송달을 실시하는 등의 시도를 하지 않은 채 곧바로 공시송달을 진행한 사건

판례 형사소송법 제63조 제1항에 의하면, 피고인에 대한 공시송달은 피고인의 주거, 사무소, 현재지를 알 수 없는 때에 한하여 이를 할 수 있으므로, 기록상 피고인의 집 전화번호 또는 휴대전화번호 등이 나타나 있는 경우에는 위 전화번호로 연락하여 송달받을 장소를 확인하여 보는 등의 시도를 해 보아야 하고, 그러한 조치를 취하지 아니한 채 곧바로 공시송달의 방법에 의한 송달을 하고 피고인의 진술 없이 판결을 하는 것은 형사소송법 제63조 제1항, 제365조에 위배되어 허용되지 아니한다(대법원 2005.2.25, 2004도7145; 2023.2.23, 2022도15288).

011 민사소송법상 외국 공시송달의 효력발생시기 규정의 형사소송절차에의 준용 여부

민사소송법 제196조에서는 공시송달의 효력발생시기에 관하여, 첫 공시송달은 실시한 날부터 2주가 지나야 효력이 생기나(동조 제1항 본문) 외국에서 할 송달에 대한 공시송달의 경우에는 2월로 한다(동조 제2항)고 규정하고 있다. 그렇다면 형사소송절차에서도 위와 같은 외국에서 하는 공시송달의 효력발생시기에 관한 민사소송법의 규정이 준용되는가?

조문 형사소송법 제64조(공시송달의 방식) ① 공시송달은 대법원규칙의 정하는 바에 의하여 법원이 명한 때에 한하여 할 수 있다.
② 공시송달은 법원사무관등이 송달할 서류를 보관하고 그 사유를 법원게시장에 공시하여야 한다.
③ 법원은 전항의 사유를 관보나 신문지상에 공고할 것을 명할 수 있다.
④ 최초의 공시송달은 제2항의 공시를 한 날로부터 2주일을 경과하면 그 효력이 생긴다. 단, 제2회 이후의 공시송달은 5일을 경과하면 그 효력이 생긴다.
제65조(「민사소송법」의 준용) 서류의 송달에 관하여 법률에 다른 규정이 없는 때에는 「민사소송법」을 준용한다.
제276조(피고인의 출석권) 피고인이 공판기일에 출석하지 아니한 때에는 특별한 규정이 없으면 개정하지 못한다. 단, 피고인이 법인인 경우에는 대리인을 출석하게 할 수 있다.
제365조(피고인의 출정) ① 피고인이 공판기일에 출정하지 아니한 때에는 다시 기일을 정하여야 한다.
② 피고인이 정당한 사유없이 다시 정한 기일에 출정하지 아니한 때에는 피고인의 진술없이 판결을 할 수 있다.
제370조(준용규정) 제2편 중 공판에 관한 규정은 본장에 특별한 규정이 없으면 항소의 심판에 준용한다.
민사소송법 제196조(공시송달의 효력발생) ① 첫 공시송달은 제195조의 규정에 따라 실시한 날부터 2주가 지나야 효력이 생긴다. 다만, 같은 당사자에게 하는 그 뒤의 공시송달은 실시한 다음 날부터 효력이 생긴다.
② 외국에서 할 송달에 대한 공시송달의 경우에는 제1항 본문의 기간은 2월로 한다.
③ 제1항 및 제2항의 기간은 줄일 수 없다.

판례 형사소송법 제370조, 제276조에 의하면 항소심에서도 피고인의 출석 없이는 개정하지 못하고, 다만 같은 법 제365조에 의하면 피고인이 항소심 공판기일에 출정하지 아니한 때에는 다시 기일을 정하고 피고인이 정당한 사유 없이 다시 정한 기일에도 출정하지 아니한 때에는 피고인의 진술 없이 판결을 할 수 있게 되어 있으나, 이와 같이 피고인의 진술 없이 판결할 수 있기 위해서는 피고인이 **적법한 공판기일**

소환장을 받고 정당한 이유 없이 출정하지 아니할 것을 필요로 한다(대법원 2006.2.23, 2005도9291). 한편 형사소송법 제63조 제2항에 의하면 피고인이 재판권이 미치지 아니하는 장소에 있는 경우에 다른 방법으로 송달할 수 없는 때에 공시송달을 할 수 있고, 피고인이 재판권이 미치지 아니하는 외국에 거주하고 있는 경우에는 형사소송법 제65조에 의하여 준용되는 민사소송법 제196조 제2항에 따라 첫 공시송달은 실시한 날부터 2월이 지나야 효력이 생긴다고 볼 것이다(대법원 2023.10.26, 2023도3720).

§solution 준용된다.

012 국회증언감정법상 증인출석요구서의 송달

判例 피고인이 국회 운영위원회 위원장 명의의 증인출석요구서를 송달받고도 정당한 이유 없이 국정감사장에 출석하지 않았다는 구 국회증언감정법 제12조 제1항 위반의 공소사실로 공소가 제기된 경우, 구 국회증언감정법 제5조 제5항에 따라 증인출석요구서는 증인의 주소 등에 송달하여야 하고, 그 송달할 장소를 알지 못하거나 그 장소에서 송달할 수 없는 때에 한하여 근무장소로 송달할 수 있으며, 그와 같은 절차를 거치지 아니한 채 곧바로 증인의 근무장소로 증인출석요구서를 전달한 것은 적법한 송달이라고 볼 수 없다. …… 국회 운영위원장이 피고인 소속 기관의 장인 대통령 비서실장에게 증인 명단과 출석요구서가 첨부된 국정감사통보 공문을 보내는 방식으로 증인출석요구서를 송달한 것은 적법한 송달에 해당하지 않으므로 피고인을 구 국회증언감정법 제12조 제1항 위반죄로 처벌할 수 없다(대법원 2021.9.16, 2021도2748).

013 약식명령이 확정된 소송기록에 대한 열람등사 거부처분에 대한 취소를 구하는 사건에 있어서 형사소송법 제59조의2의 '재판이 확정된 사건의 소송기록'의 의미

判例 형사소송법 제59조의2의 '재판이 확정된 사건의 소송기록'이란 특정 형사사건에 관하여 법원이 작성하거나 검사, 피고인 등 소송관계인이 작성하여 법원에 제출한 서류들로서 재판확정 후 담당 기관이 소정의 방식에 따라 보관하고 있는 서면의 총체라 할 수 있고, 위와 같은 방식과 절차에 따라 보관되고 있는 이상 해당 형사사건에서 증거로 채택되지 아니하였거나 그 범죄사실과 직접 관련되지 아니한 서류라고 하여 재판확정기록에 포함되지 않는다고 볼 것은 아니다(대법원 2012.3.30, 2008모481; 2016.7.12, 2015모2747; 2022.2.11, 2021모3175).

보충1 이 사건 수사기록은 운송인의 일련의 행위에 대해 전체적으로 수사가 이루어진 후 적합한 죄명에 따른 약식기소가 이루어져 약식명령이 발령·확정된 것이어서 형사재판확정기록으로 보아야 하므로, 원심이 이 사건 수사기록이 불기소기록에 해당한다고 보아 그 열람·등사에 관한 검사의 거부처분에 대하여 준항고로 다툴 수 없다고 단정한 것은 잘못이라는 판례이다.

보충2 형사소송법 제59조의2는 재판이 확정된 사건의 소송기록, 즉 형사재판확정기록의 공개 여부나 공개 범위, 불복절차 등에 관하여 「공공기관의 정보공개에 관한 법률」(이하 '정보공개법'이라 한다)과 달리 규정하고 있는 것으로 정보공개법 제4조 제1항에서 정한 '정보의 공개에 관하여 다른 법률에 특별한 규정이 있는 경우'에 해당한다. 따라서 형사재판확정기록의 공개에 관하여는 정보공개법에 의한 공개청구가 허용되지 않는다(대법원 2016.12.15, 2013두20882; 2017.3.15, 2014두7305 등). 따라서 형사재판확정기록에 관해서는 형사소송법 제59조의 2에 따른 열람·등사신청이 허용되고 그 거부나 제한 등에 대한 불복은 준항고에 의하며, 형사재판확정기록이 아닌 불기소처분으로 종결된 기록(이하 '불기소기록'이라 한다)에 관해서는 정보공개법에 따른 정보공개청구가 허용되고 그 거부나 제한 등에 대한 불복은 항고소송절차에 의한다(위 판례).

참고 형사소송법 제59조의2(재판확정기록의 열람·등사) ① 누구든지 권리구제·학술연구 또는 공익적 목적으로 재판이 확정된 사건의 소송기록을 보관하고 있는 검찰청에 그 소송기록의 열람 또는 등사를 신청할 수 있다.
② 검사는 다음 각 호의 어느 하나에 해당하는 경우에는 소송기록의 전부 또는 일부의 열람 또는 등사를 제한할 수 있다. 다만, 소송관계인이나 이해관계 있는 제3자가 열람 또는 등사에 관하여 정당한 사유가 있다고 인정되는 경우에는 그러하지 아니하다.

1. 심리가 비공개로 진행된 경우
2. 소송기록의 공개로 인하여 국가의 안전보장, 선량한 풍속, 공공의 질서유지 또는 공공복리를 현저히 해할 우려가 있는 경우
3. 소송기록의 공개로 인하여 사건관계인의 명예나 사생활의 비밀 또는 생명·신체의 안전이나 생활의 평온을 현저히 해할 우려가 있는 경우
4. 소송기록의 공개로 인하여 공범관계에 있는 자 등의 증거인멸 또는 도주를 용이하게 하거나 관련 사건의 재판에 중대한 영향을 초래할 우려가 있는 경우
5. 소송기록의 공개로 인하여 피고인의 개선이나 갱생에 현저한 지장을 초래할 우려가 있는 경우
6. 소송기록의 공개로 인하여 사건관계인의 영업비밀(「부정경쟁방지 및 영업비밀보호에 관한 법률」 제2조 제2호의 영업비밀을 말한다)이 현저하게 침해될 우려가 있는 경우
7. 소송기록의 공개에 대하여 당해 소송관계인이 동의하지 아니하는 경우

③ 검사는 제2항에 따라 소송기록의 열람 또는 등사를 제한하는 경우에는 신청인에게 그 사유를 명시하여 통지하여야 한다.
④ 검사는 소송기록의 보존을 위하여 필요하다고 인정하는 경우에는 그 소송기록의 등본을 열람 또는 등사하게 할 수 있다. 다만, 원본의 열람 또는 등사가 필요한 경우에는 그러하지 아니하다.
⑤ 소송기록을 열람 또는 등사한 자는 열람 또는 등사에 의하여 알게 된 사항을 이용하여 공공의 질서 또는 선량한 풍속을 해하거나 피고인의 개선 및 갱생을 방해하거나 사건관계인의 명예 또는 생활의 평온을 해하는 행위를 하여서는 아니 된다.
⑥ 제1항에 따라 소송기록의 열람 또는 등사를 신청한 자는 열람 또는 등사에 관한 검사의 처분에 불복하는 경우에는 당해 기록을 보관하고 있는 검찰청에 대응한 법원에 그 처분의 취소 또는 변경을 신청할 수 있다.
⑦ 제418조 및 제419조는 제6항의 불복신청에 관하여 준용한다.

2 소송행위의 가치판단

3 소송조건

수사와 공소

CHAPTER 01 수사

1 수사의 의의와 구조

● ● ○
014 함정수사의 위법성이 미치는 범위

> [제1문] 경찰관이 게임 결과물의 환전을 거절하는 피고인에게 적극적으로 환전을 요구하는 방식의 함정수사가 위법한가?
>
> [제2문] 경찰관이 함정수사 과정에서 이미 이루어지고 있던 피고인의 다른 범행을 적발한 경우 이에 관한 공소제기가 법률의 규정에 위반하여 무효인 때에 해당하는가?

[제1문]

(판례) 본래 범의를 가지지 아니한 사람에 대하여 수사기관이 사술이나 계략 등을 써서 범의를 유발하게 하여 범죄인을 검거하는 함정수사는 위법하고, 이러한 함정수사에 기한 공소제기는 그 절차가 법률의 규정에 위반하여 무효인 때에 해당한다(대법원 2005.10.28, 2005도1247; 2021.7.29, 2017도16810).

♀solution 위법하다.

[제2문]

(판례) 수사기관이 사술이나 계략 등을 써서 피고인의 범의를 유발한 것이 아니라 이미 이루어지고 있던 범행을 적발한 것에 불과하므로, 이에 관한 공소제기가 함정수사에 기한 것으로 볼 수 없다(대법원 2021. 7.29, 2017도16810).

보충 ① 게임 결과물 환전으로 인한 게임산업법위반 범행은 경찰관의 위법한 함정수사로 인하여 범의가 유발된 때에 해당하므로 이에 관한 공소를 기각한 원심의 판단은 정당하나. ② 사행행위 조장으로 인한 게임산업법위반 범행은 수사기관이 이미 이루어지고 있던 범행을 적발한 것에 불과할 뿐 이에 관한 공소제기가 함정수사에 기한 것으로 볼 수 없다고 보아 이 부분 공소를 기각한 원심의 판단에 함정수사에 관한 법리를 오해하여 판결에 영향을 미친 잘못이 있다고 본 사례이다.

♀solution 해당하지 않는다.

2 수사의 개시

● ● ●
015 부재자 재산관리인이 법정대리인으로서 적법한 고소권자에 해당하는가의 문제

• 법원9급 23, 변호사시험 23 · 24

> 피고인은 피해자(부재자)의 언니로서(비동거친족) 법원에서 부재자 재산관리인으로 선임되어 피해자 앞으로 공탁된 수용보상금을 출급하였고, 이후 법원은 피고인을 재산관리인에서 해임하고 변호사 A를 재산관리인으로 개임하였는데, 피고인이 변호사 A에게 수용보상금의 존재를 알리지 않았고 그 인계도 거부하자, 변호사 A가 법원의 권한초과행위 허가를 받아 수사기관에 피고인을 배임(친고죄) 등으로 고소하였다. 이렇게 법원이 선임한 부재자 재산관리인이 법원으로부터 부재자 재산에 대한 범죄행위에 관하여 고소권 행사 허가를 받은 경우, 그가 형사소송법 제225조 제1항에서 정한 법정대리인으로서 적법한 고소권자에 해당하는가?

〔판례〕 법원이 선임한 부재자 재산관리인이 그 관리대상인 부재자의 재산에 대한 범죄행위에 관하여 법원으로부터 고소권 행사에 관한 허가를 얻은 경우 부재자 재산관리인은 형사소송법 제225조 제1항에서 정한 법정대리인으로서 적법한 고소권자에 해당한다고 보아야 한다. 그 이유는 다음과 같다. ① 형사소송법은 "피해자의 법정대리인은 독립하여 고소할 수 있다."라고 정하고 있다(제225조 제1항). 법정대리인이 갖는 대리권의 범위는 법률과 선임 심판의 내용 등을 통해 정해지므로 독립하여 고소권을 가지는 법정대리인의 의미도 법률과 선임 심판의 내용 등을 통해 정해진다. 법원이 선임한 부재자 재산관리인은 법률에 규정된 사람의 청구에 따라 선임된 부재자의 법정대리인에 해당한다. 부재자 재산관리인의 권한은 원칙적으로 부재자의 재산에 대한 관리행위에 한정되나, **부재자 재산관리인은 재산관리를 위하여 필요한 경우 법원의 허가를 받아 관리행위의 범위를 넘는 행위를 하는 것도 가능하고, 여기에는 관리대상 재산에 관한 범죄행위에 대한 형사고소도 포함된다.** 따라서 부재자 재산관리인은 관리대상이 아닌 사항에 관해서는 고소권이 없겠지만, 관리대상 재산에 관한 범죄행위에 대하여 **법원으로부터 고소권 행사 허가를 받은 경우에는 독립하여 고소권을 가지는 법정대리인에 해당한다.** ② 고소권은 일신전속적인 권리로서 피해자가 이를 행사하는 것이 원칙이나, 형사소송법이 예외적으로 법정대리인으로 하여금 독립하여 고소권을 행사할 수 있도록 한 이유는 피해자가 고소권을 행사할 것을 기대하기 어려운 경우 피해자와 독립하여 고소권을 행사할 사람을 정하여 피해자를 보호하려는 데 있다. 부재자 재산관리제도의 취지는 부재자 재산관리인으로 하여금 부재자의 잔류재산을 본인의 이익과 더불어 사회경제적 이익을 기하고 나아가 잔존배우자와 상속인의 이익을 위하여 관리하게 하고 돌아올 부재자 본인 또는 그 상속인에게 관리해 온 재산 전부를 인계하도록 하는 데 있다(대법원 1976.12.21, 75마551). 부재자는 자신의 재산을 침해하는 범죄에 대하여 처벌을 구하는 의사표시를 하기 어려운 상태에 있다. 따라서 부재자 재산관리인에게 법정대리인으로서 관리대상 재산에 관한 범죄행위에 대하여 고소권을 행사할 수 있도록 하는 것이 형사소송법 제225조 제1항과 부재자 재산관리제도의 취지에 부합한다(대법원 2022.5.26, 2021도2488).

ⓘsolution 해당한다.

●●○
016 반의사불벌죄에서 처벌을 희망하는 의사표시의 철회의 시기와 성폭력범죄 피해자의 변호사의 처벌불원의사표시 가능 여부
• 경찰2차 20

판례 반의사불벌죄에서 처벌을 희망하는 의사표시의 철회 또는 처벌을 희망하지 않는 의사표시는 제1심 판결 선고 전까지 할 수 있다(형사소송법 제232조 제1항, 제3항). 처벌불원의 의사표시의 부존재는 소극적 소송조건으로서 직권조사사항에 해당하므로 당사자가 항소이유로 주장하지 않았더라도 원심은 이를 직권으로 조사·판단하여야 한다. 성폭력범죄의 처벌 등에 관한 특례법 제27조는 성폭력범죄 피해자에 대한 변호사 선임의 특례를 정하고 있다. 성폭력범죄의 피해자는 형사절차상 법률적 조력을 받기 위해 스스로 변호사를 선임할 수 있고(제1항), 검사는 피해자에게 변호사가 없는 경우 국선변호사를 선정하여 형사절차에서 피해자의 권익을 보호할 수 있으며(제6항), 피해자의 변호사는 형사절차에서 피해자 등의 대리가 허용될 수 있는 모든 소송행위에 대한 포괄적인 대리권을 가진다(제5항). 따라서 피해자의 변호사는 피해자를 대리하여 피고인에 대한 처벌을 희망하는 의사표시를 철회하거나 처벌을 희망하지 않는 의사표시를 할 수 있다(대법원 2019.12.13, 2019도10678).

●●●
017 반의사불벌죄의 처벌불원의사 내지 처벌희망 의사표시 철회의 대리 가능 여부 • 경찰간부 24

성년후견인이 의사무능력인 피해자를 대리하여 반의사불벌죄의 처벌불원의사를 결정하거나 처벌희망의사를 철회할 수 있을까?

판례 ① 형사소송절차에서 명문의 규정이 없으면 소송행위의 법정대리가 허용되지 않는다. 교통사고처리 특례법 제3조 제2항은 '피해자의 명시적인 의사'에 반하여 공소를 제기할 수 없다고 규정하므로 문언상 그 처벌 여부는 피해자의 명시적 의사에 달려있음이 명백하고, 제3자가 피해자를 대신하여 처벌불원의사를 형성하거나 결정할 수 있다고 해석하는 것은 법의 문언에 반한다. 교통사고처리 특례법이나 형법, 형사소송법에 처벌불원의사의 대리를 허용하는 규정을 두고 있지 않으므로 원칙적으로 그 대리는 허용되지 않는다고 보아야 한다. ② 형사소송법은 친고죄의 고소·고소취소와 반의사불벌죄의 처벌불원의사를 달리 규정하고 있으므로 반의사불벌죄의 처벌불원의사를 친고죄의 고소·고소취소와 동일하게 취급할 수 없다. 형사소송법은 친고죄의 고소·고소취소에 관하여 다수의 조문을 두고 있고 특히 제236조에서 대리를 명시적으로 허용하고 있으나 이와 달리 반의사불벌죄의 처벌불원의사에 관하여는 대리에 관한 명시적 규정을 두지 않고 고소·고소취소의 대리규정을 준용하지도 않았다. 친고죄와 반의사불벌죄는 피해자의 의사가 소송조건이 된다는 점에서는 비슷하지만 이를 소송조건으로 하는 이유·방법·효과는 같다고 할 수 없다. 반의사불벌죄에서 처벌불원의사는 피해자 본인이 하여야 하고 그 대리는 허용되지 않는다는 것이 입법자의 결단으로 이해할 수 있다. ③ (결론) 반의사불벌죄에서 성년후견인은 명문의 규정이 없는 이상 의사무능력 자인 피해자를 대리하여 피고인 또는 피의자에 대한 처벌불원의사를 결정하거나 처벌희망 의사표시를 철회할 수 없다. 성년후견인의 법정대리권 범위에 통상적인 소송행위가 포함되어 있거나 성년후견개시심판에서 정하는 바에 따라 성년후견인이 가정법원의 허가를 얻었더라도 마찬가지이다(대법원 2023.7.17, 2021도11126 전원합의체). 그 이유는 다음과 같다.

조문 형사소송법 제236조(대리고소) 고소 또는 그 취소는 대리인으로 하여금하게 할 수 있다.
제232조(고소의 취소) ① 고소는 제1심 판결선고 전까지 취소할 수 있다.
② 고소를 취소한 자는 다시 고소할 수 없다.

③ 피해자의 명시한 의사에 반하여 공소를 제기할 수 없는 사건에서 처벌을 원하는 의사표시를 철회한 경우에도 제1항과 제2항을 준용한다.

(비교) 반의사불벌죄의 피해자는 피의자나 피고인 및 그들의 변호인에게 자신을 대리하여 수사기관이나 법원에 자신의 처벌불원의사를 표시할 수 있는 권한을 수여할 수 있다(의사결정에 관한 대리는 불가하나 표시에 관한 대리는 가능, 대법원 2001.12.14, 2001도4283; 2008.2.29, 2007도11339; 2017.9.7, 2017도8989).

solution 할 수 없다.

018 국정농단 의혹사건 진상규명을 위한 국정조사 특별위원회의 위증 고발 사건: 국회 국정농단 특위 활동기간 종료 후 위증 고발은 위법하다는 사례

• 경찰2차 21

국회에서의 증언 · 감정 등에 관한 법률(이하 '국회증언감정법'이라 한다)은 제1조에서 국회에서의 안건심의 또는 국정감사나 국정조사와 관련하여 행하는 보고와 서류제출의 요구, 증언 · 감정 등에 관한 절차를 규정하는 것을 그 목적으로 밝히고 있다. 국회증언감정법 제14조 제1항 본문은 같은 법에 의하여 선서한 증인이 허위의 진술을 한 때에는 1년 이상 10년 이하의 징역에 처한다고 규정하고, 제15조 제1항 본문은 본회의 또는 위원회는 증인이 제14조 제1항 본문의 죄를 범하였다고 인정한 때에는 고발하여야 한다고 규정하며, 제15조 제2항은 제1항의 규정에 불구하고 범죄가 발각되기 전에 자백한 때에는 고발하지 아니할 수 있다고 규정하고 있다. 다음은 이에 관한 대법원 2018.5.17, 2017도14749 전원합의체 판결을 문제로 만든 것이다. 잘 읽고 물음에 답하시오.

[제1문] 국회증언감정법 제15조 제1항의 고발은 같은 법 제14조 제1항 본문에서 정한 위증죄의 소추요건인가?

[제2문] 국회증언감정법 제15조 제1항 단서의 고발은 해당 특별위원회가 존속하는 동안에 해야 하는가?

[제1문]

(판례) [다수의견] 국회증언감정법의 목적과 위증죄 관련 규정들의 내용에 비추어 보면, 국회증언감정법은 국정감사나 국정조사에 관한 국회 내부의 절차를 규정한 것으로서 국회에서의 위증죄에 관한 고발 여부를 국회의 자율권에 맡기고 있고, 위증을 자백한 경우에는 고발하지 않을 수 있게 하여 자백을 권장하고 있으므로 국회증언감정법 제14조 제1항 본문에서 정한 위증죄는 같은 법 제15조의 고발을 소추요건으로 한다고 봄이 타당하다.

보충 [대법관 김신의 반대의견] 국회증언감정법에는 고발을 소추요건으로 한다는 명문의 규정이 없으므로 국회증언감정법 제15조 제1항 고발은 수사의 단서일 뿐이고 소추요건이라 보기는 어렵다.

solution 소추요건이다.

[제2문]

(판례) [다수의견] 국회증언감정법 제15조 제1항 본문에 따른 고발은 증인을 조사한 본회의 또는 위원회의 의장 또는 위원장의 명의로 한다(동 제15조 제3항). 따라서 그 위원회가 고발에 관한 의결을 하여야 하므로 제15조 제1항 본문의 고발은 위원회가 존속하고 있을 것을 전제로 한다. 한편 국회증언감정법 제15조 제1항 단서는 위와 같은 본문에 이어서 "다만 청문회의 경우에는 재적위원 3분의 1 이상의 연서에 따라

그 위원의 이름으로 고발할 수 있다."라고 규정하고 있다. …… 국회증언감정법 제15조 제1항 단서에 의한 고발도 위원회가 존속하는 동안에 이루어져야 한다고 해석하는 것이 타당하다. 특별위원회가 존속하지 않게 된 이후에도 과거 특별위원회가 존속할 당시 재적위원이었던 사람이 연서로 고발할 수 있다고 해석하는 것은 유추해석금지의 원칙에 위배된다. 국회증언감정법 제15조 제1항 단서의 문언 및 입법 취지, 다른 법률 규정과의 관계 등에 비추어 보면, 국회증언감정법 제15조 제1항 단서의 재적위원은 존속하고 있는 위원회에 적을 두고 있는 위원을 의미하고, 특별위원회가 존속하지 않게 된 경우 그 재적위원이었던 사람을 의미하는 것은 아니라고 해석하는 것이 타당하다. 이와 달리 특별위원회가 소멸하였음에도 과거 특별위원회가 존속할 당시 재적위원이었던 사람이 연서로 고발할 수 있다고 해석하는 것은 소추요건인 고발의 주체와 시기에 관하여 그 범위를 행위자에게 불리하게 확대하는 것이다. 이는 가능한 문언의 의미를 벗어나므로 유추해석금지의 원칙에 반한다.

> **보충** 박근혜 전 대통령에 대한 '비선진료' 의혹과 관련해 국회 청문회에서 위증을 한 혐의로 재판에 넘겨진 의대 교수에 대한 박영수 특별검사의 공소제기 절차에 문제가 있다며 대법원이 공소를 기각한 사건이다.

solution 존속하는 동안에 해야 한다.

●○○
019 즉시고발사건의 고발과 객관적 불가분의 원칙

> 국세청장이 허위세금계산서 교부의 중개행위로 고발하였는데('피고인은 A가 재화나 용역을 공급하지 아니하고 허위세금계산서를 발급하는 행위를 중개하였다'는 내용의 범칙사실, 특가법 제8조의2 제1항 제1호, 조세범 처벌법 제10조 제4항), 검사가 허위세금계산서 교부의 공동정범으로 공소를 제기('피고인은 A와 공모하여 재화나 용역을 공급하지 아니하고 허위세금계산서를 교부하였다'는 내용의 공소사실, 특가법 제8조의2 제1항 제1호, 조세범 처벌법 제10조 제3항 제1호, 형법 제30조)한 것은 적법한가?

> **판례** 조세범 처벌법에 의한 고발은 고발장에 범칙사실의 기재가 없거나 특정이 되지 아니할 때에는 부적법하나, 반드시 공소장 기재요건과 동일한 범죄의 일시·장소를 표시하여 사건의 동일성을 특정할 수 있을 정도로 표시하여야 하는 것은 아니고, 「조세범 처벌법」이 정하는 어떠한 태양의 범죄인지를 판명할 수 있을 정도의 사실을 일응 확정할 수 있을 정도로 표시하면 족하고, 고발사실의 특정은 고발장에 기재된 범칙사실과 세무공무원의 보충진술 기타 고발장과 함께 제출된 서류 등을 종합하여 판단하여야 한다. 그리고 고발은 범죄사실에 대한 소추를 요구하는 의사표시로서 그 효력은 고발장에 기재된 범죄사실과 동일성이 인정되는 사실 모두에 미친다(고발의 객관적 불가분의 원칙, 대법원 2011.11.24, 2009도7166). 이 사건 고발장에 기재된 범칙사실과 이 사건 공소장에 기재된 공소사실 사이에는 **법률적 평가에 차이가 있을 뿐** 양자 간에 기본적 사실관계의 동일성이 인정되어 이 사건 공소는 유효한 고발에 따라 적법하게 제기된 것이다(대법원 2022.6.30, 2018도10973).

> **보충** 피고인이 A와 공모하여 피해자 기술보증기금 등의 담당직원을 기망하여 보증서를 발급받아 피해자 기술보증기금 등에 대한 신용보증금액 상당의 사기범행을 완료한 후 위 보증서 등을 이용하여 피해자 신한은행의 대출 담당직원을 기망하여 대출금을 지급받았다면, 피해자 신한은행에 대한 사기범행이 피해자 기술보증기금 등에 대한 사기범행에 흡수되거나, 그 사기범행의 불가벌적 사후행위에 해당한다고 볼 수 없어, 피해자 신한은행에 대하여 대출금액 상당의 별도의 사기죄가 성립한다.

solution 적법하다.

3 임의수사

●●●
020 경직법상 임의동행과 형사소송법상 임의수사를 위한 임의동행　　• 국가7급 21, 경찰2차 22

> 경찰관은 피고인의 정신 상태, 신체에 있는 주사바늘 자국, 알코올 솜 휴대, 전과 등을 근거로 피고인의 마약류 투약 혐의가 상당하다고 판단하여 경찰서로 임의동행을 요구하였고, 동행장소인 경찰서에서 피고인에게 마약류 투약 혐의를 밝힐 수 있는 소변과 모발의 임의제출을 요구하였다. 그렇다면 이 사건의 임의동행은 ① 경찰관직무집행법 제3조 제2항에 따른 임의동행인가, ② 형사소송법 제199조 제1항에 따른 임의동행인가?

〔판례〕 임의동행은 ① 경찰관 직무집행법 제3조 제2항에 따른 행정경찰 목적의 경찰활동으로 행하여지는 것 외에도 ② 형사소송법 제199조 제1항에 따라 범죄 수사를 위하여 수사관이 동행에 앞서 피의자에게 동행을 거부할 수 있음을 알려 주었거나 동행한 피의자가 언제든지 자유로이 동행과정에서 이탈 또는 동행장소로부터 퇴거할 수 있었음이 인정되는 등 오로지 피의자의 자발적인 의사에 의하여 이루어진 경우에도 가능하다(대법원 2006.7.6, 2005도6810 등). 기록에 의하면, 경찰관은 당시 피고인의 정신 상태, 신체에 있는 주사바늘 자국, 알코올 솜 휴대, 전과 등을 근거로 피고인의 마약류 투약 혐의가 상당하다고 판단하여 경찰서로 임의동행을 요구하였고, 동행장소인 경찰서에서 피고인에게 마약류 투약 혐의를 밝힐 수 있는 소변과 모발의 임의제출을 요구하였음을 알 수 있다. 그렇다면 이 사건 임의동행은 마약류 투약 혐의에 대한 수사를 위한 것이어서 형사소송법 제199조 제1항에 따른 임의동행에 해당한다. 그런데도 원심이 이 사건 임의동행을 경찰관 직무집행법 제3조 제2항에 따른 것으로 속단하여 위와 같이 판단한 데에는 임의동행에 관한 법리를 오해한 잘못이 있다(대법원 2020.5.14, 2020도398).

〔보충〕 다만 원심은 수사기관이 위 소변과 모발을 형사소송법 제218조에 따른 임의제출물로 압수함에 있어 그 제출의 임의성도 부정하였고, 관련 법리와 기록에 비추어 살펴보면, 검사가 위 임의성의 존재에 관하여 합리적 의심을 배제할 정도로 증명하는 데에 실패하였다고 볼 수 있어서 임의성을 부정한 판단 부분에 상고이유 주장과 같이 논리와 경험의 법칙을 위반하여 자유심증주의의 한계를 벗어나거나 임의제출물 압수의 임의성, 위법수집증거 배제법칙과 증거능력에 관한 법리를 오해한 잘못이 없다. 결국 피고인의 소변과 모발은 증거능력을 인정할 수 없으므로, 앞서 본 원심의 임의동행에 관한 법리를 오해한 잘못은 판결에 영향이 없다.

♀solution ② 형사소송법 제199조 제1항에 따른 임의동행이다.

●●●
021 통신비밀보호법상 공개되지 아니한 타인 간의 대화에 대한 '청취'의 의미

> 통신비밀보호법 제3조 제1항에 의하면, 누구든지 이 법과 형사소송법 또는 군사법원법의 규정에 의하지 아니하고는 공개되지 아니한 타인 간의 대화를 청취하지 못한다. 그렇다면 종료된 대화의 녹음물을 재생하여 듣는 것은 위 통신비밀보호법상 '청취'에 해당하는가?

〔조문〕 통신비밀보호법 제3조(통신 및 대화비밀의 보호) ① 누구든지 이 법과 형사소송법 또는 군사법원법의 규정에 의하지 아니하고는 우편물의 검열, 전기통신의 감청 또는 통신사실확인자료의 제공을 하거나 공개되지 아니한 타인 간의 대화를 녹음 또는 청취하지 못한다.

제16조(벌칙) ① 다음 각 호의 어느 하나에 해당하는 자는 1년 이상 10년 이하의 징역과 5년 이하의 자격정지에 처한다.

1. 제3조의 규정에 위반하여 우편물의 검열 또는 전기통신의 감청을 하거나 공개되지 아니한 타인 간의 대화를 녹음 또는 청취한 자

판례 [피고인은 2020.2. 배우자와 함께 거주하는 아파트 거실에 녹음기능이 있는 영상정보 처리기기(이른바 '홈캠')를 설치하였고, 2020.5.1. 13:00경 위 거실에서 배우자와 그 부모 및 동생이 대화하는 내용이 위 기기에 자동 녹음되었다. 이에 대하여 피고인은 "공개되지 아니한 타인 간 대화를 청취하고 그 내용을 누설"하여 통신비밀보호법 제16조, 제3조를 위반한 것으로 기소되었다.] 통신비밀보호법 제3조 제1항은 누구든지 이 법과 형사소송법 또는 군사법원법의 규정에 의하지 아니하고는 우편물의 검열, 전기통신의 감청 또는 공개되지 않은 타인 간의 대화를 녹음 또는 청취하지 못한다고 규정하고 있고, 제16조 제1항은 이를 위반하는 행위를 처벌하도록 규정하고 있다. 여기서 '청취'는 타인 간의 대화가 이루어지고 있는 상황에서 실시간으로 그 대화의 내용을 엿듣는 행위를 의미하고, 대화가 이미 종료된 상태에서 그 대화의 녹음물을 재생하여 듣는 행위는 '청취'에 포함되지 않는다(대법원 2024.2.29, 2023도8603).

보충 통비법 제3조 제1항은 공개되지 아니한 타인 간 '대화'를 '청취'의 대상으로 규정하고 있다. '대화'는 '원칙적으로 현장에 있는 당사자들이 육성으로 말을 주고받는 의사소통행위'로서(대법원 2017.3.15, 2016도19843), 이러한 의사소통행위가 종료되면 청취 대상으로서의 대화도 종료된다. 종료된 대화의 녹음물을 재생하여 듣는 것은 대화 자체의 청취라고 보기 어렵고, 제3조 제1항이 대화 자체 외에 대화의 녹음물까지 청취 대상으로 규정하고 있지도 않다. 이러한 '대화'의 의미나 제3조 제1항의 문언에 비추어 보면, '대화'와 구별되는 '대화의 녹음물'까지 청취 대상에 포함시키는 해석에는 신중함이 요구된다. …… 제3조 제1항, 제16조 제1항은 '녹음'과 '청취'를 나란히 금지 및 처벌 대상으로 규정하고 있으므로 '녹음'과 '청취'의 공통 대상이 되는 '대화'는 특별한 사정이 없는 한 동일한 의미로 해석할 필요가 있다. 그런데 '녹음'의 일상적 의미나 통신비밀보호법이 '녹음'을 금지하는 취지에 비추어 보면, 제3조 제1항에서 금지하는 타인 간 대화의 녹음은 특정 시점에 실제 이루어지고 있는 대화를 실시간으로 녹음하는 것을 의미할 뿐 이미 종료된 대화의 녹음물을 재생한 뒤 이를 다시 녹음하는 행위까지 포함한다고 보기는 어렵다. 이처럼 '녹음'의 대상인 '대화'가 녹음 시점에 실제 이루어지고 있는 대화를 의미한다면, 같은 조항에 규정된 '청취'의 대상인 '대화'도 특별한 사정이 없는 한 청취 시점에 실제 이루어지고 있는 대화를 의미한다고 해석하는 것이 타당하다. …… 통신비밀보호법상 '전기통신의 감청'은 전기통신이 이루어지고 있는 상황에서 실시간으로 그 전기통신의 내용을 지득·채록하는 경우 등을 의미하는 것이지 이미 수신이 완료된 전기통신에 관하여 남아 있는 기록이나 내용을 열어보는 등의 행위는 포함하지 않는다(대법원 2016.10.13, 2016도8137 및 송·수신이 완료된 전기통신을 달리 취급하는 제9조의3 등 참조). 한편 통신비밀보호법상 '전기통신의 감청'과 '공개되지 않은 타인 간 대화의 청취'는 대상('음향 등'과 '육성으로 주고받는 말'), 수단('전자장치·기계장치 등'과 '전자장치 또는 기계적 수단') 및 행위 태양('청취·공독하여 그 내용을 지득 또는 채록하는 것 등'과 '청취')에 있어서 서로 중첩되거나 유사하다(제2조 제3호, 제7호, 제14조 참조). 또한 통신비밀보호법은 '전기통신의 감청'에 관한 다수 규정들(제4조 내지 제8조, 제9조 제1항 전단 및 제3항, 제9조의2, 제11조 제1항, 제3항, 제4항, 제12조)을 '공개되지 않은 타인 간 대화의 청취'에도 적용함으로써 그 범위에서 양자를 공통으로 규율하고 있다(제14조 제2항). 이러한 '전기통신의 감청'과 '공개되지 않은 타인 간 대화의 청취'의 개념 및 규율의 유사성 등 양자의 체계적 관계에 비추어 보면, '전기통신의 감청'과 마찬가지로 '공개되지 않은 타인 간 대화의 청취' 역시 이미 종료된 대화의 녹음물을 듣는 행위는 포함하지 않는다고 해석하는 것이 타당하다. 종료된 대화의 녹음물을 재생하여 듣는 행위도 제3조 제1항의 '청취'에 포함시키는 해석은 '청취'를 '녹음'과 별도 행위 유형으로 규율하는 제3조 제1항에 비추어 불필요하거나 '청취'의 범위를 너무 넓혀 금지 및 처벌 대상을 과도하게 확장할 수 있다. 위법한 녹음 주체가 그 녹음물을 청취하는 경우에는 그 위법한 녹음을 금지 및 처벌 대상으로 삼으면 충분하고, 녹음에 사후적으로 수반되는 청취를 별도의 금지 및 처벌 대상으로 삼을 필요성이 크지 않다. 또한 적법한 녹음 주체 또는 제3자가 그 녹음물을 청취하거나, 위법한 녹음물을 녹음 주체 외의 제3자가 청취하는 경우까지 금지 및 처벌 대상으로 삼으면 이들의 행동의 자유를 과도하게 제한하게 된다. 나아가 이는 명문의 형벌법규 의미를 엄격하게 해석하기보다는 피고인에게 불리한 방향으로 지나치게 확장해석하거나 유추해석하는 것으로서 죄형법정주의의 원칙에 비추어 보더라도 타당하지 않다.

◉ solution 해당하지 않는다.

● ● ● ○

022 패킷감청규정에 대한 헌법불합치 결정례

판례 통신비밀보호법(1993.12.27. 법률 제4650호로 제정된 것) 제5조 제2항은 "통신제한조치는 제1항의 요건에 해당하는 자가 발송·수취하거나 송·수신하는 특정한 우편물이나 전기통신 또는 그 해당자가 일정한 기간에 걸쳐 발송·수취하거나 송·수신하는 우편물이나 전기통신을 대상으로 허가될 수 있다."고 규정하고 있는데, 이 중 '인터넷회선을 통하여 송·수신하는 전기통신'에 관한 부분은 헌법에 합치되지 아니한다. 위 법률조항은 2020.3.31.을 시한으로 개정될 때까지 계속 적용한다(헌법재판소 2018.8.30, 2016헌마263).

통신비밀보호법 개정사항 – 2020.3.24. 일부개정·시행

[개정이유]

구법은 통신제한조치를 집행하여 취득한 전기통신에 대하여 통신제한조치에 관여한 공무원 등의 비밀준수의무와 통신제한조치로 취득한 자료의 사용 제한에 관하여 규정하고 있을 뿐, 수사기관이 통신제한조치로 취득한 자료의 처리나 보관절차에 대해서는 아무런 규정을 두고 있지 않고 있는데, 헌법재판소는 2018년 8월 30일에 이 법 제5조 제2항 중 '인터넷 회선을 통하여 송신·수신하는 전기통신'에 관한 부분은 인터넷 감청의 특성상 다른 통신제한조치에 비하여 수사기관이 취득하는 자료가 매우 방대함에도 불구하고 수사기관이 감청 집행으로 취득한 자료에 대한 처리 등을 객관적으로 통제할 수 있는 절차가 마련되어 있지 않다는 취지로 **헌법불합치** 결정을 내렸다(2016헌마263). 이에 2020.3.24. 개정 통신비밀보호법에서는 수사기관이 인터넷 회선을 통하여 송신·수신하는 전기통신에 대한 통신제한조치로 취득한 자료에 대해서는 집행 종료 후 범죄수사나 소추 등에 사용하거나 사용을 위하여 보관하고자 하는 때에는 보관 등이 필요한 전기통신을 선별하여 **법원으로부터 보관 등의 승인을 받도록 하고**, 승인 청구를 하지 아니한 전기통신 등의 폐기 절차를 마련하였다.

[개정내용]

제12조의2를 다음과 같이 신설한다.

> 제12조의2(범죄수사를 위하여 인터넷 회선에 대한 통신제한조치로 취득한 자료의 관리) ① 검사는 인터넷 회선을 통하여 송신·수신하는 전기통신을 대상으로 제6조 또는 제8조(제5조 제1항의 요건에 해당하는 사람에 대한 긴급통신제한조치에 한정한다)에 따른 통신제한조치를 집행한 경우 그 전기통신을 제12조 제1호에 따라 사용하거나 사용을 위하여 보관(이하 이 조에서 "보관등"이라 한다)하고자 하는 때에는 **집행종료일부터 14일 이내에 보관등이 필요한 전기통신을 선별하여 통신제한조치를 허가한 법원에 보관등의 승인을 청구하여야 한다.**
> ② **사법경찰관은** 인터넷 회선을 통하여 송신·수신하는 전기통신을 대상으로 제6조 또는 제8조(제5조 제1항의 요건에 해당하는 사람에 대한 긴급통신제한조치에 한정한다)에 따른 통신제한조치를 집행한 경우 그 전기통신의 보관등을 하고자 하는 때에는 **집행종료일부터 14일 이내에 보관등이 필요한 전기통신을 선별하여 검사에게 보관등의 승인을 신청하고, 검사는 신청일부터 7일 이내에 통신제한조치를 허가한 법원에 그 승인을 청구할 수 있다.**
> ③ 제1항 및 제2항에 따른 승인청구는 통신제한조치의 집행 경위, 취득한 결과의 요지, 보관등이 필요한 이유를 기재한 서면으로 하여야 하며, 다음 각 호의 서류를 첨부하여야 한다.
> 　1. 청구이유에 대한 소명자료
> 　2. 보관등이 필요한 전기통신의 목록
> 　3. 보관등이 필요한 전기통신. 다만, 일정 용량의 파일 단위로 분할하는 등 적절한 방법으로 정보저장매체에 저장·봉인하여 제출하여야 한다.
> ④ 법원은 청구가 이유 있다고 인정하는 경우에는 보관등을 승인하고 이를 증명하는 서류(이하 이 조에서 "승인서"라 한다)를 발부하며, 청구가 이유 없다고 인정하는 경우에는 청구를 기각하고 이를 청구인에게 통지한다.
> ⑤ 검사 또는 사법경찰관은 제1항에 따른 청구나 제2항에 따른 신청을 하지 아니하는 경우에는 집행종료일부터 14일(검사가 사법경찰관의 신청을 기각한 경우에는 그 날부터 7일) 이내에 통신제한조치로 취득한 전기통신을 폐기하여야 하고, 법원에 승인청구를 한 경우(취득한 전기통신의 일부에 대해서만 청구한 경우를 포함한다)에는 제4항에 따라 법원으로부터 승인서를 발부받거나 청구기각의 통지를 받은 날부터 7일 이내에 승인을 받지 못한 전기통신을 폐기하여야 한다.

⑥ 검사 또는 사법경찰관은 제5항에 따라 통신제한조치로 취득한 전기통신을 폐기한 때에는 폐기의 이유와 범위 및 일시 등을 기재한 폐기결과보고서를 작성하여 피의자의 수사기록 또는 피내사자의 내사사건기록에 첨부하고, 폐기일부터 7일 이내에 통신제한조치를 허가한 법원에 송부하여야 한다.

023 인터넷개인방송을 비정상적인 방법으로 시청 · 녹화한 사건

비밀번호를 설정하여 인터넷개인방송을 진행하던 乙은 甲이 불상의 방법으로 방송에 접속하거나 시청하고 있다는 사정을 알면서도 방송을 중단하거나 甲을 배제하는 조치를 취하지 아니하고 오히려 甲의 시청사실을 전제로 甲을 상대로 한 발언을 하기도 하는 등 계속 방송을 진행하였다. 그런데 甲은 위 방송을 시청하면서 음향 · 영상 등을 청취하거나 녹음하였다. 甲의 행위는 통신비밀보호법에 위반되는 감청행위에 해당하는가?

(판례) 방송자가 인터넷을 도관 삼아 인터넷서비스제공업체 또는 온라인서비스제공자인 인터넷개인방송 플랫폼업체의 서버를 이용하여 실시간 또는 녹화된 형태로 음성, 영상물을 방송함으로써 불특정 혹은 다수인이 이를 수신 · 시청할 수 있게 하는 인터넷개인 방송은 그 성격이나 통신비밀보호법의 위와 같은 규정에 비추어 전기통신에 해당함은 명백하다. ① 인터넷개인방송의 방송자가 비밀번호를 설정하는 등 그 수신 범위를 한정하는 비공개 조치를 취하지 않고 방송을 송출하는 경우, 누구든지 시청하는 것을 포괄적으로 허용하는 의사라고 볼 수 있으므로, 그 시청자는 인터넷개인방송의 당사자인 수신인에 해당하고, 이러한 시청자가 방송 내용을 지득 · 채록하는 것은 통신비밀보호법에서 정한 감청에 해당하지 않는다. 그러나 ② 인터넷개인방송의 방송자가 비밀번호를 설정하는 등으로 비공개 조치를 취한 후 방송을 송출하는 경우에는, 방송자로부터 허가를 받지 못한 사람은 당해 인터넷개인방송의 당사자가 아닌 '제3자 · 에 해당하고, 이러한 제3자가 비공개 조치가 된 인터넷개인방송을 비정상적인 방법으로 시청 · 녹화하는 것은 통신비밀보호법상의 감청에 해당할 수 있다. 다만, ③ 방송자가 이와 같은 제3자의 시청 · 녹화 사실을 알거나 알 수 있었음에도 방송을 중단하거나 그 제3자를 배제하지 않은 채 방송을 계속 진행하는 등 허가받지 아니한 제3자의 시청 · 녹화를 사실상 승낙 · 용인한 것으로 볼 수 있는 경우에는 불특정인 혹은 다수인을 직 · 간접적인 대상으로 하는 인터넷개인방송의 일반적 특성상 그 제3자 역시 인터넷개인방송의 당사자에 포함될 수 있으므로, 이러한 제3자가 방송 내용을 지득 · 채록하는 것은 통신비밀보호법에서 정한 감청에 해당하지 않는다(대법원 2022.10.27, 2022도9877).

ⵊsolution 해당하지 않는다.

• 경찰간부 24

024 피해아동의 부모가 초등학교 담임교사의 수업시간 중 발언을 몰래 녹음한 파일의 증거능력이 문제된 사건

> 피해아동의 담임교사인 피고인 甲은 피해아동 乙에게 수업시간 중 교실에서 "학교 안 다니다 온 애 같아."라고 말하는 등 정서적 학대행위를 하였다는 이유로 기소되었는데, 피해아동의 부모 A 등은 피해아동 乙의 가방에 녹음기를 넣어 수업시간 중 교실에서 피고인 甲이 한 발언을 몰래 녹음하였다. 이렇게 하여 만든 녹음파일, 녹취록의 증거능력은 인정되는가?

[판례] 통신비밀보호법 제14조 제1항은 "누구든지 공개되지 아니한 타인 간의 대화를 녹음하거나 전자장치 또는 기계적 수단을 이용하여 청취할 수 없다."라고 규정하고, 제14조 제2항 및 제4조는 "제14조 제1항을 위반한 녹음에 의하여 취득한 대화의 내용은 재판 또는 징계절차에서 증거로 사용할 수 없다."라는 취지로 규정하고 있다. 통신비밀보호법 제14조 제1항이 공개되지 않은 타인 간의 대화를 녹음 또는 청취하지 못하도록 한 것은, 대화에 원래부터 참여하지 않는 제3자가 일반 공중이 알 수 있도록 공개되지 않은 타인 간의 발언을 녹음하거나 전자장치 또는 기계적 수단을 이용하여 청취해서는 안 된다는 취지이다. 여기서 '공개되지 않았다'는 것은 반드시 비밀과 동일한 의미는 아니고 일반 공중에게 공개되지 않았다는 의미이며, 구체적으로 공개된 것인지는 발언자의 의사와 기대, 대화의 내용과 목적, 상대방의 수, 장소의 성격과 규모, 출입의 통제 정도, 청중의 자격 제한 등 객관적인 상황을 종합적으로 고려하여 판단해야 한다(대법원 2022.8.31, 2020도1007 등). ① 초등학교 교실은 출입이 통제되는 공간이고, 수업시간 중 불특정 다수가 드나들 수 있는 장소가 아니며, 수업시간 중인 초등학교 교실에 학생이 아닌 제3자가 별다른 절차 없이 참석하여 담임교사의 발언 내용을 청취하는 것은 상정하기 어려우므로, 초등학교 담임교사가 교실에서 수업시간 중 한 발언은 통상적으로 교실 내 학생들만을 대상으로 하는 것으로서 교실 내 학생들에게만 공개된 것일 뿐, 일반 공중이나 불특정 다수에게 공개된 것이 아닌 점, ② 피고인의 발언은 특정된 30명의 학생들에게만 공개되었을 뿐, 일반 공중이나 불특정 다수에게 공개되지 않았으므로, 대화자 내지 청취자가 다수였다는 사정만으로 '공개된 대화'로 평가할 수는 없고, 대화 내용이 공적인 성격을 갖는지 여부나 발언자가 공적 인물인지 여부 등은 '공개되지 않은 대화'에 해당하는지 여부를 판단하는 데에 영향을 미치지 않는 점, ③ 피해아동의 부모는 피고인의 수업시간 중 발언의 상대방, 즉 대화에 원래부터 참여한 당사자에 해당하지 않는 점 등에 비추어 보면, 이 사건 녹음파일 등은 통신비밀보호법 제14조 제1항을 위반하여 '공개되지 아니한 타인 간의 대화'를 녹음한 것이므로 통신비밀보호법 제14조 제2항 및 제4조에 따라 증거능력이 부정된다고 보아야 한다(대법원 2024.1.11, 2020도1538).

solution 인정되지 않는다.

025 성매매업소에서 손님을 가장한 경찰관이 업주와 대화하면서 녹음한 사건

> [제1문] 수사기관이 적법한 절차와 방법에 따라 범죄를 수사하면서 현재 그 범행이 행하여지고 있거나 행하여진 직후이고, 증거보전의 필요성 및 긴급성이 있으며, 일반적으로 허용되는 상당한 방법으로 범행현장에서 영장 없이 현행범인 등 관련자들과의 대화를 녹음한 것은 적법한가?

[제2문] 피고인이 돈을 받고 영업으로 성매매를 알선하였다는 「성매매알선 등 행위의 처벌에 관한 법률」 위반(성매매알선등)으로 기소된 사안에서, 경찰관이 피고인이 운영하는 성매매업소에 손님으로 가장하고 출입하여 피고인 등과의 대화내용을 영장 없이 녹음한 것은 적법한가?

[제1문]

(판례) 수사기관이 적법한 절차와 방법에 따라 범죄를 수사하면서 현재 그 범행이 행하여지고 있거나 행하여진 직후이고, 증거보전의 필요성 및 긴급성이 있으며, 일반적으로 허용되는 상당한 방법으로 범행현장에서 현행범인 등 관련자들과 수사기관의 대화를 녹음한 경우라면, 위 녹음이 영장 없이 이루어졌다 하여 이를 위법하다고 단정할 수 없다. 이는 설령 그 녹음이 행하여지고 있는 사실을 현장에 있던 대화상대방, 즉 현행범인 등 관련자들이 인식하지 못하고 있었더라도, 통신비밀보호법 제3조 제1항이 금지하는 공개되지 아니한 타인 간의 대화를 녹음한 경우에 해당하지 않는 이상 마찬가지이다. 다만 수사기관이 일반적으로 허용되는 상당한 방법으로 녹음하였는지 여부는 수사기관이 녹음장소에 통상적인 방법으로 출입하였는지, 녹음의 내용이 대화의 비밀 내지 사생활의 비밀과 자유 등에 대한 보호가 합리적으로 기대되는 영역에 속하는지 등을 종합적으로 고려하여 신중하게 판단하여야 한다(대법원 2024.5.30, 2020도9370).

◊solution 적법하다.

[제2문]

(판례) 손님으로 가장한 경찰관이 대화당사자로서 성매매업소를 운영하는 피고인 등과의 대화 내용을 녹음한 것은 통신비밀보호법 제3조 제1항이 금지하는 공개되지 아니한 타인 간의 대화를 녹음한 경우에 해당하지 않고, 경찰관이 불특정 다수가 출입할 수 있는 성매매업소에 통상적인 방법으로 들어가 적법한 방법으로 수사를 하는 과정에서 성매매알선 범행이 행하여진 시점에 위 범행의 증거를 보전하기 위하여 범행 상황을 녹음한 것이므로 설령 대화상대방인 피고인 등이 인식하지 못한 사이에 영장 없이 녹음하였다고 하더라도 이를 위법하다고 볼 수 없다(대법원 2024.5.30, 2020도9370).

◊solution 적법하다.

---

026 통신비밀보호법상 통신사실확인자료에 대한 민사소송법상 문서제출명령의 가부

이혼소송의 피고가 전기통신사업자에게, 원고의 휴대전화번호에 대한 2015. 7. 1.부터 1년간의 통화내역을 제출하도록 명할 것을 내용으로 하는 문서제출명령을 신청하였고, 법원이 이를 받아들여 문서제출명령을 하였다. 이 경우 전기통신사업자는 통신비밀보호법에서 정한 통신사실확인자료의 제출을 명하는 법원의 문서제출명령에 대하여 통신비밀보호법의 규정을 근거로 자료의 제출을 거부할 수 있을까?

(조문) 통신비밀보호법 제3조(통신 및 대화비밀의 보호) ① 누구든지 이 법과 형사소송법 또는 군사법원법의 규정에 의하지 아니하고는 우편물의 검열·전기통신의 감청 또는 통신사실확인자료의 제공을 하거나 공개되지 아니한 타인 간의 대화를 녹음 또는 청취하지 못한다. (이하 생략)

판례 법원은 민사소송법 제344조 이하의 규정을 근거로 통신사실확인자료에 대한 문서제출명령을 할 수 있고 전기통신사업자는 특별한 사정이 없는 한 이에 응할 의무가 있으며, 전기통신사업자가 통신비밀보호법 제3조 제1항 본문을 들어 문서제출명령의 대상이 된 통신사실확인자료의 제출을 거부하는 것에는 정당한 사유가 있다고 볼 수 없다(대법원 2023.7.17, 2018스34 전원합의체).

보충 통신비밀보호법과 민사소송법은 그 입법목적, 규정사항 및 적용범위 등을 고려할 때 각각의 영역에서 독자적인 입법취지를 가지는 법률이므로 각 규정의 취지에 비추어 그 적용범위를 정할 수 있고, 통신비밀보호법에서 민사소송법이 정한 문서제출명령에 의하여 통신사실확인자료를 제공할 수 있는지에 관한 명시적인 규정을 두고 있지 않더라도 민사소송법상 증거에 관한 규정이 원천적으로 적용되지 않는다고 볼 수 없다. …… 통신비밀보호법의 입법취지는 법원이 신중하고 엄격한 심리를 거쳐 문서제출명령 제도를 운용함으로써 충분히 구현될 수 있다.

♀solution 거부할 수 없다.

027 영장 없이 촬영된 촬영물 등의 증거능력: 수사기관의 영장 없는 범행장면 촬영이 위법한지 여부를 판단하는 기준

> P 등 경찰관들은 나이트클럽에 손님으로 가장하고 출입하여 나이트클럽 무대 위의 음란 공연을 촬영하였는데, 사전 또는 사후에 영장을 발부받지 않았다(풍속영업규제법위반 혐의). 이러한 촬영물은 위법수집증거에 해당하는가?

판례 수사기관이 범죄를 수사하면서 현재 범행이 행하여지고 있거나 행하여진 직후이고, 증거보전의 필요성 및 긴급성이 있으며, 일반적으로 허용되는 상당한 방법으로 촬영한 경우라면 위 촬영이 영장 없이 이루어졌다 하여 이를 위법하다고 할 수 없다(대법원 1999.9.3, 99도2317). 다만 촬영으로 인하여 초상권, 사생활의 비밀과 자유, 주거의 자유 등이 침해될 수 있으므로 수사기관이 일반적으로 허용되는 상당한 방법으로 촬영하였는지 여부는 수사기관이 촬영장소에 통상적인 방법으로 출입하였는지 또 촬영장소와 대상이 사생활의 비밀과 자유 등에 대한 보호가 합리적으로 기대되는 영역에 속하는지 등을 종합적으로 고려하여 신중하게 판단하여야 한다. …… 이 사건 촬영물은 경찰관들이 피고인들에 대한 범죄의 혐의가 포착된 상태에서 이 사건 나이트클럽 내에서의 음란행위 영업에 관한 증거를 보전하기 위한 필요에 의하여, 불특정 다수에게 공개된 장소인 이 사건 나이트클럽에 통상적인 방법으로 출입하여 손님들에게 공개된 모습을 촬영한 것이다. 따라서 영장 없이 촬영이 이루어졌다 하여 이를 위법하다고 할 수 없어 이 사건 촬영물과 그 촬영물을 캡처한 영상사진은 그 증거능력이 인정된다(대법원 2023.4.27, 2018도8161).

♀solution 위법수집증거가 아니다.

028 사진촬영의 적법 여부 – 일반음식점영업자인 피고인이 음향시설을 갖추고 손님이 춤을 추는 것을 허용하여 영업자가 지켜야 할 사항을 지키지 않았다는 이유로 식품위생법 위반으로 기소된 사건

• 경찰간부 23

판례 수사기관이 범죄를 수사하면서 불특정, 다수의 출입이 가능한 장소에 통상적인 방법으로 출입하여 아무런 물리력이나 강제력을 행사하지 않고 통상적인 방법으로 위법행위를 확인하는 것은 특별한 사정이 없는 한 임의수사의 한 방법으로서 허용되므로 영장 없이 이루어졌다고 하여 위법하다고 할 수 없다. 또한 수사기관이 범죄를 수사하면서 현재 범행이 행하여지고 있거나 행하여진 직후이고, 증거보전의 필요성 및 긴급성이 있으며, 일반적으로 허용되는 상당한 방법으로 촬영한 경우라면 위 촬영이 영장 없이 이루어졌다 하여 이를 위법하다고 할 수 없다(대법원 1999.9.3, 99도2317). 경찰관들이 범죄혐의가 포착된 상태에서 그에 관한 증거를 보전하기 위하여, 불특정, 다수가 출입할 수 있는 이 사건 음식점에 통상적인 방법으로 출입하여 음식점 내에 있는 사람이라면 누구나 볼 수 있었던 손님들의 춤추는 모습을 확인하고 이를 촬영한 것은 영장 없이 이루어졌다 하여 위법하다고 볼 수 없다(촬영물의 증거능력 인정, 대법원 2023.7.13, 2019도7891).

●●○
029 식품위생법상 행정조사시 증표 등 제시의무와 특별사법경찰관리의 범죄수사

> [제1문] 식품위생법 제22조 제3항에 의하면, 같은 법 제22조 제1항 제2호에 따라 영업소에 출입하여 식품 등 또는 영업시설 등에 대하여 검사하거나, 식품 등의 무상 수거, 장부 또는 서류를 열람하는 등의 행정조사를 하려는 경우 공무원은 '권한을 표시하는 증표 및 조사기간 등이 기재된 서류를 제시'하여야 한다. 그렇다면 형사소송법 제197조, 구 사법경찰관리의 직무를 수행할 자와 그 직무범위에 관한 법률 제5조 제8호에 근거하여 특별사법경찰관리로 지명된 공무원이 범죄수사를 위하여 음식점 등 영업소에 출입하여 증거수집 등 수사를 하는 경우에도 위 식품위생법 제22조 제3항에 따라 증표 등 제시의무를 준수하여야 하는가?
>
> [제2문] 특별사법경찰관이 범죄혐의가 포착된 상태에서 증거를 보전하기 위한 필요에 의하여 공개된 장소인 이 사건 영업소에 통상적인 방법으로 출입하여 이 사건 영업소 내에 있는 사람이라면 누구나 볼 수 있었던 손님들이 춤추는 모습을 촬영한 것은 영장 없이 이루어졌다고 하여 위법하다고 볼 수 있는가?

조문 식품위생법 제22조(출입·검사·수거 등) ③ 제1항 및 제2항의 경우에 출입·검사·수거 또는 열람하려는 공무원은 그 권한을 표시하는 증표 및 조사기간, 조사범위, 조사담당자, 관계 법령 등 대통령령으로 정하는 사항이 기재된 서류를 지니고 이를 관계인에게 내보여야 한다.

[제1문]

판례 식품위생법 제22조 제3항에 따라 '권한을 표시하는 증표 및 조사기간 등이 기재된 서류를 제시하여야 하는 경우'는 식품위생법 제22조 제1항 제2호에 따라 영업소에 출입하여 식품 등 또는 영업시설 등에 대하여 검사하거나, 식품 등의 무상 수거, 장부 또는 서류를 열람하는 등의 행정조사를 하려는 경우에 한정된다. 따라서 구 형사소송법(2020.2.4. 법률 제16924호로 개정되기 전의 것) 제197조, 구 사법경찰관리의 직무를 수행할 자와 그 직무범위에 관한 법률(2019.12.10. 법률 제16768호로 개정되기 전의 것) 제5조 제8호에 근거하여 특별사법경찰관리로 지명된 공무원이 범죄수사를 위하여 음식점 등 영업소에 출입하여 증거수집 등 수사를 하는 경우에는 식품위생법 제22조 제3항이 정한 절차를 준수하지 않았다고 하여 위법하다고 할 수 없다(대법원 2023.7.13, 2021도10763).

♀solution 준수하여야 하는 것은 아니다.

[제2문]

판례 수사기관이 범죄를 수사하면서 현재 범행이 행하여지고 있거나 행하여진 직후이고, 증거보전의 필요성 및 긴급성이 있으며, 일반적으로 허용되는 상당한 방법으로 촬영한 경우라면 위 촬영이 영장 없이 이루어졌다 하여 이를 위법하다고 할 수 없다(대법원 1999.9.3, 99도2317). 특별사법경찰관이 범죄혐의가 포착된 상태에서 증거를 보전하기 위한 필요에 의하여 공개된 장소인 이 사건 영업소에 통상적인 방법으로 출입하여 이 사건 영업소 내에 있는 사람이라면 누구나 볼 수 있었던 손님들이 춤추는 모습을 촬영한 것은 영장 없이 이루어졌다고 하여 위법하다고 볼 수 없다(대법원 2023.7.13, 2021도10763).

♀solution 위법하다고 볼 수 없다.

●●●
030 피의자신문시 보호장비 해제 요구 및 부당한 신문방법에 대한 이의제기 등의 처리
• 국가7급 21, 변호사시험 21

> [제1문] 검사 또는 사법경찰관이 구금된 피의자를 신문할 때 피의자 또는 변호인으로부터 보호
>   장비를 해제해 달라는 요구를 받고도 거부한 조치는 형사소송법 제417조에서 정한 '구금
>   에 관한 처분'에 해당하는가?
> [제2문] 검사 또는 사법경찰관이 단지 변호인이 피의자신문 중에 부당한 신문방법에 대한 이의
>   제기를 하였다는 이유만으로 변호인을 조사실에서 퇴거시키는 조치는 정당한 사유 없
>   이 변호인의 피의자신문 참여권을 제한하는 것인가?

[제1문]

(판례) 형사소송법 제417조는 검사 또는 사법경찰관의 '구금에 관한 처분'에 불복이 있으면 법원에 그 처분의 취소 또는 변경을 청구할 수 있다고 규정하고 있다. 검사 또는 사법경찰관이 보호장비 사용을 정당화할 예외적 사정이 존재하지 않음에도 구금된 피의자에 대한 교도관의 보호장비 사용을 용인한 채 그 해제를 요청하지 않는 경우에, 검사 및 사법경찰관의 이러한 조치를 형사소송법 제417조에서 정한 '구금에 관한 처분'으로 보지 않는다면 구금된 피의자로서는 이에 대하여 불복하여 침해된 권리를 구제받을 방법이 없게 된다. 따라서 검사 또는 사법경찰관이 구금된 피의자를 신문할 때 피의자 또는 변호인으로부터 보호장비를 해제해 달라는 요구를 받고도 거부한 조치는 형사소송법 제417조에서 정한 '구금에 관한 처분'에 해당한다고 보아야 한다(대법원 2020.3.17, 2015모2357).

♀solution 해당한다.

[제2문]

(판례) 형사소송법 제243조의2 제1항은 검사 또는 사법경찰관은 피의자 또는 변호인 등이 신청할 경우 정당한 사유가 없는 한 변호인을 피의자신문에 참여하게 하여야 한다고 규정하고 있다. 여기에서 '정당한 사유'란 변호인이 피의자신문을 방해하거나 수사기밀을 누설할 염려가 있음이 객관적으로 명백한 경우 등을 말한다. 형사소송법 제243조의2 제3항 단서는 피의자신문에 참여한 변호인은 신문 중이라도 부당한 신문방법에 대하여 이의를 제기할 수 있다고 규정하고 있으므로, 검사 또는 사법경찰관의 부당한 신문방법에 대한 이의제기는 고성, 폭언 등 그 방식이 부적절하거나 또는 합리적 근거 없이 반복적으로 이루어지는 등의 특별한 사정이 없는 한, 원칙적으로 변호인에게 인정된 권리의 행사에 해당하며, 신문을 방해하는 행위로는 볼 수 없다. 따라서 검사 또는 사법경찰관이 그러한 특별한 사정 없이, 단지 변호인이 피의자신문 중에 부당한 신문방법에 대한 이의제기를 하였다는 이유만으로 변호인을 조사실에서 퇴거시키는 조치는 정당한 사유 없이 변호인의 피의자신문 참여권을 제한하는 것으로서 허용될 수 없다(대법원 2020.3.17, 2015모2357).

보충 검사가 조사실에서 피의자를 신문할 때 도주, 자해, 다른 사람에 대한 위해 등 형의 집행 및 수용자의 처우에 관한 법률 제97조 제1항 각호에 규정된 위험이 분명하고 구체적으로 드러나는 경우에만 예외적으로 보호장비를 사용하여야 하고, 검사가 조사실에서 피의자를 신문할 때 피의자에게 위와 같은 특별한 사정이 없는 이상 교도관에게 보호장비의 해제를 요청할 의무가 있고, 교도관은 이에 응하여야 한다.

♀solution 제한하는 것이다.

CHAPTER

02 강제처분과 강제수사

1 체포와 구속

031 체포절차의 적법 여부가 문제된 사건

> 긴급을 요하여 체포영장을 제시하지 않은 채 체포영장에 기한 체포 절차에 착수하였으나, 이에 피고인이 저항하면서 경찰관을 폭행하는 등 행위를 하여 특수공무집행방해의 현행범으로 체포한 후 체포영장을 별도로 제시하지 않은 것이 적법한가?

(판례) 원심은 ① 피고인에 대해 성폭력처벌법 위반(비밀준수 등) 범행으로 체포영장이 발부되어 있었던 사실, ② '피고인의 차량이 30분 정도 따라온다'는 내용의 112신고를 받고 현장에 출동한 경찰관들이 승용차에 타고 있던 피고인의 주민등록번호를 조회하여 피고인에 대한 체포영장이 발부된 것을 확인한 사실, ③ 경찰관들이 피고인에게 '성폭력처벌법위반으로 수배가 되어 있는바, 변호인을 선임할 수 있고 묵비권을 행사할 수 있으며, 체포적부심을 청구할 수 있고 변명의 기회가 있다'고 고지하며 하차를 요구한 사실을 인정한 후, 이 사건 당시 경찰관들이 체포영장을 소지할 여유 없이 우연히 그 상대방을 만난 경우로서 체포영장의 제시 없이 체포영장을 집행할 수 있는 '급속을 요하는 때'에 해당하므로, 경찰관들이 체포영장의 제시 없이 피고인을 체포하려고 시도한 행위는 적법한 공무집행이라고 판단하였다.

나아가 원심은, 위와 같이 경찰관들이 체포영장을 근거로 체포절차에 착수하였으나 피고인이 흥분하며 타고 있던 승용차를 출발시켜 경찰관들에게 상해를 입히는 범죄를 추가로 저지르자, 경찰관들이 위 승용차를 멈춘 후 저항하는 피고인을 별도 범죄인 특수공무집행방해치상의 현행범으로 체포한 사실을 인정한 후, 이와 같이 경찰관이 체포영장에 기재된 범죄사실이 아닌 새로운 피의사실인 특수공무집행방해치상을 이유로 피고인을 현행범으로 체포하였고, 현행범 체포에 관한 제반 절차도 준수하였던 이상 피고인에 대한 체포 및 그 이후 절차에 위법이 없다고 판단한 후, 이 사건 공소사실을 유죄로 판단한 제1심판결을 그대로 유지하였다. 원심이 든 위 사정들과 함께 이 사건 당시 체포영장에 의한 체포절차가 착수된 단계에 불과하였고, 피고인에 대한 체포가 체포영장과 관련 없는 새로운 피의사실인 특수공무집행방해치상을 이유로 별도의 현행범 체포 절차에 따라 진행된 이상, 집행 완료에 이르지 못한 체포영장을 사후에 피고인에게 제시할 필요는 없는 점까지 더하여 보면, 피고인에 대한 체포절차가 적법하다는 원심의 판단이 타당하다(대법원 2021.6.24, 2021도4648).

🔑 solution 적법하다.

●●○
032 사법경찰리가 현행범인 체포된 피의자에 대하여 구속영장 발부일로부터 만 3일이 경과하여 구속영장 원본 제시에 의한 구속영장을 집행한 사건

> 피의자에 대한 구속영장의 제시와 집행이 그 발부시로부터 정당한 사유 없이 지체되어 이루어진 경우, 구속영장의 유효기간 내에 집행되었더라도 구속영장을 지체 없이 집행하지 않은 기간 동안의 체포 내지 구금 상태가 위법한가?

[판례] 구속영장청구를 받은 판사는 신속히 구속영장의 발부 여부를 결정하여야 하고, 상당하다고 인정할 때에는 구속영장을 발부한다(제201조 제3항, 제4항). 구속영장은 검사의 지휘에 의하여 사법경찰관리가 집행하고(제209조, 제81조 제1항 본문), 구속영장을 집행함에는 피의자에게 반드시 이를 제시하고 피의사실의 요지, 구속의 이유와 변호인을 선임할 수 있음을 말하고 변명할 기회를 주어야 하며(제209조, 제85조 제1항, 제200조의5), 피의자를 구속한 때에는 변호인 또는 변호인선임권자 중 피의자가 지정한 자에게 피의사건명, 구속일시 · 장소, 피의사실의 요지, 구속의 이유와 변호인을 선임할 수 있는 취지를 지체 없이 서면으로 통지하여야 한다(제209조, 제87조 제1항, 제2항). 위와 같은 헌법이 정한 적법절차와 영장주의 원칙, 형사소송법이 정한 체포된 피의자의 구금을 위한 구속영장의 청구, 발부, 집행절차에 관한 규정을 종합하면, 법관이 검사의 청구에 의하여 체포된 피의자의 구금을 위한 구속영장을 발부하면 **검사와 사법경찰관리는 지체 없이 신속하게 구속영장을 집행하여야 한다.** 피의자에 대한 구속영장의 제시와 집행이 그 발부시로부터 **정당한 사유 없이 시간이 지체되어 이루어졌다면, 구속영장이 그 유효기간 내에 집행되었다고 하더라도 위 기간 동안의 체포 내지 구금 상태는 위법하다**(대법원 2021.4.29, 2020도16438).

[보충] 사법경찰리가 현행범인 체포된 피의자에 대하여 구속영장 발부일로부터 만 3일이 경과하여 구속영장 원본 제시에 의한 구속영장을 집행한 사안에서, 사법경찰리의 피고인에 대한 구속영장 집행은 지체 없이 이루어졌다고 볼 수 없고, 구속영장이 주말인 토요일에 발부되어 담당경찰서의 송치담당자가 월요일 일과시간 중 이를 받아왔고 피고인에 대한 사건 담당자가 외근 수사 중이어서 화요일에 구속영장 원본 제시에 의한 집행을 한 사정은 구속영장 집행 지연에 대한 정당한 사유에 해당하지 않는다고 보아 구속영장의 집행이 정당한 사유 없이 지체된 기간 동안의 피고인에 대한 체포 내지 구금 상태는 위법하다고 판단한 사례이다(다만, 피고인에 대한 구속영장 집행이 위법하더라도 그로 인하여 피고인의 방어권, 변호권이 본질적으로 침해되어 원심판결의 정당성마저 인정하기 어렵다고 보이는 정도에 이르지 않았다고 보아 피고인의 상고를 기각한 사례이기도 하다).

♀solution 위법하다.

●●○
033 **변호인 되려는 자의 접견교통권을 침해한 사건**　　•경찰간부 20, 국가7급 20 · 21, 경찰1차 21

> 다음은 변호인 접견불허 위헌확인 등에 관한 헌법재판소 2019.2.28, 2015헌마1204 결정례를 문제로 만든 것이다. 잘 읽고 물음에 답하시오.
>
> [사건개요] 피의자 윤○현은 2015.10.5. 19:00경 체포영장에 의하여 체포되어 구속영장이 청구되었다. 변호사인 청구인은 위 피의자 가족들의 의뢰를 받아 2015.10.6. 17:00경 사건을 수사 중인 피청구인 ○○지방검찰청 검사(이하 '피청구인 검사'라고 한다)에게 변호인 접견이 가능한지 전화로 문의한 후, 같은 날 19:00경 접견신청서를 지참한 채 ○○지방검찰청 ○○호 검사실을 방문하여 피청구인 검사에게 변호인 접견신청을 하였다. 위 피의자 호송을 담당한 피청구인 ○○구치소 교도관(이하 '피청구인 교도관'이라고 한다)은 같은 날 17:00경 피청구인 검사실에서 위 피의자

를 인계받아 검찰청 내 구치감에 대기시켰다가, 같은 날 19:10경 피청구인 검사로부터 야간 피의자신문을 위한 피의자 소환을 요청받고 위 피의자를 검사실로 인치하였다. 피청구인 검사는 피청구인 교도관에게 청구인의 접견신청이 있었음을 알렸고, 피청구인 교도관은 ○○구치소 변호인 접견 담당직원에게 그 처리 절차에 관하여 문의한 후, 청구인에게 '형의 집행 및 수용자의 처우에 관한 법률 시행령' 제58조 제1항에 따라 '국가공무원 복무규정'상 근무시간(09:00~18:00)이 경과하여 변호인 접견을 허용할 수 없다고 통보하였다. 피청구인 검사는 그 후 청구인의 접견신청에 대하여 더 이상의 조치를 취하지 아니하였고, 청구인은 검사실에서 머무르다가 결국 위 피의자를 접견하지 못한 채로 퇴실하였다. 피청구인 검사는 청구인이 퇴실한 이후 위 피의자에 대한 신문을 계속하였으며, 청구인은 위 피의자의 변호인으로 선임되지는 못하였다. 청구인은 위와 같이 변호인 접견신청을 불허한 피청구인들의 행위와 피청구인 교도관이 그 법적 근거로 삼은 '형의 집행 및 수용자의 처우에 관한 법률 시행령' 제58조 제1항이 자신의 기본권을 침해하였다고 주장하면서, 2015. 12.28. 이 사건 헌법소원심판을 청구하였다.

보충 피청구인 검사는 청구인의 접견신청 사실을 교도관에게 알렸을 뿐이고, 담당교도관이 청구인과 피의자 윤○현의 접견을 거부한 이후 청구인이 위 피의자와 접견하기 위해 검사실에서 계속 머물렀음에도 불구하고, 검사실이나 별도로 마련된 변호인 접견실에서 접견이 이루어질 수 있도록 하는 등의 조치를 취하지 않았다. 이와 같이 담당교도관의 접견 불허 통보 이후 피청구인 검사가 별다른 조치를 취하지 아니한 것은 실질적으로 청구인의 접견신청을 불허한 것과 동일하게 평가할 수 있으므로(헌재 1991.7.8. 89헌마181; 대법원 1990.2.13. 89모37; 대법원 1991.3.28. 91모24), 이 사건 검사의 접견불허행위는 헌법소원의 대상이 되는 공권력의 행사로서 존재한다고 할 것이다.

[제1문] 변호인 되려는 자의 피의자와의 접견교통권은 헌법상 기본권인가?

[제2문] 변호인 되려는 자의 접견신청을 불허한 검사의 처분은 형사소송법 제417조의 준항고의 대상이다. 그럼에도 불구하고 변호인 되려는 자는 위 준항고를 제기하지 아니한 채 헌법소원심판을 청구하였다. 이러한 헌법소원심판청구는 적법한가?

[제3문] 이 사건에서 검사의 접견불허행위는 변호인 되려는 자의 접견교통권을 침해한 것인가?

[제1문]

[결정례] 구속된 피의자 등의 변호인 조력을 받을 권리를 헌법상 기본권으로 인정하는 이유 및 그 필요성(헌재 1995.7.21. 92헌마144 참조)은 체포된 피의자 등의 경우에도 마찬가지이다. 헌법 제12조 제4항 본문은 체포 또는 구속을 당한 때에 "즉시" 변호인의 조력을 받을 권리를 가진다고 규정함으로써 변호인이 선임되기 이전에도 피의자 등에게 변호인의 조력을 받을 권리가 있음을 분명히 하고 있다. 이와 같이 아직 변호인을 선임하지 않은 피의자 등의 변호인 조력을 받을 권리는 변호인 선임을 통하여 구체화되는데, 피의자 등의 변호인선임권은 변호인의 조력을 받을 권리의 출발점이자 가장 기초적인 구성부분으로서 법률로써도 제한할 수 없는 권리이다(헌재 2004.9.23. 2000헌마138 참조). 따라서 **변호인 선임을 위하여 피의자 등이 가지는 '변호인이 되려는 자'와의 접견교통권 역시 헌법상 기본권으로 보호되어야 한다.** …… '변호인이 되려는 자'의 접견교통권은 피의자 등을 조력하기 위한 핵심적인 부분으로서, 피의자 등이 가지는 헌법상의 기본권인 '변호인이 되려는 자'와의 접견교통권과 표리의 관계에 있다고 할 것이다. 결론적으로, **'변호인이 되려는 자'의 접견교통권**은 피의자 등을 조력하기 위한 핵심적인 권리로서, 피의자 등이 가지는 '변호인이 되려는 자'의 조력을 받을 권리가 실질적으로 확보되기 위하여 이 역시 **헌법상 기본권으로서** 보장되어야 한다(헌법재판소 2019.2.28. 2015헌마1204).

Ꝑsolution 헌법상 기본권이다.

[제2문]

[결정례] (보충성원칙의 예외 인정 여부) 헌법소원은 다른 법률에 구제절차가 있는 경우에는 그 절차를 모두 거친 후에 심판청구를 하여야 하는데(헌법재판소법 제68조 제1항 단서), 다만 청구인이 그의 불이익으로 돌릴 수 없는 정당한 이유가 있는 착오로 전심절차를 밟지 않은 경우 또는 전심절차로 권리가 구제될 가능성이 거의 없거나 권리구체절차가 허용되는지 여부가 객관적으로 불확실하여 전심절차 이행의 기대가능성이 없는 경우에는 보충성의 예외로서 적법한 청구로 인정된다(헌재 1989.9.4, 88헌마22; 2008.5.29, 2007헌마712 등 참조). …… 대법원은 수사기관의 접견불허처분의 취소를 구하는 준항고에도 법률상 이익이 있어야 하고, 소송계속 중 준항고로써 달성하고자 하는 목적이 이미 이루어졌거나 시일의 경과 또는 그 밖의 사정으로 인하여 그 이익이 상실된 경우에는 준항고는 그 이익이 없어 부적법하게 된다고 보면서도(대법원 1999.6.14, 98모121; 2014.4.15, 2014모686 결정 참조), 그에 관한 구체적 기준을 제시하지 않고 있다. 따라서 사건 당일 종료된 이 사건 검사의 접견불허행위에 대하여 청구인이 그 취소를 구하는 준항고를 제기할 경우 법원이 법률상 이익이 결여되었다고 볼 것인지 아니면 실체 판단에 나아갈 것인지가 객관적으로 불확실하여 청구인으로 하여금 전심절차를 이행할 것을 기대하기 어려운 경우에 해당한다. 결론적으로, 이 부분 심판청구는 보충성의 예외로서 적법한 청구로 인정되어야 한다(헌법재판소 2019.2.28, 2015헌마1204).

♀solution 적법하다.

[제3문]

[결정례] 형집행법 제41조 제4항의 위임을 받은 이 사건 접견시간 조항은 수용자의 접견을 '국가공무원 복무규정'에 따른 근무시간 내로 한정함으로써 피의자와 변호인 등의 접견교통을 제한하고 있으나, 앞서 본 바와 같이 위 조항은 교도소장 · 구치소장이 그 허가 여부를 결정하는 변호인 등의 접견신청의 경우에 적용되는 것으로서, 검사 또는 사법경찰관이 그 허가 여부를 결정하는 피의자신문 중 변호인 등의 접견신청의 경우에는 적용되지 않으므로, 위 조항을 근거로 변호인 등의 접견신청을 불허하거나 제한할 수는 없다고 할 것이다. 따라서 이 사건 검사의 접견불허행위는 헌법이나 법률의 근거 없이 이루어졌다고 할 것이다. 결국 청구인의 피의자 윤○현에 대한 접견신청은 '변호인이 되려는 자'에게 보장된 접견교통권의 범위 내에서 행사된 것이고, 또한 이 사건 검사의 접견불허행위는 헌법이나 법률의 근거 없이 이루어진 것이므로, 청구인의 접견교통권을 침해하였다고 할 것이다.

보충 [위 결정례의 주문] 2015.10.6. 19:00경 ○○지방검찰청 ○○호 검사실에서 청구인과 피의자 윤○현의 접견을 허용하기 위한 조치를 취하지 않은 피청구인 ○○지방검찰청 검사의 행위는 변호인이 되려는 청구인의 접견교통권을 침해한 것으로서 헌법에 위반됨을 확인한다. (이 사건 검사의 접견불허행위는 헌법에 위반되어 취소되어야 할 것이나, 위 접견불허행위가 이미 종료되었으므로 동일 또는 유사한 기본권 침해의 반복을 방지하기 위하여 선언적 의미에서 그에 대한 위헌확인을 한 것임)

♀solution 침해한 것이다.

034 구속집행정지에 부가될 수 있는 조건

> 전자장치의 부착을 피고인에 대한 구속집행정지의 조건으로 부가할 수 있는가?

[판례] 군사법원법 제141조 제2항은 피고인에 대한 구속집행정지에 관하여 '피고인이 영내거주자이면 그 소속 부대장에게 부탁하고, 영내거주자가 아니면 친족 · 보호단체 그 밖의 적당한 사람에게 부탁하거나 피고인의 주거를 제한'하도록 규정한다. 이때 구속집행정지 제도의 취지에 부합한다면 피고인의 도주 방지 및 출석을 확보하기 위하여 예컨대, 전자장치의 부착을 구속집행정지의 조건으로 부가할 수도 있다(대법원 2022.11.22, 2022모1799).

보충 피고인에 대한 구속집행정지는 상당한 이유가 있을 때 법원이 직권으로 제반 사정을 고려하여 피고인의 구속 상태를 잠정적으로 해제하는 것이다. 가장 중한 기본권 제한인 구속을 예외적으로 해제하면서 다시 구속될 것을 담보하기 위해 일정한 조건을 부가하는 것은 구속집행정지의 성질상 당연히 허용된다고 보아야 한다. 구속의 목적을 달성하는 데 지장이 없다면 일정한 조건을 부가하더라도 구속집행을 정지하는 것이 피고인에게 더 유리하기 때문이다. …… 구속집행정지의 구체적인 조건은 보석의 조건이 성질에 반하지 않는 한 적용될 수 있다. 구속집행정지 제도는 불구속재판의 원칙과 무죄추정의 원칙을 구현하기 위한 보석 제도를 보충하는 기능을 하므로 본질적으로 보석과 같은 성격을 띠고 있기 때문이다.

ⓈSolution 부가할 수 있다.

2 압수 · 수색 · 검증 · 감정

●●○

035 마약류 불법거래 방지법에 따른 검사의 요청으로 세관장이 행하는 조치 사건

• 경찰2차 18, 경찰1차 20, 경찰간부 20

> 다음은 대법원 2017.7.18, 2014도8719 판례를 문제로 만든 것이다. 잘 읽고 물음에 답하시오.
> [제1문] 수출입물품을 검사하는 과정에서 마약류가 감추어져 있다고 밝혀지거나 그러한 의심이 드는 경우, 마약류 불법거래 방지에 관한 특례법 제4조 제1항에 따라 검사의 요청으로 세관장이 행하는 조치에 영장주의 원칙이 적용될 수 있는가?
> [제2문] 마약류 불법거래 방지에 관한 특례법 제4조 제1항에 따른 조치의 일환으로 특정한 수출입물품을 개봉하여 검사하고 그 내용물의 점유를 취득한 행위는 압수 또는 수색에 해당하여 사전 또는 사후에 영장을 받아야 하는가?

[제1문]

판례 수사기관에 의한 압수 · 수색의 경우 헌법과 형사소송법이 정한 적법절차와 영장주의 원칙은 법률에 따라 허용된 예외사유에 해당하지 않는 한 관철되어야 한다. 세관공무원이 수출입물품을 검사하는 과정에서 마약류가 감추어져 있다고 밝혀지거나 그러한 의심이 드는 경우, 검사는 마약류의 분산을 방지하기 위하여 충분한 감시체제를 확보하고 있어 수사를 위하여 이를 외국으로 반출하거나 대한민국으로 반입할 필요가 있다는 요청을 세관장에게 할 수 있고, 세관장은 그 요청에 응하기 위하여 필요한 조치를 할 수 있다(마약류 불법거래 방지에 관한 특례법 제4조 제1항). 그러나 **이러한 조치가 수사기관에 의한 압수 · 수색에 해당하는 경우에는 영장주의 원칙이 적용된다.**

ⓈSolution 적용될 수 있다.

[제2문]

판례 ① 물론 수출입물품 통관검사절차에서 이루어지는 물품의 개봉, 시료채취, 성분분석 등의 검사는 수출입물품에 대한 적정한 통관 등을 목적으로 조사를 하는 것으로서 이를 수사기관의 강제처분이라고 할 수 없으므로, 세관공무원은 압수 · 수색영장 없이 이러한 검사를 진행할 수 있다. 세관공무원이 통관검사를 위하여 직무상 소지하거나 보관하는 물품을 수사기관에 임의로 제출한 경우에는 비록 소유자의 동의를 받지 않았더라도 수사기관이 강제로 점유를 취득하지 않은 이상 해당 물품을 압수하였다고 할 수 없다. ② 그러나 마약류 불법거래 방지에 관한 특례법 제4조 제1항에 따른 조치의 일환으로 특정한 수출입물품을 개봉하여 검사하고 그 내용물의 점유를 취득한 행위는 위에서 본 수출입물품에 대한 적정한 통관 등을 목적으로 조사를 하는 경우와는 달리, 범죄수사인 압수 또는 수색에 해당하여 사전 또는 사후에 영장을 받아야 한다.

⌈solution 사전 또는 사후에 영장을 받아야 한다.

---

036 **피의자의 동생이 피의자로 기재된 압수 · 수색영장 집행의 적법성**   • 변호사시험 24

> (아동 · 청소년 이용 음란물 제작, 배포, 소지 등으로 기소된) 피의자의 동생이 피의자로 기재된 압수 · 수색영장으로 피의자 소유의 정보저장매체를 압수한 영장 집행은 적법한가?

[판례] 헌법과 형사소송법이 구현하고자 하는 적법절차와 영장주의의 정신에 비추어 볼 때, 법관이 압수 · 수색영장을 발부하면서 '압수할 물건'을 특정하기 위하여 기재한 문언은 엄격하게 해석하여야 하고, 함부로 피압수자 등에게 불리한 내용으로 확장 또는 유추 해석하여서는 안 된다(대법원 2009.3.12, 2008도763 등). 따라서 피고인이 아닌 사람을 피의자로 하여 발부된 이 사건 영장을 집행하면서 피고인 소유의 이 사건 휴대전화 등을 압수한 것은 위법하다(대법원 2021.7.29, 2020도14654).

[보충] 피의자가 휴대전화를 임의제출하면서 휴대전화에 저장된 전자정보가 아닌 클라우드 등 제3자가 관리하는 원격지에 저장되어 있는 전자정보를 수사기관에 제출한다는 의사로 수사기관에게 클라우드 등에 접속하기 위한 아이디와 비밀번호를 임의로 제공하였다면 위 클라우드 등에 저장된 전자정보를 임의제출하는 것으로 볼 수 있다.

[보충] 영장에 기재된 문언에 반하여 피고인이 아닌 피고인의 동생을 피의자로 하여 발부된 이 사건 영장을 집행하면서 피고인 소유의 이 사건 휴대전화 등을 압수한 것은 위법하다고 선언하면서도, 위법하게 압수된 휴대전화 등에서 취득한 증거가 아닌 임의제출된 다른 휴대전화 및 그에 연결된 클라우드 등 제3자가 관리하는 원격지에 저장된 증거(아동 · 청소년음란물)를 유죄의 증거로 사용하였으므로 원심의 위와 같은 잘못은 판결 결과에 영향이 없다는 이유로 피고인의 상고를 기각한 사례이다.

⌈solution 적법하지 않다.

---

037 **압수 · 수색영장의 범죄 혐의사실과 '관계있는 범죄'의 의미 및 범위**
   • 경찰1차 20, 국가7급 21, 법원9급 21

[판례] 형사소송법 제215조 제1항은 "검사는 범죄수사에 필요한 때에는 피의자가 죄를 범하였다고 의심할 만한 정황이 있고 해당 사건과 관계가 있다고 인정할 수 있는 것에 한정하여 지방법원판사에게 청구하여 발부받은 영장에 의하여 압수, 수색 또는 검증을 할 수 있다."라고 정하고 있다. 따라서 영장 발부의 사유로 된 범죄 혐의사실과 무관한 별개의 증거를 압수하였을 경우 이는 원칙적으로 유죄 인정의 증거로 사용할 수 없다. 그러나 압수 · 수색의 목적이 된 범죄나 이와 관련된 범죄의 경우에는 그 압수 · 수색의 결과를 유죄의 증거로 사용할 수 있다. 압수 · 수색영장의 범죄 혐의사실과 관계있는 범죄라는 것은 압수 · 수색영장에 기재한 혐의사실과 객관적 관련성이 있고 압수 · 수색영장 대상자와 피의자 사이에 인적 관련성이 있는 범죄를 의미한다. 그중 혐의사실과의 객관적 관련성은 압수 · 수색영장에 기재된 혐의사실 자체 또는 그와 기본적 사실관계가 동일한 범행과 직접 관련되어 있는 경우는 물론 범행 동기와 경위, 범행 수단과 방법, 범행 시간과 장소 등을 증명하기 위한 간접증거나 정황증거 등으로 사용될 수 있는 경우에도 인정될 수 있다. 그 관련성은 압수 · 수색영장에 기재된 혐의사실의 내용과 수사의 대상, 수사 경위 등을 종합하

여 구체적·개별적 연관관계가 있는 경우에만 인정되고, 혐의사실과 단순히 동종 또는 유사 범행이라는 사유만으로 관련성이 있다고 할 것은 아니다. 그리고 피의자와 사이의 인적 관련성은 압수·수색영장에 기재된 대상자의 공동정범이나 교사범 등 공범이나 간접정범은 물론 필요적 공범 등에 대한 피고사건에 대해서도 인정될 수 있다(대법원 2017.12.5, 2017도13458).

●●●
038 압수·수색영장에 기하여 허용되는 압수의 대상 및 그 범위와 더불어, 압수된 증거물을 영장 발부의 사유가 된 범죄 혐의사실 이외의 다른 범죄사실을 뒷받침하는 증거로 쓰기 위한 요건 중 '객관적 관련성'이 충족되었는지가 문제된 사건
• 경찰2차 20, 법원9급 21

(판례) 형사소송법 제215조 제1항은 "검사는 범죄수사에 필요한 때에는 피의자가 죄를 범하였다고 의심할 만한 정황이 있고 해당 사건과 관계가 있다고 인정할 수 있는 것에 한정하여 지방법원판사에게 청구하여 발부받은 영장에 의하여 압수, 수색 또는 검증을 할 수 있다."라고 정하고 있다. 따라서 영장 발부의 사유로 된 범죄 혐의사실과 무관한 별개의 증거를 압수하였을 경우 이는 원칙적으로 유죄 인정의 증거로 사용할 수 없다. 그러나 압수·수색의 목적이 된 범죄나 이와 관련된 범죄의 경우에는 그 압수·수색의 결과를 유죄의 증거로 사용할 수 있다. 압수·수색영장의 범죄 혐의사실과 관계있는 범죄라는 것은 압수·수색영장에 기재한 혐의사실과 객관적 관련성이 있고 압수·수색영장 대상자와 피의자 사이에 인적 관련성이 있는 범죄를 의미한다. 그중 혐의사실과의 객관적 관련성은 압수·수색영장에 기재된 혐의사실 자체 또는 그와 기본적 사실관계가 동일한 범행과 직접 관련되어 있는 경우는 물론 범행 동기와 경위, 범행 수단과 방법, 범행 시간과 장소 등을 증명하기 위한 간접증거나 정황증거 등으로 사용될 수 있는 경우에도 인정될 수 있다. 이러한 객관적 관련성은 압수·수색영장에 기재된 혐의사실의 내용과 수사의 대상, 수사 경위 등을 종합하여 구체적·개별적 연관관계가 있는 경우에만 인정된다고 보아야 하고, 혐의사실과 단순히 동종 또는 유사 범행이라는 사유만으로 객관적 관련성이 있다고 할 것은 아니다. …… 피고인이 2018.5.6.경 피해자 갑(여, 10세)에 대하여 저지른 간음유인미수 및 성폭력범죄의 처벌 등에 관한 특례법(이하 '성폭력처벌법'이라고 한다) 위반(통신매체이용음란) 범행과 관련하여 수사기관이 피고인 소유의 휴대전화를 압수하였는데, 위 휴대전화에 대한 디지털정보분석 결과 피고인이 2017.12.경부터 2018.4.경까지 사이에 저지른 피해자 을(여, 12세), 병(여, 10세), 정(여, 9세)에 대한 간음유인 및 간음유인미수, 미성년자의제강간, 성폭력처벌법 위반(13세미만미성년자강간), 성폭력처벌법 위반(통신매체이용음란) 등 범행에 관한 추가 자료들이 획득되어 그 증거능력이 문제 된 경우, 위 휴대전화는 피고인이 긴급체포되는 현장에서 적법하게 압수되었고, 형사소송법 제217조 제2항에 의해 발부된 법원의 사후 압수·수색·검증영장(이하 '압수·수색영장'이라고 한다)에 기하여 압수 상태가 계속 유지되었으며, 압수·수색영장에는 범죄사실란에 갑에 대한 간음유인미수 및 통신매체이용음란의 점만이 명시되었으나, 법원은 계속 압수·수색·검증이 필요한 사유로서 영장 범죄사실에 관한 혐의의 상당성 외에도 추가 여죄수사의 필요성을 포함시킨 점, 압수·수색영장에 기재된 혐의사실은 미성년자인 갑에 대하여 간음행위를 하기 위한 중간 과정 내지 그 수단으로 평가되는 행위에 관한 것이고 나아가 피고인은 형법 제305조의2 등에 따라 상습범으로 처벌될 가능성이 완전히 배제되지 아니한 상태였으므로, 추가 자료들로 밝혀지게 된 을, 병, 정에 대한 범행은 압수·수색영장에 기재된 혐의사실과 기본적 사실관계가 동일한 범행에 직접 관련되어 있는 경우라고 볼 수 있으며, 실제로 2017.12.경부터 2018.4.경까지 사이에 저질러진 추가 범행들은, 압수·수색영장에 기재된 혐의사실의 일시인 2018.5.7.과 시간적으로 근접할 뿐만 아니라, 피고인이 자신의 성적 욕망을 해소하기 위하여 미성년자인 피해자들을 대상으로 저지른 일련의 성범죄로서 범행 동기, 범행 대상, 범행의 수단과 방법이 공통되는 점, 추가 자료들은 압수·수색영장의 범죄사실 중 간음유인죄의 '간음할 목적'이나 성폭력처벌법 위반(통신매체이용음란)죄의 '자기 또는 다른 사람의 성적 욕망을 유발하거나 만족시킬 목적'을 뒷받침하

는 간접증거로 사용될 수 있었고, 피고인이 영장 범죄사실과 같은 범행을 저지른 수법 및 준비과정, 계획 등에 관한 정황증거에 해당할 뿐 아니라, 영장 범죄사실 자체에 대한 피고인 진술의 신빙성을 판단할 수 있는 자료로도 사용될 수 있었던 점 등을 종합하면, 추가 자료들로 인하여 밝혀진 피고인의 을, 병, 정에 대한 범행은 압수 · 수색영장의 범죄사실과 단순히 동종 또는 유사 범행인 것을 넘어서서 이와 구체적 · 개별적 연관관계가 있는 경우로서 객관적 · 인적 관련성을 모두 갖추었다는 이유로, 같은 취지에서 추가 자료들은 위법하게 수집된 증거에 해당하지 않으므로 압수 · 수색영장의 범죄사실뿐 아니라 추가 범행들에 관한 증거로 사용할 수 있다고 본 원심판단은 정당하다(대법원 2020.2.13, 2019도14341, 2019전도130).

039 피고인이 여러 남자 아동 · 청소년들을 상대로 성적 학대행위, 촬영행위를 하고 그 외에 아동 · 청소년이용음란물을 소지하였다는 혐의로 기소된 사건에서 압수수색영장 기재 범죄사실과 다른 피해자들에 대한 공소사실 사이에 객관적 관련성이 인정되는지 여부

[판례] 전자정보 또는 전자정보저장매체에 대한 압수수색에서 혐의사실과 관련된 전자정보인지 여부를 판단할 때는 혐의사실의 내용과 성격, 압수수색의 과정 등을 토대로 구체적 · 개별적 연관관계를 살펴볼 필요가 있다. 특히 카메라의 기능과 전자정보저장매체의 기능을 함께 갖춘 휴대전화인 스마트폰을 이용한 불법촬영 등 범죄와 같이 범죄의 속성상 해당 범행의 상습성이 의심되거나 성적 기호 내지 경향성의 발현에 따른 일련의 범행의 일환으로 이루어진 것으로 의심되고, 범행의 직접 증거가 스마트폰 안에 이미지 파일이나 동영상 파일의 형태로 남아 있을 개연성이 있는 경우에는 그 안에 저장되어 있는 같은 유형의 전자정보에서 그와 관련한 유력한 간접증거나 정황증거가 발견될 가능성이 높다는 점에서 **이러한 간접증거나 정황증거는 혐의사실과 구체적 · 개별적 연관관계를 인정할 수 있다.** 이처럼 범죄의 대상이 된 피해자의 인격권을 현저히 침해하는 성격의 전자정보를 담고 있는 촬영물은 범죄행위로 인해 생성된 것으로서 몰수의 대상이기도 하므로, 휴대전화에서 해당 전자정보를 신속히 압수수색하여 촬영물의 유통가능성을 적시에 차단함으로써 피해자를 보호할 필요성이 크다. 나아가 이와 같은 경우에는 간접증거나 정황증거이면서 몰수의 대상이자 압수수색의 대상인 전자정보의 유형이 이미지 파일 내지 동영상 파일 등으로 비교적 명확하게 특정되어 그와 무관한 사적 전자정보 전반의 압수수색으로 이어질 가능성이 적어 상대적으로 폭넓게 관련성을 인정할 여지가 많다는 점에서도 그렇다(대법원 2021.11.18, 2016도348 전원합의체). …… 수사기관은 피해자 A에 대한 강제추행과 카메라 이용 촬영을 범죄사실로 하여 피고인의 휴대전화 등에 대한 압수수색영장을 발부받았고, 그 집행과정에서 피해자 A에 대한 범죄사실 외에도 다른 피해자들에 대한 범죄사실과 관련한 전자정보를 압수하여, 피고인은 피해자 A에 대한 음란물 제작과 성적 학대행위를 포함하여 다른 피해자들에 대한 여러 범죄사실로 공소제기되었는데, 위 압수수색영장은 피해자 A에 대한 범죄사실과 관련한 직접증거뿐 아니라 그 증명에 도움이 되는 간접증거 또는 정황증거를 확보하기 위한 것이라고 볼 수 있고, 그 압수수색영장에 따라 압수된 전자정보 및 그 분석결과 등은 혐의사실의 간접증거 또는 정황증거로 사용될 수 있는 경우에 해당하여 압수수색영장 기재 혐의사실과의 객관적 관련성이 인정된다(대법원 2021.11.25, 2021도10034).

040 압수 · 수색영장의 범죄 혐의사실과 '객관적 관련성' 및 압수 · 수색집행과정의 참여권

[판례] 피고인의 2018.3.10.자 성폭력범죄의처벌등에관한특례법위반(카메라등이용촬영) 등 혐의로 발부된 압수 · 수색영장에 기하여 압수된 피고인의 휴대전화에서 2018.3.9.자 및 2018.4.2.자 각 동종 범행으로

촬영된 사진, 동영상이 발견되었고, 검사가 2018.3.9.자 및 2018.4.2.자 각 범행을 기소하면서 이를 유죄의 증거로 제출하였는데, 원심이 영장 혐의사실과 객관적 관련성이 인정되지 아니하고 또한 피고인의 참여권도 보장되지 아니하여 위법수집증거라는 이유로 증거능력을 부정한 사안에서, 범행의 일시·간격, 간접증거 내지 정황증거로 사용될 가능성, 수사의 대상과 경위 등에 비추어 구체적·개별적 연관관계가 있어 객관적 관련성은 인정되나 참여권이 보장되지 아니하여 여전히 위법수집증거에 해당하므로 원심판결에 객관적 관련성에 관한 법리를 오해한 잘못이 있더라도 위 잘못이 판결에 영향은 없다(대법원 2021.12.30, 2019도10309).

•••

041 마약 사범에 대한 영장에 의한 모발, 소변의 압수의 적법 여부와 2차적 증거의 증거능력이 문제된 사건 1: 해당 사건과의 관련성

> 필로폰 교부의 혐의사실로 발부된 압수·수색영장에 따라 피의자의 소변, 모발을 압수하였고 그에 대한 감정 결과 필로폰 투약 사실이 밝혀져 필로폰 투약에 대한 공소가 제기된 경우, 압수·수색영장에 의하여 압수한 피고인의 소변 및 모발과 그에 대한 감정 결과 등은 증거로 사용할 수 있는가?

[판례] 형사소송법 제215조 제1항은 "검사는 범죄수사에 필요한 때에는 피의자가 죄를 범하였다고 의심할 만한 정황이 있고 해당 사건과 관계가 있다고 인정할 수 있는 것에 한정하여 지방법원판사에게 청구하여 발부받은 영장에 의하여 압수, 수색 또는 검증을 할 수 있다."라고 규정하고 있다. 따라서 영장 발부의 사유로 된 범죄 혐의사실과 무관한 별개의 증거를 압수하였을 경우 이는 원칙적으로 유죄 인정의 증거로 사용할 수 없다. 그러나 압수·수색의 목적이 된 범죄나 이와 관련된 범죄의 경우에는 그 압수·수색의 결과를 유죄의 증거로 사용할 수 있다. 압수·수색영장의 범죄 혐의사실과 관계있는 범죄라는 것은 압수·수색영장에 기재한 혐의사실과 객관적 관련성이 있고 압수·수색영장 대상자와 피의자 사이에 인적 관련성이 있는 범죄를 의미한다. 그중 혐의사실과의 객관적 관련성은 압수·수색영장에 기재된 혐의사실 자체 또는 그와 기본적 사실관계가 동일한 범행과 직접 관련되어 있는 경우는 물론 범행 동기와 경위, 범행 수단과 방법, 범행 시간과 장소 등을 증명하기 위한 간접증거나 정황증거 등으로 사용될 수 있는 경우에도 인정될 수 있다. 이러한 객관적 관련성은 압수·수색영장에 기재된 혐의사실의 내용과 수사의 대상, 수사 경위 등을 종합하여 구체적·개별적 연관관계가 있는 경우에만 인정된다고 보아야 하고, 혐의사실과 단순히 동종 또는 유사 범행이라는 사유만으로 객관적 관련성이 있다고 할 것은 아니다(대법원 2017.1.25, 2016도13489; 2017.12.5, 2017도13458; 2020.2.13, 2019도14341,2019전도130 등). 필로폰 교부의 혐의사실로 발부된 압수·수색영장에 따라 피고인의 소변, 모발을 압수하였고 그에 대한 감정 결과 필로폰 투약 사실이 밝혀져 필로폰 투약에 대한 공소가 제기된 사안에서, ① 법원이 압수할 물건으로 피고인의 소변뿐만 아니라 모발을 함께 기재하여 압수영장을 발부한 것은 영장 집행일 무렵의 필로폰 투약 범행뿐만 아니라 그 이전의 투약 여부까지 확인하기 위한 것으로 볼 수 있고, 피고인이 혐의사실인 필로폰 교부 일시 무렵 내지 그 이후 반복적으로 필로폰을 투약한 사실이 증명되면 필로폰 교부 당시에도 필로폰을 소지하고 있었거나 적어도 필로폰을 구할 수 있었다는 사실의 증명에 도움이 된다고 볼 수 있으므로, 압수한 피고인의 소변 및 모발은 압수영장의 혐의사실 증명을 위한 간접증거 내지 정황증거로 사용될 수 있는 경우에 해당하고, ② 법원이 영장의 '압수·수색·검증을 필요로 하는 사유'로 "필로폰 사범의 특성상 피고인이 이전 소지하고 있던 필로폰을 투약하였을 가능성 또한 배제할 수 없어 필로폰 투약 여부를 확인 가능한 소변과 모발을 확보하고자 한다."라고 기재하고 있는 점 등에 비추어 볼 때 이 부분 공소사실이 이 사건 압수영장 발부 이후의 범행이라고 하더라도 영장 발부 당시 전혀 예상할 수 없었던 범행이라고 볼 수도 없다는 이유로, 압수·수색영장에 따라 압수한 피고인의 소변 및 모발과 그에 대한 감정 결과 등은 위 압수·수색영장의

혐의사실과 객관적 · 인적 관련성을 모두 갖추어 투약의 공소사실의 증거로 사용할 수 있다(대법원 2021.7.29, 2021도3756).

ₛolution 증거로 사용할 수 있다.

---

042 마약 사범에 대한 영장에 의한 모발, 소변의 압수의 적법 여부와 2차적 증거의 증거능력이 문제된 사건 2: 해당 사건과의 관련성

> 필로폰 투약의 혐의사실로 발부된 압수 · 수색영장에 따라 피고인의 소변, 모발을 압수하였고, 그에 대한 감정 결과 혐의사실과 수개월의 기간이 경과한 후의 다른 필로폰 투약 사실이 밝혀져 압수물에 의하여 밝혀진 필로폰 투약 사실로 공소가 제기된 경우, 압수 · 수색영장에 의하여 압수된 피고인의 소변 및 모발과 그에 대한 감정 결과 등은 증거로 사용할 수 있는가?

판례 형사소송법 제215조 제1항의 '해당 사건과 관계가 있다고 인정할 수 있는 것'은 압수 · 수색영장의 범죄 혐의사실과 관련되고 이를 증명할 수 있는 최소한의 가치가 있는 것으로서 압수 · 수색영장의 범죄 혐의사실과 객관적 관련성이 인정되고 압수 · 수색영장 대상자와 피의자 사이에 인적 관련성이 있는 경우를 의미한다. 그중 혐의사실과의 객관적 관련성은 압수 · 수색영장에 기재된 혐의사실 자체 또는 그와 기본적 사실관계가 동일한 범행과 직접 관련되어 있는 경우는 물론 범행 동기와 경위, 범행 수단과 방법, 범행 시간과 장소 등을 증명하기 위한 접증거나 정황증거 등으로 사용될 수 있는 경우에도 인정될 수 있다. ······ 필로폰 투약의 혐의사실로 발부된 압수 · 수색영장에 따라 피고인의 소변, 모발을 압수하였고, 그에 대한 감정 결과 혐의사실과 다른 필로폰 투약 사실이 밝혀져 압수물에 의하여 밝혀진 필로폰 투약 사실로 공소가 제기된 경우, 법원이 압수 · 수색영장을 발부하면서 '압수 · 수색을 필요로 하는 사유'로 "필로폰 사범의 특성상 피고인이 이전 소지하고 있던 필로폰을 투약하였을 가능성 또한 배제할 수 없어 피고인의 필로폰 투약 여부를 확인 가능한 소변과 모발을 확보하고자 한다."라고 기재하고, '압수할 물건'으로 피고인의 소변뿐만 아니라 모발을 함께 기재한 것은 영장 집행일 무렵의 필로폰 투약 범행뿐만 아니라 그 이전의 투약 여부까지 확인하기 위한 것으로 볼 수 있는 점 등을 고려하면, 압수 · 수색영장에 의하여 압수한 피고인의 소변 및 모발과 그에 대한 감정 결과 등은 압수 · 수색영장 기재 혐의사실의 정황증거 내지 간접증거로 사용될 수 있는 경우에 해당하여 객관적 관련성이 인정된다. ······ 이 사건 각 압수 · 수색영장의 기재 내용, 마약류 범죄의 특성과 피고인에게 다수의 동종 범죄전력이 있는 점(피고인은 총 3회 동종 범행전력이 있고, 그중 2회는 징역형을, 1회는 징역형의 집행유예를 선고받았다)을 고려하면, 이 사건 각 압수 · 수색영장에 따라 압수된 피고인의 소변 및 모발에 대한 감정 결과에 의하여 피고인이 위 각 압수 · 수색영장 집행일 무렵뿐만 아니라 그 이전에도 반복적 · 계속적으로 필로폰을 투약해온 사실이 증명되면 이 사건 각 압수 · 수색영장 기재 혐의사실 일시 무렵에도 유사한 방법으로 필로폰을 투약하였을 개연성이 매우 높다고 할 것이므로, 비록 소변에서 각 압수 · 수색영장 기재 필로폰 투약과 관련된 필로폰이 검출될 수 있는 기간이 경과한 이후에 영장이 집행되어 압수된 소변으로 혐의사실을 직접 증명할 수는 없다고 하더라도, 유효기간 내에 집행된 위 각 압수 · 수색영장에 따라 압수된 피고인의 소변 및 모발 등은 적어도 위 각 압수 · 수색영장 기재 혐의사실을 증명하는 유력한 정황증거 내지 간접증거로 사용될 수 있는 경우에 해당한다고 보아야 한다. 나아가 이 사건 각 압수 · 수색영장 기재 혐의사실에 대한 공소가 제기되지 않았다거나 이 사건 공소사실이 위 각 압수 · 수색영장 발부 이후의 범행이라는 사정만으로 객관적 관련성을 부정할 것은 아니다(원심이 원용하고 있는 대법원 2019.10.17, 2019도6775 판결은 압수 · 수색영장의 '압

수·수색을 필요로 하는 사유'의 기재 내용, 압수·수색영장의 집행 결과 등 수사의 경위에서 이 사건과 사실관계를 달리하므로 이 사건에 그대로 적용하기에는 적절하지 않다(대법원 2021.8.26, 2021도2205).

(비교) 이 사건 압수영장에 기재된 메트암페타민(이하 '필로폰') 투약 혐의사실은 피고인이 2018.5.23. 시간불상경 부산 이하 불상지에서 필로폰 불상량을 불상의 방법으로 투약하였다는 것이다. 이 사건 공소사실 중 필로폰 투약의 점은 피고인이 2018.6.21.경부터 같은 달 25일경까지 사이에 부산 이하 불상지에서 필로폰 불상량을 불상의 방법으로 투약하였다는 것이다. 마약류 투약 범죄는 그 범행일자가 다를 경우 별개의 범죄로 보아야 하고, 이 사건 압수영장 기재 혐의사실과 이 부분 공소사실은 그 범행 장소, 투약방법, 투약량도 모두 구체적으로 특정되어 있지 않아 어떠한 객관적인 관련성이 있는지 알 수 없다. 이 사건 압수영장 기재 혐의사실과 이 부분 공소사실이 동종 범죄라는 사정만으로 객관적 관련성이 있다고 할 수 없다. 경찰은 제보자의 진술을 토대로 이 사건 압수영장 기재 혐의사실을 특정하였는데, 이 사건 압수영장이 발부된 후 약 1달이 지난 2018.6.25.에야 이 사건 압수영장을 집행하여 피고인의 소변을 압수하였으나 그 때는 필로폰 투약자의 소변에서 마약류 등이 검출될 수 있는 기간이 지난 뒤였고, 별도의 압수·수색영장으로 압수한 피고인의 모발에서 마약류 등이 검출되지 않자 결국 압수된 피고인의 소변에서 필로폰 양성반응이 나온 점을 근거로 이 부분 공소사실과 같이 기소하였다. 이 사건 압수영장 기재 혐의사실의 내용과 수사의 대상, 수사 경위 등을 종합하여 보면, 이 부분 공소사실과 같은 필로폰 투약의 점은 경찰이 이 사건 압수영장을 발부받을 당시 전혀 예견할 수 없었던 혐의사실이었던 것으로 보이므로, 이 사건 압수영장 기재 혐의사실과 이 부분 공소사실 사이에 연관성이 있다고 보기 어렵다(위법수집증거로 본 사건, 대법원 2019. 10.17, 2019도6775).

§solution 사용할 수 있다.

043 선행사건의 이미징 사본을 공범 수사를 위해 새로 탐색·출력한 사건: 해당 사건과의 관련성
• 경찰1차 24, 경찰2차 24

> [제1문] 선행 사건의 전자정보 압수·수색 과정에서 생성한 이미징 사본을 선행 사건의 판결 확정 이후 그 공범에 대한 범죄혐의 수사를 위해 새로 탐색·출력한 것은 적법한가, 위법한가?
> [제2문] 전자정보 압수·수색 과정에서 생성한 이미징 사본 등의 복제본에 혐의사실과 관련 없는 전자정보가 남아 있는 경우 이를 새로운 범죄혐의의 수사를 위하여 탐색, 복제 또는 출력할 수 있는가?

(판례) 수사기관의 전자정보에 대한 압수·수색은 원칙적으로 영장 발부의 사유로 된 범죄 혐의사실과 관련된 부분만을 문서 출력물로 수집하거나 수사기관이 휴대한 저장매체에 해당 파일을 복제하는 방식으로 이루어져야 한다. 수사기관이 저장매체 자체를 직접 반출하거나 그 저장매체에 들어 있는 전자파일 전부를 하드카피나 이미징 등 형태(이하 '복제본')로 수사기관 사무실 등 외부에 반출하는 방식으로 압수·수색하는 것은 현장의 사정이나 전자정보의 대량성으로 인하여 관련 정보 획득에 긴 시간이 소요되거나 전문 인력에 의한 기술적 조치가 필요한 경우 등 범위를 정하여 출력 또는 복제하는 방법이 불가능하거나 압수의 목적을 달성하기에 현저히 곤란하다고 인정되는 때에 한하여 예외적으로 허용될 수 있을 뿐이다 (대법원 2015.7.16, 2011모1839 전원합의체 등). 수사기관은 복제본에 담긴 전자정보를 탐색하여 혐의사실과 관련된 정보(이하 '유관정보')를 선별하여 출력하거나 다른 저장매체에 저장하는 등으로 압수를 완료하면 혐

의사실과 관련 없는 전자정보(이하 '무관정보')를 삭제·폐기하여야 한다. 수사기관이 새로운 범죄 혐의의 수사를 위하여 무관정보가 남아있는 복제본을 열람하는 것은 압수·수색영장으로 압수되지 않은 전자정보를 영장 없이 수색하는 것과 다르지 않다. 따라서 복제본은 더 이상 수사기관의 탐색, 복제 또는 출력 대상이 될 수 없으며, 수사기관은 새로운 범죄 혐의의 수사를 위하여 필요한 경우에도 유관정보만을 출력하거나 복제한 기존 압수·수색의 결과물을 열람할 수 있을 뿐이다. 원심은 수사기관이 피고인에 대한 수사를 위하여 유죄 판결이 이미 확정된 A(누설 상대방)에 대한 수사 당시 전자정보 압수·수색 과정에서 생성한 이미징 사본을 탐색·출력한 행위가 위법하며, 이를 바탕으로 수집한 전자정보 등 2차적 증거는 위법수집증거에 해당하여 유죄의 증거로 사용할 수 없고, 위법수집증거 배제법칙의 예외에 해당한다고 보기도 어렵다는 이유로 피고인에게 무죄를 선고하였는데, 이러한 원심의 판단은 정당하다(대법원 2023.6.1, 2018도19782).

⚲solution [제1문] 위법하다.

[제2문] 탐색·복제 또는 출력할 수 없다.

●●○

044 군사기밀보호법 위반 혐의에 관한 압수수색영장으로 압수한 증거물을 그 군사기밀보호법 위반죄 공범의 별건 범죄사실에 관한 증거로 사용한 사건
• 경찰1차 24

> 현역 군인 피고인 甲은 방산업체 관계자의 부탁을 받고 군사기밀 사항을 메모지에 옮겨 적은 후 이를 전달하여 누설하였는데, 위 메모지가 누설 상대방의 다른 군사기밀 탐지·수집 혐의에 관하여 발부된 압수·수색영장으로 압수되었다. 위 메모지의 증거능력은 인정되는가?

〔판례〕 수사기관은 영장 발부의 사유로 된 범죄혐의사실과 관계가 없는 증거를 압수할 수 없고, 별도의 영장을 발부받지 아니하고서는 압수물 또는 압수한 정보를 그 압수의 근거가 된 압수·수색영장 혐의사실과 관계가 없는 범죄의 유죄 증거로 사용할 수 없다(대법원 2023.6.1, 2018도18866).

⚲solution 인정되지 않는다.

●●●

045 유관정보 선별 압수 후 무관정보를 그대로 보관한 사례

> 검찰수사서기관인 피고인 甲은 수사를 지연시켜 달라는 내용의 부정청탁을 받고 그에 따라 직무를 수행하고 수사기관 내부의 비밀을 누설하였다는 혐의로 수사를 받게 되었다. 수사기관은 별건 압수·수색 과정에서 압수한 휴대전화에 저장된 전자정보를 탐색하던 중 우연히 이 사건 범죄사실 혐의와 관련된 전자정보를 발견하였는데도, 이후 약 3개월 동안 대검찰청 통합 디지털증거관리시스템(D-NET)에 그대로 저장된 채로 계속 보관하면서 영장 없이 이를 탐색·복제·출력하여 증거를 수집하였다. 이후 수사기관은 위 수집된 증거에 대해서 압수·수색영장을 발부받았고, 검사는 공판절차에서 위 증거를 제출하였으며 이에 대해서 피고인이나 변호인의 증거동의가 있었다. 위 증거의 증거능력은 인정되는가?

판례 전자정보에 대한 압수·수색이 종료되기 전에 유관정보를 적법하게 탐색하는 과정에서 무관정보를 우연히 발견한 경우라면, 수사기관으로서는 더 이상의 추가 탐색을 중단하고 법원으로부터 별도의 범죄 혐의에 대한 압수·수색영장을 발부받은 경우에 한하여 그러한 정보에 대하여도 적법하게 압수·수색을 할 수 있다. 수사기관이 유관정보를 선별하여 압수한 후에도 무관정보를 삭제·폐기·반환하지 않은 채 그대로 보관하고 있다면 무관정보 부분에 대하여는 압수의 대상이 되는 전자정보의 범위를 넘어서는 전자 정보를 영장 없이 압수·수색하여 취득한 것이어서 위법하고, 사후에 법원으로부터 압수·수색영장이 발 부되었다거나 피고인이나 변호인이 이를 증거로 함에 동의하였다고 하여 그 위법성이 치유된다고 볼 수 없다. 수사기관이 새로운 범죄혐의의 수사를 위하여 무관정보가 남아 있는 복제본을 열람하는 것은 압수·수색영장 으로 압수되지 않은 전자정보를 영장 없이 수색하는 것과 다르지 않다. 따라서 복제본은 더 이상 수사기관 의 탐색, 복제 또는 출력 대상이 될 수 없으며, 수사기관은 새로운 범죄혐의의 수사를 위하여 필요한 경우 에도 기존 압수·수색 과정에서 출력하거나 복제한 유관정보의 결과물을 열람할 수 있을 뿐이다. 사후에 법원으로부터 복제본을 대상으로 압수·수색영장을 발부받아 집행하였다고 하더라도, 이는 압수·수색절 차가 종료됨에 따라 당연히 삭제·폐기되었어야 할 전자정보를 대상으로 한 것으로 위법하다(대법원 2024. 4.16, 2020도3050).

♀solution 인정되지 않는다.

● ● ○
046 국선변호인에 대한 참여통지 누락이 압수·수색 절차의 위반 사유로 문제된 사건

판례 수사기관이 압수·수색영장을 집행할 때에는 피압수자 또는 변호인은 그 집행에 참여할 수 있다 (형사소송법 제219조, 제121조). 저장매체에 대한 압수·수색 과정에서 범위를 정하여 출력·복제하는 방 법이 불가능하거나 압수의 목적을 달성하기에 현저히 곤란한 예외적인 사정이 인정되어 전자정보가 담긴 저장매체, 하드카피나 이미징(imaging) 등 형태(이하 '복제본')를 수사기관 사무실 등으로 옮겨 복제·탐 색·출력하는 경우에도, 피압수자나 변호인에게 참여 기회를 보장하고 혐의사실과 무관한 전자정보의 임 의적인 복제 등을 막기 위한 적절한 조치를 취하는 등 영장주의 원칙과 적법절차를 준수하여야 한다. 만 일 그러한 조치를 취하지 않았다면 피압수자 측이 위와 같은 절차나 과정에 참여하지 않는다는 의사를 명 시적으로 표시하였거나 절차 위반행위가 이루어진 과정의 성질과 내용 등에 비추어 피압수자에게 절차 참 여를 보장한 취지가 실질적으로 침해되었다고 볼 수 없을 정도에 해당한다는 등의 특별한 사정이 없는 이 상 압수·수색이 적법하다고 할 수 없다. 이는 수사기관이 저장매체 또는 복제본에서 혐의사실과 관련된 전자정보만을 복제·출력한 경우에도 마찬가지이다(대법원 2015.7.16, 2011모1839 전원합의체; 2017.9.21, 2015 도12400 등). 한편 형사소송법 제219조, 제121조가 규정한 변호인의 참여권은 피압수자의 보호를 위하여 변호인에게 주어진 고유권이다. 따라서 설령 피압수자가 수사기관에 압수·수색영장의 집행에 참여하지 않 는다는 의사를 명시하였다고 하더라도, 특별한 사정이 없는 한 그 변호인에게는 형사소송법 제219조, 제 122조에 따라 미리 집행의 일시와 장소를 통지하는 등으로 압수·수색영장의 집행에 참여할 기회를 별도 로 보장하여야 한다. …… 형사소송법 제308조의2는 '적법한 절차에 따르지 아니하고 수집한 증거는 증거 로 할 수 없다'고 정하고 있다. …… 그러나 법률에 정해진 절차에 따르지 않고 수집한 증거라는 이유만을 내세워 획일적으로 증거능력을 부정하는 것은 헌법과 형사소송법의 목적에 맞지 않는다. 실체적 진실 규 명을 통한 정당한 형벌권의 실현도 헌법과 형사소송법이 형사소송 절차를 통하여 달성하려는 중요한 목 표이자 이념이기 때문이다. 수사기관의 절차 위반행위가 적법절차의 실질적인 내용을 침해하는 경우에 해 당하지 않고, 오히려 증거능력을 배제하는 것이 헌법과 형사소송법이 형사소송에 관한 절차 조항을 마련하 여 적법절차의 원칙과 실체적 진실 규명의 조화를 도모하고 이를 통하여 형사 사법 정의를 실현하려 한 취지에 반하는 결과를 초래하는 것으로 평가되는 예외적인 경우라면, 법원은 그 증거를 유죄 인정의 증거로

사용할 수 있다고 보아야 한다(대법원 2020.11.26, 2020도10729).

보충 피고인이 수년간 피시방, 노래방 등의 화장실에 몰래카메라를 설치하여 타인의 신체를 촬영한 것이 「성폭력범죄의 처벌 등에 관한 특례법」위반(카메라등이용촬영)으로 기소된 사안에서, 수사기관이 그 사무실에서 저장매체를 탐색·복제·출력하는 방법으로 압수·수색영장을 집행하기에 앞서 피고인의 국선변호인에게 그 집행의 일시와 장소를 통지하는 등으로 절차에 참여할 기회를 제공하지 않은 것은 적법절차 위반에 해당하지만, 기록에 나타난 제반 사정에 비추어 위법수집증거의 증거능력을 예외적으로 인정할 수 있는 경우에 해당한다고 볼 여지가 충분하다는 이유로, 압수·수색을 통해 수집된 증거들을 유죄의 증거로 사용할 수 없다고 단정한 원심의 판단에 위법수집증거 배제 원칙의 예외에 관한 법리를 오해하여 필요한 심리를 다하지 아니한 위법이 있다고 보아 원심판결 중 무죄 부분을 파기한 사례이다.

보충 피고인은 2019년 이하 불상경 의정부시 (주소 생략)에 있는 '○○노래연습장'의 화장실에서 그곳 용변 칸 안에 있는 쓰레기통 바깥쪽에 테이프를 이용하여 비닐로 감싼 소형 카메라를 부착하고, 위 카메라에 연결된 보조배터리를 쓰레기통 안쪽에 부착한 다음 녹화 버튼을 누르는 방법으로, 위 화장실에서 용변을 보는 성명 불상 여성의 엉덩이와 음부를 촬영한 것을 비롯하여 2013년경부터 2019년경까지 원심 판시 범죄일람표 순번 1 내지 296 기재와 같이 총 296회에 걸쳐 피해자들이 화장실에서 용변을 보는 모습을 촬영하였다. 이로써 피고인은 카메라나 그 밖에 이와 유사한 기능을 갖춘 기계장치를 이용하여 성적 욕망 또는 수치심을 유발할 수 있는 다른 사람의 신체를 그 의사에 반하여 촬영하였다. 원심은, 수사기관이 피고인의 국선변호인에게 미리 집행의 일시와 장소를 통지하지 않은 채 2019.10.30. 수사기관 사무실에서 저장매체를 탐색·복제·출력하는 방식으로 압수·수색영장을 집행하여 적법절차를 위반하였는바, 당시 피고인이 구속상태였던 점과 형사소송법 제219조, 제121조에서 정한 참여절차의 중요성을 고려하면, 위와 같은 적법절차 위반은 그 정도가 무거워, 위법한 압수·수색을 통해 수집된 동영상 캡처 출력물 등은 형사소송법 제308조의2에 따라 증거로 사용할 수 없고, 피고인의 자백 또한 위 증거들에 터 잡은 결과물이거나 이 부분 공소사실의 유일한 증거여서 형사소송법 제308조의2 또는 형사소송법 제310조에 따라 유죄의 증거로 사용할 수 없다고 하였다. 그러나 대법원은, 수사기관은 2019.10.25. 당시 피압수자로서 유일한 참여권자이던 피고인으로부터 이 사건 컴퓨터의 탐색·복제·출력과정에 참여하지 않겠다는 의사를 확인한 후 이 사건 컴퓨터에 대한 탐색을 시작하였고, 위 탐색 당시 '이 사건 컴퓨터 하드디스크에 불법촬영 영상물이 저장되어 있다'는 피고인의 진술도 나온 상태였으며, 그 후 피고인의 국선변호인이 선정될 무렵에는 이미 수사기관이 이 사건 컴퓨터에 대한 탐색을 어느 정도 진행하여 압수 대상 전자정보가 저장된 폴더의 위치 정도는 파악하고 있었던 것으로 보이고, 피고인의 국선변호인이 수사기관에 이 사건 영장의 집행 상황을 문의하거나 그 과정에의 참여를 요구한 바 없으며, 이 사건 영장 집행 당시 피압수자의 참여 포기 또는 거부 의사에도 불구하고 압수·수색 절차 개시 후 선임 또는 선정된 그 변호인에게 별도의 사전통지를 하여야 한다는 점에 관하여 판례나 수사기관 내부의 지침이 확립되어 있었던 것은 아니고, 수사기관은 이 사건 영장의 집행 과정에서 피고인이 2011년경부터 피시방, 노래방 등의 화장실에 설치해 둔 몰래카메라를 통해 수백 명에 이르는 피해자들의 신체를 촬영해 둔 영상물을 압수하였고, 그중 296건에 대한 범행을 기소하였으며(이 사건 쟁점공소사실이다) 피고인은 수사기관 및 법정에서 위 범행을 모두 자백하였다는 점 등을 고려할 때, 원심은 위법수집증거 배제 원칙의 예외에 해당하는지 여부를 신중히 판단하였어야 한다고 판시하였다(그런데 원심은 판시와 같은 이유만으로 이 사건 영장에 따른 압수·수색을 통해 수집된 증거들을 유죄의 증거로 사용할 수 없다고 단정하여 이 사건 쟁점 공소사실을 무죄로 판단하였으므로, 이와 같은 원심의 판단에는 위법수집증거 배제 원칙의 예외에 관한 법리를 오해하여 필요한 심리를 다하지 않은 위법이 있어, 이를 지적하는 검사의 상고이유는 이유 있다).

●●●
047 압수조서 작성의 방식, 불법촬영범죄의 관련성, 전자정보 상세목록 미교부 • 경찰간부 24

[제1문] 형사소송법 제106조, 제218조, 제219조, 형사소송규칙 제62조, 제109조, 구 범죄수사규칙 제119조 등 관련 규정들에 의하면, 사법경찰관이 임의제출된 증거물을 압수한 경우 압수경위 등을 구체적으로 기재한 압수조서를 작성하도록 하고 있다. 한편 구 (경찰청) 범죄수사규칙 제119조 제3항에 따라 피의자신문조서 등에 압수의 취지를 기재하여 압수조서를 갈음할 수 있도록 하고 있는데, 이는 위 형사소송법 등 관련 규정의 취지에 반하는 것인가?

[제2문] 카메라의 기능과 정보저장매체의 기능을 함께 갖춘 휴대전화기를 이용한 불법촬영 범죄의 경우, 그 안에 저장되어 있는 같은 유형의 전자정보에서 발견되는 간접증거나 정황증거는 범죄혐의사실과 구체적·개별적 연관관계가 인정될 수 있는가?

[제3문] 사법경찰관은 피의자신문시 이 사건 동영상을 재생하여 피고인에게 제시하였고, 피고인은 이 사건 동영상의 촬영 일시, 피해 여성들의 인적사항, 몰래 촬영하였는지 여부, 촬영 동기 등을 구체적으로 진술하였으며 별다른 이의를 제기하지 않았다. 그런데 피

고인에게 압수된 전자정보가 특정된 목록이 교부되지 않았다. 그렇다면 이 사건 동영상에 관한 압수는 적법한가?

[제1문]

판례 형사소송법 제106조, 제218조, 제219조, 형사소송규칙 제62조, 제109조, 구 (경찰청) 범죄수사규칙(2021.1.8. 경찰청 훈령 제1001호로 개정되기 전의 것, 이하 '구 범죄수사규칙'이라 한다) 제119조 등 관련 규정들에 의하면, 사법경찰관이 임의제출된 증거물을 압수한 경우 압수경위 등을 구체적으로 기재한 압수조서를 작성하도록 하고 있다. 이는 사법경찰관으로 하여금 압수절차의 경위를 기록하도록 함으로써 사후적으로 압수절차의 적법성을 심사·통제하기 위한 것이다. 구 범죄수사규칙 제119조 제3항에 따라 피의자신문조서 등에 압수의 취지를 기재하여 압수조서를 갈음할 수 있도록 하더라도, 압수절차의 적법성 심사·통제 기능에 차이가 없다(대법원 2023.6.1, 2020도2550).

solution 반하는 것이 아니다.

[제2문]

판례 카메라의 기능과 정보저장매체의 기능을 함께 갖춘 휴대전화기인 스마트폰을 이용한 불법촬영 범죄와 같이 범죄의 속성상 해당 범행의 상습성이 의심되거나 성적 기호 내지 경향성의 발현에 따른 일련의 범행의 일환으로 이루어진 것으로 의심되고, 범행의 직접증거가 스마트폰 안에 이미지 파일이나 동영상 파일의 형태로 남아 있을 개연성이 있는 경우에는 그 안에 저장되어 있는 같은 유형의 전자정보에서 그와 관련한 유력한 간접증거나 정황증거가 발견될 가능성이 높다는 점에서 이러한 간접증거나 정황증거는 범죄혐의사실과 구체적·개별적 연관관계를 인정할 수 있다(대법원 2023.6.1, 2020도2550).

solution 인정될 수 있다.

[제3문]

판례 사법경찰관은 피의자신문시 이 사건 동영상을 재생하여 피고인에게 제시하였고, 피고인은 이 사건 동영상의 촬영 일시, 피해 여성들의 인적사항, 몰래 촬영하였는지 여부, 촬영 동기 등을 구체적으로 진술하였으며 별다른 이의를 제기하지 않았다. 따라서 이 사건 동영상의 압수 당시 실질적으로 피고인에게 해당 전자정보 압수목록이 교부된 것과 다름이 없다고 볼 수 있다. 비록 피고인에게 압수된 전자정보가 특정된 목록이 교부되지 않았더라도, 절차 위반행위가 이루어진 과정의 성질과 내용 등에 비추어 피고인의 절차상 권리가 실질적으로 침해되었다고 보기 어려우므로 이 사건 동영상에 관한 압수는 적법하다고 평가할 수 있다(대법원 2021.11.25, 2019도9100; 2022.2.17, 2019도4938; 2023.6.1, 2020도2550).

solution 적법하다.

048 압수조서 작성의 방식, 특별사법경찰관의 관외수사 보고의무, 참여권 보장의 대상

[사례] 인천세관 소속 인천항휴대품검사관들은 2018.6.29. 중국 석도항에서 인천항 제1국제여객터미널로 입국한 무역상 공소외인이 반입한 화물 중 위조품으로 추정되는 이 사건 메모리카드를 적발하여 유치하였고, 2018.7.9. 이 사건 메모리카드가 모두 위조품이라는 취지의 감정서를 회신 받았다. 이에 인천세관 소속 특별사법경찰관은 2018.7.11.

공소외인이 제출한 화물 송장(인보이스) 등에 수하인으로 기재된 ○○상사를 방문하여 대표자인 피고인을 조사하였는데, 피고인은 "자신이 화물의 화주도 아니고, 이 사건 메모리카드와는 아무런 관련이 없다"는 취지로 진술하였다.

인천지방법원 판사는 2018.8.22. 피고인을 피의자로 하여 이 사건 상표법 위반을 혐의 사실로 이 사건 메모리카드 및 이 사건 휴대전화 등에 대한 사전 압수 · 수색영장을 발부하였다. 특별사법경찰관은 2018.8.23. 인천세관 유치품보관창고에서 유치창고 담당자를 피압수자로 하여 이 사건 영장에 의해 이 사건 메모리카드를 압수하였고, 위 메모리카드 압수에 관한 압수조서를 작성하였으며, 유치창고 담당자에게 압수목록을 교부하였다.

특별사법경찰관은 2018.8.27. 이 사건 영장에 의하여 ○○상사에 대한 압수수색을 실시하여 이 사건 휴대전화를 압수한 다음 디지털포렌식 절차를 진행하여 피고인의 카카오톡 및 문자메시지를 탐색 · 복원 · 출력하였다. 이 과정에서 이 사건 휴대전화 압수에 관한 압수조서가 작성되지 않았고, 피고인에 대하여 전자정보 파일명세가 특정된 압수목록이 교부되지 않았다. 다만, 특별사법경찰관은 압수수색 당시 이 사건 휴대전화를 제출받은 일시, 장소 및 압수경위 등을 '조사보고(압수수색검증영장 집행결과 보고)'로 작성하여 기록에 편철하였다. 한편, 특별사법경찰관은 위와 같은 압수 · 수색절차에 나아가기에 앞서 ○○상사의 소재지인 파주시를 관할하는 의정부지방검찰청 검사장이나 의정부지방검찰청 고양지청장에 대하여 별도의 보고절차를 밟지 않았다.

[제1문] 특별사법경찰관은 휴대전화의 압수 과정에서 압수조서 및 전자정보 상세목록을 작성 · 교부하지는 않았지만, 그에 갈음하여 압수의 취지가 상세히 기재된 수사보고의 일종인 조사보고를 작성하였는바 압수는 위법한가?

[제2문] 구 특별사법경찰관리 집무규칙 제4조에 의하면 특별사법경찰관이 관할구역 밖에서 수사할 경우 관할 검사장에 대한 보고의무를 규정하고 있는데, 특별사법경찰관이 별도의 보고절차를 밟지 않은 것은 적법절차의 실질적 내용을 침해한 경우에 해당하는가?

[제3문] 메모리카드 압수 · 수색영장 집행 과정에서 메모리카드를 소지하지 않은 피의자는 압수 집행에 있어서 절차 참여를 보장받아야 하는 사람에 해당하는가?

[제1문]

(판례) 특별사법경찰관은 휴대전화의 압수 과정에서 압수조서 및 전자정보 상세목록을 작성 · 교부하지는 않았지만, 그에 갈음하여 압수의 취지가 상세히 기재된 수사보고의 일종인 조사보고를 작성하였는바, 이는 적법절차의 실질적인 내용을 침해하였다고 보기 어렵다(대법원 2023.6.1, 2020도12157).

🔎solution 위법하지 않다.

[제2문]

(판례) 구 「특별사법경찰관리 집무규칙(2021.1.1. 법무부령 제995호로 폐지되기 전의 것)」 제4조는 내부적 보고의무 규정에 불과하므로, 특별사법경찰관리가 위 보고의무를 이행하지 않았다고 하여 적법절차의 실질적인 내용을 침해하는 경우에 해당하지 않는다(대법원 2023.6.1, 2020도12157).

🔎solution 해당하지 않는다.

[제3문]

(판례) 피고인은 유체물인 이 사건 메모리카드 압수 당시 메모리카드를 소지하고 있지 않았고, 당초 자신

은 아무런 관련이 없다고 진술한 점, 특별사법경찰관은 메모리카드 보관자인 세관측에 이 사건 영장을 제시하면서 메모리카드를 압수하였고, 압수조서를 작성하였으며, 세관측에 압수목록을 교부한 점을 감안하면 피고인은 압수 집행과정에서 절차 참여를 보장받아야 하는 사람에 해당한다고 단정할 수 없거나, 압수 집행과정에서 피고인에 대한 절차 참여를 보장한 취지가 실질적으로 침해되었다고 보기 어렵다(증거능력 인정, 대법원 2023.6.1, 2020도12157).

§solution 해당하지 않는다.

● ● ●
049 영장 원본의 제시 없는 압수

(판례) 수사기관이 甲 주식회사에서 압수수색영장을 집행하면서 甲 회사에 팩스로 영장 사본을 송신하기만 하고 영장 원본을 제시하거나 압수조서와 압수물 목록을 작성하여 피압수·수색 당사자에게 교부하지도 않은 채 피고인의 이메일을 압수한 후 이를 증거로 제출한 경우, 위와 같은 방법으로 압수된 이메일은 증거능력이 없다(대법원 2017.9.7, 2015도10648).

● ● ●
050 경찰이 압수·수색영장으로 압수한 휴대전화가 클라우드 서버에 로그인되어 있는 상태를 이용하여 클라우드 서버에서 불법촬영물을 다운로드받아 압수한 사건
• 국가9급 23

> 법원이 발부한 압수·수색영장에는 '압수할 물건'이 '여성의 신체를 몰래 촬영한 것으로 판단되는 사진, 동영상 파일이 저장된 컴퓨터 하드디스크 및 외부 저장매체'로 되어 있는데, 사법경찰관 P는 위 압수·수색영장으로 압수한 휴대전화가 구글계정에 로그인되어 있는 상태를 이용하여 구글클라우드에서 불법촬영물을 다운로드 받는 방식으로 압수하였다. P의 압수는 영장주의 위반인가?

(판례) 압수할 전자정보가 저장된 저장매체로서 압수·수색영장에 기재된 수색장소에 있는 컴퓨터, 하드디스크, 휴대전화와 같은 컴퓨터 등 정보처리장치와 수색장소에 있지는 않으나 컴퓨터 등 정보처리장치와 정보통신망으로 연결된 원격지의 서버 등 저장매체(이하 '원격지 서버'라 한다)는 소재지, 관리자, 저장 공간의 용량 측면에서 서로 구별된다. 원격지 서버에 저장된 전자정보를 압수·수색하기 위해서는 컴퓨터 등 정보처리장치를 이용하여 정보통신망을 통해 원격지 서버에 접속하고 그곳에 저장되어 있는 전자정보를 컴퓨터 등 정보처리장치로 내려 받거나 화면에 현출시키는 절차가 필요하므로, 컴퓨터 등 정보처리장치 자체에 저장된 전자정보와 비교하여 압수·수색의 방식에 차이가 있다. 원격지 서버에 저장되어 있는 전자정보와 컴퓨터 등 정보처리장치에 저장되어 있는 전자정보는 그 내용이나 질이 다르므로 압수·수색으로 얻을 수 있는 전자정보의 범위와 그로 인한 기본권 침해 정도도 다르다. 따라서 수사기관이 압수·수색영장에 적힌 '수색할 장소'에 있는 컴퓨터 등 정보처리장치에 저장된 전자정보 외에 원격지 서버에 저장된 전자정보를 압수·수색하기 위해서는 압수·수색영장에 적힌 '압수할 물건'에 별도로 원격지 서버 저장 전자정보가 특정되어 있어야 한다. 압수·수색영장에 적힌 '압수할 물건'에 컴퓨터 등 정보처리장치 저장 전자정보만 기재되어 있다면 컴퓨터 등 정보처리장치를 이용하여 원격지 서버 저장 전자정보를 압수할 수는 없다. 압수·수색영장에 적힌 '압수할 물건'에 원격지 서버 저장 전자정보가 기재되어 있지 않은 이상 '압수

할 물건'은 컴퓨터 하드디스크 및 외부 저장매체에 저장된 전자정보에 한정되므로 **경찰이 압수한 불법촬영물은 위법수집증거에 해당하고, 이를 이용하여 수집한 다른 증거도 위법수집증거에 기한 2차적 증거에 해당하여 증거능력이 없다**(대법원 2022.6.30, 2022도1452).

⚲solution 영장주의 위반이다.

---

051 압수·수색영장에 기재된 '압수할 물건'과 휴대전화에 저장된 전자정보

> 경찰은 피의자에 대하여 「기부금품의 모집 및 사용에 관한 법률」 위반 혐의로 수사하던 중 법원으로부터 '압수할 물건'을 '정보처리장치(컴퓨터, 노트북, 태블릿 등) 및 정보저장매체(USB, 외장하드 등)에 저장되어 있는 전자정보'로 기재한 압수·수색영장을 발부받은 뒤, 그 압수·수색영장에 의하여 피의자 소유의 이 사건 휴대전화를 압수하였다. 이렇게 압수·수색영장에 기재된 '압수할 물건'에 휴대전화에 저장된 전자정보가 포함되어 있지 않은 경우 그 영장으로 휴대전화에 저장된 전자정보를 압수할 수 있는가?

[판례] 경찰은 재항고인에 대하여 「기부금품의 모집 및 사용에 관한 법률」 위반 혐의로 수사하던 중 법원으로부터 '압수할 물건'을 '정보처리장치(컴퓨터, 노트북, 태블릿 등) 및 정보저장매체(USB, 외장하드 등)에 저장되어 있는 전자정보'로 기재한 압수·수색영장을 발부받은 뒤, 그 압수·수색영장에 의하여 재항고인 소유의 이 사건 휴대전화를 압수하였는데, 재항고인의 변호인은 이 사건 휴대전화 압수·수색의 취소를 구하는 준항고를 제기하였다. 헌법과 형사소송법이 구현하고자 하는 적법절차와 영장주의의 정신에 비추어 볼 때, 법관이 압수·수색영장을 발부하면서 '압수할 물건'을 특정하기 위하여 기재한 문언은 엄격하게 해석해야 하고, 함부로 피압수자 등에게 불리한 내용으로 확장해석 또는 유추해석을 하는 것은 허용될 수 없다(대법원 2009.3.12, 2008도763). **휴대전화는 정보처리장치나 정보저장매체의 특성을 가지고 있기는 하나, 기본적으로 통신매체의 특성을 가지고 있어 컴퓨터, 노트북 등 정보처리장치나 USB, 외장하드 등 정보저장매체와는 명확히 구별되는 특성을 가지고 있다. 휴대전화, 특히 스마트폰에는 전화·문자메시지·SNS 등 통신, 개인 일정, 인터넷 검색기록, 전화번호, 위치정보 등 통신의 비밀이나 사생활에 관한 방대하고 광범위한 정보가 집적되어 있다. 이와 같이 휴대전화에 저장된 전자정보는 컴퓨터나 USB 등에 저장된 전자정보와는 그 분량이나 내용, 성격 면에서 현저한 차이가 있으므로, 휴대전화에 대한 압수·수색으로 얻을 수 있는 전자정보의 범위와 그로 인한 기본권 침해의 정도도 크게 다르다. 따라서 압수·수색영장에 기재된 '압수할 물건'에 휴대전화에 저장된 전자정보가 포함되어 있지 않다면, 특별한 사정이 없는 한 그 영장으로 휴대전화에 저장된 전자정보를 압수할 수는 없다고 보아야 한다**(대법원 2024.9.25, 2024모2020).

[보충] 형사소송법 제215조 제2항은 "사법경찰관이 범죄수사에 필요한 때에는 피의자가 죄를 범하였다고 의심할 만한 정황이 있고 해당 사건과 관계가 있다고 인정할 수 있는 것에 한정하여 검사에게 신청하여 검사의 청구로 지방법원판사가 발부한 영장에 의하여 압수·수색 또는 검증을 할 수 있다."라고 정하고 있다. 압수할 물건과 해당 사건과의 관련성은 압수·수색영장의 집행 단계에서는 선별압수원칙으로 발현되고(형사소송법 제106조 제3항, 제219조), 발부 단계에서는 압수·수색영장의 발부 요건으로 기능한다(형사소송법 제215조). 이러한 점에서 형사소송법 제114조 제1항과 형사소송규칙 제58조는 압수·수색영장에는 압수·수색의 사유를 기재하도록 규정하고 있고, 수사기관은 압수·수색영장 청구서에 압수·수색·검증이 필요한 이유로 해당 사건과의 관련성, 압수·수색의 필요성 등을 기재하고 있다. 그런데 이 사건 압수·수색영장 청구서에는 이 사건 휴대전화와 해당 사건과의 관련성에 대한 기재가 없고, 준항고인이 범행에 이 사건 휴대전화를 이용하였다는 등 해당 사건과의 관련성을 인정할 만한 자료도 없다. 따라서 영장담당판사가 이 사건 휴대전화와 해당 사건과의 관련성을 심사하여 이 사건 압수·수색영장을 발부하였다고 볼 수 없고, '압수할 물건'에 이 사건 휴대전화가 포함된다고 해석하기 어렵다(위 판례).

⚲solution 압수할 수 없다.

052 압수 · 수색영장의 제시가 적법하였는가의 사례

• 변호사시험 21

수사기관이 재항고인의 휴대전화 등을 압수할 당시 재항고인에게 압수 · 수색영장을 제시하였는데 재항고인이 영장의 구체적인 확인을 요구하였으나 수사기관이 영장의 범죄사실 기재 부분을 보여주지 않았고, 그 후 재항고인의 변호인이 재항고인에 대한 조사에 참여하면서 영장을 확인한 경우, 이는 형사소송법 제219조, 제118조에 따른 적법한 압수 · 수색영장의 제시로 볼 수 있는가?

판례 형사소송법 제219조, 제118조에 따른 적법한 압수 · 수색영장의 제시라고 인정하기 어렵다. 따라서 압수처분 당시 수사기관이 법령에서 정한 취지에 따라 재항고인에게 압수 · 수색영장을 제시하였는지 여부를 판단하지 아니한 채 변호인이 조사에 참여할 당시 영장을 확인하였다는 사정을 들어 압수처분이 위법하지 않다고 본 원심결정에는 헌법과 형사소송법의 관련 규정을 위반한 잘못이 있다(대법원 2020.4.16, 2019모3526).

ⓘsolution 볼 수 없다.

053 압수 · 수색영장의 집행에 참여하게 하여야 하는 주거주 등 또는 이웃이 되기 위한 요건

형사소송법 제123조(영장의 집행과 책임자의 참여)는 제1항에서 공무소, 군사용 항공기 또는 선박 · 차량 안에서 압수 · 수색영장을 집행하려면 그 책임자에게 참여할 것을 통지하여야 한다고 규정하고, 제2항에서는 "제1항에 규정한 장소 외에 타인의 주거, 간수자 있는 가옥, 건조물(建造物), 항공기 또는 선박 · 차량 안에서 압수 · 수색영장을 집행할 때에는 주거주(住居主), 간수자 또는 이에 준하는 사람을 참여하게 하여야 한다."고 규정하고 있으며, 제3항에서는 "제2항의 사람을 참여하게 하지 못할 때에는 이웃 사람 또는 지방공공단체의 직원을 참여하게 하여야 한다."고 규정하고 있다. 형사소송법 제123조 제2항, 제3항(제219조에 의하여 수사상 압수 · 수색에도 준용)에 따라 압수 · 수색영장의 집행에 참여하는 주거주(住居主) 등 또는 이웃 등이 최소한 압수 · 수색절차의 의미를 이해할 수 있는 정도의 능력을 갖추어야 하는가?

판례 형사소송법은 제121조, 제219조에서 압수 · 수색절차에서 피고인과 피의자의 참여권 일반을 정하는 한편, 제123조, 제219조에서 압수 · 수색이 이루어지는 장소의 특수성을 고려하여 특정 장소에서 압수 · 수색영장을 집행할 때는 그 장소의 책임자가 참여하게 함으로써, 압수 · 수색영장의 집행과정에서 절차적 권리로서의 참여권이 적법절차와 영장주의의 이념을 실질적으로 구현하는 장치로 기능하도록 하였다. …… 제123조는 '영장의 집행과 책임자의 참여'라는 표제 아래, 공무소, 군사용 항공기 또는 선박 · 차량 안에서 압수 · 수색영장을 집행하려면 그 책임자에게 참여할 것을 통지하여야 하고(제1항), 제1항에서 규정한 장소 외에 타인의 주거, 간수자 있는 가옥, 건조물, 항공기 또는 선박 · 차량 안(이하 '주거지 등'이라고 한다)에서 압수 · 수색영장을 집행할 때에는 주거주, 간수자 또는 이에 준하는 사람(이하 '주거주 등'이라고 한다)을 참여하게 하여야 하며(제2항), 주거주 등을 참여하게 하지 못할 때에는 이웃 사람 또는 지방공공단체의 직원(이하 '이웃 등'이라고 한다)을 참여하게 하여야 한다(제3항)고 규정하고 있다. 이는 형사소송법 제219조에 의해 수사기관의 압수·수색영장 집행에서도 준용된다. 형사소송법 제123조 제2항, 제3항, 제219조가 주거지 등에서 압수·수색영장을 집행할 때 주거주 등이나 이웃 등을 참여하도록 한 것은 주거의 자유나 사생활의 비밀과 자유와 같은 기본권 보호의 필요성이 특히 요구되는 장소에 관하여 밀접한 이해관계를 갖는 사람을 참여시켜 영장집행절차의 적정성을 담보함으로써 수사기관이나 법원의 강제처분을 받는 당사자를 보호하고 궁극적으로 국민의 기본권을 보호하려는 데 그 취지가 있다. 이러한 점에 비추어 보면 형사소송법 제123조 제2항, 제3항, 제219조에서 정한 바에 따라 압수·수색영장의 집행에 참여하는 주거주 등 또는 이웃 등은 최소한 압수·수색절차의 의미를 이해할 수 있는 정도의 능력(이하 '참여능력')을 갖추고 있어야 한다. 압수·수색영장의 집행에 참여하는 주거주 등 또는 이웃 등이 참여능력을 갖추지 못한 경우에는 영장의 집행 과정에서 발생할 수 있는 위법·부당한 처분이나 행위로부터 당사자를 보호하고 영장집행절차의 적정성을 담보하려는 형사소송법의 입법 취지나 기본권 보호·적법절차·영장주의 등 헌법적 요청을 실효적으로 달성하기 어렵기 때문이다. ······ 이러한 법리는, 주거지 등에 대한 압수·수색에서 피의자가 동시에 주거주 등인 경우에도 동일하게 적용된다(대법원 2024.10.8, 2020도11223).

> **보충** 형사소송법 제123조 제2항과 제3항은 주거주 등이나 이웃 등의 참여에 관하여 그 참여 없이 압수·수색영장을 집행할 수 있는 예외를 인정하지 않고 있다. 이는 형사소송법 제121조, 제122조에서 압수·수색영장의 집행에 대한 검사, 피의자, 변호인의 참여에 대하여 급속을 요하는 등의 경우 집행의 일시와 장소의 통지 없이 압수·수색영장을 집행할 수 있다고 한 것과 다른 점이다. 따라서 형사소송법 제123조 제2항에서 정한 주거지 등에 대한 압수·수색영장의 집행이 주거주 등이나 이웃 등의 참여 없이 이루어진 경우 특별한 사정이 없는 한 그러한 압수·수색영장의 집행은 위법하다고 보아야 한다. 나아가 주거주 등 또는 이웃 등이 참여하였다고 하더라도 그 참여자에게 참여능력이 없거나 부족한 경우에는, 주거주 등이나 이웃 등의 참여가 이루어진 것과 마찬가지로 형사소송법 제123조 제2항, 제3항에서 정한 압수수색절차의 적법요건이 갖추어졌다고 볼 수 없으므로 그러한 압수·수색영장의 집행도 위법하다. ······ 형사소송법 제123조 제2항, 제3항, 제219조에 따라 압수수색절차에 참여한 참여자와 관련하여 해당 절차의 적법요건이 갖추어졌는지는, 수사기관이 인식하였거나 인식할 수 있었던 사정 등을 포함하여 압수·수색 당시를 기준으로 외형적으로 인식 가능한 사실상의 상태를 살펴 판단하여야 한다. 압수·수색 당시 수사기관이 인식할 수 없었던 참여자의 내부적·주관적 사정이나 참여자의 객관적 능력에 관한 법률적·사후적인 판단은 고려대상이 아니다.

¶solution 갖추어야 한다.

••• 054 압수목록의 작성·교부 의무의 이행의 시기

• 경찰간부 24, 법원9급 24

> 수사기관은 2020.7.1. 발부된 압수·수색영장에 따라 2020.7.3. 압수·수색을 실시하면서 준항고인 소유의 물품 박스 약 9,000개를 압수한 다음 2020.9.7. 상세 압수목록을 교부하였다. 수사기관의 조치는 적법한가?

판례 ① (원칙) 수사기관은 압수를 한 경우 압수경위를 기재한 압수조서와 압수물의 특징을 구체적으로 기재한 압수목록을 작성하고, 압수목록은 압수물의 소유자·소지자·보관자 기타 이에 준하는 사람에게 교부하여야 한다(형사소송법 제219조, 제129조, 「검사의 사법경찰관리에 대한 수사지휘 및 사법경찰관리의 수사준칙에 관한 규정」 제44조). 압수조서에는 작성연월일과 함께 품종, 외형상의 특징과 수량을 기재하여야 하고(형사소송법 제49조 제3항, 제57조 제1항), 그 내용은 객관적 사실에 부합하여야 하므로(대법원 2009.3.12, 2008도763 참조), 압수목록 역시 압수물의 특징을 객관적 사실에 맞게 구체적으로 기재하여야 하는데, 압수방법·장소·대상자별로 명확히 구분한 후 압수물의 품종·종류·명칭·수량·외형상 특징 등을 최대한 구체적이고 정확하게 특정하여 기재하여야 한다. 이는 수사기관의 압수 처분에 대한 사후적 통제수단임과 동시에 피압수자 등이 압수물에 대한 환부·가환부 청구를 하거나 부당한 압수처분에 대한 준항고를 하는 등 권리행사절차를 밟는 데 가장 기초적인 자료가 되므로, 이러한 권리행사에 지장이 없도록 압수 직후 현장에서 바로 작성하여 교부하는 것이 원칙이다(대법원 2009.3.12, 2008도763 등). 한편, 임의제출에 따른 압수(형사소송법 제218조)의 경우에도 압수물에 대한 수사기관의 점유 취득이 제출자의 의사에 따라 이루어진다는 점에서만 차이가 있을 뿐 범죄혐의를 전제로 한 수사 목적이나 압수의 효력은 영장에 의한 압수의 경우와 동일하므로(대법원 2021.11.18, 2016도348 전원합의체), 헌법상 기본권에 관한 수사기관의 부당한 침해로부터 신속하게 권리를 구제받을 수 있도록 수사기관은 **영장에 의한 압수와 마찬가지로 객관적·구체적인 압수목록을 신속하게 작성·교부할 의무를 부담한다.** ② (예외) 다만, 적법하게 발부된 영장의 기재는 그 집행의 적법성 판단의 우선적인 기준이 되어야 하므로, 예외적으로 압수물의 수량·종류·특성 기타의 사정상 압수 직후 현장에서 압수목록을 작성·교부하지 않을 수 있다는 취지가 영장에 명시되어 있고, 이와 같은 특수한 사정이 실제로 존재하는 경우에는 압수영장을 집행한 후 일정한 기간이 경과하고서 압수목록을 작성·교부할 수도 있으나, 압수목록 작성·교부 시기의 예외에 관한 영장의 기재는 피의자·피압수자 등의 압수 처분에 대한 권리구제절차 또는 불복절차가 형해화되지 않도록 그 취지에 맞게 엄격히 해석되어야 하고, 나아가 예외적 적용의 전제가 되는 특수한 사정의 존재 여부는 수사기관이 이를 증명하여야 하며, 그 기간 역시 필요 최소한에 그쳐야 한다. 또한 영장에 의한 압수 및 그 대상물에 대한 확인조치가 끝나면 그것으로 압수절차는 종료되고, 압수물과 혐의사실과의 관련성 여부에 관한 평가 및 그에 필요한 추가 수사는 압수절차 종료 이후의 사정에 불과하므로 이를 이유로 압수 직후 이루어져야 하는 압수목록 작성·교부 의무를 해태·거부할 수는 없다(대법원 2024.1.5, 2021모385).

보충 서울본부세관은 2020.7.17.경에는 압수물의 품명, 수량, 제조번호 등을 모두 확인하였으므로 이때 압수방법 및 시기별로 명확히 구분하여 위 각 사항을 구체적으로 특정하여 기재한 상세 압수목록을 작성·교부하였어야 함에도, 그 시점으로부터 50여 일이 경과한 후에야 상세 압수목록을 교부하였을 뿐만 아니라 내용상 압수방법 및 시기별로 구분이 되어 있지 않았기에 압수처분에 대한 법률상 권리구제절차 또는 불복절차가 사실상 불가능하였거나 상당한 지장이 초래되었다고 판단된다.

solution 적법하지 않다.

● ● ○
055 정보저장매체에 대한 압수 등
• 경찰2차 18·19, 국가7급 18·21, 경찰승진 20, 경찰1차 20, 국가9급 21, 변호사시험 21

> 다음은 대법원 2018.2.8, 2017도13263 판결을 문제로 만든 것이다. 잘 읽고 물음에 답하시오.
> [제1문] 수사기관이 정보저장매체에 기억된 정보 중에서 범죄 혐의사실과 관련 있는 정보를 선별한 다음 이미지 파일을 제출받아 압수한 경우, 수사기관 사무실에서 위와 같이 압수된 이미지 파일을 탐색·복제·출력하는 과정에서도 피의자 등에게 참여의 기회를 보장하여야 하는가?
> [제2문] 압수물 목록의 교부와 관련하여, 압수된 정보의 상세목록에 정보의 파일 명세가 특정되어 있어야 하는가?
> [제3문] 전자문서를 수록한 파일 등의 증거능력을 인정하기 위한 요건과 관련하여, 증거로 제출된 전자문서 파일의 사본이나 출력물이 복사·출력 과정에서 편집되는 등 인위적 개작 없이 원본 내용을 그대로 복사·출력한 것이라는 사실을 증명할 책임은 누구에게 있는가?

[제1문]

판례 형사소송법 제219조, 제121조에 의하면, 수사기관이 압수·수색영장을 집행할 때 피의자 또는 변호인은 그 집행에 참여할 수 있다. 압수의 목적물이 컴퓨터용디스크 그 밖에 이와 비슷한 정보저장매체인 경우에는 영장 발부의 사유로 된 범죄 혐의사실과 관련 있는 정보의 범위를 정하여 출력하거나 복제하여 이를 제출받아야 하고, 피의자나 변호인에게 참여의 기회를 보장하여야 한다. 만약 그러한 조치를 취하지 않았다면 이는 형사소송법에 정한 영장주의 원칙과 적법절차를 준수하지 않은 것이다. 수사기관이 정보 저장매체에 기억된 정보 중에서 키워드 또는 확장자 검색 등을 통해 범죄 혐의사실과 관련 있는 정보를 선별한 다음 정보저장매체와 동일하게 비트열 방식으로 복제하여 생성한 파일(이하 '이미지 파일'이라 한다)을 제출받아 압수하였다면 이로써 압수의 목적물에 대한 압수·수색 절차는 종료된 것이므로, 수사기관이 수사기관 사무실에서 위와 같이 압수된 이미지 파일을 탐색·복제·출력하는 과정에서도 피의자 등에게 참여의 기회를 보장하여야 하는 것은 아니다.

♀solution 참여의 기회를 보장하여야 하는 것은 아니다.

[제2문]

판례 형사소송법 제219조, 제129조에 의하면, 압수한 경우에는 목록을 작성하여 소유자, 소지자, 보관자 기타 이에 준할 자에게 교부하여야 한다. 그리고 법원은 압수·수색영장의 집행에 관하여 범죄 혐의사실과 관련 있는 정보의 탐색·복제·출력이 완료된 때에는 지체 없이 압수된 정보의 상세목록을 피의자 등에게 교부할 것을 정할 수 있다. 압수물 목록은 피압수자 등이 압수처분에 대한 준항고를 하는 등 권리행사절차를 밟는 가장 기초적인 자료가 되므로, 수사기관은 이러한 권리행사에 지장이 없도록 압수 직후 현장에서 압수물 목록을 바로 작성하여 교부해야 하는 것이 원칙이다. 이러한 압수물 목록 교부 취지에 비추어 볼 때, 압수된 정보의 상세목록에는 정보의 파일 명세가 특정되어 있어야 하고, 수사기관은 이를 출력한 서면을 교부하거나 전자파일 형태로 복사해 주거나 이메일을 전송하는 등의 방식으로도 할 수 있다.

♀solution 특정되어 있어야 한다.

[제3문]

판례 전자문서를 수록한 파일 등의 경우에는, 성질상 작성자의 서명 혹은 날인이 없을 뿐만 아니라 작성자·관리자의 의도나 특정한 기술에 의하여 내용이 편집·조작될 위험성이 있음을 고려하여, 원본임이 증명되거나 혹은 원본으로부터 복사한 사본일 경우에는 복사 과정에서 편집되는 등 인위적 개작 없이 원본의 내용 그대로 복사된 사본임이 증명되어야만 하고, 그러한 증명이 없는 경우에는 쉽게 증거능력을 인정할 수 없다. 그리고 증거로 제출된 전자문서 파일의 사본이나 출력물이 복사·출력 과정에서 편집되는 등 인위적 개작 없이 원본 내용을 그대로 복사·출력한 것이라는 사실은 전자문서 파일의 사본이나 출력물의 생성과 전달 및 보관 등의 절차에 관여한 사람의 증언이나 진술, 원본이나 사본 파일 생성 직후의 해시(Hash)값 비교, 전자문서 파일에 대한 검증·감정 결과 등 제반 사정을 종합하여 판단할 수 있다. 이러한 원본 동일성은 증거능력의 요건에 해당하므로 검사가 그 존재에 대하여 구체적으로 주장·증명해야 한다.

♀solution 검사

● ○ ○
056 경찰이 「성폭력범죄의 처벌 등에 관한 특례법」 위반(카메라등이용촬영) 혐의로 임의제출받은 휴대전화를 피고인과 함께 탐색하다가 다른 범행에 관한 동영상을 발견하고 이를 함께 기소한 사건

판례 다른 범행에 관한 동영상은 임의제출에 따른 압수의 동기가 된 범행의 동기와 경위, 범행 수단과 방법 등을 증명하기 위한 간접증거나 정황증거 등으로 사용될 수 있으므로 구체적·개별적 연관관계가 인정되어 관련성이 있는 증거에 해당하고, 경찰관이 피의자 신문 당시 휴대전화를 피고인과 함께 탐색하는 과정에서 발견된 다른 범행에 관한 동영상을 추출·복사하였고, 피고인이 직접 다른 범행에 관한 동영상을 토대로 '범죄일람표' 목록을 작성·제출하였으므로, 실질적으로 피고인에게 참여권이 보장되고, 전자정보 상세목록이 교부된 것과 다름이 없다(증거능력 인정, 대법원 2021.11.25, 2019도6730).

057 경찰이 「성폭력범죄의 처벌 등에 관한 특례법」 위반(카메라등이용촬영) 혐의로 임의제출받은 휴대전화를 탐색하다가 약 10개월 전에 촬영된 다른 범행에 관한 영상을 발견하고 이를 함께 기소한 사건

(판례) 다른 범행에 관한 영상은 임의제출에 따른 압수의 동기가 된 범행의 동기와 경위, 범행 수단과 방법 등을 증명하기 위한 간접증거나 정황증거 등으로 사용될 수 있으므로 구체적·개별적 연관관계가 인정되어 관련성이 있는 증거에 해당하고, 경찰이 1회 피의자신문 당시 휴대전화를 피고인과 함께 탐색하는 과정에서 다른 범행에 관한 영상을 발견하였으므로 피고인이 휴대전화의 탐색 과정에 참여하였다고 볼 수 있으며, 경찰은 같은 날 곧바로 진행된 2회 피의자신문에서 이 사건 사진을 피고인에게 제시하였고, 5장에 불과한 이 사건 사진은 모두 동일한 일시, 장소에서 촬영된 다른 범행에 관한 영상을 출력한 것임을 육안으로 쉽게 알 수 있으므로, 비록 피고인에게 전자정보의 파일 명세가 특정된 압수목록이 작성·교부되지 않았더라도 절차 위반행위가 이루어진 과정의 성질과 내용 등에 비추어 피고인의 절차상 권리가 실질적으로 침해되었다고 보기도 어렵다(대법원 2022.1.13, 2016도9596).

058 휴대전화에 대한 압수처분이 위법함을 이유로 그 취소를 구하는 사건

• 경찰2차 22 · 23, 경찰1차 24

> [제1문] 법원이 압수·수색영장을 발부하면서 범죄 혐의사실과 관련 있는 전자정보의 탐색·복제·출력이 완료된 때 지체 없이 영장 기재 범죄 혐의사실과 관련이 없는 나머지 전자정보에 대해 삭제·폐기 또는 피압수자 등에게 반환할 것을 정하였음에도 수사기관이 이에 따르지 아니한 채 나머지 전자정보를 보유한 경우 그 압수는 적법한가?
>
> [제2문] 범죄 혐의사실과의 관련성에 대한 구분 없이 임의로 전체의 전자정보를 복제·출력하여 이를 하나의 압축파일로 보관하여 두고, 그와 같이 선별되지 않은 전자정보에 대해 구체적인 개별 파일 명세를 특정하여 상세목록을 작성하지 않고 그 압축파일 이름만을 기재하여 이를 상세목록이라고 하면서 피압수자에게 교부한 경우 그 압축파일 전체에 대한 압수는 적법한가?

[제1문]

(판례) 수사기관은 압수의 목적물이 전자정보가 저장된 저장매체인 경우에는 압수·수색영장 발부의 사유로 된 범죄 혐의사실과 관련 있는 정보의 범위를 정하여 출력하거나 복제하여 이를 제출받아야 하고, 이러한 과정에서 혐의사실과 무관한 전자정보의 임의적인 복제 등을 막기 위한 적절한 조치를 취하는 등 영장주의 원칙과 적법절차를 준수하여야 한다. 따라서 저장매체의 소재지에서 압수·수색이 이루어지는 경우는 물론 예외적으로 저장매체에 들어 있는 전자파일 전부를 하드카피나 이미징(imaging) 등의 형태(이하 '복제본'이라 한다)로 수사기관 사무실 등으로 반출한 경우에도 반출한 저장매체 또는 복제본에서 혐의사실 관련성에 대한 구분 없이 임의로 저장된 전자정보를 문서로 출력하거나 파일로 복제하는 행위는 원칙적으로 영장주의 원칙에 반하는 위법한 압수가 된다(대법원 2017.11.14, 2017도3449; 2017.9.21, 2015도12400 등). …… 법원은 압수·수색영장의 집행에 관하여 범죄 혐의사실과 관련 있는 전자정보의 탐색·복제·출력이 완료된 때에는 지체 없이 영장 기재 범죄 혐의사실과 관련이 없는 나머지 전자정보에 대해 삭제·폐기 또는 피압수자 등에게 반환할 것을 정할 수 있다. 수사기관이 범죄 혐의사실과 관련 있는 정보를 선별하여 압수한 후에도 그와 관련이 없는 나머지 정보를 삭제·폐기·반환하지 아니한 채 그대로 보관하고 있다면 범죄 혐의사실과 관련이

없는 부분에 대하여는 압수의 대상이 되는 전자정보의 범위를 넘어서는 전자정보를 영장 없이 압수·수색하여 취득한 것이어서 위법하고, 사후에 법원으로부터 압수·수색영장이 발부되었다거나 피고인이나 변호인이 이를 증거로 함에 동의하였다고 하여 그 위법성이 치유된다고 볼 수 없다(대법원 2022.1.14, 2021모1586).

ⓘsolution 적법하지 않다.

[제2문]

(판례) 법원은 압수·수색영장의 집행에 관하여 범죄 혐의사실과 관련 있는 정보의 탐색·복제·출력이 완료된 때에는 지체 없이 압수된 정보의 상세목록을 피의자 등에게 교부할 것을 정할 수 있다. 압수물 목록은 피압수자 등이 압수처분에 대한 준항고를 하는 등 권리행사절차를 밟는 가장 기초적인 자료가 되므로, 수사기관은 이러한 권리행사에 지장이 없도록 압수 직후 현장에서 압수물 목록을 바로 작성하여 교부해야 하는 것이 원칙이다. 이러한 압수물 목록 교부 취지에 비추어 볼 때, 압수된 정보의 상세목록에는 정보의 파일 명세가 특정되어 있어야 한다(대법원 2018.2.8, 2017도13263 등). …… 수사기관이 압수·수색영장에 기재된 범죄 혐의사실과의 관련성에 대한 구분 없이 임의로 전체의 전자정보를 복제·출력하여 이를 보관하여 두고, 그와 같이 선별되지 않은 전자정보에 대해 구체적인 개별 파일 명세를 특정하여 상세목록을 작성하지 않고 '….zip'과 같이 그 내용을 파악할 수 없도록 되어 있는 포괄적인 압축파일만을 기재한 후 이를 전자정보 상세목록이라고 하면서 피압수자 등에게 교부함으로써 범죄 혐의사실과 관련성 없는 정보에 대한 삭제·폐기·반환 등의 조치도 취하지 아니하였다면, 이는 결국 수사기관이 압수·수색영장에 기재된 범죄 혐의 사실과 관련된 정보 외에 범죄혐의 사실과 관련이 없어 압수의 대상이 아닌 정보까지 영장 없이 취득하는 것일 뿐만 아니라, 범죄혐의와 관련 있는 압수 정보에 대한 상세목록 작성·교부 의무와 범죄혐의와 관련 없는 정보에 대한 삭제·폐기·반환 의무를 사실상 형해화하는 결과가 되는 것이어서 영장주의와 적법절차의 원칙을 중대하게 위반한 것으로 봄이 상당하다(만약 수사기관이 혐의사실과 관련 있는 정보만을 선별하였으나 기술적인 문제로 정보 전체를 1개의 파일 등으로 복제하여 저장할 수밖에 없다고 하더라도 적어도 압수목록이나 전자정보 상세목록에 압수의 대상이 되는 전자정보 부분을 구체적으로 특정하고, 위와 같이 파일 전체를 보관할 수밖에 없는 사정을 부기하는 등의 방법을 취할 수 있을 것으로 보인다). 따라서 이와 같은 경우에는 영장 기재 범죄혐의 사실과의 관련성 유무와 상관없이 수사기관이 임의로 전자정보를 복제·출력하여 취득한 정보 전체에 대해 그 압수는 위법한 것으로 취소되어야 한다고 봄이 상당하고, 사후에 법원으로부터 그와 같이 수사기관이 취득하여 보관하고 있는 전자정보 자체에 대해 다시 압수·수색영장이 발부되었다고 하여 달리 볼 수 없다(대법원 2022.1.14, 2021모1586).

ⓘsolution 적법하지 않다.

보충 'A의 특정 혐의사실과 관련성 있는 정보만을 압수·수색하고, 관련성 없는 정보는 삭제 등을 할 것' 등으로 압수수색의 대상과 방법을 제한한 압수수색영장(1영장)에 기하여, 수사기관이 甲의 휴대전화를 압수·수색하면서 휴대전화에 저장된 정보를 하나의 압축파일로 수사기관의 저장매체에 보관하여 두고, 그 압축파일명을 그대로 기재한 상세목록을 작성하여 甲에게 교부하였는데, 이후 A의 특정 혐의사실과는 관련이 없는 甲의 별개 혐의사실에 대한 수사가 개시되자, 수사기관이 위 저장매체에 보관하여 둔 압축파일(甲의 휴대전화 전자정보)에 대해 다시 압수수색영장(2영장, 3영장)을 발부받아 이를 집행하자, 이에 대한 압수의 취소를 구하는 사안으로, 대법원은 1영장에 기한 압수수색은 결국 혐의사실과 관련성 있는 부분만을 선별하려는 조치를 취하지도 않았고, 이후 관련 없는 부분에 대해 삭제 등의 조치를 취하지도 않았으며 유관·무관정보를 가리지 않은 채 1개의 파일로 압축하여 이를 보관하여 두고 그 파일 이름을 적은 서면을 상세목록이라고 하여 교부한 이상, 1영장에 기한 압수 전부가 위법하고, 이후 2영장, 3영장이 발부되었다고 하더라도 그 위법성이 치유되지 않는다고 보아, 이와 달리 판단한 원심결정을 파기환송한 사례이다.

059 압수·수색의 적법 여부가 문제된 사안

• 경찰1차 24

> 담당검사 등은 압수·수색에 착수하기 전에 피의자에게 압수·수색영장을 제시하지 않았고, 피의자의 주거지·사무실에 대한 압수·수색 사실을 통지하지 않았으며, 압수목록교부서에는 압수방법·장소·대상자별로 구분되지 않은 채 압수물 중 극히 일부만 기재되었고 압수물의 내역에는 '지출내역 등 서류 1박스' 등과 같이 압수물의 구체적 내역을 알 수 없는 포괄적 방식의 내용이 기재되었으며 담당검사 등은 위 압수목록교부서를 피압수자인 피의자에게 교부하지 않았다. 담당검사 등의 위와 같은 압수처분은 적법한가?

(판례) 압수·수색영장은 수사기관의 범죄수사 목적을 위하여 필요한 최소한의 범위 내에서만 신청·청구·발부되어야 하고, 이를 전제로 한 수사기관의 압수·수색영장 집행에 대한 사전적 통제수단으로, ① 압수·수색의 대상자에게 집행 이전에 영장을 제시하도록 함으로써 법관이 발부한 영장 없이 압수·수색을 하는 것을 방지하여 영장주의 원칙을 절차적으로 보장하고(수사기관이 압수 또는 수색을 할 때에는 처분을 받는 사람에게 반드시 적법한 절차에 따라 법관이 발부한 영장을 사전에 제시하여야 한다. 헌법 제12조 제3항 본문, 형사소송법 제219조 및 제118조), 압수·수색영장에 기재된 물건·장소·신체에 한정하여 압수·수색이 이루어질 수 있도록 함으로써 개인의 사생활과 재산권의 침해를 최소화하며, ② 피의자 등에게 미리 압수·수색영장의 집행 일시와 장소를 통지함으로써 압수·수색영장의 집행과정에 대한 **참여권을 실질적으로 보장하고**(피의자·피압수자 또는 변호인은 압수·수색영장의 집행에 참여할 권리가 있으므로 수사기관이 압수·수색영장을 집행할 때에도 원칙적으로는 피의자 등에게 미리 집행의 일시와 장소를 통지하여야 한다. 형사소송법 제219조, 제121조, 제122조), 나아가 압수·수색영장의 집행과정에서 피의사실과 관련성이 있는 압수물의 범위가 부당하게 확대되는 것을 방지함으로써 영장 집행절차의 적법성·적정성을 확보하도록 하였다. 또한, ③ 수사기관의 압수·수색영장 집행에 대한 사후적 통제수단 및 피의자 등의 신속한 구제절차로 마련된 준항고 등(형사소송법 제417조)을 통한 불복의 기회를 실질적으로 보장하기 위하여 수사기관으로 하여금 압수·수색영장의 집행을 종료한 직후에 압수목록을 작성·교부할 의무를 규정하였다(수사기관은 압수영장을 집행한 직후에 압수목록을 곧바로 작성하여 압수한 물건의 소유자·소지자·보관자 기타 이에 준하는 사람에게 교부하여야 한다. 형사소송법 제219조, 제129조). 압수목록을 작성할 때에는 압수방법·장소·대상자별로 명확히 구분하여 압수물의 품종·종류·명칭·수량, 외형상 특징 등을 최대한 구체적이고 정확하게 특정하여 기재하여야 한다. …… 피의자에 대한 체포영장 집행 직후부터 압수·수색영장의 집행에 따른 압수처분이 수사기관의 영장청구권 및 영장의 집행권한 남용에 해당하여 임의수사의 원칙과 비례성의 원칙에 위반되고, 영장의 사전제시의무 해태에 따른 영장주의 원칙 위반, 영장 집행 일시·장소에 대한 사전 통지의무를 위반 및 준항고인 등의 참여권을 박탈한 위법이 있으며, 압수목록 작성 시 압수방법·장소·대상자별로 구분하지 않은 상태에서 압수물의 대부분이 누락되었고 기재 내용·방식 역시 지나치게 포괄적이며 이마저도 준항고인에게 교부되지 않은 위법이 있고, 전자정보에 대한 압수·수색은 영장에 명시된 '압수 대상 및 방법의 제한'을 위반하였으며 그 전체 과정에서 준항고인 등의 참여권이 보장되지도 않았고, 집행 후 준항고인에게 전자정보 상세목록을 교부하지도 않았으며, 저장매체 원본의 반환기간이 도과되었을 뿐만 아니라 담당검사 등이 적법한 절차 없이 압수한 전자정보를 개인 저장매체에 저장·반출하여 장기간 보유하는 등 여러 측면에서 위법하다 보이므로, 압수처분은 전부 취소하여야 한다(대법원 2022.7.14, 2019모2584).

♀solution 적법하지 않다.

060 동일 압수 · 수색영장 재집행 금지 원칙의 또 다른 적용례

사법경찰관 P는 ① 2019.3.5. 피의자가 甲으로, 혐의사실이 대마 광고 및 대마 매매로, 압수할 물건이 '피의자가 소지 · 소유 · 보관하고 있는 휴대전화에 저장된 마약류 취급 관련자료 등'으로, 유효기간이 '2019.3.31.'로 된 압수 · 수색 · 검증영장(이하 '이 사건 영장')을 발부받아, 2019.3.7. 그에 기해 甲으로부터 휴대전화 3대 등을 압수하였다. 이후 ② P는 2019.4.8. 甲의 휴대전화 메신저에서 대마 구입 희망의사를 밝히는 피고인 A의 메시지(이하 '이 사건 메시지')를 확인한 후, 甲 행세를 하면서 위 메신저로 메시지를 주고받는 방법으로 위장수사를 진행하여, 2019.4.10. A를 현행범으로 체포하고 그 휴대전화를 비롯한 소지품 등을 영장 없이 압수한 다음 2019.4.12. 사후 압수 · 수색 · 검증영장을 발부받았다. ②의 메시지 확인 및 압수 · 수색은 적법한가, 위법한가?

〔판례〕 형사소송법 제215조에 의한 압수 · 수색영장은 수사기관의 압수 · 수색에 대한 허가장으로서 거기에 기재되는 유효기간은 집행에 착수할 수 있는 종기를 의미하는 것일 뿐이므로, 수사기관이 압수 · 수색영장을 제시하고 집행에 착수하여 압수 · 수색을 실시하고 그 집행을 종료하였다면 이미 그 영장은 목적을 달성하여 효력이 상실되는 것이고, 동일한 장소 또는 목적물에 대하여 다시 압수 · 수색할 필요가 있는 경우라면 그 필요성을 소명하여 법원으로부터 새로운 압수 · 수색영장을 발부받아야 하는 것이지, 앞서 발부 받은 압수 · 수색영장의 유효기간이 남아있다고 하여 이를 제시하고 다시 압수 · 수색을 할 수는 없다(대법원 1999.12.1, 99모161). 피고인이 이 사건 메시지를 보낸 시점까지 경찰이 이 사건 영장 집행을 계속하고 있었다고 볼 만한 자료가 없으므로 경찰의 이 사건 메시지 등의 정보 취득은 영장 집행 종료 후의 위법한 재집행이고, 그 외에 경찰이 甲의 휴대전화 메신저 계정을 이용할 정당한 접근권한도 없으므로, 이 사건 메시지 등을 기초로 피고인을 현행범으로 체포하면서 수집한 증거는 위법수집증거로서 증거능력이 없다(마약류 불법거래 방지에 관한 특례법위반 부분에 대해 무죄, 대법원 2023.3.16, 2020도5336).

Ʇsolution 위법하다.

061 피의자 수색과 영장주의의 예외

(구) 형사소송법 제216조는 영장에 의하지 아니한 강제처분을 규정하면서, 동 제1항 제1호에서 검사 또는 사법경찰관은 영장에 의한 체포, 긴급체포, 구속 또는 현행범인체포의 규정에 의하여 피의자를 체포 또는 구속하는 경우에 필요한 때에는 영장없이 타인의 주거나 타인이 간수하는 가옥, 건조물, 항공기, 선차 내에서의 피의자 수사를 할 수 있다고 규정하고 있다. 위 규정은 영장주의에 위반되는가?

〔판례〕 헌법 제12조 제3항과는 달리 헌법 제16조 후문은 "주거에 대한 압수나 수색을 할 때에는 검사의 신청에 의하여 법관이 발부한 영장을 제시하여야 한다."라고 규정하고 있을 뿐 영장주의에 대한 예외를 명문화하고 있지 않다. 그러나 헌법 제12조 제3항과 헌법 제16조의 관계, 주거 공간에 대한 긴급한 압수 · 수색의 필요성, 주거의 자유와 관련하여 영장주의를 선언하고 있는 헌법 제16조의 취지 등을 종합하면, 헌법 제16조의 영장주의에 대해서도 그 예외를 인정하되, 이는 ① 그 장소에 범죄혐의 등을 입증할 자료나

피의자가 존재할 개연성이 소명되고, ② 사전에 영장을 발부받기 어려운 긴급한 사정이 있는 경우에만 제한적으로 허용될 수 있다고 보는 것이 타당하다. 심판대상조항은 체포영장을 발부받아 피의자를 체포하는 경우에 필요한 때에는 영장 없이 타인의 주거 등 내에서 피의자 수사를 할 수 있다고 규정함으로써, 앞서 본 바와 같이 별도로 영장을 발부받기 어려운 긴급한 사정이 있는지 여부를 구별하지 아니하고 피의자가 소재할 개연성만 소명되면 영장 없이 타인의 주거 등을 수색할 수 있도록 허용하고 있다. 이는 체포영장이 발부된 피의자가 타인의 주거 등에 소재할 개연성은 소명되나, 수색에 앞서 영장을 발부받기 어려운 긴급한 사정이 인정되지 않는 경우에도 영장 없이 피의자 수색을 할 수 있다는 것이므로, 헌법 제16조의 영장주의 예외 요건을 벗어나는 것으로서 영장주의에 위반된다(헌법재판소 2018.4.26, 2015헌바370, 2016헌가7).

> **보충** (헌법불합치결정) 심판대상조항의 위헌성은 체포영장이 발부된 피의자를 체포하기 위하여 타인의 주거 등을 수색하는 경우에 피의자가 그 장소에 소재할 개연성만 소명되면 수색영장을 발부받기 어려운 긴급한 사정이 있는지 여부와 무관하게 영장주의의 예외를 인정하고 있다는 점에 있다. 따라서 심판대상조항에 대하여 단순위헌결정을 하여 그 효력을 즉시 상실시킨다면, 수색영장 없이 타인의 주거 등을 수색하여 피의자를 체포할 긴급한 필요가 있는 경우에도 이를 허용할 법률적 근거가 사라지게 되는 법적 공백상태가 발생하게 된다. 위와 같은 이유로 심판대상조항에 대하여 단순위헌결정을 하는 대신 **헌법불합치결정을 선고하되, 2020.3.31.을 시한으로 입법자가 심판대상조항의 위헌성을 제거하고 합헌적인 내용으로 법률을 개정할 때까지 심판대상조항이 계속 적용되도록 한다.** 다만 향후 심판대상조항은 체포영장이 발부된 피의자가 타인의 주거 등에 소재할 개연성이 소명되고, 그 장소를 수색하기에 앞서 별도로 수색영장을 발부받기 어려운 긴급한 사정이 있는 경우에 한하여 적용되어야 할 것이다. 심판대상조항의 위헌성은 근본적으로 헌법 제16조에서 영장주의를 규정하면서 그 예외를 명시적으로 규정하지 아니한 잘못에서 비롯된 것이다. 늦어도 2020.3.31.까지는 현행범인 체포, 긴급체포, 일정 요건 하에서의 체포영장에 의한 체포의 경우에 영장주의의 예외를 명시하는 것으로 위 헌법조항이 개정되고, 그에 따라 심판대상조항(심판대상조항과 동일한 내용의 규정이 형사소송법 제137조에도 존재한다)이 개정되는 것이 바람직하나, 위 헌법조항이 개정되지 않는 경우에는 심판대상조항만이라도 이 결정의 취지에 맞게 개정되어야 함을 지적하여 둔다(헌법재판소 2018.4.26, 2015헌바370, 2016헌가7).

> **보충** (명확성원칙에 위반되지 않음) 헌법 제16조는 모든 국민이 주거의 자유를 침해받지 아니한다고 규정하면서 주거에 대한 압수나 수색을 할 때는 영장을 제시하여야 한다고 특별히 강조하고 있으므로, 주거공간에 대한 압수·수색은 그 장소에 혐의사실 입증에 기여할 자료 등이 존재할 개연성이 충분히 소명되어야 그 필요성을 인정할 수 있다. 심판대상조항은 영장의 발부를 전제로 하고 있지는 않으나 위와 같은 해석은 심판대상조항에 따른 수사를 하는 경우에도 동일하게 적용되어야 한다. 따라서 심판대상조항의 피의자를 체포하는 경우에 "필요한 때"는 '피의자가 소재할 개연성'을 의미하는 것으로 어렵지 않게 해석할 수 있다. 심판대상조항은 수사기관이 피의자를 체포하기 위하여 필요한 때에는 영장 없이 타인의 주거 등에 들어가 피의자를 찾는 행위를 할 수 있다는 의미로서, 심판대상조항의 "피의자 수사"는 '피의자 수색'을 의미함을 어렵지 않게 해석할 수 있다. 이상을 종합하여 보면, 심판대상조항은 피의자가 소재할 개연성이 소명되면 타인의 주거 등 내에서 수사기관이 피의자를 수색할 수 있음을 의미하는 것으로 누구든지 충분히 알 수 있으므로, 명확성원칙에 위반되지 아니한다(헌법재판소 2018.4.26, 2015헌바370, 2016헌가7).

❓solution 영장주의에 위반된다.

형사소송법 개정사항 – 2019.12.31. 일부개정·시행

[개정이유]

2018.4.26 헌법재판소는 수색에 앞서 영장을 발부받기 어려운 긴급한 사정이 있는지에 대한 여부를 구별하지 아니하고 피의자가 소재할 개연성이 있으면 영장 없이 곧바로 타인의 주거 등을 수색할 수 있도록 하는 것은 헌법 제16조에 따른 영장주의에 위반된다는 이유로 헌법불합치 결정을 내렸다.

[개정내용]

제137조 중 "때에는"을 "때에는 미리 수색영장을 발부받기 어려운 긴급한 사정이 있는 경우에 한정하여"로 한다. 제216조 제1항 제1호 중 "수사"를 "수색"으로 하고, 같은 호에 단서를 다음과 같이 신설한다. "다만, 제200조의2 또는 제201조에 따라 피의자를 체포 또는 구속하는 경우의 피의자 수색은 미리 수색영장을 발부받기 어려운 긴급한 사정이 있는 때에 한정한다."

> 제137조(구속영장집행과 수색) 검사, 사법경찰관리 또는 제81조 제2항의 규정에 의한 법원사무관 등이 구속영장을 집행할 경우에 필요한 때에는 미리 수색영장을 발부받기 어려운 긴급한 사정이 있는 경우에 한정하여 타인의 주거, 간수자 있는 가옥, 건조물, 항공기, 선차 내에 들어가 피고인을 수색할 수 있다. <개정 2007.6.1, 2019.12.31.>
>
> 제216조(영장에 의하지 아니한 강제처분) ① 검사 또는 사법경찰관은 제200조의2·제200조의3·제201조 또는 제212조의 규정에 의하여 피의자를 체포 또는 구속하는 경우에 필요한 때에는

> 영장 없이 다음 처분을 할 수 있다. <개정 1995.12.29, 2019.12.31.>
> 1. 타인의 주거나 타인이 간수하는 가옥, 건조물, 항공기, 선차 내에서의 피의자 수색. 다만, 제 200조의2 또는 제201조에 따라 피의자를 체포 또는 구속하는 경우의 피의자 수색은 미리 수색영장을 발부받기 어려운 긴급한 사정이 있는 때에 한정한다.
> 2. 체포현장에서의 압수, 수색, 검증

062 개정 형사소송법 제216조 제1항 제1호 소급적용 사례

> [제1문] 헌법불합치결정 당시 구법 제216조 제1항 제1호의 위헌 여부가 쟁점이 되어 법원이 계속 중인 사건에 대해서는 구법 제216조 제1항 제1호가 적용되는가, 위헌성이 제거된 개정법 제216조 제1항 제1호가 적용되는가?
> [제2문] 체포영장이 발부된 피의자를 체포하기 위하여 건조물을 수색하기에 앞서 수색영장을 발부받기 어려운 긴급한 사정이 있었다고 볼 수 없음에도 수색영장 없이 경찰이 건조물을 수색한 행위는 적법한 공무집행에 해당하는가?

[제1문]

(판례) 1. 헌법불합치결정과 잠정적용의 범위

2019.12.31. 개정 전 구형사소송법 제216조 제1항은 "검사 또는 사법경찰관은 제200조의2(영장에 의한 체포)·제200조의3(긴급체포)·제201조(구속) 또는 제212조(현행범인의 체포)의 규정에 의하여 피의자를 체포 또는 구속하는 경우에 필요한 때에는 영장없이 다음 처분을 할 수 있다."라고 규정하면서 제1호에서 "타인의 주거나 타인이 간수하는 가옥, 건조물, 항공기, 선차 내에서의 피의자 수사"를 규정하고 있었다. 헌법재판소는 2018.4.26, 2015헌바370, 2016헌가7(병합) 결정에서, 위 제216조 제1항 제1호 중 제200조의2에 관한 부분(이하 '구법 조항'이라고 한다)은 체포영장이 발부된 피의자가 타인의 주거 등에 소재할 개연성은 소명되나, 수색에 앞서 영장을 발부받기 어려운 긴급한 사정이 인정되지 않는 경우에도 영장 없이 피의자 수색을 할 수 있다는 것이므로, 헌법 제16조의 영장주의 예외 요건을 벗어나는 것으로서 영장주의에 위반된다고 판단하였다. 나아가 구법 조항에 대하여 단순위헌결정을 하여 그 효력을 즉시 상실시킨다면, 수색영장 없이 타인의 주거 등을 수색하여 피의자를 체포할 긴급한 필요가 있는 경우에도 이를 허용할 법률적 근거가 사라지게 되는 법적 공백상태가 발생하게 된다는 이유로 헌법불합치를 선언하면서, 구법 조항은 2020.3.31.을 시한으로 입법자가 개정할 때까지 계속 적용된다고 결정하였다(이하 '이 사건 헌법불합치결정').

이 사건 헌법불합치결정에 나타나는 구법 조항의 위헌성, 구법 조항에 대한 헌법불합치결정의 잠정적용의 이유 등에 의하면, 헌법재판소가 구법 조항의 위헌성을 확인하였음에도 불구하고 일정 시한까지 계속 적용을 명한 것은 구법 조항에 근거하여 수색영장 없이 타인의 주거 등을 수색하여 피의자를 체포할 긴급한 필요가 있는 경우에는 이를 허용할 필요성이 있었기 때문이다. 따라서 구법 조항 가운데 그 해석상 '수색영장 없이 타인의 주거 등을 수색하여 피의자를 체포할 긴급한 필요가 없는 경우' 부분은 영장주의에 위반되는 것으로서 개선입법 시행 전까지 적용중지 상태에 있었다고 보아야 한다(대법원 2021.5.27, 2018도13458).

보충 [연습] 헌법재판소가 구 형사소송법 제216조 제1항 제1호 중 제200조의2에 관한 부분에 대해 헌법불합치결정을 하면서 계속 적용을 명한 부분의 효력은 '수색영장 없이 타인의 주거 등을 수색하여 피의자를 체포할 긴급한 필요가 없는 경우'까지 미치지 않는다. (O)

§solution 위헌성이 제거된 개정법 제216조 제1항 제1호가 적용된다.

[제2문]

(판례) 2. 형사소송법의 개정과 헌법불합치결정의 소급효

이 사건 헌법불합치결정에 따라 개정된 형사소송법은 제216조 제1항 제1호 중 '피의자 수사'를 '피의자 수색'으로 개정하면서 단서에 "제200조의2 또는 제201조에 따라 피의자를 체포 또는 구속하는 경우의 피의자 수색은 미리 수색영장을 발부받기 어려운 긴급한 사정이 있는 때에 한정한다."라는 부분을 추가하였으나, 부칙은 소급적용에 관하여 아무런 규정을 두고 있지 않다.

어떤 법률조항에 대하여 헌법재판소가 헌법불합치결정을 하여 입법자에게 그 법률조항을 합헌적으로 개정 또는 폐지하는 임무를 입법자의 형성 재량에 맡긴 이상, 개선입법의 소급적용 여부와 소급적용 범위는 원칙적으로 입법자의 재량에 달린 것이다. 그러나 구법 조항에 대한 이 사건 헌법불합치결정의 취지나 위헌심판의 구체적 규범통제 실효성 보장이라는 측면을 고려할 때, 적어도 이 사건 헌법불합치결정을 하게 된 당해 사건 및 이 사건 헌법불합치결정 당시에 구법 조항의 위헌 여부가 쟁점이 되어 법원에 계속 중인 사건에 대하여는 이 사건 헌법불합치결정의 소급효가 미친다고 해야 하므로, 비록 현행 형사소송법 부칙에 소급적용에 관한 경과조치를 두고 있지 않더라도 이들 사건에 대하여는 구법 조항을 그대로 적용할 수는 없고, 위헌성이 제거된 현행 형사소송법의 규정을 적용하여야 한다(대법원 2011.9.29, 2008두18885 등; 2021.5.27, 2018도13458).

[보충] [연습] 입법자가 구 형사소송법 제216조 제1항 제1호 중 제200조의2에 관한 부분에 대한 헌법불합치결정에 따라 위 법률조항을 개정하면서 부칙에 위헌성이 제거된 개정 조항이 소급 적용에 관한 경과규정을 두지 않은 경우, 개정 조항의 소급 적용될 수 없다. (×)

[보충] 구법 조항이 헌법재판소법 제47조의 소급효가 인정되는 형벌조항은 아니지만, 기존의 법리에 따라, 이 사건 헌법불합치결정을 하게 된 당해 사건인 이 사건 및 이 사건 헌법불합치결정 당시 구법 조항의 위헌 여부가 쟁점이 되어 법원에 계속 중인 사건에 대하여는 위헌성이 제거된 현행 형사소송법의 규정이 적용되어야 한다고 밝히고, 이 사건 건조물을 수색하기에 앞서 수색영장을 발부받기 어려운 긴급한 사정이 있었다고 볼 수 없음에도 수색영장 없이 경찰이 이 사건 건조물을 수색한 행위는 적법한 공무집행에 해당하지 아니한다는 이유로 피고인에게 무죄를 선고한 원심의 판단을 수긍한 사안임

§solution 적법한 공무집행에 해당하지 않는다.

● ● ● ○
063 **현행범 체포 현장에서의 임의제출물의 압수** • 경찰2차 19·21, 국가9급 20, 변호사시험 21, 경찰1차 21

> 현행범 체포 현장이나 범죄 장소에서 소지자 등이 임의로 제출하는 물건은 영장 없이 압수할 수 있는데, 이 경우 검사나 사법경찰관은 사후에 영장을 받아야 하는가?

(판례) 검사 또는 사법경찰관은 형사소송법 제212조의 규정에 의하여 피의자를 현행범 체포하는 경우에 필요한 때에는 체포 현장에서 영장 없이 압수·수색·검증을 할 수 있으나, 이와 같이 압수한 물건을 계속 압수할 필요가 있는 경우에는 체포한 때부터 48시간 이내에 지체 없이 압수영장을 청구하여야 한다(제216조 제1항 제2호, 제217조 제2항). 그리고 검사 또는 사법경찰관이 범행 중 또는 범행 직후의 범죄 장소에서 긴급을 요하여 판사의 영장을 받을 수 없는 때에는 영장 없이 압수·수색 또는 검증을 할 수 있으나, 이 경우에는 사후에 지체 없이 영장을 받아야 한다(제216조 제3항). 다만 형사소송법 제218조에 의하면 검사 또는 사법경찰관은 피의자 등이 유류한 물건이나 소유자·소지자 또는 보관자가 임의로 제출한 물건은 영장 없이 압수할 수 있으므로, 현행범 체포 현장이나 범죄 장소에서도 소지자 등이 임의로 제출하는 물건은 형사소송법 제218조에 의하여 영장 없이 압수할 수 있고, 이 경우에는 검사나 사법경찰관이 <u>사후에 영장을 받을 필요가 없다</u>(대법원 2016.2.18, 2015도13726; 2019.11.14, 2019도13290; 2020.4.9, 2019도17142).

ᶤsolution 사후에 영장을 받을 필요가 없다.

> **보충** [사실관계] 검찰수사관들은 2014.5.29.경 피고인 甲이 ○○○○호가 예인하는 바지선 △△□□□□호를 타고 밀입국하면서 필로폰을 밀수한다는 제보를 받고, 6.1. 16:15경 고현항에 도착한 위 바지선을 수색하였다. 검찰수사관 A는 수색 도중 선용품창고 선반 위에 숨어 있던 甲을 발견하고 천천히 내려오게 한 후 필로폰을 둔 장소를 물었으나 대답을 듣지 못하였고, 때마침 바지선 내 다른 장소를 수색하던 다른 검찰수사관이 "물건이 여기 있다. 찾았다."라고 외치자, 16:30경 甲을 필로폰 밀수입 및 밀입국 등의 현행범으로 체포하였다. A는 곧바로 甲에게 발견된 필로폰 약 6.1kg을 제시하고 "필로폰을 임의제출하면 영장 없이 압수할 수 있고 압수될 경우 임의로 돌려받지 못하며, 임의제출하지 않으면 영장을 발부받아서 압수하여야 한다."라고 설명하면서 필로폰을 임의로 제출할 의사가 있는지를 물었고, 피고인으로부터 "그 정도는 저도 압니다."라는 말과 함께 승낙을 받아 필로폰을 압수하였으며, 같은 날 검찰청에서 임의제출확인서를 작성하여 피고인으로부터 서명·날인을 받았다. 검사는 압수한 필로폰에 관하여 사후 압수영장을 발부받지는 않고 현재까지 보관하고 있는데, 압수한 필로폰의 증거능력이 인정되는지가 문제된 사안이다(**증거능력 인정**)(대법원 2016.2.18, 2015도13726).

● ● ●
064 경찰이 「성폭력범죄의 처벌 등에 관한 특례법」 위반(카메라등이용촬영)죄의 피해자가 임의제출한 피고인 소유·관리의 휴대전화 2대의 전자정보를 탐색하다가 피해자를 촬영한 휴대전화가 아닌 다른 휴대전화에서 다른 피해자 2명에 대한 동종 범행 등에 관한 1년 전 사진·동영상을 발견하고 영장 없이 이를 복제한 CD를 증거로 제출한 사건
• 경찰간부 24

〔판례〕 **1) 임의제출에 따른 전자정보 압수의 방법**

수사기관의 전자정보에 대한 압수·수색은 원칙적으로 영장 발부의 사유로 된 범죄혐의사실과 관련된 부분만을 문서 출력물로 수집하거나 수사기관이 휴대한 정보저장매체에 해당 파일을 복제하는 방식으로 이루어져야 하고, 정보저장매체 자체를 직접 반출하거나 저장매체에 들어 있는 전자파일 전부를 하드카피나 이미징 등 형태(이하 '복제본'이라 한다)로 수사기관 사무실 등 외부로 반출하는 방식으로 압수·수색하는 것은 현장의 사정이나 전자정보의 대량성으로 인하여 관련 정보 획득에 긴 시간이 소요되거나 전문인력에 의한 기술적 조치가 필요한 경우 등 범위를 정하여 출력 또는 복제하는 방법이 불가능하거나 압수의 목적을 달성하기에 현저히 곤란하다고 인정되는 때에 한하여 예외적으로 허용될 수 있을 뿐이다(대법원 2015.7.16, 2011모1839 전원합의체 등).

위와 같은 법리는 정보저장매체에 해당하는 임의제출물의 압수(형사소송법 제218조)에도 마찬가지로 적용된다. 임의제출물의 압수는 압수물에 대한 수사기관의 점유 취득이 제출자의 의사에 따라 이루어진다는 점에서 차이가 있을 뿐 범죄혐의를 전제로 한 수사 목적이나 압수의 효력은 영장에 의한 경우와 동일하기 때문이다. 따라서 수사기관은 특정 범죄혐의와 관련하여 전자정보가 수록된 정보저장매체를 임의제출받아 그 안에 저장된 전자정보를 압수하는 경우 그 동기가 된 범죄혐의사실과 관련된 전자정보의 출력물 등을 임의제출받아 압수하는 것이 원칙이다. 다만 현장의 사정이나 전자정보의 대량성과 탐색의 어려움 등의 이유로 범위를 정하여 출력 또는 복제하는 방법이 불가능하거나 압수의 목적을 달성하기에 현저히 곤란하다고 인정되는 때에 한하여 예외적으로 정보저장매체 자체나 복제본을 임의제출받아 압수할 수 있다(대법원 2021.11.18, 2016도348 전원합의체).

2) 임의제출에 따른 전자정보 압수의 대상과 범위

가) 임의제출자의 의사: 임의제출된 전자정보의 압수가 적법한 것은 어디까지나 제출자의 자유로운 제출 의사에 근거한 것인 이상, 범죄혐의사실과 관련된 전자정보와 그렇지 않은 전자정보가 혼재되어 있는 정보저장매체나 복제본을 수사기관에 임의제출하는 경우 제출자는 제출 및 압수의 대상이 되는 전자정보를 개별적으로 지정하거나 그 범위를 한정할 수 있다. 이처럼 정보저장매체 내 전자정보의 임의제출 범위는 제출자의 의사에 따라 달라질 수 있는 만큼 이러한 정보저장매체를 임의제출받는 수사기관은 제출자로부터 임의제출의 대상이 되는 전자정보의 범위를 확인함으로써 압수의 범위를 명확히 특정하여야 한다. 나아가 헌법과 형사소송법이 구현하고자 하는 적법절차, 영장주의, 비례의 원칙은 물론, 사생활의 비밀과 자유, 정보에 대한 자기결정권 및 재산권의 보호라는 관점에서 정보저장매체 내 전자정보가 가지는 중요성

에 비추어 볼 때, 정보저장매체를 임의제출하는 사람이 거기에 담긴 전자정보를 지정하거나 제출 범위를 한정하는 취지로 한 의사표시는 엄격하게 해석하여야 하고, 확인되지 않은 제출자의 의사를 수사기관이 함부로 추단하는 것은 허용될 수 없다. 따라서 수사기관이 제출자의 의사를 쉽게 확인할 수 있음에도 이를 확인하지 않은 채 특정 범죄혐의사실과 관련된 전자정보와 그렇지 않은 전자정보가 혼재된 정보저장매체를 임의제출받은 경우, 그 정보저장매체에 저장된 전자정보 전부가 임의제출되어 압수된 것으로 취급할 수는 없다. 이 경우 제출자의 임의제출 의사에 따라 압수의 대상이 되는 전자정보의 범위를 어떻게 특정할 것인지가 문제 된다(대법원 2021.11.18, 2016도348 전원합의체).

나) 임의제출에 따른 압수의 동기가 된 범죄혐의사실과 관련된 전자정보: 수사기관은 피의사실과 관계가 있다고 인정할 수 있는 것에 한정하여 증거물 또는 몰수할 것으로 사료하는 물건을 압수할 수 있다(형사소송법 제219조, 제106조). 따라서 전자정보를 압수하고자 하는 수사기관이 정보저장매체와 거기에 저장된 전자정보를 임의제출의 방식으로 압수할 때, 제출자의 구체적인 제출 범위에 관한 의사를 제대로 확인하지 않는 등의 사유로 인해 임의제출자의 의사에 따른 전자정보 압수의 대상과 범위가 명확하지 않거나 이를 알 수 없는 경우에는 임의제출에 따른 압수의 동기가 된 범죄혐의사실과 관련되고 이를 증명할 수 있는 최소한의 가치가 있는 전자정보에 한하여 압수의 대상이 된다. 이때 범죄혐의사실과 관련된 전자정보에는 범죄혐의사실 그 자체 또는 그와 기본적 사실관계가 동일한 범행과 직접 관련되어 있는 것은 물론 범행 동기와 경위, 범행 수단과 방법, 범행 시간과 장소 등을 증명하기 위한 간접증거나 정황증거 등으로 사용될 수 있는 것도 포함될 수 있다. 다만 그 관련성은 임의제출에 따른 압수의 동기가 된 범죄혐의사실의 내용과 수사의 대상, 수사의 경위, 임의제출의 과정 등을 종합하여 구체적·개별적 연관관계가 있는 경우에만 인정되고, 범죄혐의사실과 단순히 동종 또는 유사 범행이라는 사유만으로 관련성이 있다고 할 것은 아니다(대법원 2021.8.26, 2021도2205 등 참조)(대법원 2021.11.18, 2016도348 전원합의체).

다) 불법촬영 범죄 등의 경우 임의제출된 전자정보 압수의 범위: 범죄혐의사실과 관련된 전자정보인지를 판단할 때는 범죄혐의사실의 내용과 성격, 임의제출의 과정 등을 토대로 구체적·개별적 연관관계를 살펴볼 필요가 있다. 특히 카메라의 기능과 정보저장매체의 기능을 함께 갖춘 휴대전화인 스마트폰을 이용한 불법촬영 범죄와 같이 범죄의 속성상 해당 범행의 상습성이 의심되거나 성적 기호 내지 경향성의 발현에 따른 일련의 범행의 일환으로 이루어진 것으로 의심되고, 범행의 직접증거가 스마트폰 안에 이미지 파일이나 동영상 파일의 형태로 남아 있을 개연성이 있는 경우에는 그 안에 저장되어 있는 같은 유형의 전자정보에서 그와 관련한 유력한 간접증거나 정황증거가 발견될 가능성이 높다는 점에서 이러한 간접증거나 정황증거는 범죄혐의사실과 구체적·개별적 연관관계를 인정할 수 있다. 이처럼 범죄의 대상이 된 피해자의 인격권을 현저히 침해하는 성격의 전자정보를 담고 있는 불법촬영물은 범죄행위로 인해 생성된 것으로서 몰수의 대상이기도 하므로 임의제출된 휴대전화에서 해당 전자정보를 신속히 압수·수색하여 불법촬영물의 유통 가능성을 적시에 차단함으로써 피해자를 보호할 필요성이 크다. 나아가 이와 같은 경우에는 간접증거나 정황증거이면서 몰수의 대상이자 압수·수색의 대상인 전자정보의 유형이 이미지 파일 내지 동영상 파일 등으로 비교적 명확하게 특정되어 그와 무관한 사적 전자정보 전반의 압수·수색으로 이어질 가능성이 적어 상대적으로 폭넓게 관련성을 인정할 여지가 많다는 점에서도 그러하다(대법원 2021.11.18, 2016도348 전원합의체).

라) 피의자 아닌 사람이 피의자가 소유·관리하는 정보저장매체를 임의제출한 경우 전자정보 압수의 범위: 피의자가 소유·관리하는 정보저장매체를 피의자 아닌 피해자 등 제3자가 임의제출하는 경우에는, 그 임의제출 및 그에 따른 수사기관의 압수가 적법하더라도 임의제출의 동기가 된 범죄혐의사실과 구체적·개별적 연관관계가 있는 전자정보에 한하여 압수의 대상이 되는 것으로 더욱 제한적으로 해석하여야 한다. 임의제출의 주체가 소유자 아닌 소지자·보관자이고 그 제출행위로 소유자의 사생활의 비밀 기타 인격적 법익이 현저히 침해될 우려가 있는 경우에는 임의제출에 따른 압수·수색의 필요성과 함께 임의제출에 동의하지 않은 소유자의 법익에 대한 특별한 배려도 필요한바(대법원 1999.9.3, 98도968; 2008.5.15, 2008도1097; 2013.9.26, 2013도7718 등), 피의자 개인이 소유·관리하는 정보저장매체에는 그의 사생활의 비밀과 자유, 정보에 대한 자기결정권 등 인격적 법익에 관한 모든 것이 저장되어 있어 제한 없이 압수·수색이 허용될 경우 피의자의 인격적 법익이 현저히 침해될 우려가 있기 때문이다. 그러므로 임의제출자인 제3자가 제출의

동기가 된 범죄혐의사실과 구체적 · 개별적 연관관계가 인정되는 범위를 넘는 전자정보까지 일괄하여 임의제출한다는 의사를 밝혔더라도, 그 정보저장매체 내 전자정보 전반에 관한 처분권이 그 제3자에게 있거나 그에 관한 피의자의 동의 의사를 추단할 수 있는 등의 특별한 사정이 없는 한, 그 임의제출을 통해 수사기관이 영장 없이 적법하게 압수할 수 있는 전자정보의 범위는 범죄혐의사실과 관련된 전자정보에 한정된다고 보아야 한다(대법원 2021.11.18, 2016도348 전원합의체).

3) 전자정보 탐색 · 복제 · 출력 시 피의자의 참여권 보장 및 전자정보 압수목록 교부

압수의 대상이 되는 전자정보와 그렇지 않은 전자정보가 혼재된 정보저장매체나 그 복제본을 임의제출받은 수사기관이 그 정보저장매체 등을 수사기관 사무실 등으로 옮겨 이를 탐색 · 복제 · 출력하는 경우, 그와 같은 일련의 과정에서 형사소송법 제219조, 제121조에서 규정하는 피압수 · 수색 당사자(이하 '피압수자'라 한다)나 그 변호인에게 참여의 기회를 보장하고 압수된 전자정보의 파일 명세가 특정된 압수목록을 작성 · 교부하여야 하며 범죄혐의사실과 무관한 전자정보의 임의적인 복제 등을 막기 위한 적절한 조치를 취하는 등 영장주의 원칙과 적법절차를 준수하여야 한다. 만약 그러한 조치가 취해지지 않았다면 피압수자 측이 참여하지 아니한다는 의사를 명시적으로 표시하였거나 임의제출의 취지와 경과 또는 그 절차 위반행위가 이루어진 과정의 성질과 내용 등에 비추어 피압수자 측에 절차 참여를 보장한 취지가 실질적으로 침해되었다고 볼 수 없을 정도에 해당한다는 등의 특별한 사정이 없는 이상 압수 · 수색이 적법하다고 평가할 수 없고, 비록 수사기관이 정보저장매체 또는 복제본에서 범죄혐의사실과 관련된 전자정보만을 복제 · 출력하였다 하더라도 달리 볼 것은 아니다(위 2011모1839 전원합의체; 대법원 2020.11.17, 2019모291 등). 나아가 피해자 등 제3자가 피의자의 소유 · 관리에 속하는 정보저장매체를 영장에 의하지 않고 임의제출한 경우에는 실질적 피압수자인 피의자가 수사기관으로 하여금 그 전자정보 전부를 무제한 탐색하는 데 동의한 것으로 보기 어려울 뿐만 아니라 피의자 스스로 임의제출한 경우 피의자의 참여권 등이 보장되어야 하는 것과 견주어 보더라도 특별한 사정이 없는 한 형사소송법 제219조, 제121조, 제129조에 따라 피의자에게 참여권을 보장하고 압수한 전자정보 목록을 교부하는 등 피의자의 절차적 권리를 보장하기 위한 적절한 조치가 이루어져야 한다(대법원 2021.11.18, 2016도348 전원합의체).

4) 임의제출된 정보저장매체 탐색 과정에서 무관정보 발견 시 필요한 조치 · 절차

앞서 본 바와 같이 임의제출된 정보저장매체에서 압수의 대상이 되는 전자정보의 범위를 초과하여 수사기관이 임의로 전자정보를 탐색 · 복제 · 출력하는 것은 원칙적으로 위법한 압수 · 수색에 해당하므로 허용될 수 없다. 만약 전자정보에 대한 압수 · 수색이 종료되기 전에 범죄혐의사실과 관련된 전자정보를 적법하게 탐색하는 과정에서 별도의 범죄혐의와 관련된 전자정보를 우연히 발견한 경우라면, 수사기관은 더 이상의 추가 탐색을 중단하고 법원으로부터 별도의 범죄혐의에 대한 압수 · 수색영장을 발부받은 경우에 한하여 그러한 정보에 대하여도 적법하게 압수 · 수색을 할 수 있다. 따라서 임의제출된 정보저장매체에서 압수의 대상이 되는 전자정보의 범위를 넘어서는 전자정보에 대해 수사기관이 영장 없이 압수 · 수색하여 취득한 증거는 위법수집증거에 해당하고, 사후에 법원으로부터 영장이 발부되었다거나 피고인이나 변호인이 이를 증거로 함에 동의하였다고 하여 그 위법성이 치유되는 것도 아니다(대법원 2021.11.18, 2016도348 전원합의체).

5) 판 단

피고인이 2014.12.11. 피해자 甲을 상대로 저지른 성폭력범죄의 처벌 등에 관한 특례법 위반(카메라등이용촬영) 범행(이하 '2014년 범행')에 대하여 甲이 즉시 피해 사실을 경찰에 신고하면서 피고인의 집에서 가지고 나온 피고인 소유의 휴대전화 2대에 피고인이 촬영한 동영상과 사진이 저장되어 있다는 취지로 말하고 이를 범행의 증거물로 임의제출하였는데, 경찰이 이를 압수한 다음 그 안에 저장된 전자정보를 탐색하다가 甲을 촬영한 휴대전화가 아닌 다른 휴대전화에서 피고인이 2013.12.경 피해자 乙, 丙을 상대로 저지른 같은 법 위반(카메라등이용촬영) 범행(이하 '2013년 범행')을 발견하고 그에 관한 동영상 · 사진 등을 영장 없이 복제한 CD를 증거로 제출한 사안에서, 甲은 경찰에 피고인의 휴대전화를 증거물로 제출할 당시 그 안에 수록된 전자정보의 제출 범위를 명확히 밝히지 않았고, 담당 경찰관들도 제출자로부터 그에 관한 확인절차를 거치지 않은 이상 휴대전화에 담긴 전자정보의 제출 범위에 관한 제출자의 의사가 명확하지 않거나 이를 알 수 없는 경우에 해당하므로, 휴대전화에 담긴 전자정보 중 임의제출을 통해 적법

하게 압수된 범위는 임의제출 및 압수의 동기가 된 피고인의 2014년 범행 자체와 구체적·개별적 연관관계가 있는 전자정보로 제한적으로 해석하는 것이 타당하고, 이에 비추어 볼 때 범죄발생 시점 사이에 상당한 간격이 있고 피해자 및 범행에 이용한 휴대전화도 전혀 다른 피고인의 2013년 범행에 관한 동영상은 임의제출에 따른 압수의 동기가 된 범죄혐의사실(2014년 범행)과 구체적·개별적 연관관계 있는 전자정보로 보기 어려워 수사기관이 사전영장 없이 이를 취득한 이상 증거능력이 없고, 사후에 압수·수색영장을 받아 압수절차가 진행되었더라도 달리 볼 수 없으므로, 피고인의 2013년 범행을 무죄로 판단한 원심의 결론은 정당하다(대법원 2021.11.18, 2016도348 전원합의체).

065 경찰이 지하철 내에서 여성을 촬영한 혐의로 임의제출받은 휴대전화를 복원하여 주택에서 몰래 당시 교제 중이던 여성의 나체와 음부를 촬영한 동영상을 발견하고 이를 함께 기소한 사건

[판례] 공중밀집장소인 지하철 내에서 여성을 촬영한 행위와 다세대 주택에서 몰래 당시 교제 중이던 여성의 나체와 음부를 촬영한 행위는 범행 시간과 장소뿐만 아니라 범행 동기와 경위, 범행 수단과 방법 등을 달리하므로, 간접증거와 정황증거를 포함하는 구체적·개별적 연관관계 있는 관련 증거의 법리에 의하더라도, 여성의 나체와 음부가 촬영된 사진은 임의제출에 따른 압수의 동기가 된 범죄혐의사실과 구체적·개별적 연관관계 있는 전자정보로 보기 어렵고, 위 사진 및 이 사건 휴대전화에서 삭제된 전자정보를 복원하여 이를 복제한 시디는 경찰이 피압수자인 피고인에게 참여의 기회를 부여하지 않은 상태에서 임의로 탐색·복제·출력한 전자정보로서, 피고인에게 압수한 전자정보 목록을 교부하거나 피고인이 그 과정에 참여하지 아니할 의사를 가지고 있는지 여부를 확인한 바가 없으므로, 수사기관이 영장 없이 이를 취득한 이상 증거능력이 없다(대법원 2021.11.25, 2016도82).

066 경찰이 피해자로부터 피고인이 모텔 방실에 침입한 혐의로 임의제출받은 위장형 카메라의 메모리카드를 탐색하다가 다른 3개 호실에 설치된 위장형 카메라의 메모리카드에서 「성폭력범죄의 처벌 등에 관한 특례법」 위반(카메라등이용촬영) 범행에 관한 영상을 발견하고 이를 함께 기소한 사건

[판례] 이 사건 각 위장형 카메라에 저장된 모텔 내 3개 호실에서 촬영된 영상은 임의제출에 따른 압수의 동기가 된 다른 호실에서 촬영한 범행과 범행의 동기와 경위, 범행 수단과 방법 등을 증명하기 위한 간접증거나 정황증거 등으로 사용될 수 있으므로 구체적·개별적 연관관계가 인정되어 관련성이 있는 증거에 해당하고, 임의제출된 이 사건 각 위장형 카메라 및 그 메모리카드에 저장된 전자정보처럼 오직 불법촬영을 목적으로 방실 내 나체나 성행위 모습을 촬영할 수 있는 벽 등에 은밀히 설치되고, 촬영대상 목표물의 동작이 감지될 때에만 카메라가 작동하여 촬영이 이루어지는 등, 그 설치 목적과 장소, 방법, 기능, 작동원리상 소유자의 사생활의 비밀 기타 인격적 법익의 관점에서 그 소지·보관자의 임의제출에 따른 적법한 압수의 대상이 되는 전자정보와 구별되는 별도의 보호 가치 있는 전자정보의 혼재 가능성을 상정하기 어려운 경우에는 위 소지·보관자의 임의제출에 따른 통상의 압수절차 외에 별도의 조치가 따로 요구된다고 보기는 어렵다. 즉, 위장형 카메라 등 특수한 정보저장매체의 경우 위 2016도348 전원합의체 판결의 경우와 달리 수사기관이 임의제출받은 정보저장매체가 그 기능과 속성상 임의제출에 따른 적법한 압수의 대상이 되는 전자정보와 그렇지 않은 전자정보가 혼재될 여지가 거의 없어 사실상 대부분 압수의 대상이 되는 전자정보만이 저장되어 있는 경우에는 소지·보관자의 임의제출에 따른 통상의 압수절차 외에 피압수

자에게 참여의 기회를 보장하지 않고 전자정보 압수목록을 작성 · 교부하지 않았다는 점만으로 곧바로 증거능력을 부정할 것은 아니다(대법원 2021.11.25, 2019도7342).

067 **제3자가 임의제출한 정보저장매체에 저장된 전자정보 및 금융계좌추적용 압수 · 수색영장 집행 결과의 증거능력 인정 여부에 관한 사건**

[판례] [1] 대법원 2021.11.18, 2016도348 전원합의체 판결에서 정보저장매체를 임의제출한 피압수자에 더하여 임의제출자 아닌 피의자에게도 참여권이 보장되어야 하는 경우로 설시한 '피의자의 소유 · 관리에 속하는 정보저장매체'의 구체적 의미와 판단 기준

압수의 대상이 되는 전자정보와 그렇지 않은 전자정보가 혼재된 정보저장매체나 그 복제본을 임의제출받은 수사기관이 그 정보저장매체 등을 수사기관 사무실 등으로 옮겨 이를 탐색 · 복제 · 출력하는 경우, 그와 같은 일련의 과정에서 형사소송법 제219조, 제121조에서 규정하는 피압수 · 수색 당사자(이하 '피압수자'라 한다)나 그 변호인에게 참여의 기회를 보장하고 압수된 전자정보의 파일 명세가 특정된 압수목록을 작성 · 교부하여야 하며 범죄혐의사실과 무관한 전자정보의 임의적인 복제 등을 막기 위한 적절한 조치를 취하는 등 영장주의 원칙과 적법절차를 준수하여야 한다. 만약 그러한 조치가 취해지지 않았다면 피압수자 측이 참여하지 아니한다는 의사를 명시적으로 표시하였거나 임의제출의 취지와 경과 또는 그 절차 위반행위가 이루어진 과정의 성질과 내용 등에 비추어 피압수자 측에 절차 참여를 보장한 취지가 실질적으로 침해되었다고 볼 수 없을 정도에 해당한다는 등의 특별한 사정이 없는 이상 압수 · 수색이 적법하다고 평가할 수 없고, 비록 수사기관이 정보저장매체 또는 복제본에서 범죄혐의사실과 관련된 전자정보만을 복제 · 출력하였다 하더라도 달리 볼 것은 아니다.

나아가 피해자 등 제3자가 피의자의 소유 · 관리에 속하는 정보저장매체를 영장에 의하지 않고 임의제출한 경우에는 실질적 피압수자인 피의자가 수사기관으로 하여금 그 전자정보 전부를 무제한 탐색하는 데 동의한 것으로 보기 어려울 뿐만 아니라 피의자 스스로 임의제출한 경우 피의자의 참여권 등이 보장되어야 하는 것과 견주어 보더라도 특별한 사정이 없는 한 형사소송법 제219조, 제121조, 제129조에 따라 피의자에게 참여권을 보장하고 압수한 전자정보 목록을 교부하는 등 피의자의 절차적 권리를 보장하기 위한 적절한 조치가 이루어져야 한다(대법원 2021.11.18, 2016도348 전원합의체 등).

이와 같이 정보저장매체를 임의제출한 피압수자에 더하여 임의제출자 아닌 피의자에게도 참여권이 보장되어야 하는 '피의자의 소유 · 관리에 속하는 정보저장매체'라 함은, 피의자가 압수 · 수색 당시 또는 이와 시간적으로 근접한 시기까지 해당 정보저장매체를 현실적으로 지배 · 관리하면서 그 정보저장매체 내 전자정보 전반에 관한 전속적인 관리처분권을 보유 · 행사하고, 달리 이를 자신의 의사에 따라 제3자에게 양도하거나 포기하지 아니한 경우로써, 피의자를 그 정보저장매체에 저장된 전자정보에 대하여 실질적인 압수 · 수색 당사자로 평가할 수 있는 경우를 말하는 것이다. 이에 해당하는지 여부는 민사법상 권리의 귀속에 따른 법률적 · 사후적 판단이 아니라 압수 · 수색 당시 외형적 · 객관적으로 인식 가능한 사실상의 상태를 기준으로 판단하여야 한다. 이러한 정보저장매체의 외형적 · 객관적 지배 · 관리 등 상태와 별도로 단지 피의자나 그 밖의 제3자가 과거 그 정보저장매체의 이용 내지 개별 전자정보의 생성 · 이용 등에 관여한 사실이 있다거나 그 과정에서 생성된 전자정보에 의해 식별되는 정보주체에 해당한다는 사정만으로 그들을 실질적으로 압수 · 수색을 받는 당사자로 취급하여야 하는 것은 아니다(대법원 2022.1.27, 2021도11170).

[2] 금융계좌추적용 압수 · 수색영장의 집행에 있어서 모사전송 내지 전자적 송수신 방식으로 금융거래정보 제공요구 및 자료 회신이 이루어진 후 그 중 범죄혐의사실과 관련된 금융거래로 선별된 자료에 대하여 영장 원본 제시 등의 압수절차가 집행된 경우 영장의 적법한 집행 방법으로 인정하기 위한 요건

수사기관의 압수 · 수색은 법관이 발부한 압수 · 수색영장에 의하여야 하는 것이 원칙이고, 영장의 원본은 처분을 받는 자에게 반드시 제시되어야 하므로(대법원 2017.9.7, 2015도10648; 2019.3.14, 2018도2841 등), 금융계

좌추적용 압수·수색영장의 집행에 있어서도 수사기관이 금융기관으로부터 금융거래자료를 수신하기에 앞서 금융기관에 영장 원본을 사전에 제시하지 않았다면 원칙적으로 적법한 집행 방법이라고 볼 수는 없다. 다만, 수사기관이 금융기관에 「금융실명거래 및 비밀보장에 관한 법률」(이하 '금융실명법'이라 한다) 제4조 제2항에 따라서 금융거래정보에 대하여 영장 사본을 첨부하여 그 제공을 요구한 결과 금융기관으로부터 회신받은 금융거래자료가 해당 영장의 집행 대상과 범위에 포함되어 있고, 이러한 모사전송 내지 전자적 송수신 방식의 금융거래정보 제공요구 및 자료 회신의 전 과정이 해당 금융기관의 자발적 협조의사에 따른 것이며, 그 자료 중 범죄혐의사실과 관련된 금융거래를 선별하는 절차를 거친 후 최종적으로 영장 원본을 제시하고 위와 같이 선별된 금융거래자료에 대한 압수절차가 집행된 경우로서, 그 과정이 금융실명법에서 정한 방식에 따라 이루어지고 달리 적법절차와 영장주의 원칙을 잠탈하기 위한 의도에서 이루어진 것이라고 볼 만한 사정이 없어, 이러한 일련의 과정을 전체적으로 '하나의 영장에 기하여 적시에 원본을 제시하고 이를 토대로 압수·수색하는 것'으로 평가할 수 있는 경우에 한하여, 예외적으로 영장의 적법한 집행 방법에 해당한다고 볼 수 있다(대법원 2022.1.27, 2021도11170).

> **보충** ① ㉠ 이 사건 각 PC의 임의제출에 따른 압수·수색 당시 외형적·객관적으로 인식 가능한 사실상의 상태를 기준으로 볼 때, 이 사건 각 PC나 거기에 저장된 전자정보가 피고인의 소유·관리에 속한 경우에 해당하지 않고, 오히려 이 사건 각 PC에 저장된 전자정보 전반에 관하여 당시 대학교 측이 포괄적인 관리처분권을 사실상 보유·행사하고 있는 상태에 있었다고 인정된다고 보아, 이 사건 각 PC에 저장된 전자정보의 압수·수색은 대법원 2016도348 전원합의체 판결이 설시한 법리에 따르더라도 피의자에게 참여권을 보장하여야 하는 경우에 해당하지 아니한다. ㉡ 이러한 정보저장매체에 대한 지배·관리 등의 상태와 무관하게 개별 전자정보의 생성·이용 등에 관여한 자들 혹은 그 과정에서 생성된 전자정보에 의해 식별되는 사람으로서 그 정보의 주체가 되는 사람들에게까지 모두 참여권을 인정하여야 한다는 취지의 피고인의 주장을 받아들일 수 없다.
> ② 이 사건 각 금융계좌추적용 압수·수색영장의 집행 과정을 살펴보면, 수사기관이 금융기관으로부터 금융거래자료를 수신하기에 앞서 영장 원본을 사전에 제시하지 않았다고 하더라도 그 후 범죄혐의사실과 관련된 자료의 선별 절차를 거친 후 최종적으로 영장 원본을 제시하고 그 선별된 자료를 직접 압수하는 일련의 과정이 전체적으로 하나의 영장에 기하여 적시에 원본을 제시하고 이를 토대로 영장의 당초 집행 대상과 범위 내에서 이를 압수·수색한 것으로 평가할 수 있는 경우에 해당하고, 수사기관이 적법절차와 영장주의 원칙을 잠탈하려는 의도에서 위와 같은 방법으로 집행하였다고 인정할 만한 사정도 보이지 아니한다.

●●●
068 증거은닉범이 본범으로부터 은닉을 교사받고 소지·보관 중이던 본범의 정보저장매체를 임의제출하는 경우 본범의 참여권 인정 여부가 문제된 사건 •법원9급 24, 변호사시험 24

> 증거은닉범 B가 본범 A로부터 은닉을 교사받고 소지·보관 중이던 A 등의 정보저장매체를 임의제출하는 경우 증거은닉범행의 피의자이면서 임의제출자인 B에게만 참여의 기회를 부여하고 A 등에게 참여의 기회를 부여하지 않은 것은 위법한가?

[판례] 정보저장매체를 임의제출한 피압수자에 더하여 임의제출자 아닌 피의자에게도 참여권이 보장되어야 하는 '피의자의 소유·관리에 속하는 정보저장매체'라 함은, 피의자가 압수·수색 당시 또는 이와 시간적으로 근접한 시기까지 해당 정보저장매체를 현실적으로 지배·관리하면서 그 정보저장매체 내 전자정보 전반에 관한 전속적인 관리처분권을 보유·행사하고, 달리 이를 자신의 의사에 따라 제3자에게 양도하거나 포기하지 아니한 경우로서, 피의자를 그 정보저장매체에 저장된 전자정보 전반에 대한 실질적인 압수·수색 당사자로 평가할 수 있는 경우를 말하는 것이다. 이에 해당하는지 여부는 민사법상 권리의 귀속에 따른 법률적·사후적 판단이 아니라 압수·수색 당시 외형적·객관적으로 인식 가능한 사실상의 상태를 기준으로 판단하여야 한다. 이러한 정보저장매체의 외형적·객관적 지배·관리 등 상태와 별도로 단지 피의자나 그 밖의 제3자가 과거 그 정보저장매체의 이용 내지 개별 전자정보의 생성·이용 등에 관여한 사실이 있다거나 그 과정에서 생성된 전자정보에 의해 식별되는 정보주체에 해당한다는 사정만으로 그들을 실질적으로 압수·수색을 받는 당사자로 취급하여야 하는 것은 아니다(대법원 2022.1.27, 2021도11170 등 참조). 피고인이 허위의 인턴활동 확인서를 작성한 후 A의 아들 대학원 입시에 첨부자료로 제출하도록 함으

로써 A 등과 공모하여 대학원 입학담당자들의 입학사정 업무를 방해한 공소사실로 기소된 사안에서, 이 사건 하드디스크의 임의제출 과정에서 B에게만 참여의 기회를 부여하고 A 등에게 참여의 기회를 부여하지 않은 것이 위법하다고 볼 수 없다(대법원 2023.9.18, 2022도7453 전원합의체).

⚲solution 위법하지 않다.

069 음란합성사진 파일과 형법상 음화제조죄의 객체, 임의제출된 전자정보에 대한 적법한 압수 · 수색의 절차

> [제1문] 피고인은 성명불상자에게 지인의 얼굴과 나체사진이 합성된 음란한 사진(음란합성사진) 파일 제작을 의뢰한 음화제조교사의 사실로 공소가 제기되었다. 이러한 음란합성사진 파일은 형법 제244조의 음화제조죄의 '음란한 물건'에 해당하는가?
>
> [제2문] 피해자 C는 피고인을 경찰에 고소하면서 사법경찰관에게 습득한 피고인 소유의 휴대전화를 증거물로 임의제출하였다. 당시 압수조서(임의제출)에 의하면 '피고인에 대한 음화제조 피의사건에 관하여 이 사건 휴대전화를 압수한다. 피해자 C가 자신을 포함한 친구들의 음란합성사진들이 많이 있었다고 하면서 위 휴대전화를 임의제출하였다.'라 는 취지로 기재되어 있었다. 사법경찰관은 피해자 C로부터 참여권 포기 서류를 제출받은 후 <u>피고인에게는 참여의 기회를 보장하거나 압수한 전자정보 목록을 교부하거나 또는 피고인이 그 과정에 참여하지 아니할 의사를 가지고 있는지 여부를 확인한 바 없이</u> 디지털포렌식 과정을 거쳐 위 휴대전화에서 삭제된 전자정보 일체를 복원하여 탐색하는 과정에서 다른 피해자 A, B에 대한 음란합성사진을 탐색 · 출력하여 증거기록에 편철하였으며, 나아가 <u>또 다른 피해자인 여고생들인 D 등에 대한 불법촬영사진</u>도 탐색하였다. 이 과정에서 사법경찰관은 <u>위 불법촬영사진에 관한 별도의 압수 · 수색영장을 발부받지 않은 채</u> 피고인에 대하여 두 차례 피의자신문을 실시하는 등 수사를 진행하였다. 위 불법촬영사진의 압수 · 수색절차는 적법한가?
>
> [제3문] 이후 피고인은 군입대하여 제23보병사단 보통검찰부로 사건이 송치되었는데, 군 검사는 피고인을 피의자로 하여 성폭력처벌법 위반(카메라등이용촬영)을 혐의사실로 <u>위 휴대전화 내 전자정보 등에 관한 사전 압수 · 수색영장을 발부받았다.</u> 이후 군검사는 위 휴대전화를 제출인인 피해자 C에게 환부하였고, 피해자 C의 모친은 위 휴대전화를 피고인이 소속된 군부대로 발송하였다. 이후 군검사는 <u>위 영장에 의하여 위 휴대전화를</u> 압수한 다음 재차 디지털포렌식 절차를 진행하여 D 등 여고생들에 대한 불법촬영사진을 탐색 · 복원 · 출력하였다. 피고인 및 변호인은 군검사의 위 탐색 등 절차에 대한 참여권을 포기하였다. 이후 군검사는 피고인을 불법촬영범죄의 공소사실로 기소하였고, 군검사 수사과정에서 수집된 D 등 여고생들에 대한 불법촬영사진 출력물과 시디(CD)를 증거로 제출하였다. 위 불법촬영사진 출력물과 시디의 증거능력은 인정되는가?

[제1문]

判例 형법 제243조(음화반포등)는 음란한 문서, 도화, 필름 기타 물건을 반포, 판매 또는 임대하거나 공연히 전시 또는 상영한 자에 대한 처벌 규정으로서 **컴퓨터 프로그램파일은** 위 규정에서 규정하고 있는

문서, 도화, 필름 기타 물건에 해당한다고 할 수 없다(대법원 1999.2.24, 98도3140). 이는 형법 제243조의 행위에 공할 목적으로 음란한 물건을 제조, 소지, 수입 또는 수출한 자를 처벌하는 규정인 형법 제244조(음화제조등)의 '음란한 물건'의 해석에도 그대로 적용된다. 위 법리에 의하면, 피고인이 성명불상자에게 제작을 의뢰하여 전송받은 음란합성사진 파일은 형법 제244조의 '음란한 물건'에 해당한다고 볼 수 없다(대법원 2023.12.14, 2020도1669).

♀solution 해당하지 않는다.

[제2문]

(판례) ① 참여권 보장의 문제: 피해자 등 제3자가 피의자의 소유·관리에 속하는 정보저장매체를 임의제출한 경우에는 실질적 피압수자인 피의자가 수사기관으로 하여금 그 전자정보 전부를 무제한 탐색하는 데 동의한 것으로 보기 어려울 뿐만 아니라 피의자 스스로 임의제출한 경우 피의자의 참여권 등이 보장되어야 하는 것과 견주어 보더라도 특별한 사정이 없는 한 피의자에게 참여권을 보장하고 압수한 전자정보 목록을 교부하는 등 피의자의 절차적 권리를 보장하기 위한 적절한 조치가 이루어져야 한다(대법원 2021.11.18, 2016도348 전원합의체). 이와 같이 정보저장매체를 임의제출한 피압수자에 더하여 임의제출자 아닌 피의자에게도 참여권이 보장되어야 하는 '피의자의 소유·관리에 속하는 정보저장매체'라 함은, 피의자가 압수·수색 당시 또는 이와 시간적으로 근접한 시기까지 해당 정보저장매체를 현실적으로 지배·관리하면서 그 정보저장매체 내 전자정보 전반에 관한 전속적인 관리처분권을 보유·행사하고, 달리 이를 자신의 의사에 따라 제3자에게 양도하거나 포기하지 아니한 경우로서, 피의자를 그 정보저장매체에 저장된 전자정보 전반에 대한 실질적인 압수·수색 당사자로 평가할 수 있는 경우를 말하는 것이다. 이에 해당하는지 여부는 민사법상 권리의 귀속에 따른 법률적·사후적 판단이 아니라 압수·수색 당시 외형적·객관적으로 인식 가능한 사실상의 상태를 기준으로 판단하여야 한다(대법원 2022.1.27, 2021도11170; 2023.9.18, 2022도7453 전원합의체). …… 피해자가 임의제출한 이 사건 휴대전화 내 전자정보의 탐색 등 과정에서 실질적 피압수자인 피고인의 참여권이 보장되지 않았고, 전자정보 압수목록이 교부되지 않은 위법이 있다.
② 객관적 관련성의 문제: 임의제출된 정보저장매체에서 압수의 대상이 되는 전자정보의 범위를 초과하여 수사기관 임의로 전자정보를 탐색·복제·출력하는 것은 원칙적으로 위법한 압수·수색에 해당하므로 허용될 수 없다. 만약 전자정보에 대한 압수·수색이 종료되기 전에 범죄혐의사실과 관련된 전자정보를 적법하게 탐색하는 과정에서 별도의 범죄혐의와 관련된 전자정보를 우연히 발견한 경우라면, 수사기관은 더 이상의 추가 탐색을 중단하고 법원으로부터 별도의 범죄혐의에 대한 압수·수색영장을 발부받은 경우에 한하여 그러한 정보에 대하여도 적법하게 압수·수색을 할 수 있다(위 대법원 2016도348 전원합의체 판결 참조). …… 피고인이 지하철, 학원 등지에서 성명불상의 여고생들을 몰래 촬영한 사진은 임의제출에 따른 압수의 동기가 된 범죄혐의사실인 음화제조교사 부분과 구체적·개별적 연관관계 있는 전자정보로 보기 어렵다. 그런데 사법경찰관은 별도의 범죄혐의와 관련된 전자정보를 우연히 발견하였음에도 더 이상의 추가 탐색을 중단하거나 법원으로부터 압수·수색영장을 발부받지 않았으므로, 그러한 정보에 대한 압수·수색은 위법하다(불법촬영사진의 증거능력 부정, 대법원 2023.12.14, 2020도1669).

♀solution 적법하지 않다.

[제3문]

(판례) (선행 절차위법과 사이에 인과관계가 희석 내지 단절되는지의 문제) 사법경찰관은 피고인의 참여권 등 절차적인 권리를 전혀 보장하지 않은 채 이 사건 휴대전화에 저장된 성폭력처벌법 위반(카메라등이용촬영) 관련 전자정보를 탐색·복원하였고, 별도의 압수·수색영장을 발부받지 않고 여고생들에 대한 불법촬영 부분을 포함하여 피고인에 대하여 두 차례 피의자신문을 실시하는 등 수사를 진행하였다. 이후 사건이 군검사에게 송치되었는데 군검사는 이 사건 휴대전화를 피해자 측에 환부한 후 다시 제출받아 이 사건 영장에 따라 불법촬영사진을 탐색하기는 하였으나, 이는 군검사가 피해자에게 위 휴대전화를 환부하기 이전에 미리 이 사건 영장을 발부받은 다음 위 휴대전화를 피해자에게 환부하고, 휴대전화가 피해자 측을 거쳐

피고인이 소속된 군부대에 도착하자 이 사건 영장을 집행하여 다시 위 불법촬영사진을 탐색·복원·출력한 것에 불과하다. 따라서 군검사의 증거수집과 사법경찰관의 선행 절차위법 사이에는 여전히 직접적 인과관계가 있다고 볼 수 있고 그 인과관계가 희석되거나 단절되었다고 보기는 어려우며, 결국 위 불법촬영사진 출력물, 시디(CD) 역시 위법하게 수집된 증거로서 증거능력이 없다(2차적 증거의 증거능력도 부정, 대법원 2023.12.14, 2020도1669).

(참조) 검사 또는 사법경찰관은 범죄수사에 필요한 때에는 피의자가 죄를 범하였다고 의심할 만한 정황이 있는 경우에 판사로부터 발부받은 영장에 의하여 압수·수색을 할 수 있으나, 압수·수색은 영장 발부의 사유로 된 범죄 혐의사실과 관련된 증거에 한하여 할 수 있으므로, 영장 발부의 사유로 된 범죄 혐의사실과 무관한 별개의 증거를 압수하였을 경우 이는 원칙적으로 유죄 인정의 증거로 사용할 수 없다. 다만 수사기관이 별개의 증거를 피압수자 등에게 환부하고 후에 임의제출받아 다시 압수하였다면 증거를 압수한 최초의 절차 위반 행위와 최종적인 증거수집 사이의 인과관계가 단절되었다고 평가할 수 있으나, 환부 후 다시 제출하는 과정에서 수사기관의 우월적 지위에 의하여 임의제출 명목으로 실질적으로 강제적인 압수가 행하여질 수 있으므로, 제출에 임의성이 있다는 점에 관하여는 검사가 합리적 의심을 배제할 수 있을 정도로 증명하여야 하고, 임의로 제출된 것이라고 볼 수 없는 경우에는 증거능력을 인정할 수 없다(대법원 2016.3.10, 2013도11233).

솔루션solution 인정되지 않는다.

070 유류물의 압수·수색에 있어서의 관련성 요건과 참여권자의 존재 여부

> [제1문] 유류물의 압수·수색에 대해서는 영장에 의한 압수·수색·검증이나 임의제출물 압수에 관하여 적용되는 관련성의 제한(해당 사건과 관계가 있다고 인정할 수 있는 것으로 한정된다는 제한)이 적용되는가?
> [제2문] 유류물 압수에 있어서 수사기관의 압수 당시 참여권 행사의 주체가 되는 피압수자가 존재한다고 평가할 수 있는가?

[제1문]

(판례) 형사소송법 제215조 제1항은 '범죄수사에 필요한 때에는 피의자가 죄를 범하였다고 의심할 만한 정황이 있고 해당 사건과 관계가 있다고 인정할 수 있는 것에 한정하여 지방법원판사에게 청구하여 발부받은 영장에 의하여 압수, 수색 또는 검증을 할 수 있다'고 규정하고 있다. 그러나 유류물 압수의 근거인 형사소송법 제218조는 유류물을 압수하는 경우에 사전, 사후에 영장을 받을 것을 요구하지 않는다. 유류물 압수와 같은 조문에 규정된 임의제출물 압수의 경우, 제출자가 제출·압수의 대상을 개별적으로 지정하거나 그 범위를 한정할 수 있으나, 유류물 압수는 그와 같은 제출자의 존재를 생각하기도 어렵다. 따라서 유류물 압수·수색에 대해서는 원칙적으로 영장에 의한 압수·수색·검증에 관하여 적용되는 형사소송법 제215조 제1항이나 임의제출물 압수에 관하여 적용되는 형사소송법 제219조에 의하여 준용되는 제106조 제1항, 제3항, 제4항에 따른 관련성의 제한이 적용된다고 보기 어렵다(대법원 2024.7.25, 2021도1181).

솔루션solution 제한되지 않는다.

[제2문]

(판례) 정보저장매체에 대한 압수·수색에 있어, 압수·수색 당시 또는 이와 시간적으로 근접한 시기까지 정보저장매체를 현실적으로 지배·관리하면서 그 정보저장매체 내 전자정보 전반에 관한 전속적인 관리처분권을 보유·행사하고, 달리 이를 자신의 의사에 따라 제3자에게 양도하거나 포기하지 아니한 경우에

는, 그 지배·관리자인 피의자를 정보저장매체에 저장된 전자정보 전반에 대한 실질적인 압수·수색 당사자로 평가할 수 있다(대법원 2022.1.27, 2021도11170). 그러나 유류물 압수는 수사기관이 소유권이나 관리처분권이 처음부터 존재하지 않거나, 존재하였지만 적법하게 포기된 물건, 또는 그와 같은 외관을 가진 물건 등의 점유를 수사상 필요에 따라 취득하는 수사방법을 말한다. 따라서 유류물 압수에 있어서는 정보저장매체의 현실적 지배·관리 혹은 이에 담겨있는 전자정보 전반에 관한 전속적인 관리처분권을 인정하기 어렵다. 정보저장매체를 소지하고 있던 사람이 이를 분실한 경우와 같이 그 권리를 포기하였다고 단정하기 어려운 경우에도, 수사기관이 그러한 사정을 알거나 충분히 알 수 있었음에도 이를 유류물로서 영장 없이 압수하였다는 등의 특별한 사정이 없는 한, 영장에 의한 압수나 임의제출물 압수와 같이 수사기관의 압수 당시 참여권 행사의 주체가 되는 피압수자가 존재한다고 평가할 수는 없다(대법원 2024.7.25, 2021도1181).

> 정리 범죄수사를 위해 정보저장매체의 압수가 필요하고, 정보저장매체를 소지하던 사람이 그에 관한 권리를 포기하였거나 포기한 것으로 인식할 수 있는 경우에는, 수사기관이 형사소송법 제218조에 따라 피의자 기타 사람이 유류한 정보저장매체를 영장 없이 압수할 때 해당 사건과 관계가 있다고 인정할 수 있는 것에 압수의 대상이나 범위가 한정된다거나, 참여권자의 참여가 필수적이라고 볼 수는 없다.

⚲solution 평가할 수 없다.

071 수사기관의 압수·수색처분에 대한 준항고

> [제1문] 형사소송법 제417조에서 규정한 준항고와 관련하여, 피압수자는 준항고를 제기함에 있어서 불복의 대상이 되는 압수 등에 관한 처분을 특정하여야 하는가?
> [제2문] 형사소송법 제417조에 따른 준항고와 관련하여, 준항고인이 불복의 대상이 되는 압수 등에 관한 처분을 한 수사기관을 제대로 특정하지 못하거나 준항고인이 특정한 수사기관이 해당 처분을 한 사실을 인정하기 어렵다는 이유만으로 준항고를 배척할 수 있는가?
> [제3문] 준항고인은 언론 보도나 수사 과정을 통하여 수사처 검사가 준항고인을 피의자로 하여 대검찰청 감찰부 등에 대한 압수·수색영장을 집행한 것으로 알고 있지만, 수사처 검사의 압수·수색 당시 압수·수색영장을 제시받지 못하였고 참여를 위한 통지조차 받지 못하였다고 주장하면서, 법원에 "수사처 소속 검사가 2021.9. 초순경부터 2021.11.30.까지 사이에 피의자(준항고인)를 대상으로 실시한 압수·수색 처분 중 피의자에 대한 통지절차를 거치지 아니하여 피의자의 참여권을 보장하지 아니한 압수·수색 처분을 모두 취소해 달라."는 내용의 준항고를 제기하였다. 이러한 준항고제기는 적법한가?

판례 형사소송법은 수사기관의 압수·수색영장 집행에 대한 사후적 통제수단 및 피압수자의 신속한 구제절차로 준항고 절차를 마련하여 검사 또는 사법경찰관의 압수 등에 관한 처분에 대하여 불복이 있으면 처분의 취소 또는 변경을 구할 수 있도록 규정하고 있다(제417조). 피압수자는 준항고인의 지위에서 불복의 대상이 되는 압수 등에 관한 처분을 특정하고 준항고취지를 명확히 하여 청구의 내용을 서면으로 기재한 다음 관할 법원에 제출하여야 한다(형사소송법 제418조). 다만 준항고인이 불복의 대상이 되는 압수 등에 관한 처분을 구체적으로 특정하기 어려운 사정이 있는 경우에는 법원은 석명권 행사 등을 통해 준항고인에게 불복하는 압수 등에 관한 처분을 특정할 수 있는 기회를 부여하여야 한다. …… (또한) 형사소송법 제417조에 따른 준항고 절차는 항고소송의 일종으로 당사자주의에 의한 소송절차와는 달리 대립되는 양 당사자의 관여를 필요로 하지 않는다. 따라서 준항고인이 불복의 대상이 되는 압수 등에 관한 처분을 한 수사기관을 제대로 특정하지 못하거나 준항고인이 특정한 수사기관이 해당 처분을 한 사실을 인정하기 어렵다는 이유만으로 준항고를 쉽사리 배척할 것은 아니다. …… 준항고인이 압수·수색 처분의 주체로 지정한 수사처 검사가 압수·수색 처분을 한 사실이 없다거나 준항고인을 압수·수색영장 대상자로 하여 어떠한 물건에 대한 압수·수색 처분을 하였다고 인정할 자료가 없거나 부족하다는 이유만으로 준항고인의 이 부분 청구를 기각한 원심의 판단에는 준항고 대상 특정에 관한 법리를 오해하고 필요한 심리를 다하지 않아 재판에 영향을 미친 잘못이 있다(대법원 2023.1.12, 2022모1566).

(조문) **형사소송법 제417조(동전)** 검사 또는 사법경찰관의 구금, 압수 또는 압수물의 환부에 관한 처분과 제243조의2에 따른 변호인의 참여 등에 관한 처분에 대하여 불복이 있으면 그 직무집행지의 관할 법원 또는 검사의 소속검찰청에 대응한 법원에 그 처분의 취소 또는 변경을 청구할 수 있다.
제418조(준항고의 방식) 전2조의 청구는 서면으로 관할 법원에 제출하여야 한다.

(보충) 준항고인이 참여의 기회를 보장받지 못하였다는 이유로 압수·수색 처분에 불복하는 경우, 준항고인으로서는 불복하는 압수·수색 처분을 특정하는 데 한계가 있을 수밖에 없다. 특히나 제3자가 보관하고 있는 전자정보에 대하여 압수·수색을 실시하면서 그 전자정보의 내용에 관하여 사생활의 비밀과 자유 등의 법익 귀속주체로서 해당 전자정보에 관한 전속적인 생성·이용 등의 권한을 보유·행사하는 실질적 피압수자이자 피의자인 준항고인에게 통지조차 이루어지지 않은 경우에는 더욱 그러하다. 사정이 그와 같다면, 원심으로서는 준항고취지에 압수·수색 처분의 주체로 기재된 수사기관뿐만 아니라 준항고취지에 기재된 기간에 실제로 압수·수색 처분을 집행한 것으로 확인되거나 추정되는 수사기관, 사건을 이첩받는 등으로 압수·수색의 결과물을 보유하고 있는 수사기관 등의 압수·수색 처분에 대하여도 준항고인에게 석명권을 행사하는 등의 방식으로 불복하는 압수·수색 처분을 개별적·구체적으로 특정할 수 있는 기회를 부여하여야 한다.

?solution [제1문] 특정하여야 한다.
[제2문] 배척할 수 없다.
[제3문] 적법하다.

●●●
072 형사소송법 제417조의 준항고의 검사의 압수물에 대한 처분의 의미

> [제1문] 공소제기 이후의 단계에서 검사의 압수물에 대한 처분에 관하여 형사소송법 제417조의 준항고로 다툴 수 있는가?
> [제2문] 형사소송법 제332조에 따라 압수물에 대한 몰수의 선고가 포함되지 않은 판결이 확정된 때에는 검사에게 압수물 환부에 대한 처분을 할 권한이 있는가?

(조문) **형사소송법 제332조(몰수의 선고와 압수물)** 압수한 서류 또는 물품에 대하여 몰수의 선고가 없는 때에는 압수를 해제한 것으로 간주한다.
제417조(동전) 검사 또는 사법경찰관의 구금, 압수 또는 압수물의 환부에 관한 처분과 제243조의2에 따른 변호인의 참여 등에 관한 처분에 대하여 불복이 있으면 그 직무집행지의 관할법원 또는 검사의 소속검찰청에 대응한 법원에 그 처분의 취소 또는 변경을 청구할 수 있다.

[제1문 · 제2문]
(판례) 수사기관의 압수물의 환부에 관한 형사소송법 제417조의 준항고는 검사 또는 사법경찰관이 수사 단계에서 압수물의 환부에 관하여 처분을 할 권한을 가지고 있을 경우에 그 처분에 관하여 제기할 수 있는 불복절차이다(대법원 1974.5.30, 74모28; 1984.2.6, 84모3). 공소제기 이전의 수사 단계에서는 압수물 환부·가환부에 관한 처분권한이 수사기관에 있으나 공소제기 이후의 단계에서는 위 권한이 수소법원에 있으므로 검사의 압수물에 대한 처분에 관하여 형사소송법 제417조의 준항고로 다툴 수 없다. 또한 형사소송법 제332조에 따라 압수물에 대한 몰수의 선고가 포함되지 않은 판결이 확정된 때에는 압수가 해제된 것으로 간주되므로 이 경우 검사에게는 압수물 환부에 대한 처분을 할 권한이 없다(대법원 2024.3.12, 2022모2352).

⌖solution [제1문] 다툴 수 없다.

[제2문] 압수가 해제된 것으로 간주되므로 이 경우 검사에게는 압수물 환부에 대한 처분을 할 권한이 없다.

●●●○
073 강제 채뇨 사건　　　　　　　• 경찰3차 18, 경찰2차 21, 국가9급 21, 국가9급개론 21

> 피고인이 메트암페타민(일명 '필로폰')을 투약하였다는 마약류 관리에 관한 법률 위반(향정) 혐의에 관하여, 피고인의 소변(30cc), 모발(약 80수), 마약류 불법사용 도구 등에 대한 압수·수색·검증영장을 발부받은 다음 경찰관이 피고인의 주거지를 수색하여 사용 흔적이 있는 주사기 4개를 압수하고, 위 영장에 따라 3시간 가량 소변과 모발을 제출하도록 설득하였음에도 피고인이 계속 거부하면서 자해를 하자 이를 제압하고 수갑과 포승을 채운 뒤 강제로 병원 응급실로 데리고 가 의사의 지시를 받은 응급구조사로 하여금 피고인의 신체에서 소변(30cc)을 채취하도록 하여 이를 압수한 경우, 피고인의 소변에 대한 압수영장 집행은 적법한가?

(판례) 강제 채뇨는 피의자가 임의로 소변을 제출하지 않는 경우 피의자에 대하여 강제력을 사용해서 도뇨관(catheter)을 요도를 통하여 방광에 삽입한 뒤 체내에 있는 소변을 배출시켜 소변을 취득·보관하는 행위이다. 수사기관이 범죄 증거를 수집할 목적으로 하는 강제 채뇨는 피의자의 신체에 직접적인 작용을 수반할 뿐만 아니라 피의자에게 신체적 고통이나 장애를 초래하거나 수치심이나 굴욕감을 줄 수 있다. 따라서 피의자에게 범죄 혐의가 있고 그 범죄가 중대한지, 소변성분 분석을 통해서 범죄 혐의를 밝힐 수 있는지, 범죄 증거를 수집하기 위하여 피의자의 신체에서 소변을 확보하는 것이 필요한 것인지, 채뇨가 아닌 다른 수단으로는 증명이 곤란한지 등을 고려하여 범죄 수사를 위해서 강제 채뇨가 부득이하다고 인정되는 경우에 최후의 수단으로 적법한 절차에 따라 허용된다고 보아야 한다. 이때 의사, 간호사, 그 밖의 숙련된 의료인 등으로 하여금 소변 채취에 적합한 의료장비와 시설을 갖춘 곳에서 피의자의 신체와 건강을 해칠 위험이 적고 피의자의 굴욕감 등을 최소화하는 방법으로 소변을 채취하여야 한다. …… 수사기관이 범죄 증거를 수집할 목적으로 피의자의 동의 없이 피의자의 소변을 채취하는 것은 법원으로부터 감정허가장을 받아 형사소송법 제221조의4 제1항, 제173조 제1항에서 정한 '감정에 필요한 처분'으로 할 수 있지만(피의자를 병원 등에 유치할 필요가 있는 경우에는 형사소송법 제221조의3에 따라 법원으로부터 감정유치장을 받아야 한다), 형사소송법 제219조, 제106조 제1항, 제109조에 따른 압수·수색의 방법으로도 할 수 있다. 이러한 압수·수색의 경우에도 수사기관은 원칙적으로 형사소송법 제215조에 따라 판사로부터 압수·수색영장을 적법하게 발부받아 집행해야 한다. 압수·수색의 방법으로 소변을 채취하는 경우 압수대상물인 피의자의 소변을 확보하기 위한 수사기관의 노력에도 불구하고, 피의자가 인근 병원 응급실 등 소변 채취에 적합한 장소로 이동하는 것에 동의하지 않거나 저항하는 등 임의동행을 기대할 수 없는 사정이 있는 때에는 수사기관으로서는 소변 채취에 적합한 장소로 피의자를 데려가기 위해서 필요 최소한의 유형력을 행사하는 것이 허용된다. 이는 형사소송법 제219조, 제120조 제1항에서 정한 '압수·수색영장의 집행에 필요한 처분'에 해당한다고 보아야 한다. 그렇지 않으면 피의자의 신체와 건강을 해칠 위험이 적고 피의자의 굴욕감을 최소화하기 위하여 마련된 절차에 따른 강제 채뇨가 불가능하여 압수영장의 목적을 달성할 방법이 없기 때문이다. …… 피고인에 대한 피의사실이 중대하고 객관적 사실에 근거한 명백한 범죄 혐의가 있었다고 보이고, 경찰관의 장시간에 걸친 설득에도 피고인이 소변의 임의 제출을 거부하면서 판사가 적법하게 발부한 압수영장의 집행에 저항하자 경찰관이 다른 방법으로 수사 목적을 달성하기 곤란하다고 판단하여 강제로 피고인을 소변 채취에 적합한 장소인 인근 병원 응급실로 데리고 가 의사의 지시를 받은 응급구조사로 하여금 피고인의 신체에서 소변을 채취하도록 하였으며, 그 과정에서 피고인

에 대한 강제력의 행사가 필요 최소한도를 벗어나지 않았으므로, 경찰관의 조치는 형사소송법 제219조, 제120조 제1항에서 정한 '압수영장의 집행에 필요한 처분'으로서 허용되고, 한편 경찰관이 압수영장을 집행하기 위하여 피고인을 병원 응급실로 데리고 가는 과정에서 공무집행에 항거하는 피고인을 제지하고 자해 위험을 방지하기 위해 수갑과 포승을 사용한 것은 경찰관 직무집행법에 따라 허용되는 경찰장구의 사용으로서 적법하다(대법원 2018.7.12, 2018도6219).

⌾solution 적법하다.

---

3 **수사상의 증거보전**

CHAPTER 03 수사의 종결

1 사법경찰관과 검사의 수사종결

2 공소제기 후의 수사

074 항소심의 증인으로 소환된 사람을 미리 수사기관에서 조사한 진술조서의 증거능력과 법정 증언의 증명력이 문제된 사건

• 경찰2차 21, 국가7급 21, 법원9급 21

판례 형사소송법의 기본원칙에 따라 살펴보면, 제1심에서 피고인에 대하여 무죄판결이 선고되어 검사가 항소한 후, 수사기관이 항소심 공판기일에 증인으로 신청하여 신문할 수 있는 사람을 특별한 사정 없이 미리 수사기관에 소환하여 작성한 진술조서는 피고인이 증거로 할 수 있음에 동의하지 않는 한 증거능력이 없다. 검사가 공소를 제기한 후 참고인을 소환하여 피고인에게 불리한 진술을 기재한 진술조서를 작성하여 이를 공판절차에 증거로 제출할 수 있게 한다면, 피고인과 대등한 당사자의 지위에 있는 검사가 수사기관으로서의 권한을 이용하여 일방적으로 법정 밖에서 유리한 증거를 만들 수 있게 하는 것이므로 당사자주의·공판중심주의·직접심리주의에 반하고 피고인의 공정한 재판을 받을 권리를 침해하기 때문이다. 위 참고인이 나중에 법정에 증인으로 출석하여 위 진술조서의 성립의 진정을 인정하고 피고인 측에 반대신문의 기회가 부여된다 하더라도 위 진술조서의 증거능력을 인정할 수 없음은 마찬가지이다. 위 참고인이 법정에서 위와 같이 증거능력이 없는 진술조서와 같은 취지로 피고인에게 불리한 내용의 진술을 한 경우, 그 진술에 신빙성을 인정하여 유죄의 증거로 삼을 것인지는 증인신문 전 수사기관에서 진술조서가 작성된 경위와 그것이 법정진술에 영향을 미쳤을 가능성 등을 종합적으로 고려하여 신중하게 판단하여야 한다 (대법원 2019.11.28, 2013도6825).

CHAPTER 04 공소의 제기

1 공소와 공소권이론

075 공소권 남용 긍정례

판례 피고인이 중국에 거주하는 甲과 공모하여, 탈북자들의 북한 거주 가족에 대한 송금의뢰 등 중국으로 송금을 원하는 사람들로부터 피고인 등 명의의 계좌로 입금받은 돈을 甲이 지정·관리·사용하는 계좌로 재 송금하는 방법으로 무등록 외국환업무를 영위하여 외국환거래법 위반으로 기소된 경우, 검사는 종전에 기소 유예 처분을 하였다가 4년 여가 지난 시점에 다시 기소하였고, 종전 피의사실과 공소사실 사이에 이를 번복 할 만한 사정변경이 없는 점 등 여러 사정을 종합하면, 위 공소제기는 검사가 공소권을 자의적으로 행사한 것으로서 소추재량권을 현저히 일탈하였다고 보아 공소를 기각한 원심판결은 정당하다(대법원 2021.10.14, 2016도14772).

보충 서울시 공무원 간첩 사건 피해자인 유우성씨 재판에서, 검찰은 유씨를 간첩 혐의로 기소했지만 무죄가 선고되자 이미 4년 전 기소유예 처분했던 불법 외환거래 혐의를 들춰내 추가 기소했다가 법원의 제지를 받게 됐다. 대법원 형사1부(주심 노태악 대법 관)는 지난 10월 유씨의 외국환거래법 위반 혐의에 대해 (검찰의 공소권 남용을 인정해) 공소기각 판결하고, 위계공무집행방해 혐의는 유죄로 판단해 벌금 700만원을 선고한 원심을 확정했다(대법원 2021.10.14, 2016도14772)(법률신문, 2021.12.13.).

2 공소제기의 기본원칙

076 형사소송법 제329조의 재기소제한규정의 '다른 중요한 증거를 발견한 경우'의 의미

> 형사소송법 제329조(공소취소와 재기소)에서는 "공소취소에 의한 공소기각의 결정이 확정된 때에는 공소취소 후 그 범죄사실에 대한 다른 중요한 증거를 발견한 경우에 한하여 다시 공소를 제기할 수 있다."고 규정하고 있다. 위 형사소송법 제329조에서 정한 '공소취소 후 발견한 다른 중요한 증거'에 '공소취소 전에 수집 또는 조사하여 제출할 수 있었던 증거'가 포함되는가?

판례 형사소송법 제329조는 "공소취소에 의한 공소기각의 결정이 확정된 때에는 공소취소 후 그 범죄사 실에 대한 다른 중요한 증거를 발견한 경우에 한하여 다시 공소를 제기할 수 있다."라고 규정하고 있다. 공소취소 후 재기소는 헌법 제13조 제1항 후문 '거듭처벌금지의 원칙'의 정신에 따라 불안정한 지위에 놓이게 될 수 있는 피고인의 인권과 법적 안정성을 보장한다는 관점에서 엄격하게 해석해야 한다. 따라서

'다른 중요한 증거를 발견한 경우'란 공소취소 전에 가지고 있던 증거 이외의 증거로서 공소취소 전의 증거만으로서는 증거불충분으로 무죄가 선고될 가능성이 있으나 새로 발견된 증거를 추가하면 충분히 유죄의 확신을 가지게 될 정도의 증거가 있는 경우를 말하고(대법원 1977.12.27, 77도1308; 2004.12.24, 2004도4957), 공소취소 전에 충분히 수집 또는 조사하여 제출할 수 있었던 증거들은 새로 발견된 증거에 해당한다고 보기 어렵다(대법원 2024.8.29, 2020도16827).

♀solution 포함되지 않는다.

077 형사소송법 제262조 제4항 후문에서 말하는 '다른 중요한 증거를 발견한 경우'의 의미

• 법원9급 21

> [제1문] 형사소송법 제262조 제4항 후문은 재정신청 기각결정이 확정된 사건에 대하여는 다른 중요한 증거를 발견한 경우를 제외하고는 소추할 수 없다고 규정하고 있다. 그렇다면, 재정신청 기각결정의 정당성에 의문이 제기되거나 범죄피해자의 권리를 보호하기 위하여 형사재판절차를 진행할 필요가 있는 정도의 증거가 있는 경우가 여기에 해당하는가?
> [제2문] 형사소송법 제262조 제4항 후문은 재정신청 기각결정이 확정된 사건에 대하여는 다른 중요한 증거를 발견한 경우를 제외하고는 소추할 수 없다고 규정하고 있다. 그렇다면, 관련 민사판결에서의 사실인정 및 판단은 그 자체가 새로 발견된 증거라고 할 수 있는가?

[제1문 · 제2문]

판례 여기에서 '다른 중요한 증거를 발견한 경우'란 재정신청 기각결정 당시에 제출된 증거에 새로 발견된 증거를 추가하면 충분히 유죄의 확신을 가지게 될 정도의 증거가 있는 경우를 말하고, 단순히 재정신청 기각결정의 정당성에 의문이 제기되거나 범죄피해자의 권리를 보호하기 위하여 형사재판절차를 진행할 필요가 있는 정도의 증거가 있는 경우는 여기에 해당하지 않는다. 그리고 관련 민사판결에서의 사실인정 및 판단은, 그러한 사실인정 및 판단의 근거가 된 증거자료가 새로 발견된 증거에 해당할 수 있음은 별론으로 하고, 그 자체가 새로 발견된 증거라고 할 수는 없다(대법원 2018.12.28, 2014도17182).

♀solution [제1문] 해당하지 않는다.
　　　　　[제2문] 새로 발견된 증거라고 할 수 없다.

3 공소제기의 방식

078 공소사실 특정의 정도

> 범죄의 '일시'가 공소시효 완성 여부를 판별할 수 없을 정도로 개괄적으로 기재된 경우, 공소사실은 특정된 것인가?

판례 공소사실의 기재는 범죄의 일시, 장소와 방법을 명시하여 사실을 특정할 수 있도록 하여야 하고(형사소송법 제254조 제4항), 이와 같이 공소사실의 특정을 요구하는 법의 취지는 법원에 대하여 심판의 대상을 한정하고 피고인에게 방어의 범위를 특정하여 그 방어권 행사를 쉽게 해 주기 위한 데에 있는 것이므로, 범죄의 '일시'는 이중기소나 시효에 저촉되는지 식별할 수 있을 정도로 기재하여야 한다. 따라서 범죄의 '일시'가 공소시효 완성 여부를 판별할 수 없을 정도로 개괄적으로 기재되었다면 공소사실이 특정되었다고 볼 수 없다. 공소사실이 특정되지 아니한 부분이 있다면, 법원은 검사에게 석명을 구하여 특정을 요구하여야 하고, 그럼에도 검사가 이를 특정하지 않는다면 그 부분에 대해서는 공소를 기각할 수밖에 없다(대법원 2022.11.17, 2022도8257).

보충 원심이 유죄로 인정한 위 업무방해죄의 법정형은 형법 제314조 제1항에 따라 5년 이하의 징역 또는 1,500만원 이하의 벌금이므로 형사소송법 제249조 제1항 제4호에 의하면 공소시효가 7년인데, 이 부분 공소는 2020. 12. 30. 제기되었다. 위 공소사실은 반복적 행위, 수일에 걸쳐 발생한 행위가 아니라 특정일에 발생한 행위이므로, 범행일이 2013. 12. 31. 이후인지 여부에 따라 공소시효의 완성 여부가 달라지는데, 이 부분 공소사실의 일시는 '2013. 12.경부터 2014. 1.경 사이'이므로, 공소시효 완성 여부를 판별할 수 없다. 따라서 이 부분 공소사실은 구체적으로 특정되었다고 할 수 없다.

solution 특정된 것이 아니다.

079 공소사실 중 범죄의 '일시'의 특정의 정도

> 피고인은 "2021.6.10. 19:00경부터 같은 날 20:00경 사이에 경북(주소 생략)에서 일회용 주사기에 향정신성의약품인 메트암페타민 약 0.05g을 넣고 생수로 희석해 자신의 오른팔에 주사하는 방법으로 이를 투약하였다."라는 등의 범죄사실로 2021.10.19. 징역 2년을 선고받아 2022.4.7. 그 판결이 확정되었다. 이후 이 사건에서 검사는 "피고인이 2021.3.경부터 같은 해 6.경 사이에 경북(주소 생략)에서 일회용 주사기에 향정신성의약품인 메트암페타민 약 0.05g을 넣고 생수로 희석하여 자신의 오른팔에 주사하는 방법으로 총 2회에 걸쳐 이를 투약하였다."라는 공소사실로 공소를 제기하였다. 검사의 공소제기는 이중기소에 저촉되는지 식별할 수 있을 정도로 공소사실이 특정된 것인가?

판례 공소사실의 기재는 범죄의 일시, 장소와 방법을 명시하여 사실을 특정할 수 있도록 하여야 하고(형사소송법 제254조 제4항), 이와 같이 공소사실의 특정을 요구하는 법의 취지는 법원에 대하여 심판의 대상을 한정하고 피고인에게 방어의 범위를 특정하여 그 방어권 행사를 쉽게 해 주기 위한 데에 있는 것이므로, 범죄의 '일시'는 이중기소나 시효에 저촉되는지 식별할 수 있을 정도로 기재하여야 한다(대법원 2022.11.17, 2022도8257). 검사는 가능한 한 공소제기 당시의 증거에 의하여 이를 특정함으로써 피고인의 정당한 방어권 행사에 지장을 초래하지 않도록 하여야 할 것이다. 범죄의 일시 · 장소 등을 특정 일시나 상당한 범위 내로 특정할 수 없는 부득이한 사정이 존재하지 아니함에도 공소의 제기 혹은 유지의 편의를 위하여 범죄의 일시 · 장소 등을 지나치게 개괄적으로 표시함으로써 사실상 피고인의 방어권 행사에 지장을 가져오는 경우에는 형사소송법 제254조 제4항에서 정하고 있는 구체적인 범죄사실의 기재가 있는 공소장이라고 할 수 없다(대법원 2021.11.11, 2021도11454). 공소사실이 특정되지 아니한 부분이 있다면, 법원은 검사에게 석명을 구하여 특정을 요구하여야 하고, 그럼에도 검사가 이를 특정하지 않는다면 그 부분에 대해서는 공소를 기각할 수밖에 없다(대법원 2019.12.24, 2019도10086). …… 선행판결의 범죄사실과 이 사건 공소사실의 범행 장소와 방법이 동일하고 범행 일시가 겹칠 가능성을 배제할 수 없다. 그 경우 선행판결의 범죄사실과 이 사건 공소사실 중 1회 투약 부분은 사실관계가 동일하다고 평가되어 선행판결의 효력이 이 사건 공소사실에도 미친다고 볼 수 있다. 그런데 이 사건 공소사실의 '일시' 기재만으로는 이 사건 공소사실이 선행판결의 범죄사실과 동일한지 판단할 수 없어 심판의 대상이나 방어의 범위가 특정되었다고 볼 수 없다. 피고인에 대한 검찰 피의자신문조서의 진술 기재대로 범죄 일시를 특정할 수 없는 부득이한 사정이 보이지도 않는다. 그렇다면 원심으로서는 검사에게 석명을 구하여 범행일시에 관하여 공소사실을 특정하도록 요구하여야 하고 그럼에도 특정하지 않는다면 공소를 기각하였어야 하는데 원심은 유죄의 실체판단을 하였다. 이러한 원심의 조치에는 공소사실 특정에 관한 법리를 오해하여 판결에 영향을 미친 잘못이 있다(대법원 2023.4.27, 2023도2102).

♀solution 특정된 것이 아니다.

● ● ● ○
080 성매매알선죄의 성격, 성립요건, 공소사실의 특정

> [제1문] 성매매처벌법 제19조에서 정한 성매매알선죄는 성매매죄 정범에 종속되는 종범인가, 성매매죄 정범의 존재와 관계 없는 독자적인 정범인가?
> [제2문] 성매수자에게 실제로 성매매에 나아가려는 의사가 없었다고 하더라도 성매매알선 등 행위의 처벌에 관한 법률 제19조에서 정한 성매매알선죄가 성립하는가?
> [제3문] 검사가 공소장에 기재한 공소사실 기재 범행은 "피고인이 2017.10.10.부터 2017. 10.12.까지 자신이 운영하던 성매매업소에서 성매매 광고를 보고 방문한 손님들에게 대금 10만원을 받고 종업원인 태국 국적 여성 6명과의 성매매를 알선하였다."는 것이다. 이는 공소제기의 적법요건으로서 공소사실의 특정이 인정되는가?

(조문) **성매매알선 등 행위의 처벌에 관한 법률 제19조(벌칙)** ① 다음 각 호의 어느 하나에 해당하는 사람은 3년 이하의 징역 또는 3천만원 이하의 벌금에 처한다.
1. 성매매알선 등 행위를 한 사람

[제1문 · 제2문]
(판례) 성매매알선 등 행위의 처벌에 관한 법률(이하 '성매매처벌법') 제2조 제1항 제2호가 규정하는 '성매매알선'은 성매매를 하려는 당사자 사이에 서서 이를 중개하거나 편의를 도모하는 것을 의미하므로, 성매매의 알선이 되기 위하여는 반드시 그 알선에 의하여 성매매를 하려는 당사자가 실제로 성매매를 하거나 서로 대면하는 정도에 이르러야만 하는 것은 아니고, 성매매를 하려는 당사자들의 의사를 연결하여 더 이상 알선자의 개입이 없더라도 당사자 사이에 성매매에 이를 수 있을 정도의 주선행위만 있으면 족하다. 그리고 성매매처벌법 제19조에서 정한 성매매알선죄는 성매매죄 정범에 종속되는 종범이 아니라 성매매죄 정범의 존재와 관계 없이 그 자체로 독자적인 정범을 구성하므로, 알선자가 위와 같은 주선행위를 하였다면 성매수자에게 실제로는 성매매에 나아가려는 의사가 없었다고 하더라도 위 법에서 정한 성매매알선죄가 성립한다(대법원 2023.6.29, 2020도3626).

♀solution [제1문] 독자적인 정범이다.
　　　　　[제2문] 성립한다.

[제3문]
(판례) 포괄일죄에 관해서는 일죄의 일부를 구성하는 개개의 행위에 대하여 구체적으로 특정되지 아니하더라도 전체 범행의 시기와 종기, 범행방법, 피해자나 상대방, 범행횟수나 피해액의 합계 등을 명시하면 이로써 그 범죄사실은 특정되는 것이다. 그리고 공소장에 범죄의 일시 · 장소 · 방법 등의 일부가 다소 불명확하

더라도 그와 함께 적시된 다른 사항들에 의하여 공소사실을 특정할 수 있고, 그리하여 피고인의 방어권 행사에 지장이 없다면, 공소제기의 효력에는 영향이 없다. 이 사건 공소사실 기재 범행은 피고인이 2017. 10.10.부터 2017.10.12.까지 자신이 운영하던 성매매업소에서 성매매 광고를 보고 방문한 손님들에게 대금 10만원을 받고 종업원인 태국 국적 여성 6명과의 성매매를 알선하였다는 것으로서 모두 동일한 죄명과 법조에 해당하는 것으로 단일하고 계속된 범의하에 시간적으로 근접하여 동일한 장소에서 동일한 방법으로 이루어졌고 피해법익 역시 동일하여 포괄하여 일죄에 해당할 뿐, 실체적 경합 관계에 있다고 보기 어렵다(대법원 2023.6.29, 2020도3626).

⎧solution 인정된다.

081 접근매체 양도 의사로 금융기관에 법인명의 계좌 개설을 신청한 사건

> 2015.1.20. 개정된 전자금융거래법은 '대가를 수수 · 요구 또는 약속하면서 보관 · 전달 · 유통하는 행위'를 금지행위에 추가하고(제6조 제3항 제2호), '범죄에 이용할 목적으로 또는 범죄에 이용될 것을 알면서 접근매체를 대여받거나 대여하는 행위 또는 보관 · 전달 · 유통하는 행위'를 금지행위로 신설하여(제6조 제3항 제3호) 이를 위반한 경우 처벌하도록 규정하였다(제49조 제4항). 여기서 '범죄에 이용될 것을 알면서'의 '범죄'는 공소사실에 특정되어야 하는가?

(판례) 2015.1.20. 개정된 전자금융거래법은 '대가를 수수 · 요구 또는 약속하면서 보관 · 전달 · 유통하는 행위'를 금지행위에 추가하고(제6조 제3항 제2호), '범죄에 이용할 목적으로 또는 범죄에 이용될 것을 알면서 접근매체를 대여받거나 대여하는 행위 또는 보관 · 전달 · 유통하는 행위'를 금지행위로 신설하여(제6조 제3항 제3호) 이를 위반한 경우 처벌하도록 규정하였다(제49조 제4항). …… 전자금융거래법 제6조 제3항 제3호에서 정한 '범죄에 이용될 것을 알면서'에서 말하는 '범죄'는 피고인이 목적으로 하거나 인식한 내용에 해당하므로 피고인의 방어권 보장 등을 위하여 공소사실에 특정될 필요가 있다. 위 조항의 신설 취지 등에 비추어 공소사실에 '범죄'에 관하여 범죄 유형이나 종류가 개괄적으로라도 특정되어야 하나, 실행하려는 범죄의 내용이 구체적으로 특정되지 않았다고 하여 공소사실이 특정되지 않았다고 볼 것은 아니다(대법원 2023.8.31, 2021도17151).

⎧solution 특정되어야 한다.

082 전자금융거래법상 접근매체양도죄 공소사실의 특정

> 검사의 공소장에 기재된 공소사실은 "피고인이 2018.11.4.경부터 11.15.경까지 사이에 불상의 장소에서 피고인 명의의 새마을금고 계좌(계좌번호를 기재함)에 연결된 체크카드 1장 및 비밀번호를 불상의 자에게 불상의 방법으로 건네주어 접근매체를 양도하였다."이다. 이러한 공소사실의 기재는 피고인의 방어권 행사에 지장이 없을 정도로 충분히 특정되었다고 볼 수 있는가?

판례 범죄의 일시·장소 등을 특정 일시나 상당한 범위 내로 특정할 수 없는 부득이한 사정이 존재하지 아니함에도 공소의 제기 혹은 유지의 편의를 위하여 범죄의 일시·장소 등을 지나치게 개괄적으로 표시함으로써 사실상 피고인의 방어권 행사에 지장을 가져오는 경우에는 형사소송법 제254조 제4항에서 정하고 있는 구체적인 범죄사실의 기재가 있는 공소장이라고 할 수 없다(대법원 2009.5.14. 2008도10885; 2019.12.24, 2019도10086; 2021.11.11, 2021도11454). 전자금융거래법은 획일적으로 '접근매체의 교부'를 처벌대상으로 규정하는 것이 아니라 교부의 태양 등에 따라 접근매체의 '양도', '대여', '전달', '질권 설정'을 구분하는 등 구성요건을 세분화하고 있고(제6조 제3항, 제49조 제4항), 접근매체의 '양도', '대여', '전달'의 의미와 요건 등은 구별되는 것이어서 그 판단기준이 다르다고 해석되므로, 범행 방법에 있어서도 가능한 한 위 각 구성요건을 구별할 수 있는 사정이 적시되어야 한다. 그런데 이 사건 공소사실에 기재된 피고인의 행위는 '체크카드와 비밀번호를 성명불상자에게 건네주었다'는 것으로서, 대여·전달 등과 구별되는, 양도를 구성하는 고유한 사실이 적시되지 않았는바, 피고인이 자신의 의사로 체크카드 등을 건네준 것이 아니라고 주장하면서 공소사실을 부인하는 이 사건에서 위 공소사실 기재는 피고인에게 방어의 범위를 특정하기 어렵게 함으로써 방어권을 행사하는 데 지장을 초래할 수 있다(대법원 2022.12.29, 2020도14662).

ꝑsolution 특정되었다고 볼 수 없다.

4 공소제기의 효과

5 공소시효

●○○
083 형사소송법 제249조 제2항의 의제공소시효에서의 구법과 신법

> 1999년경 저질러져 2000.6.26. 기소된 이 사건 공소사실 범죄에 대하여 판결의 확정 없이 공소가 제기된 때로부터 15년이 경과하였다. 2007.12. 개정 전 구 형사소송법 제249조는 '공소시효의 기간'이라는 표제 아래 제1항 본문 및 각 호에서 공소시효는 법정형에 따라 정해진 일정 기간의 경과로 완성한다고 규정하고, 제2항에서 "공소가 제기된 범죄는 판결의 확정이 없이 공소를 제기한 때로부터 15년을 경과하면 공소시효가 완성한 것으로 간주한다."라고 규정하였다. 2007.12.21. 법률 제8730호로 형사소송법이 개정되면서 제249조 제1항 각 호에서 정한 시효의 기간이 연장되고, 제249조 제2항에서 정한 시효의 기간도 '15년'에서 '25년'으로 연장되었는데, 위와 같이 개정된 형사소송법 부칙 제3조는 '공소시효에 관한 경과조치'라는 표제 아래 "이 법 시행 전에 범한 죄에 대하여는 종전의 규정을 적용한다."라고 규정하고 있다. 법원은 위 사건에 대하여 어떠한 조치를 취하여야 하는가?

(판례) 이 사건 부칙조항은, 시효의 기간을 연장하는 형사소송법 개정이 피의자 또는 피고인에게 불리한 조치인 점 등을 고려하여 개정 형사소송법 시행 전에 이미 저지른 범죄에 대하여는 개정 전 규정을 그대로 적용하고자 함에 그 취지가 있다. 이 사건 부칙조항에서 말하는 '종전의 규정'에는 '구 형사소송법 제249조 제1항'뿐만 아니라 '같은 조 제2항'도 포함된다고 봄이 타당하다. 따라서 개정 형사소송법 시행 전에 범한 죄에 대해서는 이 사건 부칙조항에 따라 구 형사소송법 제249조 제2항이 적용되어 판결의 확정 없이 공소를 제기한 때로부터 15년이 경과하면 공소시효가 완성한 것으로 간주된다(대법원 2022.8.19, 2020도1153).

◦solution 면소판결

084 수임제한 위반 변호사법위반죄의 공소시효 기산점(수임행위가 종료한 때)

(판례) 변호사법은 제31조 제1항 제3호에서 '변호사는 공무원으로서 직무상 취급하거나 취급하게 된 사건에 관하여는 그 직무를 수행할 수 없다.'고 규정하면서 제113조 제5호에서 변호사법 제31조 제1항 제3호에 따른 사건을 수임한 변호사를 1년 이하의 징역 또는 1천만원 이하의 벌금에 처하도록 규정하고 있는 바, 금지규정인 변호사법 제31조 제1항 제3호가 '공무원으로서 직무상 취급하거나 취급하게 된 사건'에 관한 '직무수행'을 금지하고 있는 반면 처벌규정인 변호사법 제113조 제5호는 '공무원으로서 직무상 취급하거나 취급하게 된 사건'을 '수임'한 행위를 처벌하고 있다. 위 금지규정에 관하여는 당초 처벌규정이 없다가 변호사법이 2000.1.28. 법률 제6207호로 전부개정되면서 변호사법 제31조의 수임제한에 해당하는 행위 유형 가운데 제31조 제1항 제3호에 따른 사건을 '수임'한 경우에만 처벌하는 처벌규정을 신설하였고, 다른 행위 유형은 징계 대상으로만 규정하였다(변호사법 제91조 제2항 제1호). 이러한 금지규정 및 처벌규정의 문언과 변호사법 제90조, 제91조에 따라 형사처벌이 되지 않는 변호사법 위반 행위에 대해서는 징계의 제재가 가능한 점 등을 종합적으로 고려하면, 변호사법 제113조 제5호, 제31조 제1항 제3호 위반죄의 공소시효는 그 범죄행위인 '수임'행위가 종료한 때로부터 진행된다고 봄이 타당하고, 수임에 따른 '수임사무의 수행'이 종료될 때까지 공소시효가 진행되지 않는다고 해석할 수는 없다(대법원 2022.1.14, 2017도18693).

(보충) 변호사인 피고인들이 진실화해를위한과거사정리위원회 등에서 공무원으로 재직하면서 조사를 담당한 사건과 관련된 소송사건을 공무원 퇴직 후 수임하여 소송수행을 한 사안으로서, 수임제한 위반으로 인한 변호사법위반죄의 경우, 수임에 따른 '수임사무의 수행'이 종료될 때까지 공소시효가 진행되지 않는다고 해석할 수 없고, 범죄행위인 '수임'행위가 종료한 때(수임계약 체결 시)로부터 공소시효가 진행된다고 봄이 타당하다고 판시한 사례이다.

085 국군기무사령관의 온라인 여론조작 활동 지시 사건

> 공무원이 동일한 사안에 관한 일련의 직무집행 과정에서 단일하고 계속된 범의로 일정 기간 계속하여 저지른 직권남용행위에 대하여는 그 상대방이 여러 명이더라도 포괄일죄가 성립할 수 있는가?

(판례) 직권남용권리행사방해죄는 국가기능의 공정한 행사라는 국가적 법익을 보호하는 데 주된 목적이 있으므로, 공무원이 동일한 사안에 관한 일련의 직무집행 과정에서 단일하고 계속된 범의로 일정 기간 계속하여 저지른 직권남용행위에 대하여는 설령 그 상대방이 여러 명이더라도 포괄일죄가 성립할 수 있다. 다만

개별 사안에서 포괄일죄의 성립 여부는 직무집행 대상의 동일 여부, 범행의 태양과 동기, 각 범행 사이의 시간적 간격, 범의의 단절이나 갱신 여부 등을 세밀하게 살펴 판단하여야 한다(직권남용으로 인한 국가정보원법 위반죄에 관한 대법원 2021.3.11, 2020도12583). 피고인의 관련 행위(온라인 여론조작 활동 지시 또는 불법 신원조회 활동 지시)는 동일한 사안에 관한 일련의 직무집행 과정에서 단일하고 계속된 범의로 일정 기간 계속하여 저지른 직권남용행위에 해당하므로 그 전체 범행에 대하여 포괄하여 하나의 직권남용죄가 성립한다. 따라서 직권남용행위의 상대방별로 별개의 죄가 성립함을 전제로 일부 상대방에 대한 범행에 대하여 별도로 공소시효가 완성되었다고 판단한 원심판결에는 직권남용죄의 죄수에 관한 법리를 오해한 잘못이 있다(대법원 2021.9.9, 2021도2030).

♀solution 성립할 수 있다.

086 공소시효의 정지사유인 '형사처분을 면할 목적'

판례 피고인이 대한민국에서 범행 후 중국으로 출국한 경우, 피고인의 출국 경위에 비추어 피고인이 중국에 체류하는 것이 국내에서의 형사처분을 면하기 위한 방편이었던 것으로 보이고, 이는 중국이 피고인의 본국이라 해도 마찬가지이며, 형사처분을 면할 목적이 국외 체류의 유일한 목적일 필요는 없으므로, 설령 피고인의 중국 체류 목적 중에 딸을 돌보기 위함이 있었다고 하더라도 형사처분을 면할 목적을 인정하는 데 방해가 되지 않는다(대법원 2022.3.31, 2022도857).

087 병역법상 국외여행허가의무 위반죄의 성격과 공소시효 정지에 관한 형사소송법 제253조 제3항 '형사처분을 면할 목적'의 의미

판례 구 병역법은 제70조 제3항에서 국외여행의 허가를 받은 병역의무자가 허가기간 내에 귀국하기 어려운 때에는 기간만료 15일 전까지 병무청장의 기간연장허가를 받아야 한다고 정하고, 제94조에서 위 허가를 받지 않고 정당한 사유 없이 허가된 기간 내에 귀국하지 않은 사람은 3년 이하의 징역에 처한다고 정하였다(이하 '처벌조항'). 처벌조항의 내용과 구 병역법 제94조의 입법 목적, 규정 체계 등에 비추어 볼 때, 처벌조항에서 규정하고 있는 국외여행허가의무 위반으로 인한 병역법 위반죄는 국외여행의 허가를 받은 병역의무자가 기간만료 15일 전까지 기간연장허가를 받지 않고 정당한 사유 없이 허가된 기간 내에 귀국하지 않은 때에 성립함과 동시에 완성되는 이른바 즉시범으로서, 그 이후에 귀국하지 않은 상태가 계속되고 있더라도 위 규정이 정한 범행을 계속하고 있다고 볼 수 없다. 따라서 위 범죄의 공소시효는 범행종료일인 국외여행허가기간 만료일부터 진행한다. 공소시효 정지에 관한 형사소송법 제253조 제3항의 입법 취지는 범인이 우리나라의 사법권이 실질적으로 미치지 못하는 국외에 체류한 것이 도피의 수단으로 이용된 경우에 체류기간 동안 공소시효 진행을 저지하여 범인을 처벌할 수 있도록 하고 형벌권을 적정하게 실현하는 데 있다. 따라서 위 규정이 정한 '형사처분을 면할 목적'은 국외 체류의 유일한 목적으로 되는 것에 한정되지 않고 범인이 가지는 여러 국외 체류 목적 중에 포함되어 있으면 족하다. 범인이 국외에 있는 것이 형사처분을 면하기 위한 방편이었다면 '형사처분을 면할 목적'이 있었다고 볼 수 있고, 위 '형사처분을 면할 목적'과 양립할 수 없는 범인의 주관적 의사가 명백히 드러나는 객관적 사정이 존재하지 않는 한 국외 체류기간 동안 '형사처분을 면할 목적'은 계속 유지된다(대법원 2022.12.1, 2019도5925).

보충 피고인은 14세에 미국으로 출국하여 체류하던 중 18세가 되어 제1국민역에 편입됨에 따라 당시 시행 중이던 병역법에 의하여

병무청장으로부터 국외여행허가를 받은 다음 4차례에 걸쳐 기간연장허가를 받아왔다. 이러한 사정에 비추어 피고인은 국외에 계속 체류하기 위해서는 병무청장으로부터 기간연장허가를 받아야 한다는 사정을 알았을 것으로 보이는데도 최종 국외여행허가 기간 만료일인 2002.12.31. 이후 기간연장허가를 받지 않고 미국에 계속 체류하였다. 광주 · 전남지방병무청장은 피고인에 대한 국외여행허가기간 만료 후인 2003.1.10.과 같은 해 2.10.에 피고인에 대한 귀국보증인들(피고인의 외조부와 외조부의 지인)에게 각 국외여행 미귀국통지서를 송부하였다. 피고인은 2005년경 비자기간이 만료된 후 학업을 중단하여 비자기간연장을 받지 못하게 되자 불법체류 상태로 입영의무 등이 면제되는 연령인 36세에 이르는 날(2012.11.15.)을 넘어 2017.4.18. 귀국할 때까지 장기간 미국에서 체류하였다. 그런데도 원심은 피고인이 형사처분을 면할 목적으로 국외에 있었다는 점에 관한 아무런 증명이 없다고 보아 이 사건 범행의 공소시효가 정지되지 않았다고 판단하였다. 이러한 원심 판단에는 공소시효 정지에 관한 법리를 오해하여 필요한 심리를 다하지 않은 잘못이 있다.

공판

CHAPTER

01 공판절차

1 공판절차의 기본원칙

2 공판심리의 범위

●●○
088 공소사실의 동일성 인정례 1

• 경찰1차 21

(판례) 특정범죄 가중처벌 등에 관한 법률 제8조의2 제1항은 영리의 목적과 세금계산서 및 계산서에 기재된 공급가액이나 매출처별세금계산서합계표·매입처별세금계산서합계표에 기재된 공급가액 또는 매출·매입금액(이하 '공급가액등')의 합계액이 일정액 이상이라는 가중사유를 구성요건화하여 조세범 처벌법 제10조 제3항 위반과 합쳐서 하나의 범죄유형으로 정하고 공급가액등의 합계액에 따라 구분하여 법정형을 정하고 있다. 조세범 처벌법 제10조 제3항의 각 위반행위가 영리를 목적으로 단일하고 계속된 범의 아래 일정기간 계속하여 행해지고 그 행위들 사이에 시간적·장소적 연관성이 있으며 범행의 방법 간에도 동일성이 인정되는 등 하나의 특정범죄 가중처벌 등에 관한 법률 제8조의2 제1항 위반행위로 평가될 수 있고, 그 행위들에 해당하는 문서에 기재된 공급가액등을 모두 합산한 금액이 위 조항에 정한 금액에 해당하면, 그 행위들에 대하여 포괄하여 위 조항 위반의 1죄가 성립될 수 있다. 포괄일죄에서는 공소장변경을 통한 종전 공소사실의 철회 및 새로운 공소사실의 추가가 가능한 점에 비추어 그 공소장변경 허가 여부를 결정할 때는 포괄일죄를 구성하는 개개 공소사실별로 종전 것과의 동일성 여부를 따지기보다는 변경된 공소사실이 전체적으로 포괄일죄의 범주 내에 있는지 여부, 즉 단일하고 계속된 범의하에 동종의 범행을 반복하여 행하고 그 피해법익도 동일한 경우에 해당한다고 볼 수 있는지 여부에 초점을 맞추어야 한다. 형사소송법 제298조 제1항의 규정에 의하면, '검사는 법원의 허가를 얻어 공소장에 기재한 공소사실 또는 적용법조의 추가·철회 또는 변경을 할 수 있고', '법원은 공소사실의 동일성을 해하지 아니하는 한도에서 이를 허가하여야 한다'고 되어 있으므로, 위 규정의 취지는 검사의 공소장변경 신청이 공소사실의 동일성을 해하지 아니하는 한 법원은 이를 허가하여야 한다는 뜻으로 해석하여야 한다(대법원 2018.10.25, 2018도9810).

089 공소사실의 동일성 인정례 2: 같은 날 저녁 식사 전 · 후에 이루어진 제1 무면허운전과 제2 무면허운전의 공소사실의 동일성

> 甲은 저녁 시간에 회사에서 퇴근하면서 무면허인 상태로 차량을 운전하여 인근 식당까지 이동하고(제1 무면허운전 혐의), 약 3시간이 경과 후 식당 인근에서 시동이 켜진 위 차량에서 술에 취해 잠이 든 상태로 발견되어 경찰에 의해 음주측정을 받은 다음(제2 무면허운전 및 음주운전 혐의), 검사가 피고인에 대하여 위 발견 직전 제2 무면허운전 및 음주운전을 하였다는 혐의로 기소하였다가 원심에 이르러 제2 무면허운전을 제1 무면허운전으로 공소장변경 허가신청을 하였다. 법원은 공소장변경을 허가하여야 하는가?

판례 같은 날 무면허운전 행위를 여러 차례 반복한 경우라도 그 범의의 단일성 내지 계속성이 인정되지 않거나 범행 방법 등이 동일하지 않은 경우 각 무면허운전 범행은 실체적 경합 관계에 있다고 볼 수 있으나, 그와 같은 특별한 사정이 없다면 각 무면허운전 행위는 동일 죄명에 해당하는 수 개의 동종 행위가 동일한 의사에 의하여 반복되거나 접속 · 연속하여 행하여진 것으로 봄이 상당하고 그로 인한 피해법익도 동일한 이상, 각 무면허운전 행위를 통틀어 **포괄일죄**로 처단하여야 한다. **포괄일죄**에서는 공소장변경을 통한 종전 공소사실의 철회 및 새로운 공소사실의 추가가 가능한 점에 비추어 공소장변경허가 여부를 결정할 때는 포괄일죄를 구성하는 개개 공소사실별로 종전 것과의 동일성 여부를 따지기보다는 변경된 공소사실이 전체적으로 포괄일죄의 범주 내에 있는지 여부, 즉 단일하고 계속된 범의하에 동종의 범행을 반복하여 행하고 피해법익도 동일한 경우에 해당한다고 볼 수 있는지에 초점을 맞추어야 한다(대법원 2006.4.27, 2006도514; 2018.10.25, 2018도9810). 검사가 공소장변경으로 철회하려는 공소사실(제2 무면허운전 혐의)과 추가하려는 공소사실(제1 무면허운전 혐의)은 시간 및 장소에 있어 일부 차이가 있으나, 같은 날 동일 차량을 무면허로 운전하려는 단일하고 계속된 범의 아래 동종 범행을 같은 방법으로 반복한 것으로 포괄하여 일죄에 해당하고 그 기초가 되는 사회적 사실관계도 기본적인 점에서 동일하여 그 공소사실이 동일하다고 보아, 공소장변경신청은 허가됨이 타당하다(대법원 2022.10.27, 2022도8806).

solution 허가하여야 한다.

090 공소장변경의 동일성 부정례 1

> 검사가 사기 범행을 기소하였다가 항소심에서 범죄단체 조직 · 가입 · 활동죄를 추가하는 내용의 공소장변경허가신청을 한 것에 대하여 항소심이 이를 허가하였다면, 항소심의 이러한 허가는 적법한가?

판례 공소장의 변경은 공소사실의 동일성이 인정되는 범위 내에서만 허용되고, 공소사실의 동일성이 인정되지 아니한 범죄사실을 공소사실로 추가하는 취지의 공소장변경신청이 있는 경우에는 법원은 그 변경신청을 기각하여야 한다(형사소송법 제298조 제1항). 공소사실의 동일성은 그 사실의 기초가 되는 사회적 사실관계가 기본적인 점에서 동일하면 그대로 유지된다고 할 것이고, 이러한 기본적 사실관계의 동일성을 판단함에 있어서는 그 사실의 동일성이 갖는 기능을 염두에 두고 피고인의 행위와 그 사회적인 사실관계를 기본으로 하되 규범적 요소도 아울러 고려하여야 한다(대법원 1994.3.22, 93도2080 전원합의체; 2013.

9.12, 2012도14097 등). 2. 기록에 의하면, 아래와 같은 사실을 알 수 있다. 피고인들에 대한 사기죄의 공소사실을 유죄(피고인 1 전부 유죄, 피고인 2·3 일부 유죄, 일부 무죄)로 인정한 제1심 판결에 대하여 검사와 피고인들 모두 항소하였는데, 검사는 항소심 공판절차 진행 중 적용법조에 형법 제114조를, 공소사실에 '피고인 1은 2018. 8.경 보이스피싱 범죄를 목적으로 범죄단체를 조직하고, 피고인 2, 피고인 3은 2018. 8.경 위 범죄단체에 가입하였으며, 피고인들은 범죄단체 조직 내 역할을 수행하면서 체크카드 등 접근매체를 편취하거나 대량 문자 발송 사이트를 개설하는 등의 방법으로 범죄단체 활동을 하였다'는 공소사실을 추가(이하 '범죄단체 공소사실'이라고 한다)하였고, 원심은 이를 허가한 후 제1심판결 중 피고인들에 대한 유죄 부분을 파기하고 제1심에서 유죄로 인정된 부분과 위 범죄단체 공소사실 모두에 대하여 유죄로 판단하였다. 이러한 사실관계를 앞서 본 법리에 비추어 살펴보면, 실체적 경합범 관계에 있는 이 사건 공소사실과 범죄단체 공소사실은 범행일시, 행위태양, 공모관계 등 범죄사실의 내용이 다르고, 그 죄질에도 현저한 차이가 있다. 따라서 위 두 공소사실은 동일성이 없으므로, 공소장변경절차에 의하여 이 사건 공소사실에 위 범죄단체 공소사실을 추가하는 취지의 공소장변경은 허가될 수 없다(판결에 영향을 미친 소송절차의 법령위반으로 상고이유에 해당하므로 원심판결 파기)(대법원 2020.12.24, 2020도10814).

♀solution 적법하지 않다.

●○○○
091 **공소사실의 동일성 부정례 2: 폭력행위처벌법위반(단체 등의 구성·활동)의 공소사실과 범죄집단의 개별적 범행에 해당하는 폭력행위처벌법 위반(단체 등의 공동강요)의 동일성 여부**

> 공동강요 등을 목적으로 하는 폭력행위처벌법상 범죄집단의 조직원 중 수괴라고 보아 폭력행위처벌법 위반(단체 등의 구성·활동) 등 혐의로 공소가 제기된 경우, 범죄집단 활동 과정에서 발생된 개별적 범행인 폭력행위처벌법 위반(단체 등의 공동강요) 범행을 추가하는 공소장변경은 허용되는가?

〔판례〕 범죄집단의 조직원의 범죄집단활동죄와 그 범죄집단에서 활동하면서 저지르는 개별적 범행들은 범행 목적이나 행위 등이 일부 중첩되는 부분이 있더라도 범행의 상대방, 범행 수단·방법, 결과, 보호법익, 실체적 경합 관계 등을 고려할 경우 각 공소사실이 동일하다고 볼 수 없어 공소장변경을 허가할 수 없고 그 죄수관계는 실체적 경합관계에 있다. 공소장변경은 공소사실의 동일성이 인정되는 범위 내에서만 허용되고, 공소사실의 동일성이 인정되지 않는 범죄사실을 공소사실로 추가하는 취지의 공소장변경신청이 있는 경우 법원은 그 변경신청을 기각하여야 한다(형사소송법 제298조 제1항). 공소사실의 동일성은 그 사실의 기초가 되는 사회적 사실관계가 기본적인 점에서 동일하면 그대로 유지된다고 할 것이고, 이러한 기본적 사실관계의 동일성을 판단함에 있어서는 그 사실의 동일성이 갖는 법률적 기능을 염두에 두고 피고인의 행위와 그 사회적인 사실관계를 기본으로 하되 규범적 요소도 아울러 고려하여야 한다(대법원 1994.3.22, 93도2080 전원합의체; 2002.3.29, 2002도587; 2020.12.24, 2020도10814)(대법원 2022.9.7, 2022도6993).

♀solution 허용되지 않는다.

092 공소사실의 동일성 부정례 3: 성착취물제작과 행위시법상 없었던 상습성착취물제작의 동일성 여부

[판례] 공소장변경은 공소사실의 동일성이 인정되는 범위 내에서만 허용되고, 공소사실의 동일성이 인정되지 않는 범죄사실을 공소사실로 추가하는 취지의 공소장변경신청이 있는 경우 법원은 그 변경신청을 기각하여야 한다(형사소송법 제298조 제1항). 공소사실의 동일성은 그 사실의 기초가 되는 사회적 사실관계가 기본적인 점에서 동일하면 그대로 유지되고, 이러한 기본적 사실관계의 동일성을 판단할 때에는 그 사실의 동일성이 갖는 법률적 기능을 염두에 두고 피고인의 행위와 그 사회적인 사실관계를 기본으로 하되 규범적 요소도 아울러 고려하여야 한다. 「아동 · 청소년의 성보호에 관한 법률」은 제11조 제1항에서 아동 · 청소년성착취물을 제작하는 행위를 처벌하는 규정을 두고 있다. 이 법은 2020.6.2. 법률 제17338호로 일부 개정되면서 상습으로 아동 · 청소년성착취물을 제작하는 행위를 처벌하는 조항인 제11조 제7항을 신설하였는데, 그 부칙에서 개정 법률은 공포한 날부터 시행한다고 정하였다. 당초 검사는 공소사실 중 청소년성보호법 위반(상습성착취물제작 · 배포등) 부분에 대해 '피고인은 2020.11.3.부터 2021.2.10.까지 상습으로 아동 · 청소년성착취물(총 19개)을 제작하였다'고 공소를 제기하였다가, 원심에서 같은 부분에 대해 '피고인은 2015.2.28.부터 2021.1.21.까지 상습으로 아동 · 청소년성착취물(총 1,910개)을 제작하였다'는 공소사실을 추가하는 공소장변경허가신청을 하였다. 그런데 위 개정 규정이 시행되기 전인 2015.2.28.부터 2020.5.31.까지 아동 · 청소년성착취물 제작으로 인한 청소년성보호법위반 부분에 대하여는 위 개정 규정을 적용하여 청소년성보호법 위반(상습성착취물제작 · 배포등)죄로 처벌할 수 없고 행위시법에 기초하여 청소년성보호법 위반(성착취물제작 · 배포등)죄로 처벌할 수 있을 뿐이며, 또한 청소년성보호법위반(상습성착취물제작 · 배포등)죄로 처벌되는 그 이후의 부분과 포괄일죄의 관계에 있지 않고 실체적 경합관계에 있다. 이에 따라 종전 공소사실과 기본적 사실관계가 동일하지 않은 2015.2.28.부터 2020.5.31.까지 부분을 추가하는 공소장변경은 허가될 수 없고 이는 추가기소의 방법으로 해결할 수밖에 없다(대법원 2022.12.29. 2022도10660).

[보충] 포괄일죄에 관한 기존 처벌법규에 대하여 그 표현이나 형량과 관련한 개정을 하는 경우가 아니라 애초에 죄가 되지 않던 행위를 구성요건의 신설로 포괄일죄의 처벌대상으로 삼는 경우에는 신설된 포괄일죄 처벌법규가 시행되기 이전의 행위에 대하여는 신설된 법규를 적용하여 처벌할 수 없고(형법 제1조 제1항). 이는 신설된 처벌법규가 상습범을 처벌하는 구성요건인 경우에도 마찬가지이다(대법원 2016.1.28. 2015도15669).

093 공소사실의 기재 중 범죄 일시의 변경과 공소장변경의 필요 여부

[판례] ① 일반적으로 범죄의 일시는 공소사실의 특정을 위한 것이지 범죄사실의 기본적 요소는 아니므로 그 일시가 다소 다르다 하여 공소장변경의 절차를 요하는 것은 아니나, ② 범죄의 시일이 그 간격이 길고 범죄의 인정 여부에 중대한 관계가 있는 경우에는 피고인의 방어에 실질적 불이익을 가져다줄 염려가 있으므로 이러한 경우에는 공소장변경절차를 밟아야 한다(성폭력 범행 일시의 공소장변경에 관한 대법원 2017.1.25. 2016도17679 등 참조)(대법원 2019.1.31. 2018도17656).

094 공소장변경의 필요성 - 필요한 경우 (1)

• 경찰2차 19, 경찰1차 21, 법원9급 21

> (검사가 가벼운 죄로 기소하였는데 법원이 직권으로 무거운 죄를 적용할 때의 절차) 검사가 피고인을 도로교통법 위반(음주운전)으로 기소하면서 공소사실을 '술에 취한 상태에서의 운전금지의무를 2회 이상 위반한 사람으로서 다시 혈중알코올농도 0.132%의 술에 취한 상태로 자동차를 운전하였다'고 기재하고, 적용법조를 '도로교통법 제148조의2 제2항 제2호, 제44조 제1항'으로 기재하였는데, 법원이 직권으로 그보다 형이 무거운 '도로교통법 제148조의2 제1항 제1호, 제44조 제1항'을 적용하여 처벌하려면 공소장변경절차를 밟아야 하는가?

판례 도로교통법 제44조 제1항은 술에 취한 상태에서 자동차 등의 운전을 금지하고, 도로교통법 제148조의2 제1항 제1호는 '제44조 제1항을 2회 이상 위반한 사람'으로서 다시 같은 조 제1항을 위반하여 술에 취한 상태에서 자동차 등을 운전한 사람을 무겁게 처벌하고 있으나, 검사가 도로교통법 제148조의2 제1항 제1호를 적용하지 않고 형이 가벼운 '도로교통법 제148조의2 제2항 제2호, 제44조 제1항'을 적용하여 공소를 제기하였으므로 법원이 공소장변경 없이 직권으로 그보다 형이 무거운 '도로교통법 제148조의2 제1항 제1호, 제44조 제1항'을 적용하여 처벌하는 것은 불고불리의 원칙에 반하여 피고인의 방어권 행사에 실질적인 불이익을 초래한다(대법원 2019.6.13, 2019도4608).

♀solution 밟아야 한다.

참고 당시 도로교통법 제148조의2(벌칙) ① 다음 각 호의 어느 하나에 해당하는 사람은 1년 이상 3년 이하의 징역이나 500만원 이상 1천만원 이하의 벌금에 처한다.
1. 제44조 제1항을 2회 이상 위반한 사람으로서 다시 같은 조 제1항을 위반하여 술에 취한 상태에서 자동차 등을 운전한 사람
② 제44조 제1항을 위반하여 술에 취한 상태에서 자동차 등을 운전한 사람은 다음 각 호의 구분에 따라 처벌한다.
2. 혈중알콜농도가 0.1퍼센트 이상 0.2퍼센트 미만인 사람은 6개월 이상 1년 이하의 징역이나 300만원 이상 500만원 이하의 벌금

095 공소장변경의 필요성 - 필요한 경우 (2)

> 군인인 피고인이 군 관련 납품업자에게 토지를 고가에 매도하여 '실거래금액으로 신고한 540,000,000원과의 차액인 155,150,000원을 뇌물로 수수하였다'고 공소제기되었다. 그런데 법원은 공소장 변경 없이 '농지취득자격증명을 필요로 하여 본등기를 경료할 수 없는 토지를 처분하여 현금화하는 재산상 이익을 취득하여 뇌물로 수수하였다'라는 범죄사실을 유죄로 인정하였다. 법원의 소송절차는 적법한가?

판례 법원이 공소장의 변경 없이 직권으로 공소장에 기재된 공소사실과 다른 범죄사실을 인정하기 위해서는 공소사실의 동일성이 인정되는 범위 내이어야 할뿐더러 피고인의 방어권 행사에 실질적인 불이익을 초래할 염려가 없어야 한다. 원심이 직권으로 인정한 위 '본등기를 경료할 수 없는 토지를 처분하여 현금화하는 재산상 이익을 취득하여 뇌물로 수수하였다'는 부분의 범죄사실은 공소사실에 포함된 내용이 아니고, 공소제기된 '차액 155,150,000원의 수수'와 원심이 인정한 '본등기를 경료할 수 없는 토지를 처분하여 현금화하는 재산상 이익의 취득'은 그 범죄행위의 내용 내지 태양이 서로 달라서 그에 대응할 피고인의 방어행위 역시 달라질 수밖에 없으므로, 원심의 조치는 피고인의 방어권 행사에 실질적인 불이익을 초래

한 것으로 위법하다(대법원 2021.6.24, 2021도3791).

♀solution 적법하지 않다.

096 공소장변경의 필요성

> 사회복지법인 甲 재단의 명의로 설립된 장기요양기관 乙 요양원의 원장인 피고인이 甲 재단과 乙 요양원을 운영하면서, 요양보호사나 물리치료사를 허위로 등록하거나 소속 요양보호사의 근무시간을 허위로 등록하고 乙 요양원에 정원을 초과한 인원을 수용하였는데도 이를 신고하지 않는 방법으로 노인장기요양보험법령에서 정한 결원비율과 정원초과 등에 따른 감산율을 적용하지 않은 채 피해자 국민건강보험공단에 허위로 급여비용을 청구하여 이를 편취하였다고 하여 특정경제범죄 가중처벌 등에 관한 법률 위반(사기)의 단독범으로 기소되었다. 그런데 법원은, 피고인이 남편 丙이 사망한 시점까지는 丙과 함께 실질적으로 乙 요양원을 운영하면서 공모하여 위 공단을 상대로 사기 범행을 저질렀고, 그 후에는 피고인이 단독으로 乙 요양원을 운영하면서 사기 범행을 계속 저질렀다고 보아, 공소사실 중 피고인이 甲 재단의 대표이사로 취임하기 이전, 즉 丙이 살아 있는 동안의 범행에 관해서는 피고인을 丙과 공동정범으로 인정하고자 한다. 이 때 공소장변경절차를 거쳐야 하는가?

(판례) 단독범으로 기소된 것을 다른 사람과 공모하여 동일한 내용의 범행을 한 것으로 인정하는 경우에 이로 말미암아 피고인에게 예기치 않은 타격을 주어 방어권 행사에 실질적 불이익을 줄 우려가 없다면 공소장 변경이 필요한 것은 아니다. ······ 공소사실 기재 범행의 구체적인 내용은 피고인이 단독으로 乙 요양원을 운영하면서 공단을 상대로 허위로 급여비용을 청구했다는 것인 반면, 원심이 일부 다르게 인정한 범죄사실은 丙이 살아 있는 동안에는 피고인과 丙이 함께 乙 요양원을 운영하면서 범행을 저질렀다는 것으로서, 공소사실과 원심이 인정한 범죄사실은 기본적인 내용이 동일하고, 원심에서 피고인은 丙이 살아 있는 동안 乙 요양원의 운영이나 범행에 자신이 관여하지 않았다고 하여 공모관계를 다투어 왔으므로, 원심이 丙이 살아 있는 동안에는 피고인과 丙의 공모로 특정경제범죄법 위반(사기) 범행이 이루어졌다고 보아 피고인을 공동정범으로 인정하였다고 해서 피고인에게 예기치 않은 타격을 주거나 방어권 행사에 실질적인 불이익을 줄 우려가 없기 때문에, 공소장변경이 필요하지 않다고 본 원심의 판단은 정당하다(대법원 2018.7.12, 2018도5909).

♀solution 거쳐야 할 필요가 없다.

097 법원이 공소장변경 없이 공소사실과 다른 범죄사실을 유죄로 판단할 의무가 있다는 사례 – 법원의 축소사실 인정 의무: 청소년에 대한 위계에 의한 간음 사건

(판례) 법원은 공소사실의 동일성이 인정되는 범위 내에서 심리의 경과에 비추어 피고인의 방어권 행사에 실질적인 불이익을 초래할 염려가 없다고 인정되는 때에는, 공소장이 변경되지 않았더라도 직권으로 공소장에 기재된 공소사실과 다른 범죄사실을 인정할 수 있고(대법원 2007.9.6, 2006도3583), 이와 같은 경우 공소

가 제기된 범죄사실과 대비하여 볼 때 실제로 인정되는 범죄사실의 사안이 가볍지 아니하여 공소장이 변경되지 않았다는 이유로 이를 처벌하지 않는다면 적정절차에 의한 신속한 실체적 진실의 발견이라는 형사소송의 목적에 비추어 현저히 정의와 형평에 반하는 것으로 인정되는 경우라면 법원으로서는 직권으로 그 범죄사실을 인정하여야 한다(축소사실의 인정은 예외적으로는 의무에 해당함, 대법원 2005.1.27, 2004도7537; 2006.4.13, 2005도9268 등). 피고인이 연예기획사 매니저와 사진작가의 1인 2역을 하면서 청소년인 피해자에게 거짓말을 하여 피해자로 하여금 모델이 되기 위한 연기 연습 등의 일환으로 성관계를 한다는 착각에 빠지게 하여 위계로써 피해자를 간음하였다는 공소사실에 대하여, (원심은 피해자가 간음행위 자체에 대한 착오에 빠져 성관계를 하였다는 점의 증명이 부족하다고 보아 무죄로 판단하였으나) 피고인이 '간음행위에 이르게 된 동기' 내지 '간음행위와 결부된 비금전적 대가'에 관한 위계로 피해자를 간음한 것으로 볼 수 있는데, 이는 공소사실에 적시된 위계의 내용과 정확히 일치하지는 않으나, 공소사실의 동일성의 범위 내에 있고, 피고인의 방어권 행사에 실질적인 불이익을 초래할 염려도 없을뿐더러, 원심이 대법원 2020.8.27, 2015도9436 전원합의체 판결의 결과를 장기간 기다려 왔고 위 2015도9436 판결의 법리에 따르면 피고인의 행위는 위계에 의한 간음죄를 구성하는 것이므로 원심의 결론은 법원의 직권심판 의무에 반한다(대법원 2022.4.28, 2021도9041).

●●● 098 법원의 축소사실 인정 의무: 준강간죄의 장애미수 → 준강간죄의 불능미수

판례 ① 공소장변경의 필요성 부정: 공소장변경 없이 직권으로 (준강간죄의 장애미수의 공소사실에서) 준강간죄 불능미수의 범죄사실을 인정하더라도 피고인의 방어권 행사에 실질적인 불이익을 초래할 염려가 있다고 볼 수 없다. …… 이 사건 공판 과정에서 준강간죄의 불능미수 성립 여부와 관련된 심리 및 공방이 이미 충실히 이루어졌다고 평가할 수 있으므로, …… 직권으로 준강간죄의 불능미수 범죄사실을 인정하는 것이 피고인의 방어권 행사에 실질적인 불이익을 초래한다고 보기 어렵다. ② 법원의 직권심판의무 긍정: 이와 같은 상황에서 공소장이 변경되지 않았다는 이유로 이를 처벌하지 않는다면 적정절차에 의한 신속한 실체적 진실의 발견이라는 형사소송의 목적에 비추어 현저히 정의와 형평에 반한다. …… 원심의 결론(준강간의 장애미수가 인정되지 않으니 불능미수에 대해서는 판단할 필요 없어 무죄는 결론)대로라면 준강간의 고의로 실행에 착수하여 결과 발생의 위험성이 있는 범행을 저지른 피고인에 대하여 단지 실행의 착수 당시 피해자가 항거불능 상태에 있었다는 점이 합리적인 의심을 할 여지가 없을 정도로 증명되지 않았다는 이유만으로 아무런 처벌을 할 수 없게 되고, 원심판결이 그대로 확정되면 기판력이 발생하여 준강간죄의 불능미수로 다시 기소할 수도 없다. 따라서 원심으로서는 준강간의 불능미수 범죄사실을 직권으로 인정하였어야 한다(대법원 2024.4.12, 2021도9043).

●●○ 099 전자적 저장매체의 제출만으로는 공소장변경허가신청으로 볼 수 없다는 사례 ·경찰간부 20

판례 검사가 공소장을 변경하고자 하는 때에는 그 취지를 기재한 공소장변경허가신청서를 법원에 제출하여야 하고, 다만 피고인이 재정하는 공판정에서 피고인에게 이익이 되거나 피고인이 동의하는 예외적인 경우에 한하여 법원은 구술에 의한 공소장변경을 허가할 수 있다(형사소송규칙 제142조 제1항, 제5항). 따라서 검사가 구술에 의한 공소장변경허가신청을 하는 경우에도 변경하고자 하는 공소사실의 내용은 서면에 의하여 신청을 할 때와 마찬가지로 구체적으로 특정하여 진술하여야 하므로, 검사가 구술로 공소장변경허가신청을 하면서 변경하려는 공소사실의 일부만 진술하고 나머지는 전자적 형태의 문서로 저장한 저장매체를 제출하였다면, 공소사실의 내용을 구체적으로 진술한 부분에 한하여 공소장변경허가신청이 된 것으로 볼 수 있을 뿐이다. 그 경우 저장매체에 저장된 전자적 형태의 문서는 공소장변경허가신청이된 것이라고 할 수 없고, 법원이 그 부분에 대해서까지 공소장변경허가를 하였더라도 적법하게 공소장변경이 된 것으로 볼 수 없다(대법원 2016.12.29, 2016도11138).

100 유치원을 운영하는 피고인이 대한민국으로부터 교육청 지원금을 편취하고, 학부모들로부터 교육비 등을 부풀려 편취하였다는 사기의 공소사실로 기소된 사건

〔판례〕 검사는 법원의 허가를 얻어 공소장에 기재한 공소사실 또는 적용법조의 추가 · 철회 또는 변경을 할 수 있다. 이 경우에 법원은 공소사실의 동일성을 해하지 아니하는 한도에서 허가하여야 한다(형사소송법 제298조 제1항). 검사가 형사소송법 제298조 제1항에 따라 공소장에 기재한 공소사실 또는 적용법조의 추가 · 철회 또는 변경을 하고자 하는 때에는 그 취지를 기재한 공소장변경허가신청서를 법원에 제출하여야 하고, 다만 피고인이 재정하는 공판정에서는 피고인에게 이익이 되거나 피고인이 동의하는 경우 구술에 의한 공소장변경을 허가할 수 있다(형사소송규칙 제142조 제1항, 제5항). 따라서 검사가 공소장변경허가신청서를 제출하지 않고 공소사실에 대한 검사의 의견을 기재한 서면을 제출하였다고 하더라도 이를 곧바로 공소장변경허가신청서를 제출한 것이라고 볼 수는 없다. …… 재판장은 소송관계를 명료하게 하기 위하여 검사, 피고인 또는 변호인에게 사실상과 법률상의 사항에 관하여 석명을 구하거나 입증을 촉구할 수 있다(형사소송규칙 제141조 제1항). 공소장의 기재가 불분명한 경우에는 법원은 형사소송규칙 제141조에 따라 검사에게 석명을 한 다음, 그래도 검사가 이를 명확하게 하지 않은 때에야 공소사실의 불특정을 이유로 공소를 기각해야 한다(대법원 1983.6.14, 82도293; 2021.2.25, 2020도3694; 2022.1.13, 2021도13108).

보충 [참고판례] 경합범 관계에 있는 공소사실 중 일부에 대하여 주문 무죄로 판단한 경우 그 부분이 나머지 부분과 불가분의 관계에 있는지 여부(소극)
상소는 재판의 일부에 대하여도 할 수 있고, 일부에 대한 상소는 그 일부와 불가분의 관계에 있는 부분에 대하여도 효력이 미친다(형사소송법 제342조). ① 형법 제37조 전단의 경합범으로 동시에 기소된 수개의 공소사실에 대하여 각기 따로 유·무죄, 공소기각 및 면소를 선고하거나 형을 정하는 등으로 판결주문이 수개일 때에는 그 1개의 주문에 포함된 부분을 다른 부분과 분리하여 일부상소를 할 수 있고 당사자 쌍방이 상소하지 않은 부분은 분리 확정된다. 따라서 경합범 관계에 있는 공소사실 중 판결주문이 수개일 때 피고인과 검사가 일부에 대하여만 상소한 경우, 피고인과 검사가 상소하지 않은 부분은 상소기간이 지남으로써 확정되어 상소심에 계속된 사건은 상소된 부분에 대한 공소뿐이고, 그에 따라 상소심에서 이를 파기할 때에는 그 부분만을 파기하여야 한다(대법원 2010.11.25, 2010도10985; 2020.3.12, 2019도18935 등). 반면 ② 경합범 관계에 있는 공소사실 중 일부 유죄, 일부 무죄를 선고하여 판결주문이 수개일 때 검사가 판결 전부에 대하여 상소하였는데 상소심에서 이를 파기할 때에는 ㉠ 유죄 부분과 파기되는 무죄 부분이 형법 제37조 전단의 경합범 관계에 있어 하나의 형이 선고되어야 하므로, 유죄 부분과 파기되는 무죄 부분을 함께 파기하여야 한다. 그러나 ㉡ 위와 같이 하나의 형을 선고하기 위해서 파기하는 경우를 제외하고는 경합범의 관계에 있는 공소사실이라고 하더라도 개별적으로 파기되는 부분과 불가분의 관계에 있는 부분만을 파기하여야 한다(가분의 관계에 있는 부분은 파기할 수 없음)(대법원 2022.1.13, 2021도13108).

보충 이 사건은 1심 법원의 피해자 학부모들에 대한 사기 부분에 대한 공소기각(공소사실 불특정)과 피해자 대한민국에 대한 사기 부분에 대한 무죄 선고에 대하여 검사가 전부 항소하였고, 항소심 법원은 공소기각 부분에 대한 항소이유를 인정하여(공소장변경으로 보아 판단했어야 한다고 봄) 1심판결을 전부파기하였으나, 대법원에서는 (소송 경과에 비추어 제1심이 공소사실 특정을 위한 석명의무를 위반하지 않았고) 주문 무죄 부분이 주문 공소기각 부분과 불가분의 관계에 있다고 볼 수 없으므로 이러한 원심판결을 파기환송 한 것이다.

정리 ① 1심: 대한민국에 대한 사기는 무죄, 학부모에 대한 사기는 공소사실 불특정으로 공소기각, 이에 검사는 전부에 대하여 항
② 2심: 대한민국에 대한 사기 무죄는 유지, 학부모에 대한 사기에 대한 공소기각 부분은 위법하다고 봄 → 불가분 관계에 있다고 보아 전부파기
③ 대법원: 대한민국 사기 무죄는 유지. 공소기각 위법 판단은 위법이라 봄 → 불가분의 관계에 있지 않다고 보아 일부파기
④ 주의
㉠ 경합범 유죄, 무죄 검사 전부상소 시 전부파기 (하나의 형을 선고하기 위해 파기하는 경우) → 개별적으로 파기되는 부분과 불가분 관계 있는 부분만 함께 파기(전부파기)
㉡ 경합범 무죄, 공소기각 검사 전부상소 시 공소기각만 다투는 경우에는 공소기각 부분만 일부 파기

101 공소장변경허가결정의 방식, 불복, 공판조서 미기재 절차의 증명, 공소장변경의 허가의무

• 국가7급 23, 경찰1차 24, 국가9급 24, 변호사시험 24

> [제1문] 법원이 공소장변경허가신청에 대한 결정을 공판정에서 고지한 경우, 그 사실은 공판조서의 필요적 기재사항에 해당하는가?
>
> [제2문] 공소사실 또는 적용법조의 추가 · 철회 또는 변경의 허가에 관한 결정의 위법이 판결에 영향을 미친 경우 불복 방법은 공소장변경허가에 관한 결정에 대한 항고인가, 판결에 대한 상소인가?
>
> [제3문] 공판조서에 기재되지 않은 소송절차의 존재가 공판조서에 기재된 다른 내용이나 공판조서 이외의 자료로 증명될 수 있는가?
>
> [제4문] 위 제3문에서의 증명의 방법은 엄격한 증명인가, 자유로운 증명인가?
>
> [제5문] 검사는 제1심판결에 대하여 양형부당을 이유로 항소한 다음 항소심의 제1회 공판기일이 열리기 전에 먼저 기소된 업무상 횡령 공소사실과 상상적 경합관계에 있는 업무상 횡령 공소사실을 추가하는 취지임을 밝히며 공소장변경허가신청서를 제출하였다. 이 경우 항소심 법원이 공판정 외에서 공소장변경허가신청에 대한 결정을 하지 않았을 뿐만 아니라 공판조서 등 기록에 원심에서 공소장변경허가 여부를 결정한 소송절차가 진행되었다는 내용이 없이, 제1회 공판기일을 진행하여 변론을 종결하고 검사의 항소를 기각하여 제1심판결을 그대로 유지한 것은 적법한가, 위법한가?

[제1문]

판례 법원은 검사의 공소장변경허가신청에 대해 결정의 형식으로 이를 허가 또는 불허가 하고, 법원의 허가 여부 결정은 공판정 외에서 별도의 결정서를 작성하여 고지하거나 공판정에서 구술로 하고 공판조서에 기재할 수도 있다. 만일 공소장변경 허가 여부 결정을 공판정에서 고지하였다면 그 사실은 공판조서의 필요적 기재사항이다(형사소송법 제51조 제2항 제14호). 공소장변경허가신청이 있음에도 공소장변경 허가 여부 결정을 명시적으로 하지 않은 채 공판절차를 진행하면 현실적 심판대상이 된 공소사실이 무엇인지 불명확하여 피고인의 방어권 행사에 영향을 줄 수 있으므로 공소장변경 허가 여부 결정은 위와 같은 형식으로 명시적인 결정을 하는 것이 바람직하다(대법원 2023.6.15, 2023도3038).

조문 형사소송법 제51조(공판조서의 기재요건) ① 공판기일의 소송절차에 관하여는 참여한 법원사무관 등이 공판조서를 작성하여야 한다.

② 공판조서에는 다음 사항 기타 모든 소송절차를 기재하여야 한다.

1. 공판을 행한 일시와 법원
2. 법관, 검사, 법원사무관 등의 관직, 성명
3. 피고인, 대리인, 대표자, 변호인, 보조인과 통역인의 성명
4. 피고인의 출석 여부
5. 공개의 여부와 공개를 금한 때에는 그 이유
6. 공소사실의 진술 또는 그를 변경하는 서면의 낭독
7. 피고인에게 그 권리를 보호함에 필요한 진술의 기회를 준 사실과 그 진술한 사실
8. 제48조 제2항에 기재한 사항
9. 증거조사를 한 때에는 증거될 서류, 증거물과 증거조사의 방법
10. 공판정에서 행한 검증 또는 압수
11. 변론의 요지

12. 재판장이 기재를 명한 사항 또는 소송관계인의 청구에 의하여 기재를 허가한 사항
13. 피고인 또는 변호인에게 최종 진술할 기회를 준 사실과 그 진술한 사실
14. 판결 기타의 재판을 선고 또는 고지한 사실

♀solution 해당한다.

[제2문]

〔판례〕 판결 전의 소송절차에 관한 결정에 대하여는 특히 즉시항고를 할 수 있는 경우 외에는 항고를 하지 못하는데(형사소송법 제403조 제1항), 공소사실 또는 적용법조의 추가·철회 또는 변경의 허가에 관한 결정은 판결 전의 소송절차에 관한 결정으로서, 그 결정에 관한 위법이 판결에 영향을 미친 경우에는 그 판결에 대하여 상소를 하는 방법으로만 불복할 수 있다(대법원 1987.3.28, 87모17; 2001.7.13, 2001도1660; 2023.6.15, 2023도3038).

♀solution 판결에 대한 상소

[제3문 · 제4문]

〔판례〕 공판기일의 소송절차로서 판결 기타의 재판을 선고 또는 고지한 사실은 공판조서에 기재되어야 하는데(형사소송법 제51조 제1항, 제2항 제14호), 공판조서의 기재가 명백한 오기인 경우를 제외하고는, 공판기일의 소송절차로서 공판조서에 기재된 것은 조서만으로써 증명하여야 하고 그 증명력은 공판조서 이외의 자료에 의한 반증이 허용되지 않는 절대적인 것이다(대법원 2005.12.22, 2005도6557). 반면에 어떤 소송절차가 진행된 내용이 공판조서에 기재되지 않았다고 하여 당연히 그 소송절차가 당해 공판기일에 행하여지지 않은 것으로 추정되는 것은 아니고 공판조서에 기재되지 않은 소송절차의 존재가 공판조서에 기재된 다른 내용이나 공판조서 이외의 자료로 증명될 수 있고, 이는 소송법적 사실이므로 자유로운 증명의 대상이 된다(대법원 2023.6.15, 2023도3038).

♀solution [제3문] 증명될 수 있다.
    　　　 [제4문] 자유로운 증명

[제5문]

〔판례〕 원심은 검사가 서면으로 제출한 공소장변경허가신청에 대하여 허가 여부를 결정해야 하고, 나아가 상상적 경합관계에 있는 수죄 가운데 당초 공소를 제기하지 아니한 공소사실을 추가하는 내용의 공소장변경을 (기본적 사실관계가 동일하므로) 허가하여 추가된 공소사실에 대하여 심리·판단했어야 하므로, 이러한 조치 없이 검사의 항소를 기각한 원심판결에 법리오해 등의 잘못이 있다(대법원 2023.6.15, 2023도3038).

♀solution 허가하여야 한다.

3 　**공판준비절차**

4 　**증거개시**

5 공판정의 심리

● ○ ○
102 피고인의 불출석 재판 사유 중 경미사건의 의미

> 피고인은 피해자의 주택 현관 앞에 놓여 있던 장식용 조약돌을 가지고 가 절취하였다는 절도
> 로 기소되었다. 원심은 피고인이 제1회 공판기일에 피고인소환장을 송달받고도 출석하지 아니
> 하자 형사소송법 제370조, 제277조 제1호(다액 500만원 이하의 벌금 또는 과료에 해당하는
> 사건에 관하여는 피고인의 출석을 요하지 아니한다.)에 의해 피고인의 출석 없이 개정하여 증
> 거조사 등 심리를 마친 다음 변론을 종결하고, 그 다음 기일에 피고인의 항소를 기각하여 벌금
> 10만원을 선고한 제1심을 유지하였다. 원심의 조치는 적법한가?

(조문) 형법 제329조(절도) 타인의 재물을 절취한 자는 6년 이하의 징역 또는 1천만원 이하의 벌금에
처한다.
형사소송법 제276조(피고인의 출석권) 피고인이 공판기일에 출석하지 아니한 때에는 특별한 규정이 없
으면 개정하지 못한다. 단, 피고인이 법인인 경우에는 대리인을 출석하게 할 수 있다.
제277조(경미사건 등과 피고인의 불출석) 다음 각 호의 어느 하나에 해당하는 사건에 관하여는 피고인
의 출석을 요하지 아니한다. 이 경우 피고인은 대리인을 출석하게 할 수 있다.
1. 다액 500만원 이하의 벌금 또는 과료에 해당하는 사건
제365조(피고인의 출정) ① 피고인이 공판기일에 출정하지 아니한 때에는 다시 기일을 정하여야 한다.
② 피고인이 정당한 사유 없이 다시 정한 기일에 출정하지 아니한 때에는 피고인의 진술 없이 판결을
할 수 있다.
제370조(준용규정) 제2편 중 공판에 관한 규정은 본장에 특별한 규정이 없으면 항소의 심판에 준용한다.
(판례) 항소심에서도 피고인의 출석 없이는 원칙적으로 개정하지 못한다(형사소송법 제370조, 제276조
본문). 피고인이 항소심 공판기일에 출정하지 않은 때에는 다시 기일을 정하여야 하고 피고인이 정당한
사유 없이 다시 정한 기일에도 출정하지 않은 때에는 피고인의 진술 없이 판결할 수 있다(형사소송법 제
365조). 다만 법정형이 '다액 500만원 이하의 벌금 또는 과료'에 해당하여 중형선고의 가능성이 없는 사건
에서는 항소심에서도 피고인의 출석 없이 개정할 수 있다(형사소송법 제370조, 제277조 제1호). 이 사건
공소사실에 대하여 적용되는 형법 제329조의 법정형은 '6년 이하의 징역 또는 1천만원 이하의 벌금'이므
로 이 사건은 형사소송법 제370조, 제277조 제1호에 따라 항소심에서 불출석 재판이 허용되는 사건에
해당하지 않으므로 이와 달리 피고인의 출석 없이 공판기일을 진행하여 판결을 선고한 원심의 조치에는
소송절차가 형사소송법을 위반하여 판결에 영향을 미친 잘못이 있다(대법원 2024.9.13, 2024도8185).

🔖solution 적법하지 않다.

● ● ○
103 항소심에서 피고인이 불출석한 상태에서 그 진술 없이 판결하기 위한 요건

(판례) 항소심에서도 피고인의 출석 없이는 개정하지 못하는 것이 원칙이다(형사소송법 제370조, 제276조).
다만 피고인이 항소심 공판기일에 출정하지 않아 다시 기일을 정하였는데도 정당한 사유 없이 그 기일에
도 출정하지 않은 때에는 피고인의 진술 없이 판결할 수 있다(형사소송법 제365조). 이와 같이 피고인이

불출석한 상태에서 그 진술 없이 판결할 수 있기 위해서는 피고인이 적법한 공판기일 통지를 받고서도 2회 연속으로 정당한 이유 없이 출정하지 않은 경우에 해당하여야 한다. 피고인이 제1심에서 도로교통법 위반(음주운전)죄로 유죄판결을 받고 항소한 후 원심 제1회, 제2회 공판기일에 출석하였고, 제3회 공판기일에 변호인만이 출석하고 피고인은 건강상 이유를 들어 출석하지 않았으나, 제4회 공판기일에 변호인과 함께 출석하자 원심은 변론을 종결하고 제5회 공판기일인 선고기일을 지정하여 고지하였는데, 피고인과 변호인이 모두 제5회 공판기일에 출석하지 아니하자 원심이 피고인의 출석 없이 공판기일을 개정하여 피고인의 항소를 기각하는 판결을 선고한 사안에서, 피고인이 고지된 선고기일인 제5회 공판기일에 출석하지 않았더라도 제4회 공판기일에 출석한 이상 2회 연속으로 정당한 이유 없이 출정하지 않은 경우에 해당하지 않아 형사소송법 제365조 제2항에 따라 제5회 공판기일을 개정할 수 없다는 이유로, 그런데도 피고인의 출석 없이 제5회 공판기일을 개정하여 판결을 선고한 원심의 조치에는 소송절차에 관한 형사소송법 제365조에 반하여 판결에 영향을 미친 잘못이 있다(대법원 2019.10.31, 2019도5426).

104 항소심에서 피고인의 2회 연속 불출석시 불출석재판의 요건인 적법한 공판기일의 통지

> 항소심에서 피고인은 적법한 공시송달 결정 후 '공판기일 변경명령'에 따라 제2회 공판기일을 통지받고 '소환장'에 따라 제3회 공판기일을 통지받았음에도 모두 불출석하였다. 위 제3회 공판기일의 진행이 가능한가?

(조문) 형사소송법 제270조(공판기일의 변경) ① 재판장은 직권 또는 검사, 피고인이나 변호인의 신청에 의하여 공판기일을 변경할 수 있다.
② 공판기일 변경신청을 기각한 명령은 송달하지 아니한다.

(판례) 항소심에서도 피고인의 출석 없이 개정하지 못하는 것이 원칙이지만(형사소송법 제370조, 제276조), 피고인이 항소심 공판기일에 출정하지 않아 다시 기일을 정하였는데도 정당한 사유 없이 그 기일에도 출정하지 않은 때에는 피고인의 진술 없이 판결할 수 있다(형사소송법 제365조). 이와 같이 피고인이 불출석한 상태에서 그 진술 없이 판결하기 위해서는 피고인이 적법한 공판기일 통지를 받고서도 2회 연속으로 정당한 이유 없이 출정하지 않은 경우에 해당하여야 한다. 이때 '적법한 공판기일 통지'란 소환장의 송달(형사소송법 제76조) 및 소환장 송달의 의제(형사소송법 제268조)의 경우에 한정되는 것이 아니라 적어도 피고인의 이름 · 죄명 · 출석일시 · 출석장소가 명시된 공판기일 변경명령을 송달받은 경우(형사소송법 제270조)도 포함된다(대법원 2022.11.10, 2022도7940).

§solution 가능하다.

105 코로나바이러스감염증-19 의심을 이유로 공판기일에 불출석한 것이 정당한 사유에 해당하는지 여부

> 감염을 의심할 만한 사정을 밝히지 않은 채, 코로나바이러스감염증-19 의심을 이유로 공판기일에 불출석한 것이 정당한 사유에 해당하는가?

판례 항소심에서도 피고인의 출석 없이는 원칙적으로 개정하지 못한다(형사소송법 제370조, 제276조 본문). 다만 피고인이 항소심 공판기일에 출정하지 아니한 때에는 다시 기일을 정하고 피고인이 '정당한 사유 없이' 다시 정한 기일에도 출정하지 아니한 때에는 피고인의 진술 없이 판결할 수 있다(형사소송법 제365조). 위 규정에 따라 항소심 공판기일에 2회 불출석한 책임을 피고인에게 귀속시키려면 그가 2회에 걸쳐 적법한 소환을 받고도 정당한 사유 없이 공판기일에 출정하지 아니하였어야 한다(대법원 1988.12.27, 88도419; 2008.6.26, 2008도2876 등). 피고인은 제1심에서 사기죄로 징역 2년을 선고받았으나, 법정구속되지 않은 상태에서 항소하였고, 선고를 위한 원심 제2회 공판기일 전날에 피해자와 합의를 위하여 기일연기신청을 하였으나 받아들여지지 않았다. 피고인은 제2회 공판기일인 2020.5.19. 코로나바이러스감염증-19 검사를 받을 예정으로 출석하지 못한다는 취지의 불출석 사유서를 제출한 채 출석하지 아니하였는데, 5주 후에 진행된 제3회 공판기일까지 코로나바이러스감염증-19 검사 결과 및 후속조치에 관한 자료를 제출하지 않았고, 제3회 공판기일에 출석하지도 아니하였다. 상고이유서에 첨부하여 제출한 자료에 의하면, 위 검사는 피고인이 스스로 비용을 부담하여 한 것으로 보이고, 그 검사 결과 음성으로 판명되었다. 이러한 사실관계에 비추어 보면, 코로나바이러스감염증-19 우려를 내세우며 선고가 예정된 원심 제2회 공판기일에 출석하지 아니한 것은 선고를 늦추기 위한 구실에 불과한 것으로 보일 뿐 정당한 사유를 인정하기 어려워, 2회에 걸쳐 정당한 사유 없이 공판기일에 출정하지 아니하였다고 보아, 피고인의 출석 없이 판결을 선고한 원심 소송절차에 법령위반의 위법이 없다(대법원 2020.10.29, 2020도9475).

♀solution 정당한 사유에 해당하지 않는다.

●●○
106 전문심리위원의 형사소송절차 참여와 관련하여 법원이 준수하여야 할 사항 • 국가7급 20

판례 형사소송법 제279조의2 제1항, 제2항, 제4항, 제279조의4 제1항, 제279조의5 제1항, 형사소송규칙 제126조의8, 제126조의10, 전문심리위원의 소송절차 참여에 관한 예규 제4조 제1항, 제5조에서 전문심리위원의 형사소송절차 참여와 관련하여 위와 같이 상세한 규정을 마련한 것은, 전문심리위원의 전문적 지식이나 경험에 기초한 설명이나 의견이 법원의 심증형성에 상당한 영향을 미칠 가능성이 있음을 고려한 다음 그에 대응하여 전문심리위원이 지정되는 단계, 전문심리위원의 설명이나 의견의 대상 내지 범위를 정하는 과정, 그의 설명이나 의견을 듣는 절차에 피고인 등 당사자가 참여할 수 있도록 한 것이다. 그럼으로써 형사재판에 대한 당사자의 신뢰의 기초가 될 '형사재판의 절차적 공정성과 객관성'이 확보될 수 있기 때문이다. 따라서 형사재판의 담당 법원은 전문심리위원에 관한 위 각각의 규정들을 지켜야 하고 이를 준수함에 있어서도 적법절차원칙을 특별히 강조하고 있는 헌법 제12조 제1항을 고려하여 전문심리위원과 관련된 절차 진행 등에 관한 사항을 당사자에게 적절한 방법으로 적시에 통지하여 당사자의 참여 기회가 실질적으로 보장될 수 있도록 세심한 배려를 하여야 한다. 그렇지 않을 경우, 헌법 제12조 제1항의 적법절차원칙을 구현하기 위하여 형사소송법 등에서 입법한 위 각각의 적법절차조항을 위반한 것임과 동시에 헌법 제27조가 보장하고 있는 공정한 재판을 받을 권리로서 '법관의 면전에서 모든 증거자료가 조사·진술되고 이에 대하여 피고인이 방어할 수 있는 기회가 실질적으로 부여되는 재판을 받을 권리'의 침해로 귀결될 수 있다(대법원 2019.5.30, 2018도19051).

6 공판기일의 절차

●●●
107 불출석한 핵심 증인에 대한 증인채택결정을 취소한 사건

> 공직선거법이 준용하는 「특정범죄신고자 등 보호법」상 범죄신고자가 수사기관에서 진술을 한 후 보복을 당할 우려가 있다는 이유로 제1심 법정에 증인출석을 하지 않을 경우, 소재탐지촉탁 또는 구인장 발부 없이 범죄신고자에 대한 증인채택 결정을 취소한 후 범죄신고자가 수사기관에서 한 진술 등에 대하여 증거능력을 부정한 제1심의 절차진행은 위법한가?

[사실관계] 이 사건 제보자는 피고인에 관한 이 사건 공소사실 기재 범죄혐의를 선거관리위원회에 제보한 뒤 수사기관에서 이에 관하여 진술하고 공직선거법령에 따라 신원관리카드가 작성된 사람이고, 공소외 2는 그 사람의 가명이며, 이 사건은 이 사건 제보자의 제보로 수사가 시작되었다. 피고인이 이 사건 제보자 작성의 문답서 및 이 사건 제보자에 대한 경찰 진술조서 등(이하 '이 사건 증거들'이라 한다)에 대하여 부동의하자 검사는 2019.1.29. 제1심에 신원보호를 위하여 이 사건 제보자의 인적 사항을 밝히지 않고 증인신청을 하였고 제1심이 이를 채택하여 2019.1.31. 검사에게 이 사건 제보자에 대한 증인소환장이 송달되었다. 이 사건 제보자는 검사에게 '피고인이 자신의 신원을 알게 될 경우 자신에게 위해를 가할까 두렵다'며 2019.3.7. 및 2019.4.4. 제1심의 증인신문기일에 출석하지 않았다. 검사는 2019.5.29. 이 사건 제보자의 인적 사항을 밝히지 않은 채 제1심에 직권으로 소재탐지촉탁을 해줄 것을 신청하였으나 제1심은 소재탐지촉탁을 하지 않았다. 이 사건 제보자는 2019.6.13.과 2019.7.25. 공판기일에도 출석하지 않았고, 제1심은 2019.7.25. 이 사건 제보자에 대한 증인채택 결정을 취소하고 변론을 종결한 다음 2019.8.22. 무죄판결을 선고하였다. 검사는 이에 불복하여 항소하면서, 제1심의 위와 같은 증인채택 결정 취소가 위법한 절차진행에 해당하고, 실체적 진실발견이라는 형사소송법의 대원칙에 반한다는 취지를 항소이유로 주장하였고, 원심에서도 이 사건 제보자에 대한 소재탐지촉탁을 신청함과 동시에 구인장 발부를 요청하였다. 그러나 원심은 이를 받아들이지 않고 2020.1.14. 변론을 종결한 뒤 2020.2.4. 항소기각 판결을 선고하였다.

판례 모든 국민은 법정에 출석하여 증언할 의무를 부담한다. 법원은 소환장을 송달받은 증인이 정당한 사유 없이 출석하지 아니한 경우에 당해 불출석으로 인한 소송비용을 증인이 부담하도록 명하고, 500만원 이하의 과태료를 부과할 수 있으며(형사소송법 제151조 제1항 전문), 정당한 사유 없이 소환에 응하지 아니하는 경우에는 구인할 수 있다(형사소송법 제152조). 또한 법원은 증인 소환장이 송달되지 아니한 경우에는 공무소 등에 대한 조회의 방법으로 직권 또는 검사, 피고인, 변호인의 신청에 따라 소재탐지를 할 수도 있다(형사소송법 제272조 제1항 참조). 이는 범죄신고자법이 직접 적용되거나 준용되는 사건에 대해서도 마찬가지이다. 형사소송법이 증인의 법정 출석을 강제할 수 있는 권한을 법원에 부여한 취지는, 다른 증거나 증인의 진술에 비추어 굳이 추가 증인신문을 할 필요가 없다는 등 특별한 사정이 없는 한 사건의 실체를 규명하는 데 가장 직접적이고 핵심적인 증인으로 하여금 공개된 법정에 출석하여 선서 후 증언하도록 하고, 법원은 출석한 증인의 진술을 토대로 형성된 유죄 · 무죄의 심증에 따라 사건의 실체를 규명하도록 하기 위함이다. 따라서 다른 증거나 증인의 진술에 비추어 굳이 추가 증거조사를 할 필요가 없다는 등 특별한 사정이 없고, 소재탐지나 구인장 발부가 불가능한 것이 아님에도 불구하고, 불출석한 핵심 증인에 대하여 소재탐지나 구인장 발부 없이 증인채택 결정을 취소하는 것은 법원의 재량을 벗어나는 것으로서 위법하다(대법원 2020.12.10, 2020도2623).

보충 공직선거법이 준용하는 「특정범죄신고자 등 보호법」상 범죄신고자가 제1심 증인으로 채택된 후 보복을 당할 우려가 있음을 이유로 불출석하더라도 범죄신고자가 핵심 증인에 해당한다고 볼 여지가 있다면, 제1심은 범죄신고자에 대하여 소재탐지촉탁이나 구인장을 발부한 후 그 소재 여부를 확인한 다음 범죄신고자의 수사기관에서의 진술 등에 대한 증거능력을 판단해야 하므로, 범죄신고자에 대한 소재탐지촉탁이나 구인장 발부 없이 범죄신고자에 대한 증인채택 결정을 취소한 제1심의 절차진행은 위법하고, 이러한 제1심의 위법에 대하여 시정조치를 취하지 않은 원심의 절차진행은 위법하다는 이유로 원심판결을 파기한 대법원 판례이다.

보충 법원은 증거신청(서류나 물건의 제출 또는 증인 등의 신문이나 검증의 신청 등)에 대하여 증거조사를 할 것인지 여부를 결정해야 한다(제295조 전단). 이를 증거결정(증거채부결정)이라 한다. 여기에는 채택결정, 각하결정 및 기각결정이 있다. 법원의 증거결정의 법적성격에 대해서는 견해가 대립하나, 다수설은 기속재량설에 의하고 소수설 및 판례는 자유재량설에 의한다. 다만, 위 판례는 증거결정 내지 그 취소결정이 일정한 기준에 의하여 합리적으로 행사되어야 할 권한이어야 한다는 기속재량설에 가까운 판시라 할 수 있다.

♀solution 위법하다.

108 재판장이 변호인의 피고인신문 요청을 허용하지 않은 사례

> 재판장이 변호인의 피고인신문 요청을 불허한 것은 소송지휘권의 한계를 넘어 변호인의 변호권을 침해한 것인가?

판례 형사소송법 제370조, 제296조의2 제1항 본문은 "검사 또는 변호인은 증거조사 종료 후에 순차로 피고인에게 공소사실 및 정상에 관하여 필요한 사항을 신문할 수 있다."라고 규정하고 있으므로, 변호인의 피고인신문권은 변호인의 소송법상 권리이다. 한편 재판장은 검사 또는 변호인이 항소심에서 피고인신문을 실시하는 경우 제1심의 피고인신문과 중복되거나 항소이유의 당부를 판단하는 데 필요 없다고 인정하는 때에는 그 신문의 전부 또는 일부를 제한할 수 있으나(형사소송규칙 제156조의6 제2항) 변호인의 본질적 권리를 해할 수는 없다(형사소송법 제370조, 제299조 참조). 따라서 재판장은 변호인이 피고인을 신문하겠다는 의사를 표시한 때에는 피고인을 신문할 수 있도록 조치하여야 하고, 변호인이 피고인을 신문하겠다는 의사를 표시하였음에도 변호인에게 일체의 피고인신문을 허용하지 않는 것은 변호인의 피고인신문권에 관한 본질적 권리를 해하는 것으로서 소송절차의 법령위반에 해당한다(소송절차의 법령위반으로서 상고이유에 해당하므로 원심판결을 파기함)(대법원 2020.12.24, 2020도10778).

♀solution 침해한 것이다.

109 변호인과 피고인의 최종의견 진술의 기회

• 국가7급 18

> 피고인이나 변호인에게 최종의견 진술의 기회를 주지 아니한 채 변론을 종결하고 판결을 선고하는 경우, 소송절차의 법령위반에 해당하는가?

판례 형사소송법 제303조는 "재판장은 검사의 의견을 들은 후 피고인과 변호인에게 최종의 의견을 진술할 기회를 주어야 한다."라고 정하고 있으므로, 최종의견 진술의 기회는 피고인과 변호인 모두에게 주어져야 한다. 이러한 최종의견 진술의 기회는 피고인과 변호인의 소송법상 권리로서 피고인과 변호인이 사실관계의 다툼이나 유리한 양형사유를 주장할 수 있는 마지막 기회이므로, 피고인이나 변호인에게 최종의견 진술의 기회를 주지 아니한 채 변론을 종결하고 판결을 선고하는 것은 소송절차의 법령위반에 해당한다(대법원 1975.11.11, 75도1010; 2018.3.29, 2018도327).

♀solution 해당한다.

110 선고기일로 지정되지 않았던 일자에 판결선고절차를 진행한 사건

> 법원이 변론종결시 고지되었던 선고기일을 피고인과 변호인에게 사전에 통지하는 절차를 거치지 않은 채 변경하여 피고인에게 불리한 판결을 선고한 것은 피고인의 방어권과 이에 관한 변호인의 변호권을 침해하여 판결에 영향을 미친 잘못이 있는가?

[판례] 형사소송법은 공판기일의 지정 및 변경 절차에 관하여 다음과 같이 규정한다. 판결의 선고는 변론을 종결한 기일에 하여야 하나, 특별한 사정이 있는 때에는 따로 선고기일을 지정할 수 있다(제318조의4 제1항). 재판장은 공판기일을 정하거나 변경할 수 있는데(제267조, 제270조), 공판기일에는 피고인을 소환하여야 하고, 검사, 변호인에게 공판기일을 통지하여야 한다(제267조 제2항·제3항). 다만 이와 같은 규정이 준수되지 않은 채로 공판기일의 진행이 이루어진 경우에도 그로 인하여 피고인의 방어권, 변호인의 변호권이 본질적으로 침해되지 않았다고 볼 만한 특별한 사정이 있다면 판결에 영향을 미친 법령 위반이라고 할 수 없다(예외적 적법, 대법원 2009.6.11, 2009도1830). 원심이 제1회 공판기일인 2023.3.8. 변론을 종결하면서 피해자와의 합의서 등 피고인에게 유리한 양형자료 제출을 위한 기간을 고려하여 제2회 공판기일인 선고기일을 2023.4.7.로 지정하여 고지하였는데, 지정·고지된 바와 달리 2023.3.24. 피고인에 대한 선고기일이 진행되어 교도소에 재감중이던 피고인이 교도관의 지시에 따라 법정에 출석하였고, 원심이 피고인의 항소를 기각하는 판결을 선고하였다. 판결선고기일로 지정되지 않았던 일자에 판결선고절차를 진행하는 것은 공판기일의 지정에 관한 법령을 위반하여 판결에 영향을 미친 잘못이 있다고 할 것이고, 설령 재판장이 피고인이 재정한 상태에서 선고를 하겠다고 고지함으로써 선고기일이 변경된 것으로 보더라도, 양형자료 제출 기회는 방어권 행사의 일환으로 보호될 필요가 있고, 형사소송법 제383조에 의하면 10년 미만의 형이 선고된 사건에서는 양형이 부당하다는 주장은 적법한 상고이유가 될 수 없으므로 피고인에게는 원심판결의 선고기일이 양형에 관한 방어권을 행사할 수 있는 마지막 시점으로서 의미가 있는데, 원심법원이 변론종결시 고지되었던 선고기일을 피고인과 변호인에게 사전에 통지하는 절차를 거치지 않은 채 급박하게 변경하여 판결을 선고함으로써 피고인의 방어권과 이에 관한 변호인의 변호권을 침해하여 판결에 영향을 미친 잘못이 있다(대법원 2023.7.13, 2023도4371).

♀solution 잘못이 있다.

---

7 **증인신문 · 감정과 검증**

111 공판과정에서 피해자가 제출한 탄원서의 증거능력

> [제1문] 법원이 피해자 등을 공판기일에 출석하게 하여 형사소송법 제294조의2 제2항에 정한 사항으로서 범죄사실의 인정에 해당하지 않는 사항에 관하여 증인신문에 의하지 아니하고 의견을 진술하거나 의견진술에 갈음하여 의견을 기재한 서면을 제출하게 한 경우, 위 진술과 서면을 유죄의 증거로 할 수 있는가?

> [제2문] 피고인 甲은 피해자 乙(女)을 강간하려다가 乙에게 상해를 가하였다는 강간상해의 공
> 소사실이 제1심 및 원심에서 유죄로 인정되었고, 피해자 乙은 제1심 및 원심에서의
> 재판 절차 진행 중 수회에 걸쳐 탄원서 등 피해자의 의견을 기재한 서류를 제출하였
> 다. 위 탄원서 등은 유죄의 증거로 할 수 있는가?

조문 **형사소송법 294조의2(피해자등의 진술권)** ① 법원은 범죄로 인한 피해자 또는 그 법정대리인(피해자가 사망한 경우에는 배우자·직계친족·형제자매를 포함한다. 이하 이 조에서 "피해자등"이라 한다)의 신청이 있는 때에는 그 피해자등을 증인으로 신문하여야 한다. 다만, 다음 각 호의 어느 하나에 해당하는 경우에는 그러하지 아니하다.

1. 삭제
2. 피해자등 이미 당해 사건에 관하여 공판절차에서 충분히 진술하여 다시 진술할 필요가 없다고 인정되는 경우
3. 피해자등의 진술로 인하여 공판절차가 현저하게 지연될 우려가 있는 경우

② 법원은 제1항에 따라 피해자등을 신문하는 경우 피해의 정도 및 결과, 피고인의 처벌에 관한 의견, 그 밖에 당해 사건에 관한 의견을 진술할 기회를 주어야 한다.

형사소송규칙 제134조의10(피해자등의 의견진술) ① 법원은 필요하다고 인정하는 경우에는 직권으로 또는 법 제294조의2 제1항에 정한 피해자등(이하 이 조 및 제134조의11에서 '피해자등'이라 한다)의 신청에 따라 피해자등을 공판기일에 출석하게 하여 법 제294조의2 제2항에 정한 사항으로서 **범죄사실의 인정에 해당하지 않는 사항**에 관하여 증인신문에 의하지 아니하고 의견을 진술하게 할 수 있다.

제134조의11(의견진술에 갈음한 서면의 제출) ① 재판장은 재판의 진행상황, 그 밖의 사정을 고려하여 피해자등에게 제134조의10 제1항의 의견진술에 갈음하여 의견을 기재한 서면을 제출하게 할 수 있다.

제134조의12(의견진술·의견진술에 갈음한 서면) 제134조의10 제1항에 따른 진술과 제134조의11 제1항에 따른 서면은 **범죄사실의 인정을 위한 증거로 할 수 없다.**

[제1문]

판례 법원은 피해자 등의 신청이 있는 때에 그 피해자 등을 증인으로 신문하여야 하고(형사소송법 제294조의2 제1항), 피해자 등을 신문하는 경우 피해의 정도 및 결과, 피고인의 처벌에 관한 의견, 그 밖에 당해 사건에 관한 의견을 진술할 기회를 주어야 한다(형사소송법 제294조의2 제2항). 나아가 법원은 필요하다고 인정하는 경우 직권으로 또는 피해자 등의 신청에 따라 피해자 등을 공판기일에 출석하게 하여 형사소송법 제294조의2 제2항에 정한 사항으로서 **범죄사실의 인정에 해당하지 않는 사항**에 관하여 증인신문에 의하지 아니하고 의견을 진술하거나 의견진술에 갈음하여 의견을 기재한 서면을 제출하게 할 수 있다(형사소송규칙 제134조의10 제1항 및 제134조의11 제1항). 다만 위 각 조항에 따른 **진술과 서면은 범죄사실의 인정을 위한 증거로 할 수 없다**(형사소송규칙 제134조의12)(대법원 2024.3.12, 2023도11371).

⌕solution 할 수 없다.

[제2문]

판례 피고인이 피해자를 강간하려다가 피해자에게 약 2주간의 치료가 필요한 상해를 가하였다는 강간상해의 공소사실이 제1심 및 원심에서 유죄로 인정되었고, 피해자는 제1심 및 원심에서의 재판 절차 진행 중 수회에 걸쳐 탄원서 등 피해자의 의견을 기재한 서류를 제출하였는데, 원심이 피고인의 사실오인 내지 법리오해 주장에 관하여 판단하면서, 피해자가 한 진술의 신빙성이 인정되는 사정의 하나로 피해자가 제출한 탄원서의 일부 기재 내용을 적시하여 공소사실을 유죄로 판단한 경우, 위 탄원서 등은 결국 피해자가 형사소송규칙 제134조의10 제1항에 규정된 의견진술에 갈음하여 제출한 서면에 해당하여 **범죄사실의 인정을 위한 증거로 할 수 없다**(대법원 2024.3.12, 2023도11371).

⌕solution 할 수 없다.

112 소환불응 감정인에 대한 과태료 부과의 허용 여부

> 경험한 과거의 사실을 진술할 지위에 있지 않은 감정인에 대하여 증인 또는 감정증인으로 소환한 경우, 소환장을 송달받고 불출석한 감정인에 대하여 불출석에 대한 제재로 과태료를 부과할 수 있는가?

조문 형사소송법 제146조(증인의자격) 법원은 법률에 다른 규정이 없으면 누구든지 증인으로 신문할 수 있다.

제151조(증인이 출석하지 아니한 경우의 과태료 등) ① 법원은 소환장을 송달받은 증인이 정당한 사유 없이 출석하지 아니한 때에는 결정으로 당해 불출석으로 인한 소송비용을 증인이 부담하도록 명하고, 500만원 이하의 과태료를 부과할 수 있다. 제153조에 따라 준용되는 제76조 제2항·제5항에 따라 소환장의 송달과 동일한 효력이 있는 경우에도 또한 같다.

제152조(소환불응과 구인) 정당한 사유없이 소환에 응하지 아니하는 증인은 구인할 수 있다.

제169조(감정) 법원은 학식 경험 있는 자에게 감정을 명할 수 있다.

제171조(감정보고) ① 감정의 경과와 결과는 감정인으로 하여금 서면으로 제출하게 하여야 한다.

④ 필요한 때에는 감정인에게 설명하게 할 수 있다.

제177조(준용규정) 감정에 관하여는 제12장(구인에 관한 규정은 제외한다)을 준용한다.

제179조(감정증인) 특별한 지식에 의하여 알게 된 과거의 사실을 신문하는 경우에는 본장의 규정에 의하지 아니하고 전장의 규정에 의한다.

제221조(제3자의 출석요구 등) ② 검사 또는 사법경찰관은 수사에 필요한 때에는 감정·통역 또는 번역을 위촉할 수 있다.

판례 ① 증인은 법정에 출석하여 선서하고 자신이 경험한 사실을 진술하여야 하는 의무를 부담한다(대법원 2010.1.21, 2008도942 전원합의체). 법원은 소환장을 송달받은 증인이 정당한 사유 없이 출석하지 아니한 경우에 당해 불출석으로 인한 소송비용을 증인이 부담하도록 명하고, 500만원 이하의 과태료를 부과할 수 있으며(형사소송법 제151조 제1항 전문), 정당한 사유 없이 소환에 응하지 아니하는 경우에는 구인할 수 있다(형사소송법 제152조). 형사소송법이 증인의 법정 출석을 강제할 수 있는 권한을 법원에 부여한 취지는, 다른 증거나 증인의 진술에 비추어 군이 추가 증인신문을 할 필요가 없다는 등 특별한 사정이 없는 한 사건의 실체를 규명하는 데 가장 직접적·핵심적인 증인으로 하여금 공개된 법정에 출석하여 선서 후 증언하도록 하고, 법원은 출석한 증인의 진술을 토대로 형성된 유죄·무죄의 심증에 따라 사건의 실체를 규명하도록 하기 위함이다(대법원 2020.12.10, 2020도2623). ② 한편, 감정인은 특정한 분야에 특별한 학식과 경험을 가진 사람으로, 그 학식과 경험에 의하여 알고 있거나 그 전문적 학식과 경험에 의하여 얻은 일정한 원리 또는 판단을 법원에 진술·보고한다(대법원 1983.12.13, 83도2266). 감정에 관하여는 형사소송법의 증인에 관한 규정이 준용되나, 감정인이 소환에 응하지 않더라도 구인할 수는 없다(형사소송법 제177조). 감정인이라 하더라도 특별한 지식에 의하여 알게 된 과거의 사실에 관하여 진술하여야 하는 경우에는 증인의 지위에 해당하는 감정증인으로서 증인신문절차에 따라 신문하여야 하나(형사소송법 제179조), 감정인이 감정을 하여 감정서(형사소송법 제171조 제1항)를 제출한 경우에 그 기재된 의견에 관한 설명을 추가로 듣는 절차(형사소송법 제171조 제4항) 등은 감정인이 과거의 사실을 진술하는 지위에 있지 않은 이상 증인신문이 아니라 형사소송법 제1편 제13장의 감정에 관한 규정에 따라 소환하여 진행하는 감정인신문으로 하여야 한다. 따라서 경험한 과거의 사실을 진술할 지위에 있지 않음이 명백한 감정인을 법원이 증인 또는 감정증인으로 소환한 경우, 감정인이 소환장을 송달받고 출석하지 않았더라도 그 불출석에 대한 제재로서 형사소송법 제151조 제1항에 따른 과태료를 부과할 수는 없다(대법원 2024.10.31, 2023모358).

보충 이러한 법리는 법원으로부터 감정의 명을 받아 형사소송법 제169조 내지 제177조에서 정한 선서 등 절차를 거쳐 감정을 행한 감정인에게 적용됨은 물론, 형사소송법 제221조 제2항에 따라 수사기관에 의하여 감정을 위촉받은 사람이 감정의 결과로 감정서를 제출한 경우 그에 관한 법정에서의 진술이 그가 경험한 과거의 사실에 관한 것이 아니라 오로지 감정인으로서의 학식과 경험에 의하여 얻은 일정한 원리 또는 판단을 진술하는 것임이 명백한 때에도 마찬가지로, 이때에는 필요한 범위 내에서 형사소송법 제1편 제13장의 관련 절차를 거쳐 감정인신문으로 하여야 할 것이다. 따라서 형사소송법 제221조 제2항에 근거한 검사 또는 사법경찰관의 위촉에 응하여 감정을 수행한 사람이 공판절차에서 전문적 학식과 경험에 의하여 얻은 자신의 의견이나 판단을 진술하게 되는 것으로 명백히 볼 수 있는 경우 그러한 진술은 다른 감정인을 통해서도 이루어질 수 있는 성질의 것인바, 그럼에도 이와 다른 전제에서 그를 증인 또는 감정증인으로 소환하여 신문한다면, 사안의 실체 규명을 위해 대체가능성이 없는 증인에게 인정되는 구인 등 조치를 비롯한 법정 출석 의무를 감정인신문을 하여야 할 지위에 있는 자에게 부과하는 부당한 결과가 되어 관련 형사소송법의 취지에 부합하지 않는다.

♀solution 과태료를 부과할 수 없다.

【최근 개정사항】

피고인이 판결 선고가 임박한 시점에 공탁을 하였을 때 피해자의 의사와 무관하게 피고인의 감경사유로 양형에 반영되는 것을 방지하기 위하여, 2024.10.16. 형사소송법이 개정되어 '피고인의 금전 공탁 시 피해자 등의 의견 청취 제도'가 신설되었다(형사소송법 제294조의5, 시행 2025.1.17.).

> 형사소송법 제294조의5(금전 공탁과 피해자 등의 의견 청취) ① 법원은 피고인이 피해자의 권리 회복에 필요한 금전을 공탁한 경우에는 판결을 선고하기 전에 피해자 또는 그 법정대리인(피해자가 사망한 경우에는 배우자 · 직계친족 · 형제자매를 포함한다)의 의견을 들어야 한다. 다만, 그 의견을 청취하기 곤란한 경우로서 대법원규칙으로 정하는 특별한 사정이 있는 경우에는 그러하지 아니하다.
> ② 제1항에 따른 의견 청취의 방법 · 절차 및 그 밖에 필요한 사항은 대법원규칙으로 정한다.
> [본조신설 2024.10.16.]

8 공판절차의 특칙

CHAPTER

02 증거

1 증거법 일반

2 증명의 기본원칙

○●○

113 피고인이 범행한 것이라고 보기에 의심스러운 사정이 병존하고 증거관계 및 경험법칙상 의심스러운 정황을 확실하게 배제할 수 없는 경우, 유죄로 인정할 수 없다는 사례

[판례] (공소사실의 요지는 '피고인이 2020.3.30. 01:00경 자신의 집에서 필로폰 약 0.05g을 1회용 주사기에 넣어 공소외인의 오른팔 부위에 주사하여 필로폰을 사용하였다.'는 것이다.) 유죄의 인정은 범행 동기, 범행수단의 선택, 범행에 이르는 과정, 범행 전후 피고인의 태도 등 여러 간접사실로 보아 피고인이 범행한 것으로 보기에 충분할 만큼 압도적으로 우월한 증명이 있어야 하고, 피고인이 범행한 것이라고 보기에 의심스러운 사정이 병존하고 증거관계 및 경험법칙상 위와 같이 의심스러운 정황을 확실하게 배제할 수 없다면 유죄로 인정할 수 없다. 피고인은 무죄로 추정된다는 것이 헌법상의 원칙이고, 그 추정의 번복은 직접증거가 존재할 경우에 버금가는 정도가 되어야 한다(대법원 2023.1.12, 2022도14645).

[보충] 수사기관이 작성한 수사보고서는 전문증거로서 형사소송법 제311조·제312조·제315조·제316조의 적용 대상이 아님이 분명하므로, 형사소송법 제313조의 서류에 해당하여야만 증거능력이 인정될 수 있는바, 형사소송법 제313조가 적용되기 위해서는 그 서류에 진술자의 서명 또는 날인이 있어야 한다(대법원 1999.2.26, 98도2742; 2007.9.20, 2007도4105 등). 결국 '의견서 사본(증거목록 순번 25번)' 중 공소사실에 부합하는 내용은 공소외인이 수사과정에서 이 사건 공소사실과 동일한 혐의사실을 자백하였다는 부분인데, 이는 수사의 경위 및 결과를 내부적으로 보고하면서 피고인 아닌 자에 해당하는 공소외인의 진술을 기재한 것에 불과하여 형사소송법 제313조의 서류에 해당하는바, 앞서 본 법리에 비추어 보면 형사소송법 제313조에서 정한 진술자인 공소외인의 서명·날인이 없는 이상 전문증거로서 증거능력을 인정할 수 없다.

○●○

114 출입국사범 사건에서 적법한 고발이 있었는지에 관한 증명의 방법

[판례] 출입국사범 사건에서 지방출입국·외국인관서의 장의 적법한 고발이 있었는지 여부가 문제되는 경우에 법원은 증거조사의 방법이나 증거능력의 제한을 받지 아니하고 제반사정을 종합하여 적당하다고 인정되는 방법에 의하여 자유로운 증명으로 그 고발 유무를 판단하면 된다(대법원 2001.2.9, 2000도1216; 2021.10.28, 2021도404).

115 공중밀집장소추행죄의 고의의 증명의 방법 등

[제1문] 성폭력처벌법 제11조에 의하면 대중교통수단, 공연·집회 장소, 그 밖에 공중(公衆)
이 밀집하는 장소에서 사람을 추행한 사람은 3년 이하의 징역 또는 3천만원 이하의
벌금에 처한다. 이러한 공중밀집장소추행죄가 성립하기 위해서는 주관적 구성요건으
로서 추행을 한다는 인식을 전제로 적어도 미필적으로나마 이를 용인하는 내심의 의
사가 있어야 하므로, <u>피고인이 추행의 고의를 부인하는 경우에는 고의와 상당한 관련
성이 있는 간접사실을 증명하는 방법에 따라서 피고인이 고의로 추행을 하였다고 볼
만한 징표와 어긋나는 사실의 의문점이 해소되어야 하는데</u>, 이러한 밑줄 친 고의의
판단방법은 피고인이 자폐성 장애인이거나 지적장애인에 해당하는 경우에 마찬가지
로 적용되는가?

[제2문] 피고인이 제출한 증거가 피고인의 주장 사실을 인정하기에 부족하다는 이유로 피고인
에게 유죄를 선고할 수 있는가?

[제3문] 성범죄 사건을 심리할 때에는 사건이 발생한 맥락에서 성차별 문제를 이해하고 양성
평등을 실현할 수 있도록 '성인지적 관점'을 유지하여야 하므로, <u>개별적·구체적 사건
에서 성범죄 피해자가 처하여 있는 특별한 사정을 충분히 고려하지 않은 채 피해자 진술
의 증명력을 가볍게 배척하는 것은 정의와 형평의 이념에 입각하여 논리와 경험의 법칙
에 따른 증거판단이라고 볼 수 없다</u>. 여기에서 위 밑줄 친 부분의 법리는 성범죄 피해자
진술의 증명력을 제한 없이 인정하여야 한다거나 그에 따라 해당 공소사실을 무조건 유
죄로 판단해야 한다는 의미인가?

[제4문] 피고인이 수사과정에서 공소사실을 부인하였고 그 내용이 기재된 피의자신문조서 등에 관하
여 증거동의를 한 경우, 법원은 그중 일부만 발췌하여 유죄의 증거로 사용할 수 있는가?

[제1문]

(판례) 피고인이 추행의 고의를 부인하는 경우에는 고의와 상당한 관련성이 있는 간접사실을 증명하는 방법
에 따를 수밖에 없다. 이 경우 피고인의 나이·지능·지적능력 및 판단능력, 직업 및 경력, 피고인이 공소
사실 기재 행위에 이르게 된 경위와 동기, 피고인과 피해자의 관계, 구체적 행위 태양 및 행위 전후의
정황, 피고인의 평소 행동양태·습관 등 객관적 사정을 종합하여 판단해야 하고, 피고인이 고의로 추행을
하였다고 볼 만한 징표와 어긋나는 사실의 의문점이 해소되어야 한다. 이는 피고인이 자폐성 장애인이거나
지적장애인에 해당하는 경우에도 마찬가지로서, 외관상 드러난 피고인의 언행이 비장애인의 관점에서 이
례적이라거나 합리적이지 않다는 이유만으로 함부로 고의를 추단하거나 이를 뒷받침하는 간접사실로 평
가하여서는 아니 되고, 전문가의 진단이나 감정 등을 통해 피고인의 장애 정도, 지적·판단능력 및 행동양
식 등을 구체적으로 심리한 후 피고인이 공소사실 기재 행위 당시 특정 범행의 구성요건 해당 여부에 관
한 인식을 전제로 이를 용인하는 내심의 의사까지 있었다는 점에 관하여 합리적인 의심을 할 여지가
없을 정도의 확신에 이르러야 한다(대법원 2024.1.4, 2023도13081).

♀solution 마찬가지로 적용된다.

[제2문]

(판례) 형사소송법 제307조 제2항이 "범죄사실의 인정은 합리적인 의심이 없는 정도의 증명에 이르러야
한다."라고 정한 것의 의미는, 법관은 검사가 제출하여 공판절차에서 적법하게 채택·조사한 증거만으로
유죄를 인정하여야 하고, 법관이 합리적인 의심을 할 여지가 없을 만큼 확신을 가지는 정도의 증명력을

가진 엄격한 증거에 의하여 공소사실을 증명할 책임은 검사에게 있다는 것이다. 결국 검사가 법관으로 하여금 그만한 확신을 가지게 하는 정도로 증명하지 못한 경우에는 설령 피고인의 주장이나 변명이 모순되거나 석연치 않은 면이 있는 등 유죄의 의심이 가는 사정이 있다고 하더라도 피고인의 이익으로 판단하여야 한다(대법원 2012.6.28, 2012도231). 따라서 피고인이 유리한 증거를 제출하면서 범행을 부인하는 경우에도 공소사실에 대한 증명책임은 여전히 검사에 있고, 피고인이 공소사실과 배치되는 자신의 주장 사실에 관하여 증명할 책임까지 부담하는 것은 아니므로, 검사가 제출한 증거와 피고인이 제출한 증거를 종합하여 볼 때 공소사실에 관하여 조금이라도 합리적인 의심이 있는 경우에는 무죄를 선고하여야 할 것이지, 피고인이 제출한 증거만으로 피고인의 주장 사실을 인정하기에 부족하다는 이유를 들어 공소사실에 관하여 유죄판결을 선고하는 것은 헌법상 무죄추정의 원칙은 물론 형사소송법상 증거재판주의 및 검사의 증명책임에 반하는 것이어서 허용될 수 없다(대법원 2024.1.4, 2023도13081).

♀solution 선고할 수 없다.

[제3문]

(판례) 성범죄 사건을 심리할 때에는 사건이 발생한 맥락에서 성차별 문제를 이해하고 양성평등을 실현할 수 있도록 '성인지적 관점'을 유지하여야 하므로, 개별적·구체적 사건에서 성범죄 피해자가 처하여 있는 특별한 사정을 충분히 고려하지 않은 채 피해자 진술의 증명력을 가볍게 배척하는 것은 정의와 형평의 이념에 입각하여 논리와 경험의 법칙에 따른 증거판단이라고 볼 수 없지만(대법원 2018.10.25, 2018도7709 등), 이는 성범죄 피해자 진술의 증명력을 제한 없이 인정하여야 한다거나 그에 따라 해당 공소사실을 무조건 유죄로 판단해야 한다는 의미는 아니다(대법원 2024.1.4, 2023도13081).

(보충) 성범죄 피해자 진술에 대하여 성인지적 관점을 유지하여 보더라도, 진술 내용 자체의 합리성·타당성뿐만 아니라 객관적 정황, 다른 경험칙 등에 비추어 증명력을 인정할 수 없는 경우가 있을 수 있다. 또한 피고인은 물론 피해자도 하나의 객관적 사실 중 서로 다른 측면에서 자신이 경험한 부분에 한정하여 진술하게 되고, 여기에는 자신의 주관적 평가나 의견까지 어느 정도 포함될 수밖에 없으므로, 하나의 객관적 사실에 대하여 피고인과 피해자 모두 자신이 직접 경험한 사실만을 진술하더라도 그 내용이 일치하지 않을 가능성이 항시 존재한다. 즉, 피고인이 일관되게 공소사실 자체를 부인하는 상황에서 공소사실을 인정할 직접적 증거가 없거나, 피고인이 공소사실의 객관적 행위를 한 사실은 인정하면서도 고의와 같은 주관적 구성요건만을 부인하는 경우 등과 같이 사실상 피해자의 진술만이 유죄의 증거가 되는 경우에는, 피해자 진술의 신빙성을 인정하더라도 피고인의 주장은 물론 피고인이 제출한 증거, 피해자 진술 내용의 합리성·타당성, 객관적 정황과 다양한 경험칙 등에 비추어 피해자의 진술만으로 피고인의 주장을 배척하기에 충분할 정도에 이르지 않아 법관으로 하여금 합리적인 의심을 할 여지가 없을 정도로 공소사실이 진실한 것이라는 확신을 가질 수 없게 되었다면, 피고인의 이익으로 판단하여야 한다.

♀solution 그러한 의미는 아니다.

[제4문]

(판례) 수사기관이 작성한 진술조서는 수사기관이 피조사자에 대하여 상당한 시간에 걸쳐 이루어진 문답과정을 그대로 옮긴 '녹취록'과는 달리 수사기관의 관점에서 조사결과를 요약·정리하여 기재한 것에 불과할 뿐만 아니라 진술의 신빙성 유무를 판단할 때 가장 중요한 요소 중 하나인 진술 경위는 물론 피조사자의 진술 당시 모습·표정·태도, 진술의 뉘앙스, 지적능력·판단능력 등과 같은 피조사자의 상태 등을 정확히 반영할 수 없는 본질적 한계가 있다. 따라서 피고인이 수사과정에서 공소사실을 부인하였고 그 내용이 기재된 피의자신문조서 등에 관하여 증거동의를 한 경우에는, 형사소송법에 따라 증거능력 자체가 부인되는 것은 아니지만, 전체적 내용이나 진술의 맥락·취지를 고려하지 않은 채 그 중 일부만을 발췌하여 유죄의 증거로 사용하는 것은 함부로 허용할 수 없다(대법원 2024.1.4, 2023도13081).

(보충) 피고인은 자폐성 장애 등으로 사물을 변별할 능력이나 의사를 결정할 능력이 미약한 상태에서 2021.6.24. 23:15경 부산도시철도 1호선 서면역에서 다대포 해수욕장역으로 운행 중인 (전동차번호 생략)호 전동차에서, 피해자 공소외인(여, 19세)의 옆 자리에 앉아 피해자의 왼팔 상박 맨살에 자신의 오른팔 상박 맨살을 비비고, 피해자가 이를 피해 옆 좌석으로 이동하자 재차 피해자의 옆 자리로 이동하여 위와 같은 방법으로 대중교통수단인 전동차에서 피해자를 추행하였다. 이에 대해 대법원은 ① 피고인이 피해자를 따라간 것처럼 계속 자리를 이동하였다는 점에 관해서는 "자폐성 장애로 인한 '빈자리 채워 앉기에 관한 강박 증상'의 발현에 불과하다."는 피고인의 주장 및 장애 상태와 이를 뒷받침하는 객관적 발현 증상에 관한 이론적 근거도 존재하는 것으로 보이는 점, ② 피해자가 피고인이 상박 중 일부를 고의로 비볐다고 생각한 것은 자폐성 장애로 인하여 피고인도 의식하지 못한 채 별다른 의미 없이 팔을 위 아래로 움직이는 '상동행동'의 일환일 가능성을 배제하기 어려운 점, ③ '피고인이 제출한 증거만으로는 자폐성 장애에 따른 상동행동으로서 추행의 고의가 없었다고 단정하기는 어렵다.'는 취지의 원심의 판단은 헌법상 무죄추정의 원칙은 물론 형사소송법상 증거재판주의 및 검사의 증명책임에 반한다고 볼 여지가 큰 점, ④ 피해자 진술만으로는 추행의

고의를 부인하는 피고인의 주장을 배척하기에 충분할 정도에 이르렀다고까지 단정할 수 없는 점, ⑤ 피고인이 일관되게 공소사실을 부인하는 내용의 경찰 작성 피의자신문조서는 증거동의를 하였기에 증거능력 자체는 인정되지만, 원심이 그중 일부 내용만을 근거로 피고인의 진술태도나 지적상태ㆍ인지능력 등과 같은 피고인의 상태를 추단한 후 이를 공소사실을 뒷받침하는 유죄의 증거로 사용하는 것은 허용될 수 없는 점 등을 종합하면, 피고인에게 추행의 고의를 인정하기 어렵다고 판시하였다.

❗solution 유죄의 증거로 사용할 수 없다.

116 검사의 사전면담이 이루어진 증인의 법정진술의 신빙성 판단

판례 검사가 공판기일에 증인으로 신청하여 신문할 사람을 특별한 사정 없이 미리 수사기관에 소환하여 면담하는 절차를 거친 후 증인이 법정에서 피고인에게 불리한 내용의 진술을 한 경우, 검사가 증인신문 전 면담 과정에서 증인에 대한 회유나 압박, 답변 유도나 암시 등으로 증인의 법정진술에 영향을 미치지 않았다는 점이 담보되어야 증인의 법정진술을 신빙할 수 있다고 할 것이다. 검사가 증인신문 준비 등 필요에 따라 증인을 사전 면담할 수 있다고 하더라도 법원이나 피고인의 관여 없이 일방적으로 사전 면담하는 과정에서 증인이 훈련되거나 유도되어 법정에서 왜곡된 진술을 할 가능성도 배제할 수 없기 때문이다. 증인에 대한 회유나 압박 등이 없었다는 사정은 검사가 증인의 법정진술이나 면담과정을 기록한 자료 등으로 사전 면담 시점, 이유와 방법, 구체적 내용 등을 밝힘으로써 증명하여야 한다(대법원 2021.6.10, 2020도15891).

117 피해자 진술의 신빙성 판단

• 경찰2차 20

판례 [1] 피해자 등의 진술은 그 진술 내용의 주요한 부분이 일관되며, 경험칙에 비추어 비합리적이거나 진술 자체로 모순되는 부분이 없고, 또한 허위로 피고인에게 불리한 진술을 할 만한 동기나 이유가 분명하게 드러나지 않는 이상, 그 진술의 신빙성을 특별한 이유 없이 함부로 배척해서는 아니 된다.
[2] 법원이 성폭행이나 성희롱 사건의 심리를 할 때에는 그 사건이 발생한 맥락에서 성차별 문제를 이해하고 양성평등을 실현할 수 있도록 '성인지 감수성'을 잃지 않도록 유의하여야 한다(양성평등기본법 제5조 제1항 참조). …… 따라서 개별적, 구체적인 사건에서 성폭행 등의 피해자가 처하여 있는 특별한 사정을 충분히 고려하지 않은 채 피해자 진술의 증명력을 가볍게 배척하는 것은 정의와 형평의 이념에 입각하여 논리와 경험의 법칙에 따른 증거판단이라고 볼 수 없다.
[3] 강간죄에서 공소사실을 인정할 증거로 사실상 피해자의 진술이 유일한 경우에 피고인의 진술이 경험칙상 합리성이 없고 그 자체로 모순되어 믿을 수 없다고 하여 그것이 공소사실을 인정하는 직접증거가 되는 것은 아니지만, 이러한 사정은 법관의 자유판단에 따라 피해자 진술의 신빙성을 뒷받침하거나 직접증거인 피해자 진술과 결합하여 공소사실을 뒷받침하는 간접정황이 될 수 있다(대법원 2018.10.25, 2018도7709).

118 성폭력범죄의 피해자 진술에 대한 신빙성 판단의 기준

판례 개별적, 구체적인 사건에서 성폭행 등의 피해자가 처하여 있는 특별한 사정을 충분히 고려하지 않은 채 피해자 진술의 증명력을 가볍게 배척하는 것은 정의와 형평의 이념에 입각하여 논리와 경험의 법칙에 따른 증거판단이라고 볼 수 없다(대법원 2019.7.11, 2018도2614 등). …… '성추행 피해자가 추행 즉시 행위자에게 항의하지 않은 사정'이나 '피해 신고 시 성폭력이 아닌 다른 피해사실을 먼저 진술한 사정'만으로 곧바로 피해자 진술의 신빙성을 부정할 것이 아니고, 가해자와의 관계와 피해자의 구체적 상황을 모두 살펴 판단하여야 한다(대법원 2020.9.24, 2020도7869).

● ○ ○ ○
119 친부로부터 강간 등을 당하였다는 피해자 진술의 신빙성 판단
• 경찰2차 20

〔판례〕 성폭행 피해자의 대처 양상은 피해자의 성정이나 가해자와의 관계 및 구체적인 상황에 따라 다르게 나타날 수밖에 없다. 따라서 개별적, 구체적인 사건에서 성폭행 등의 피해자가 처하여 있는 특별한 사정을 충분히 고려하지 않은 채 피해자 진술의 증명력을 가볍게 배척하는 것은 정의와 형평의 이념에 입각하여 논리와 경험의 법칙에 따른 증거판단이라고 볼 수 없다(대법원 2018.10.25, 2018도7709). 피고인의 친딸로 가족관계에 있던 피해자가 '마땅히 그러한 반응을 보여야만 하는 피해자'로 보이지 않는다는 이유만으로 피해자 진술의 신빙성을 함부로 배척할 수 없다. 그리고 친족관계에 의한 성범죄를 당하였다는 피해자의 진술은 피고인에 대한 이중적인 감정, 가족들의 계속되는 회유와 압박 등으로 인하여 번복되거나 불분명해질 수 있는 특수성이 있다는 점을 고려해야 한다(대법원 2020.5.14, 2020도2433; 2020.8.20, 2020도6965, 2020전도74 병합).

● ○ ○ ○
120 범행 후의 피해자다움과 피해자 진술 전체의 신빙성 판단

> 피해자가 피고인으로부터 강간을 당한 후 그 다음 날 스스로 피고인의 집에 찾아갔다면 이러한 피해자의 행위는 피해자 진술의 신빙성을 배척할 사정에 해당하는가?

〔판례〕 아동 · 청소년의 성보호에 관한 법률이 특별히 아동 · 청소년을 보호하고자 하는 이유는, 아동 · 청소년은 사회적 · 문화적 제약 등으로 아직 온전한 자기결정권을 행사하기 어려울 뿐만 아니라, 인지적 · 심리적 · 관계적 자원의 부족으로 타인의 성적 침해 또는 착취행위로부터 자신을 방어하기 어려운 처지에 있기 때문이다(대법원 2020.8.27, 2015도9436 전원합의체). 피해자가 피고인으로부터 강간을 당한 후 다음 날 혼자서 다시 피고인의 집을 찾아간 것이 일반적인 평균인의 경험칙이나 통념에 비추어 범죄 피해자로서는 취하지 않았을 특이하고 이례적인 행태로 보인다고 하더라도, 그로 인하여 곧바로 피해자의 진술에 신빙성이 없다고 단정할 수는 없다. 범죄를 경험한 후 피해자가 보이는 반응과 피해자가 선택하는 대응 방법은 천차만별인바, 강간을 당한 피해자가 반드시 가해나 가해현장을 무서워하며 피하는 것이 마땅하다고는 볼 수 없고, 경우에 따라서는 가해자를 별로 무서워하지 않거나 피하지 않고 나아가 가해자를 먼저 찾아가는 것도 불가능하다고 볼 수는 없다. 피해자와 피고인의 나이 차이, 범행 이전의 우호적인 관계 등에 비추어 보면, 피해자로서는 사귀는 사이인 것으로 알았던 피고인이 자신을 상대로 느닷없이 강간 범행을 한 것에 대해서 의구심을 가지고 그 해명을 듣고 싶어하는 마음을 가졌던 것으로 보이고, 피해자의 그러한 심리가 성폭력을 당한 여성으로서는 전혀 보일 수 없을 정도로 이례적이고 납득 불가능한 것이라고 할 수는 없다. 따라서 피해자가 2018.1.26.자 강간을 당한 후 그 다음 날 스스로 피고인의 집에 찾아갔다고 하더라도, 그러한 피해자의 행위가 피해자 진술의 신빙성을 배척할 사정이 되지는 못한다는 것이다. 원심이 위와 같이 판단하여, 범행 후 피해자의 일부 언행을 문제 삼아 피해자다움이 결여되었다는 등의 이유로 피해자 진술 전체의 신빙성을 다투는 피고인의 주장을 배척하고 이 부분 공소사실을 유죄로 판단한 제1심판결을

그대로 유지한 것은 정당하고, 거기에 논리와 경험의 법칙을 위반하여 자유심증주의의 한계를 벗어난 잘못이 없다(대법원 2020.9.7, 2020도8016).

§solution 해당하지 않는다.

● ○ ○

121 성폭력범죄 피해자 진술의 신빙성 판단

• 경찰2차 20

> 제1심이 증인신문을 거쳐 신빙성을 인정한 성폭력범죄 피해자의 진술 등에 대하여 원심이 추가 증거조사 없이 '피해자다움'이 나타나지 않는다는 등의 사정을 들어 신빙성을 배척하는 것이 타당한가?

판례 성폭행 피해자의 대처 양상은 피해자의 성정이나 가해자와의 관계 및 구체적인 상황에 따라 다르게 나타날 수밖에 없다. 따라서 개별적, 구체적인 사건에서 성폭행 등의 피해자가 처하여 있는 특별한 사정을 충분히 고려하지 않은 채 피해자 진술의 증명력을 가볍게 배척하는 것은 정의와 형평의 이념에 입각하여 논리와 경험의 법칙에 따른 증거판단이라고 볼 수 없다(대법원 2018.10.25, 2018도7709). 범행 후 피해자의 태도 중 '마땅히 그러한 반응을 보여야만 하는 피해자'로 보이지 않는 사정이 존재한다는 이유만으로 피해자 진술의 신빙성을 함부로 배척할 수 없다(대법원 2020.8.20, 2020도6965; 2020.9.3, 2020도8533; 2020.10.29, 2019도4047).

보충 편의점 브랜드 개발팀 직원인 피고인이 편의점주인 피해자를 편의점 안에서 강제추행하였다고 기소된 사안에서, 제1심은 피해자에 대한 증인신문을 거친 후 피해자의 피해 경위에 관한 진술이 구체적이고 일관되어 신빙성이 인정되고, CCTV 영상 촬영사진과도 부합한다는 등의 이유로 유죄로 판단하였는데, 원심은 추가 증거조사 없이 주로 제1심에서 증거조사를 마친 증거들에 기초한 사정들을 들어 피해자 진술 신빙성 등을 배척하고 무죄로 판단하였으나, 대법원은, 원심이 든 사정 중 일부는 피해자에게 '피해자다움'이 나타나지 않음을 지적하는 것으로 위와 같은 법리에 비추어 타당하지 않고, 원심이 지적한 사정만으로는 피해자 진술의 신빙성 유무 및 이에 부합하는 CCTV 영상의 증명력에 관한 제1심의 판단이 명백하게 잘못되었다거나 그대로 유지하는 것이 현저히 부당하다고 인정되는 예외적인 경우에 해당한다고 단정하기 어렵다고 판단한 것이다.

§solution 타당하지 않다.

● ○ ○

122 성폭행 피해자의 대처 양상에 따른 피해자 진술의 신빙성 판단(전동차 강제추행 사건)

판례 성폭행이나 성희롱 사건의 피해자가 피해사실을 알리고 문제를 삼는 과정에서 오히려 피해자가 부정적인 여론이나 불이익한 처우 및 신분 노출의 피해 등을 입기도 하여 온 점 등에 비추어 보면, 성폭행 피해자의 대처 양상은 피해자의 성정이나 가해자와의 관계 및 구체적인 상황에 따라 다르게 나타날 수밖에 없다. 따라서 개별적, 구체적인 사건에서 성폭행 등의 피해자가 처하여 있는 특별한 사정을 충분히 고려하지 않은 채 피해자 진술의 증명력을 가볍게 배척하는 것은 정의와 형평의 이념에 입각하여 논리와 경험의 법칙에 따른 증거판단이라고 볼 수 없다(대법원 2021.3.11, 2020도15259).

보충 ① 원심의 판단: 피고인이 경의중앙선 전동차 안에서, 피해자(여, 28세)의 앞에 붙어 서서 손을 피해자의 치마 속에 집어넣어 스타킹 겉 부분까지 손가락이 닿은 채로 검지와 중지손가락을 이용하여 피해자의 성기 부분을 문지르고 더듬는 등 약 5분 동안 피해자를 강제로 추행하였다는 이유로 기소된 사안에서, 원심은 사람이 많은 전동차 내에서 피고인에게 큰 소리로 항의하고 피고인을 잡고 전동차 밖으로 끌어 내린 뒤 경찰에 신고한 피해자의 태도에 비추어 적극적이고 용감한 성격인 피해자가 일정 시간 공소사실과 같은 정도의 피해에 대하여 이의를 제기하지 않고 참았다는 것은 믿기 어렵다는 등의 이유로 피해자 진술의 신빙성을 배척함으로써, 공소사실을 유죄로 판단한 제1심판결을 파기하고 무죄를 선고하였음. ② 대법원의 판단: 그러나 이 사건 피해자의 진술이 그 진술 내용의 주요한 부분이 일관되며, 경험칙에 비추어 비합리적이거나 진술 자체로 모순되는 부분이 없고, 또한 허위로 피고인에게 불리한 진술을 할 만한 동기나 이유가 분명하게 드러나지 않는데다가, 추행행위를 인지하게 된 경위에 있어서 '처음에는 생리대 때문에 바로 느끼지 못하였다가 한 30초 정도 뒤에 느낌이 이상하여 한 걸음 이동하였는데, 피고인이 그때부터 노골적으로 따라 붙어서 이 사건 추행을 하였다.', '3~5초 정도 눈으로 정확히 범행 장면을 목격하고 난 뒤에 정신을 차리고 따졌다.'는 등으로 진술하고 있는 이 사건에 있어서, 피해자의 항의 태도만으로 피해자의 성격을 속단하여 피해자 진술의 신빙성을 배척한 원심판결은 개별적, 구체적인 사건에서 성범죄 피해자가 처하여 있는 특별한 사정을 충분히 고려하지 않은 채 피해자 진술의 증명력을 가볍게 배척하는 것으로 논리와 경험의 법칙에 따른 증거판단이라고 보기 어렵다는 등의 이유를 들어, 원심의 판단에 증거의 증명력에 관한 법리를 오해한 잘못이 있다고 보아 원심판결을 파기환송한 사례이다.

123 강제추행 사건에서 피해자 진술의 신빙성 판단 기준이 되는 경험칙의 의미와 내용

(판례) 성폭력 사건에서 피고인이 공소사실을 부인하고 있고 공소사실에 부합하는 직접증거로 사실상 피해자의 진술이 유일한 경우, 피해자의 진술이 합리적인 의심을 배제할 만한 신빙성이 있는지 여부는 그 진술 내용의 주요한 부분이 일관되고 구체적인지, 진술 내용이 논리와 경험칙에 비추어 합리적이고, 진술 자체로 모순되거나 객관적으로 확인된 사실이나 사정과 모순되지는 않는지, 또는 허위로 피고인에게 불리한 진술을 할 만한 동기나 이유가 있는지 등을 종합적으로 고려하여 신중하게 판단하여야 한다. 경험칙이란 각개의 경험으로부터 귀납적으로 얻어지는 사물의 성상이나 인과의 관계에 관한 사실판단의 법칙이므로 경험칙을 도출하기 위하여서는 그 기초되는 구체적인 경험적 사실의 존재가 전제되어야 한다. 성폭력 범죄는 성별에 따라 차별적으로 구조화된 성을 기반으로 지극히 사적인 영역에서 발생하므로, 피해자라도 본격적으로 문제제기를 하게 되기 전까지는 피해사실이 알려지기를 원하지 아니하고 가해자와 종전의 관계를 계속 유지하는 경우도 적지 아니하며, 피해상황에서도 가해자에 대한 이중적인 감정을 느끼기도 한다. 한편 누구든지 일정 수준의 신체접촉을 용인하였더라도 자신이 예상하거나 동의한 범위를 넘어서는 신체접촉을 거부할 수 있고(대법원 2019.7.11, 2018도2614), 피해상황에서 명확한 판단이나 즉각적인 대응을 하는 데에 어려움을 겪을 수 있다. 이와 같이 성폭력 피해자의 대처 양상은 피해자의 나이, 성별, 지능이나 성정, 사회적 지위와 가해자와의 관계 등 구체적인 처지와 상황에 따라 다르게 나타날 수밖에 없다. 따라서 피해자의 진술 내용이 논리와 경험칙에 비추어 합리적인지 여부는 개별적, 구체적인 사건에서 성폭력 피해자가 처하여 있는 상황에 기초하여 판단하여야 하고, 그러한 사정을 충분히 고려하지 아니한 채 통상의 성폭력 피해자라면 마땅히 보여야 할 반응을 상정해 두고 이러한 통념에 어긋나는 행동을 하였다는 이유로 섣불리 경험칙에 어긋난다거나 합리성이 없다고 판단하는 것은 정의와 형평의 이념에 입각하여 논리와 경험의 법칙에 따른 증거판단이라고 볼 수 없다(대법원 2018.10.25, 2018도7709; 2020.10.29, 2019도4047 등). 그리고 공소사실을 인정할 증거로 사실상 피해자의 진술이 유일한 경우에 피고인의 진술이 경험칙상 합리성이 없고 그 자체로 모순되어 믿을 수 없다고 하여 그것이 공소사실을 인정하는 직접증거가 되는 것은 아니지만, 이러한 사정은 법관의 자유판단에 따라 피해자 진술의 신빙성을 뒷받침하거나 직접증거인 피해자 진술과 결합하여 공소사실을 뒷받침하는 간접정황이 될 수 있다(대법원 2022.8.19, 2021도3451).

124 성폭행 등의 피해자 진술의 증명력을 판단하는 방법 등

(판례) [1] 성폭행 피해자의 대처 양상은 피해자의 성정이나 가해자와의 관계 및 구체적인 상황에 따라 다르게 나타날 수밖에 없다. 따라서 개별적, 구체적인 사건에서 성폭행 등의 피해자가 처하여 있는 특별한 사정을 충분히 고려하지 않은 채 피해자 진술의 증명력을 가볍게 배척하는 것은 정의와 형평의 이념에 입각하여 논리와 경험의 법칙에 따른 증거판단이라고 볼 수 없다. 범행 후 피해자의 태도 중 '마땅히 그러

한 반응을 보여야만 하는 피해자'로 보이지 않는 사정이 존재한다는 이유만으로 피해자 진술의 신빙성을 함부로 배척할 수 없다.

[2] 누구든지 일정 수준의 신체접촉을 용인하였더라도 자신이 예상하거나 동의한 범위를 넘어서는 신체접촉을 거부할 수 있다. 그런데 피해자는 동의 범위를 벗어난 신체접촉을 당한 피해상황에서 명확한 판단이나 즉각적인 대응을 하는 데에 어려움을 겪을 수 있다. 따라서 시간적, 장소적으로 근접한 신체접촉 행위들 중 강제성이 인정되는 일부 행위가 기소된 경우, 그 이전의 신체접촉 행위에 대하여 피해자가 용인하였다는 이유로 공소사실 기재 추행행위까지도 용인하였으리라는 막연한 추측하에 피해자 진술 전체의 신빙성을 평가하여서는 아니 된다.

[3] 피해자의 증언은 단편적인 부분만을 떼어서 판단할 것이 아니라 전체적인 취지를 살펴야 하고, 특히 피해자의 증언이 질문에 대한 답변인 경우 질문 내용은 물론, 다른 질문에 대한 답변 내용과 비교 등을 통해 피해자 증언의 전체적인 취지를 파악하여야 한다.

[4] 피해자라도 본격적으로 문제제기를 하게 되기 전까지는 피해사실이 알려지기를 원하지 아니하고 가해자와 종전의 관계를 계속 유지하는 경우도 적지 아니하다. 이러한 양상은 결속력이 강하고 폐쇄적인 군부대 내에서 벌어진 성폭력 범행의 경우 더욱 현저할 수 있으므로 범행 후 피해자의 행동을 가지고 범행에 대한 피해자 진술의 신빙성을 판단함에 있어서는 이러한 점이 충분히 고려되어야 한다.

[5] 성적 자유를 침해당했을 때 느끼는 성적 수치심은 부끄럽고 창피한 감정만으로 나타나는 것이 아니라 다양한 형태로 나타날 수 있고, 혐오감 또한 추행 피해자가 느낄 수 있는 감정에 해당한다.

[6] 성폭력범죄의 처벌 등에 관한 특례법 제13조는 "자기 또는 다른 사람의 성적 욕망을 유발하거나 만족시킬 목적으로 전화, 우편, 컴퓨터, 그 밖의 통신매체를 통하여 '성적 수치심이나 혐오감을 일으키는 말, 음향, 글, 그림, 영상 또는 물건'을 상대방에게 도달하게 한 사람"을 처벌한다. '자기 또는 다른 사람의 성적 욕망을 유발하거나 만족시킬 목적'이 있는지 여부는 피고인과 피해자의 관계, 행위의 동기와 경위, 행위의 수단과 방법, 행위의 내용과 태양, 상대방의 성격과 범위 등 여러 사정을 종합하여 사회통념에 비추어 합리적으로 판단하여야 한다. 또한 '성적 수치심이나 혐오감을 일으키는 것'은 피해자에게 단순한 부끄러움이나 불쾌감을 넘어 인격적 존재로서의 수치심이나 모욕감을 느끼게 하거나 싫어하고 미워하는 감정을 느끼게 하는 것으로서 사회 평균인의 성적 도의관념에 반하는 것을 의미한다. 이와 같은 성적 수치심 또는 혐오감의 유발 여부는 일반적이고 평균적인 사람들을 기준으로 하여 판단함이 타당하고, 특히 성적 수치심의 경우 피해자와 같은 성별과 연령대의 일반적이고 평균적인 사람들을 기준으로 하여 그 유발 여부를 판단하여야 한다(대법원 2022.9.29, 2020도11185).

● ○ ○

125 같은 피해자에 대한 동종 범죄라 하더라도 피해자 진술의 신빙성이나 그 신빙성 유무를 기초로 한 범죄 성립 여부를 달리 판단할 수 있다는 사례

[판례] 사실인정의 전제로 이루어지는 증거의 취사선택과 증명력에 대한 판단은 자유심증주의의 한계를 벗어나지 않는 한 사실심 법원의 재량에 속한다(형사소송법 제308조). 인접한 시기에 같은 피해자를 상대로 저질러진 동종 범죄라도 각각의 범죄에 따라 범행의 구체적인 경위, 피해자와 피고인 사이의 관계, 피해자를 비롯한 관련 당사자의 진술 등이 다를 수 있다. 따라서 사실심 법원은 인접한 시기에 같은 피해자를 상대로 저질러진 동종 범죄에 대해서도 각각의 범죄에 따라 피해자 진술의 신빙성이나 그 신빙성 유무를 기초로 한 범죄 성립 여부를 달리 판단할 수 있고, 이것이 실체적 진실발견과 인권보장이라는 형사소송의 이념에 부합한다(대법원 2022.3.31, 2018도19472, 2018전도126).

[보충] 한편 대법원은 다른 상관(함장)에 대해서는 무죄로 판단한 원심을 파기환송하였다(대법원 2022.3.31, 2018도19037).

●●○
126 성폭행 피해자의 진술의 신빙성 판단

(판례) 누구든지 일정 수준의 신체접촉을 용인하였더라도 자신이 예상하거나 동의한 범위를 넘어서는 신체접촉을 거부할 수 있고, 피해상황에서 명확한 판단이나 즉각적인 대응을 하는 데에 어려움을 겪을 수 있다(대법원 2022.8.19, 2021도3451). 성추행 피해자가 추행 즉시 행위자에게 항의하지 않은 사정만으로 곧바로 피해자 진술의 신빙성을 부정할 것이 아니고(대법원 2020.9.24, 2020도7869), 피해자가 성추행 피해를 당하고서 즉시 항의하거나 반발하는 등의 거부의사를 밝히는 대신 그 자리에 가만히 있었다는 사정만으로 강제추행죄의 성립이 부정된다고 볼 수도 없다(대법원 2020.3.26, 2019도15994). …… 범죄 피해자가 적극적으로 범행 관련 증거를 확보하고, 언론사에 관련 제보를 하거나 가해자에게 합의금을 요구하는 등 자신의 피해를 변상받기 위해 적극적으로 행동하는 것은 범죄 피해자로서 충분히 예상되는 행동이고 그 과정에서 통상적인 수준을 넘는 액수의 합의금을 요구하였다는 사정만으로 피해자 진술의 신빙성을 배척할 수는 없는바, 원심이 든 사정만으로 피해자 진술의 신빙성을 배척하기는 어렵다(대법원 2022.11.10, 2021도230).

●●○
127 과학적 증거방법이 사실인정에서 상당한 정도의 구속력을 갖기 위한 요건
• 경찰1차 20, 국가9급 21, 국가9급개론 21

> 과학적 증거방법이 사실인정에 있어서 상당한 정도로 구속력을 갖기 위해서는, 감정인이 전문적인 지식 · 기술 · 경험을 가지고 공인된 표준 검사기법으로 분석한 후 법원에 제출하였다는 것으로 충분한가?

(판례) 과학적 증거방법이 사실인정에 있어서 상당한 정도로 구속력을 갖기 위해서는 감정인이 전문적인 지식 · 기술 · 경험을 가지고 공인된 표준 검사기법으로 분석한 후 법원에 제출하였다는 것만으로는 부족하고, 시료의 채취 · 보관 · 분석 등 모든 과정에서 시료의 동일성이 인정되고 인위적인 조작 · 훼손 · 첨가가 없었음이 담보되어야 하며 각 단계에서 시료에 대한 정확한 인수 · 인계 절차를 확인할 수 있는 기록이 유지되어야 한다. 피고인이 메트암페타민을 투약하였다고 하여 마약류 관리에 관한 법률 위반(향정)으로 기소되었는데, 공소사실을 부인하고 있고, 투약의 일시, 장소, 방법 등이 명확하지 못하며, 투약 사실에 대한 직접적인 증거로는 피고인의 소변과 머리카락에서 메트암페타민 성분이 검출되었다는 국립과학수사연구원의 감정 결과만 있는 경우, 감정물이 피고인으로부터 채취한 것과 동일하다고 단정하기 어려워 그 감정 결과의 증명력은 피고인의 투약 사실을 인정하기에 충분하지 않다(대법원 2018.2.8, 2017도14222).

(보충) 피고인은 경찰서에 출석하여 조사받으면서 투약혐의를 부인하고 소변과 머리카락을 임의로 제출하였는데, 경찰관이 조사실에서 아큐사인(AccuSign) 시약으로 피고인의 소변에 메트암페타민 성분이 있는지를 검사하였으나 결과가 음성이었던 점, 경찰관은 그 직후 피고인의 소변을 증거물 병에 담고 머리카락을 뽑은 후 별다른 봉인 조처 없이 조사실 밖으로 가지고 나간 점, 피고인의 눈앞에서 소변과 머리카락이 봉인되지 않은 채 반출되었음에도 그 후 조작 · 훼손 · 첨가를 막기 위하여 어떠한 조처가 행해졌고 누구의 손을 거쳐 국립과학수사연구원에 전달되었는지 확인할 수 없는 점, 감정물인 머리카락과 소변에 포함된 세포의 디엔에이 (DNA) 분석 등 피고인의 것임을 과학적 검사로 확인한 자료가 없는 점 등 피고인으로부터 소변과 머리카락을 채취해 감정하기까지의 여러 사정을 종합하면, 국립과학수사연구원의 감정물이 피고인으로부터 채취한 것과 동일하다고 단정하기 어려워 그 감정 결과의 증명력은 피고인의 투약 사실을 인정하기에 충분하지 않다.

♀solution 충분하지 않다.

128 혈중알코올농도 측정 없이 위드마크 공식을 적용한 사건

판례 범죄구성요건사실을 인정하기 위하여 과학공식 등의 경험칙을 이용하는 경우에 그 법칙 적용의 전제가 되는 개별적·구체적 사실에 대하여는 엄격한 증명을 요한다. 위드마크 공식은 알코올을 섭취하면 최고 혈중알코올농도가 높아지고, 흡수된 알코올은 시간의 경과에 따라 일정하게 분해된다는 과학적 사실에 근거한 수학적인 방법에 따른 계산결과를 통해 운전 당시 혈중알코올농도를 추정하는 경험칙의 하나이므로, 그 적용을 위한 자료로 섭취한 알코올의 양·음주시각·체중 등이 필요하고 이에 관하여는 엄격한 증명이 필요하다. 나아가 위드마크 공식에 따른 혈중알코올농도의 추정방식에는 알코올의 흡수분배로 인한 최고 혈중알코올농도에 관한 부분과 시간경과에 따른 분해소멸에 관한 부분이 있고, 그 중 최고 혈중알코올농도의 계산에 관하여는 섭취한 알코올의 체내흡수율과 성별·비만도·나이·신장·체중 등이 결과에 영향을 미칠 수 있으며, 개인의 체질, 술의 종류, 음주속도, 음주 시 위장에 있는 음식의 정도 등에 따라 최고 혈중알코올농도에 이르는 시간이 달라질 수 있고, 알코올의 분해소멸에 관하여도 평소의 음주정도, 체질, 음주속도, 음주 후 신체활동의 정도 등이 시간당 알코올 분해량에 영향을 미칠 수 있는 등 음주 후 특정 시점의 혈중알코올농도에 영향을 줄 수 있는 다양한 요소가 존재한다. 한편, 형사재판에서 유죄의 인정은 법관으로 하여금 합리적인 의심을 할 여지가 없을 정도로 공소사실이 진실한 것이라는 확신을 가지게 할 수 있는 증명이 필요하므로, 위 영향요소를 적용할 때 피고인이 평균인이라고 쉽게 단정하여서는 아니 되고, 필요하다면 전문적인 학식이나 경험이 있는 자의 도움을 받아 객관적이고 합리적으로 혈중알코올농도에 영향을 줄 수 있는 요소를 확정하여야 한다. 만일 위드마크 공식의 적용에 관해서 불확실한 점이 남아 있고 그것이 피고인에게 불이익하게 작용한다면, 그 계산결과는 합리적인 의심을 품게 하지 않을 정도의 증명력이 있다고 할 수 없다(대법원 2000.11.24, 2000도2900 등). 혈중알코올농도 측정 없이 위드마크 공식을 사용해 피고인이 마신 술의 양을 기초로 피고인의 운전 당시 혈중알코올농도를 추산하는 경우로서 알코올의 분해소멸에 따른 혈중알코올농도의 감소기(위드마크 제2공식, 하강기)에 운전이 이루어진 것으로 인정되는 경우에는 피고인에게 가장 유리한 음주 시작 시점부터 곧바로 생리작용에 의하여 분해소멸이 시작되는 것으로 보아야 한다. 이와 다르게 음주 개시 후 특정 시점부터 알코올의 분해소멸이 시작된다고 인정하려면 알코올의 분해소멸이 시작되는 시점이 다르다는 점에 관한 과학적 증명 또는 객관적인 반대 증거가 있거나, 음주 시작 시점부터 알코올의 분해소멸이 시작된다고 보는 것이 그렇지 않은 경우보다 피고인에게 불이익하게 작용되는 특별한 사정이 있어야 한다. …… 섭취한 알코올의 양, 음주시간, 체중 등 위드마크 공식의 적용을 위한 자료에 관한 엄격한 증명도 없는 상태로, 혈중알코올농도의 측정 없이 위드마크 공식을 적용하여 혈중알코올농도의 감소기에 운전이 이루어진 것으로 인정함에 있어 음주 시작 시점부터 곧바로 분해소멸이 시작되는 것으로 보지 않았음에도 운전 당시 혈중알코올농도가 0.03% 이상임을 전제로 유죄 판결을 한 것은 위법하다(대법원 2022.5.12, 2021도14074).

129 음주운전 교통사고 후 추가음주의 경우와 위드마크공식

• 경찰간부 24

판례 일반적으로 범죄구성요건 사실의 존부를 알아내기 위하여 위와 같은 과학공식 등의 경험칙을 이용하는 경우에는 그 법칙 적용의 전제가 되는 개별적이고 구체적인 사실에 관하여 엄격한 증명을 요한다고 할 것이다. 시간의 경과에 의한 알코올의 분해소멸에 관해서는 평소의 음주정도, 체질, 음주속도, 음주 후 신체활동의 정도 등이 시간 당 알코올분해량에 영향을 미칠 수 있으므로, 특별한 사정이 없는 한 해당 운전자의 시간당 알코올분해량이 평균인과 같다고 쉽게 단정할 것이 아니라 증거에 의하여 명확히 밝혀야 하고, 증명을 위하여 필요하다면 전문적인 학식이나 경험이 있는 사람들의 도움 등을 받아야 하며, 만일 공식을 적용할 때 불확실한 점이 남아 있고 그것이 피고인에게 불이익하게 작용한다면 그 계산결과는 합리적인 의심을 품게 하지 않을 정도의 증명력이 있다고 할 수 없다(대법원 2000.10.24, 2000도3307;

2000.10.24, 2000도3145; 2000.12.26, 2000도2185 등). 그러나 시간당 알코올분해량에 관하여 알려져 있는 신빙성 있는 통계자료 중 피고인에게 가장 유리한 것을 대입하여 위드마크 공식을 적용하여 운전시의 혈중알코올 농도를 계산하는 것은 피고인에게 실질적인 불이익을 줄 우려가 없으므로 그 계산결과는 유죄의 인정자료로 사용할 수 있다고 하여야 한다(대법원 2001.6.26, 99도5393 등). 이 사건의 경우와 같이, 형사처벌을 모면하기 위해 의도적인 추가음주를 하는 행위가 드물지 않게 발생하고 있다. 죄증을 인멸하기 위한 의도적인 추가음주행위를 통해 음주운전자가 정당한 형사처벌을 회피하게 되는 결과를 그대로 용인하는 것은 정의의 관념이나 음주운전에 대한 강력한 처벌을 통해 안전사회를 염원하는 국민적 공감대 및 시대적 흐름에 비추어 바람직하지 않다. 국민의 건강과 사회의 안전을 보호하고 의도적인 법질서교란행위에 대한 정당한 처벌이 이루어질 수 있는 방향으로 추가음주 사안의 현황과 문제점을 체계적으로 파악하여 이를 해결하기 위한 입법적 조치 등이 이루어질 필요가 있지만, 이러한 조치가 없는 현재의 상황에서는 죄형법정주의와 검사의 엄격한 증명책임이라는 형사법의 대원칙을 존중하여 판단할 수밖에 없다(대법원 2023.12.28, 2020도6417).

130 증인 진술의 신빙성 유무에 대한 제1심의 판단을 항소심이 뒤집을 수 있는지 여부(원칙적 소극)

유사판례

[판례] 제1심 증인이 한 진술에 대한 항소심의 신빙성 유무 판단은 원칙적으로 증인신문조서를 포함한 기록만을 그 자료로 삼게 되므로, 진술의 신빙성 유무 판단을 할 때 가장 중요한 요소 중의 하나라 할 수 있는 진술 당시 증인의 모습이나 태도, 진술의 뉘앙스 등을 그 평가에 반영하기가 어렵다. 이러한 사정을 고려하면, 제1심판결 내용과 제1심에서 증거조사를 거친 증거들에 비추어 제1심 증인이 한 진술의 신빙성 유무에 대한 제1심의 판단이 명백하게 잘못되었다고 볼 특별한 사정이 있거나, 제1심의 증거조사 결과와 항소심 변론종결 시까지 추가로 이루어진 증거조사 결과를 종합하면 제1심 증인이 한 진술의 신빙성 유무에 대한 제1심의 판단을 그대로 유지하는 것이 현저히 부당하다고 인정되는 예외적인 경우가 아니라면, 항소심으로서는 제1심 증인이 한 진술의 신빙성 유무에 대한 제1심의 판단이 항소심의 판단과 다르다는 이유만으로 이에 대한 제1심의 판단을 함부로 뒤집어서는 안 된다(대법원 2019.7.24, 2018도17748).

131 항소심이 심리과정에서 심증 형성에 영향을 미칠 만한 객관적 사유가 새로 드러난 것이 없음에도 제1심의 사실인정에 관한 판단을 재평가하여 사후심적으로 판단하여 뒤집을 수 없다는 사례

[판례] 형사소송법상 항소심은 속심을 기반으로 하되 사후심의 요소도 상당 부분 들어 있는 이른바 사후심적 속심의 성격을 가지므로 항소심에서 제1심 판결의 당부를 판단할 때에는 이러한 심급구조의 특성을 고려해야 한다. 항소심이 심리과정에서 심증의 형성에 영향을 미칠 만한 객관적 사유가 새로 드러난 것이 없는데도 제1심 판단을 재평가하여 사후심적으로 판단하여 뒤집고자 할 때에는, ① 제1심의 증거가치 판단이 명백히 잘못되었다거나 ② 사실인정에 이르는 논증이 논리와 경험의 법칙에 어긋나는 등 그 판단을 그대로 유지하는 것이 현저히 부당하다고 볼 만한 합리적인 사정이 있어야 하고, 그러한 예외적 사정도 없이 제1심의 사실인정에 관한 판단을 함부로 뒤집어서는 안 된다(대법원 1996.12.6, 96도2461; 2017.3.22, 2016도18031 등). 특히 공소사실을 뒷받침하는 증인 진술의 신빙성을 배척한 제1심 판단을 뒤집는 경우에는 무죄추정의 원칙과 형사증명책임의 원칙에 비추어 이를 수긍할 수 없는 충분하고도 납득할 만한 현저한 사정이 나타나는 경우라야 한다(대법원 2022.5.26, 2017도11582).

132 국민참여재판에서 배심원의 만장일치 무죄평결을 받아들여 무죄판결이 선고된 경우 항소심의 판단

판례 피고인은 피해자로부터 투자금을 편취하였다는 「특정경제범죄 가중처벌 등에 관한 법률」 위반(사기)로 기소되었는데, 국민참여재판으로 진행된 제1심에서 배심원 전원일치 무죄평결이 채택되어 무죄가 선고되었다. 항소심은 제1심 판결에 대하여 추가적인 증거조사를 거쳐 피해자 진술의 신빙성이 인정된다는 이유로 제1심 법원의 판단을 뒤집고 유죄로 판단하였다. …… 제1심 법원에서 증거로 할 수 있었던 증거는 항소법원에서도 증거로 할 수 있다(형사소송법 제364조 제3항). 즉 제1심 법원에서 증거능력이 있었던 증거는 항소심에서도 증거능력이 그대로 유지되어 재판의 기초가 될 수 있고 다시 증거조사를 할 필요가 없으며(대법원 2005.3.11, 2004도8313), 항소심 재판장이 증거조사절차에 들어가기에 앞서 제1심의 증거관계와 증거조사결과의 요지를 고지하면 된다(형사소송규칙 제156조의5 제1항). 한편 형사소송규칙 제156조의5 제2항에 의하면 항소심의 증거조사 중 증인신문의 경우, 항소심 법원은 '제1심에서 조사되지 아니한 데에 대하여 고의나 중대한 과실이 없고, 그 신청으로 인하여 소송을 현저하게 지연시키지 아니하는 경우(제1호)', '제1심에서 증인으로 신문하였으나 새로운 중요한 증거의 발견 등으로 항소심에서 다시 신문하는 것이 부득이하다고 인정되는 경우(제2호)', '그 밖에 항소의 당부에 관한 판단을 위하여 반드시 필요하다고 인정되는 경우(제3호)'에 한하여 증인을 신문할 수 있다. 위 규정은 형사재판의 사실인정에 있어서 제1심 법원과 항소심 법원의 역할 및 관계 등에 관한 입법 취지 등에 비추어 항소심에서의 증거조사는 필요 최소한에 그쳐야 한다는 점을 반영한 것이다. 이를 고려하면, 형사소송규칙 제156조의5 제2항 제3호는 비록 포괄적 사유이기는 하지만 항소심 법원에 증인신문에 관한 폭넓은 재량을 부여한 것으로 볼 것이 아니라 제1, 2호가 규정한 사유에 준하는 '예외적 사유'로 보아야 한다. …… 배심원이 참여하는 형사재판 즉 국민참여재판을 거쳐 제1심 법원이 배심원의 만장일치 무죄평결을 받아들여 피고인에 대하여 무죄판결을 선고한 경우, 국민참여재판을 도입한 입법 취지, 실질적 직접심리주의의 의미와 정신 등에 비추어 '증거의 취사 및 사실의 인정'에 관한 제1심 법원의 판단은 한층 더 존중될 필요가 있고 그런 면에서 제1심 법원의 무죄판결에 대한 항소심에서의 추가적이거나 새로운 증거조사는 형사소송법과 형사소송규칙 등에서 정한 바에 따라 신중하게 이루어져야 한다(무죄판결에 대한 항소심에서의 추가적이거나 새로운 증거조사는 형사소송법과 형사소송규칙 등에서 정한 바에 따라 증거조사의 필요성이 분명하게 인정되는 예외적인 경우에 한정하여 실시하는 것이 바람직함)(대법원 2024.7.25, 2020도7802).

133 증인 진술의 신빙성을 부정한 제1심의 판단을 항소심이 뒤집을 수 있는 경우

판례 형사소송법이 채택하고 있는 실질적 직접심리주의의 정신에 비추어, 항소심으로서는 ① 제1심 증인이 한 진술의 신빙성 유무에 대한 제1심의 판단이 항소심의 판단과 다르다는 이유만으로 이에 대한 제1심의 판단을 함부로 뒤집어서는 아니되나, ② 제1심 증인이 한 진술의 신빙성 유무에 대한 제1심의 판단이 명백하게 잘못되었다고 볼 특별한 사정이 있거나, 제1심 증거조사 결과와 항소심 변론종결시까지 추가로 이루어진 증거조사 결과를 종합하면 제1심 증인이 한 진술의 신빙성 유무에 대한 제1심의 판단을 그대로 유지하는 것이 현저히 부당하다고 인정되는 예외적인 경우에는 그러하지 아니하다(대법원 2021.6.10, 2021도2726).

3 자백배제법칙

---

4 **위법수집증거배제법칙**

● ● ●
134 피압수자의 참여권이 보장되지 않은 압수에 의한 압수물의 증거능력 ·법원9급 22, 경찰2차 23

> 수원지방법원 판사는 2021.4.2.경 피고인 甲에 대하여 「성매매알선 등 행위의 처벌에 관한 법률」위반(성매매알선등) 혐의로 체포영장을 발부하면서, 피고인이 사용·보관중인 휴대전화(성매매여성 등 정보가 보관되어 있는 저장장치 포함) 등에 대한 사전 압수·수색영장을 함께 발부하였다. 경기남부지방경찰청 소속 사법경찰관 P는 2021.4.15. 13:25경 피고인을 체포하면서 피고인 소유의 휴대전화를 압수하였다. 피고인은 당일 21:36분경 입감 되었다. 경찰관은 2021.4.16. 09:00경 이 사건 휴대전화를 탐색하던 중 성매매영업 매출액 등이 기재된 엑셀파일을 발견하였고, 이를 별도의 저장매체에 복제하여 출력한 후 이 사건 수사기록에 편철하였다. 그러나 이 사건 휴대전화 탐색 당시까지도 피고인은 경찰서 유치장에 입감된 상태였던 것으로 보인다. 사법경찰관은 2021.4.17.경 이 사건 엑셀파일 등에 대하여 사후 압수·수색영장을 발부받았다. 그러나 이 사건 휴대폰 내 전자정보 탐색·복제·출력과 관련하여 사전에 그 일시·장소를 통지하거나 피고인에게 참여의 기회를 보장하거나, 압수한 전자정보 목록을 교부하거나 또는 피고인이 그 과정에 참여하지 아니할 의사를 가지고 있는지 여부를 확인할 수 있는 어떤 객관적인 자료도 존재하지 않는다. 그렇다면 위 엑셀파일의 증거능력은 인정되는가?

판례 압수의 대상이 되는 전자정보와 그렇지 않은 전자정보가 혼재된 정보저장매체나 그 복제본을 압수·수색한 수사기관이 정보저장매체 등을 수사기관 사무실 등으로 옮겨 이를 탐색·복제·출력하는 경우, 그와 같은 일련의 과정에서 형사소송법 제219조, 제121조에서 규정하는 피압수·수색 당사자나 변호인에게 참여의 기회를 보장하고 압수된 전자정보의 파일 명세가 특정된 압수목록을 작성·교부하여야 하며 범죄혐의사실과 무관한 전자정보의 임의적인 복제 등을 막기 위한 적절한 조치를 취하는 등 영장주의 원칙과 적법절차를 준수하여야 한다. 만약 그러한 조치가 취해지지 않았다면 피압수자 측이 참여하지 아니한다는 의사를 명시적으로 표시하였거나 절차 위반행위가 이루어진 과정의 성질과 내용 등에 비추어 피압수자 측에 절차 참여를 보장한 취지가 실질적으로 침해되었다고 볼 수 없을 정도에 해당한다는 등의 특별한 사정이 없는 이상 압수·수색이 적법하다고 평가할 수 없고, 비록 수사기관이 정보저장매체 또는 복제본에서 범죄혐의사실과 관련된 전자정보만을 복제·출력하였다 하더라도 달리 볼 것은 아니다(대법원 2015.7.16, 2011모1839 전원합의체; 2021.11.18, 2016도348 전원합의체). 따라서 수사기관이 피압수자 측에게 참여의 기회를 보장하거나 압수한 전자정보 목록을 교부하지 않는 등 영장주의 원칙과 적법절차를 준수하지 않은 위법한 압수·수색 과정을 통하여 취득한 증거는 위법수집증거에 해당하고, 사후에 법원으로부터 영장이 발부되었다거나 피고인이나 변호인이 이를 증거로 함에 동의하였다고 하여 위법성이 치유되는 것도 아니다. 사법경찰관은 피고인을 유치장에 입감시킨 상태에서 휴대전화 내 전자정보를 탐색·복제·출력함으로써 참여의 기회를 배제한 상태에서 이 사건 엑셀파일을 탐색·복제·출력하였고, 압수한 전자정보 상세목록을 교부한 것으로 평가할 수 없어, 위 엑셀파일은 위법하게 수집된 증거로서 증거능력이 없고, 사후에 압수·수색영장을 발부받아 압수절차가 진행되었더라도 위법성이 치유되지 않는다(대법원 2022.7.28, 2022도2960).

♀solution 인정되지 않는다.

● ○ ○
135 특별검사가 검찰을 통하여 또는 직접 청와대로부터 넘겨받은 청와대 문건 사건

(판례) 대통령비서실장인 피고인이 대통령의 뜻에 따라 정무수석비서관실과 교육문화수석비서관실 등 수석비서관실과 문화체육관광부에 문화예술진흥기금 등 정부의 지원을 신청한 개인·단체의 이념적 성향이나 정치적 견해 등을 이유로 한국문화예술위원회·영화진흥위원회·한국출판문화산업진흥원이 수행한 각종 사업에서 이른바 좌파 등에 대한 지원배제를 지시하였다는 직권남용권리행사방해의 공소사실로 기소된 경우, 특별검사가 검찰을 통하여 또는 직접 청와대로부터 넘겨받아 원심에 제출한 '청와대 문건'은 '대통령기록물 관리에 관한 법률'을 위반하거나 공무상 비밀을 누설하여 수집된 것으로 볼 수 없어 위법수집증거가 아니므로 증거능력이 있다(대법원 2020.1.30, 2018도2236 전원합의체).

● ● ●
136 판사의 날인이 누락된 압수수색영장에 기초하여 수집한 증거가 위법수집증거에 해당하는지 여부에 관한 사건

• 경찰승진 20, 국가9급 21, 변호사시험 21

> [제1문] S지방법원 영장담당판사가 발부한 압수수색검증영장은 판사의 서명날인란에는 서명만 있고 그 옆에 날인이 없다. 위 영장에 기하여 이루어진 압수는 적법할 수 있는가?
> [제2문] 전자정보가 담긴 저장매체 또는 복제본을 수사기관 사무실 등으로 옮겨 복제·탐색·출력하는 경우, 피압수자 측이 위와 같은 절차나 과정에 참여하지 않는다는 의사를 명시적으로 표시하였거나 절차 위반행위가 이루어진 과정의 성질과 내용 등에 비추어 피압수자에게 절차 참여를 보장한 취지가 실질적으로 침해되었다고 볼 수 없는 경우, 압수·수색은 적법한가?

[제1문]

(판례) 이 사건 파일 출력물이 위와 같이 적법하지 않은 영장에 기초하여 수집되었다는 절차상의 결함이 있지만, 이는 법관이 공소사실과 관련성이 있다고 판단하여 발부한 영장에 기초하여 취득된 것이고, 위와 같은 결함은 피고인의 기본적 인권보장 등 법익 침해 방지와 관련성이 적다. 이 사건 파일 출력물의 취득 과정에서 절차 조항 위반의 내용과 정도가 중대하지 않고 절차 조항이 보호하고자 하는 권리나 법익을 본질적으로 침해하였다고 볼 수 없다. 오히려 이러한 경우에까지 공소사실과 관련성이 높은 이 사건 파일 출력물의 증거능력을 배제하는 것은 적법절차의 원칙과 실체적 진실 규명의 조화를 도모하고 이를 통하여 형사 사법 정의를 실현하려는 취지에 반하는 결과를 초래할 수 있다. 요컨대, 이 사건 영장이 형사소송법이 정한 요건을 갖추지 못하여 적법하게 발부되지 못하였다고 하더라도, 그 영장에 따라 수집한 이 사건 파일 출력물의 증거능력을 인정할 수 있다. 이에 기초하여 획득한 2차적 증거인 위 각 증거 역시 증거능력을 인정할 수 있다(대법원 2019.7.11, 2018도20504).

♀solution 적법할 수 있다.

[제2문]

(판례) 형사소송법 제219조, 제121조는 '수사기관이 압수·수색영장을 집행할 때에는 피압수자 또는 변호인은 그 집행에 참여할 수 있다.'고 정하고 있다. 저장매체에 대한 압수·수색 과정에서 범위를 정하여 출력·복제하는 방법이 불가능하거나 압수의 목적을 달성하기에 현저히 곤란한 예외적인 사정이 인정되어 전자정보가 담긴 저장매체, 하드카피나 이미징(imaging) 등 형태(이하 '복제본')를 수사기관 사무실 등으로 옮겨 복제·탐색·출력하는 경우에도, 피압수자나 변호인에게 참여 기회를 보장하고 혐의사실과

무관한 전자정보의 임의적인 복제 등을 막기 위한 적절한 조치를 취하는 등 영장주의 원칙과 적법절차를 준수하여야 한다. 만일 그러한 조치를 취하지 않았다면 압수·수색이 적법하다고 평가할 수 없다. 다만 피압수자 측이 위와 같은 절차나 과정에 참여하지 않는다는 의사를 명시적으로 표시하였거나 절차 위반행위가 이루어진 과정의 성질과 내용 등에 비추어 피압수자에게 절차 참여를 보장한 취지가 실질적으로 침해되었다고 볼 수 없는 경우에는 압수·수색의 적법성을 부정할 수 없다. 이는 수사기관이 저장매체 또는 복제본에서 혐의사실과 관련된 전자정보만을 복제·출력한 경우에도 마찬가지이다(대법원 2019.7.11, 2018도20504).

♀solution 적법하다.

137 외국인 체포시 영사통보권 불고지 사건
• 경찰2차 23

(판례) (수사기관이 외국인을 체포하거나 구속하면서 지체 없이 영사통보권 등이 있음을 고지하지 않았다면 수사절차는 위법함) 영사관계에 관한 비엔나협약(Vienna Convention on Consular Relations, 1977. 4.6. 대한민국에 대하여 발효된 조약 제594호, 이하 '협약'이라 한다) 제36조 제1항 (b)호, 경찰수사규칙 제91조 제2항, 제3항이 외국인을 체포·구속하는 경우 지체 없이 외국인에게 영사통보권 등이 있음을 고지하고, 외국인의 요청이 있는 경우 영사기관에 체포·구금 사실을 통보하도록 정한 것은 외국인의 본국이 자국민의 보호를 위한 조치를 취할 수 있도록 협조하기 위한 것이다. 따라서 수사기관이 외국인을 체포하거나 구속하면서 지체 없이 영사통보권 등이 있음을 고지하지 않았다면 체포나 구속 절차는 국내법과 같은 효력을 가지는 협약 제36조 제1항 (b)호를 위반한 것으로 위법하다. …… 적법한 절차에 따르지 아니하고 수집한 증거는 증거로 할 수 없다(형사소송법 제308조의2). 다만 수사기관의 절차 위반행위가 적법절차의 실질적인 내용을 침해하는 경우에 해당하지 않고, 오히려 그 증거의 증거능력을 배제하는 것이 헌법과 형사소송법이 형사소송에 관한 절차 조항을 마련하여 적법절차의 원칙과 실체적 진실 규명의 조화를 도모하고 이를 통하여 형사 사법 정의를 실현하려고 한 취지에 반하는 결과를 초래하는 것으로 평가되는 예외적인 경우라면 법원은 그 증거를 유죄 인정의 증거로 사용할 수 있다. 이 사건에서 사법경찰관이 피고인을 현행범인으로 체포할 당시 피고인이 인도네시아 국적의 외국인이라는 사실이 명백했는데도 피고인에게 영사통보권 등을 고지하지 않았으므로 이 사건 체포나 구속 절차는 협약 제36조 제1항 (b)호를 위반하여 위법하다. 다만, 이 사건에서 피고인이 영사통보권 등을 고지받았더라도 영사의 조력을 구하였으리라고 보기 어려운 점, 수사기관이 피고인에게 영사통보권 등을 고지하지 않았더라도 그로 인해 피고인에게 실질적인 불이익이 초래되었다고 볼 수 없는 점 등에 비추어보면 이 사건 체포나 구속 절차에 협약 제36조 제1항 (b)호를 위반한 위법이 있더라도 절차 위반의 내용과 정도가 중대하거나 절차 조항이 보호하고자 하는 외국인 피고인의 권리나 법익을 본질적으로 침해하였다고 볼 수 없으므로 이 사건 체포나 구속 이후 수집된 증거와 이에 기초한 증거들은 위법수집 배제 원칙의 예외에 해당하여 유죄 인정의 증거로 사용할 수 있다(대법원 2022.4.28, 2021도17103).

138 휴대전화 자동녹음 애플리케이션 사건

甲의 배우자 乙은 甲 모르게 甲의 휴대전화에 자동녹음 애플리케이션을 실행해 두어 자동으로 녹음된 甲과 乙 사이의 전화통화 녹음파일이 있다. 그런데 수사기관이 甲의 휴대전화를 적법하게 압수하여 분석하던 중 우연히 이를 발견하여 압수하였다면, 위 전화통화 녹음파일은 증거로 사용할 수 있는가?

[판례] 증거수집 절차가 개인의 사생활 내지 인격적 이익을 중대하게 침해하여 사회통념상 허용되는 한도를 벗어난 것이라면, 단지 형사소추에 필요한 증거라는 사정만을 들어 곧바로 형사소송에서 진실발견이라는 공익이 개인의 인격적 이익 등 보호이익보다 우월한 것으로 섣불리 단정해서는 아니 된다. 그러나 그러한 한도를 벗어난 것이 아니라면 형사절차에서 증거로 사용할 수 있다(대법원 2013.11.28, 2010도12244; 2017. 3.15, 2016도 19843 등). 피고인의 배우자가 피고인의 동의 없이 피고인의 휴대전화를 조작하여 통화내용을 녹음하였으므로 피고인의 사생활 내지 인격적 이익을 침해하였다고 볼 여지는 있으나, ① 피고인의 배우자가 전화통화의 일방 당사자로서 피고인과 직접 대화를 나누면서 피고인의 발언 내용을 직접 청취하였으므로 전화통화 내용을 몰래 녹음하였다고 하여 피고인의 사생활의 비밀, 통신의 비밀, 대화의 비밀 등이 침해되었다고 평가하기는 어렵고, 피고인의 배우자가 녹음파일 등을 제3자에게 유출한 바 없으므로 음성권 등 인격적 이익의 침해 정도도 비교적 경미하다고 보아야 하는 점, ② 피고인의 배우자가 범행에 관한 증거로 사용하겠다는 의도나 계획 아래 전화통화를 녹음한 것이 아니고, 수사기관 역시 위 전화통화의 녹음에 어떠한 관여도 하지 않은 채 적법하게 압수한 휴대전화를 분석하던 중 우연히 이를 발견하였을 뿐인 점, ③ 반면 이 사건 형사소추의 대상이 된 행위는 수산업협동조합장 선거에서 금품을 살포하여 선거인을 매수하는 등 이른바 '돈선거'를 조장하였다는 것이고, 선거범죄는 대체로 계획적·조직적인 공모 아래 은밀하게 이루어지므로, 구체적 범행 내용 등을 밝혀 줄 수 있는 객관적 증거인 전화통화 녹음파일을 증거로 사용해야 할 필요성이 높은 점 등을 종합하면, 전화통화 녹음파일을 증거로 사용할 수 있다(대법원 2023.12.14, 2021도2299).

♀solution 사용할 수 있다.

● ● ●
139 법원이 해외에 체류 중인 사람에 대하여 선서 없이 인터넷 화상장치로 진술을 청취한 경우 그 진술 녹음파일과 녹취서의 증거능력이 문제된 사건

[제1문] 증인에 대하여 형사소송법이 정한 절차와 방식에 따른 증인신문을 거치지 아니하고 청취한 진술과 그 형식적 변형에 불과한 증거는 증거능력이 있는가?

[제2문] 증인에 대하여 형사소송법이 정한 절차와 방식에 따른 증인신문을 거치지 아니하고 청취한 진술과 그 형식적 변형에 불과한 증거의 경우, 피고인이나 변호인이 그러한 절차 진행에 동의하였거나 사후에 그와 같은 증거조사 결과에 대하여 이의를 제기하지 아니하고 그 녹음파일 등을 증거로 함에 동의한 경우 증거능력이 있는가?

[제3문] 법원이 해외에 체류 중인 사람에 대하여 선서 없이 인터넷 화상장치로 진술을 청취한 경우 그 진술 녹음파일과 녹취서는 증거능력이 있는가?

[제1문 · 제2문]
형사소송법은 증인 등 인증(人證), 증거서류와 증거물 및 그 밖의 증거를 구분한 다음 각각의 증거방법에 대한 증거조사 방식을 개별적·구체적으로 규정하여 위와 같은 헌법적 형사소송의 이념을 구체화하고 있다. 특히 형사소송법 제1편 제12장 및 형사소송규칙 제1편 제12장에서 증인에 대한 증거조사를 '신문'의 방식으로 하면서 소환방법과 법정에 불출석할 경우의 제재와 조치, 출석한 증인에 대한 선서와 위증의

벌의 경고, 증언거부권 고지 및 신문의 구체적인 방식 등에 대하여 엄격한 절차 규정을 두는 한편, 법정 외 신문(제165조), 비디오 등 중계장치 등에 의한 증인신문(제165조의2) 규정에서 정한 사유 등이 있는 때에만 예외적으로 증인이 직접 법정에 출석하지 않고 증언할 수 있도록 정하였다. 이는 사건의 실체를 규명하는 데 가장 직접적이고 핵심적인 증인으로 하여금 원칙적으로 공개된 법정에 출석하여 법관 앞에서 선서한 후 정해진 절차에 따른 신문의 방식으로 증언하도록 하여 재판의 공정성과 증언의 확실성 · 진실성 을 담보하고, 법관은 그러한 증인의 진술을 토대로 형성된 유 · 무죄의 심증에 따라 사건의 실체를 규명하 도록 하기 위함이다. 그러므로 범죄사실의 인정을 위한 증거조사는 특별한 사정이 없는 한 공개된 법정에 서 법률이 그 증거방법에 따라 정한 방식으로 하여야 하고, 이를 토대로 형성된 심증에 따라 공소가 제기 된 범죄사실이 합리적인 의심이 없는 정도로 증명되었는지 여부를 판단하여야 한다(대법원 2011.11.10, 2011도11115). 형사소송법에서 정한 절차와 방식에 따른 증인신문절차를 거치지 아니한 채 증인에 대하여 선서 없이 법관이 임의의 방법으로 청취한 진술과 그 진술의 형식적 변형에 불과한 증거(녹음파일 등)는 적법한 증거조사 절차를 거치지 않은 증거로서 증거능력이 없다. 따라서 사실인정의 자료로 삼을 수도 없 고, 피고인이나 변호인이 그러한 절차 진행에 동의하였다거나 사후에 그와 같은 증거조사 결과에 대하여 이의를 제기하지 아니하고 그 녹음파일 등을 증거로 함에 동의하였더라도 그 위법성이 치유되지 않는다(대 법원 2024.9.12, 2020도14843).

🔍solution [제1문] 증거능력이 없다.
　　　　　[제2문] 증거능력이 없다.

[제3문]

(판례) 증거조사는 공판중심주의, 직접심리주의 및 증거재판주의 원칙에 입각하여 법률이 정한 요건과 절 차에 따라 엄격하게 이루어져야 하고, 헌법상 보장되는 적법절차의 원칙에 따라 공정한 재판을 받을 피고 인의 권리는 경제적 효율성이나 사법적 편의를 증진시킨다는 이유로 간과되어서는 아니 된다. 원심은 공 소외 1이 해외 체류 중이어서 법정 출석에 따른 증인신문이 어렵다는 이유로, 형사소송법이 규정한 증인에 대한 증거조사 방식인 '신문'에 의하지 아니하고 공소외 1에게 증인으로서 부담해야 할 각종 의무를 부과하 지 아니한 채 별다른 법적 근거 없이 공소외 1이 증인으로서 출석하지 않음을 전제로 하면서도 인터넷 화상장치를 통해서 검사의 주신문, 변호인의 반대신문 등의 방식을 통해 공소외 1의 진술을 청취하는 방법 으로 증거조사를 한 다음 진술의 형식적 변형(녹취파일과 녹취서 등본)에 해당하는 이 사건 각 증거를 검사 로부터 제출받는 우회적인 방식을 취하였다. 이와 같은 원심의 조치는 형사소송법이 정한 증거방법(증인)에 대한 적법한 증거조사로 볼 수 없다. 따라서 그러한 진술청취의 결과물인 이 사건 각 증거는 증거능력이 없어 사실인정의 자료로 삼을 수 없고, 이는 피고인과 변호인이 그와 같은 절차 진행에 동의하였거나 사 후에 그 증거조사 결과에 대하여 이의를 제기하지 아니하고 증거로 함에 동의하였더라도 마찬가지이다(대 법원 2024.9.12, 2020도14843).

🔍solution 증거능력이 없다.

●●●
140 사후압수영장 기각 시 미반환압수물에 대한 압수영장 발부와 독수의 과실

> 형사소송법 제216조 제3항에 의한 압수 후 청구한 압수영장이 기각되었는데 압수물이 아직
> 반환되지 않은 상태에서 다시 압수영장을 청구하여 압수영장을 발부받은 다음 압수물을 피압
> 수자에게 반환함과 동시에 다시 압수한 경우 그 압수물은 증거능력이 있는가?

판례 형사소송법 제216조 제3항은 "범행 중 또는 범행 직후의 범죄 장소에서 긴급을 요하여 법원판사의 영장을 받을 수 없는 때에는 영장 없이 압수, 수색 또는 검증을 할 수 있다. 이 경우에는 사후에 지체 없이 영장을 받아야 한다."라고 규정하고 있다. 이 규정에 따라 압수수색영장을 청구하였다가 영장을 발부받지 못한 때에는 수사기관은 압수한 물건을 즉시 반환하여야 하고, 즉시 반환하지 아니한 압수물은 유죄의 증거로 사용할 수 없으며, 헌법과 형사소송법이 선언한 영장주의의 중요성에 비추어 볼 때 피고인이나 변호인이 이를 증거로 함에 동의하였다고 하더라도 달리 볼 것은 아니다. 여기서 압수한 물건을 즉시 반환한다는 것은 수사기관이 압수한 물건을 곧바로 반환하는 것이 현저히 곤란하다는 등의 특별한 사정이 없는 한 영장을 청구하였다가 기각되는 바로 그때에 압수물을 돌려주기 위한 절차에 착수하여 그 절차를 지연하거나 불필요하게 수사기관의 점유를 계속하는 등으로 지체함이 없이 적극적으로 압수 이전의 상태로 회복시켜 주는 것을 의미한다. …… 사후 압수영장이 기각되었음에도 즉시 반환하지 아니하다가 그 사이에 압수영장을 발부받아 휴대전화를 형식적으로 반환한 외관을 만든 후 다시 압수하는 것은 적법절차의 원칙이나 영장주의를 잠탈하는 것으로 허용할 수 없으므로 휴대전화 압수의 위법성이 압수영장 집행으로 희석·단절되었다고 할 수 없다(휴대전화 및 위 증거들은 위법하게 수집된 증거이거나 이를 기초로 획득한 2차 증거로서 증거능력 부정, 대법원 2024.10.8, 2024도10062).

♀solution 증거능력이 없다.

---

5 전문법칙

●●●
141 "피해자로부터 '피고인이 추행했다'는 취지의 말을 들었다."는 증인의 법정진술에 대한 전문법칙의 적용 여부

> 증인 양○○는 제1심 법정에서 "피해자 乙로부터 '피고인 甲이 나를 추행했다'는 취지의 말을 들었다."고 진술하였다. 그렇다면 양○○의 위 진술이 피해자 乙의 진술에 부합한다고 보아 양○○의 위 진술을 피해자의 진술 내용의 진실성을 증명하는 '간접사실'로 사용하는 경우, 위 양○○의 진술은 전문증거에 해당하는가?

판례 다른 사람의 진술을 내용으로 하는 진술이 전문증거인지는 요증사실이 무엇인지에 따라 정해진다. 다른 사람의 진술, 즉 원진술의 내용인 사실이 요증사실인 경우에는 전문증거이지만, 원진술의 존재 자체가 요증사실인 경우에는 본래증거이지 전문증거가 아니다. 어떤 진술 내용의 진실성이 범죄사실에 대한 직접 증거로 사용될 때는 전문증거가 되지만, 그와 같은 진술을 하였다는 것 자체 또는 진술의 진실성과 관계 없는 간접사실에 대한 정황증거로 사용될 때는 반드시 전문증거가 되는 것이 아니다. 그러나 어떠한 내용의 진술을 하였다는 사실 자체에 대한 정황증거로 사용될 것이라는 이유로 진술의 증거능력을 인정한 다음 '그 사실을 다시 진술 내용이나 그 진실성을 증명하는 간접사실로 사용하는 경우'에 그 진술은 전문증거에 해당한다. 그 진술에 포함된 원진술의 내용인 사실을 증명하는 데 사용되어 원진술의 내용인 사실이 요증사실이 되기 때문이다. 이러한 경우 형사소송법 제311조부터 제316조까지 정한 요건을 충족하지 못한다면 증거능력이 없다(대법원 2019.8.29, 2018도13792 전원합의체; 2021.2.25, 2020도17109).

보충 증인 양○○의 제1심 법정진술 중 "피해자로부터 '피고인이 추행했다'는 취지의 말을 들었다."는 진술이 피해자의 진술에 부합한

다고 보아 양○○의 위 진술을 피해자의 진술 내용의 진실성을 증명하는 간접사실로 사용할 경우 양○○의 진술은 전문증거에 해당한다. 그런데 형사소송법 제310조의2, 제316조 제2항의 요건을 갖추지 못하므로 증거능력이 없다.

⚬solution 전문증거에 해당한다.

---

142 검사 작성 피의자신문조서의 증거능력이 문제된 사건

> 피고인에 대한 검찰 피의자신문조서에는 피고인이 2021.3.경부터 같은 해 6.10. 19:00경 사이에 공소사실과 같은 방법으로 메트암페타민을 2회 투약하였다고 진술한 것으로 기재되어 있는데, 피고인이 공소사실을 부인하는 경우 검사 작성 피의자신문조서의 증거능력은 인정되는가?

〔판례〕 2020.2.4. 법률 제16924호로 개정되어 2022.1.1.부터 시행된 형사소송법 제312조 제1항은 검사가 작성한 피의자신문조서는 공판준비, 공판기일에 그 피의자였던 피고인 또는 변호인이 그 내용을 인정할 때에 한정하여 증거로 할 수 있다고 규정하고 있다. 여기서 '그 내용을 인정할 때'라 함은 피의자신문조서의 기재 내용이 진술 내용대로 기재되어 있다는 의미가 아니고 그와 같이 진술한 내용이 실제 사실과 부합한다는 것을 의미한다(대법원 2022.7.28, 2020도15669; 2010.6.24, 2010도5040 등). 따라서 피고인이 공소사실을 부인하는 경우 검사가 작성한 피의자신문조서 중 공소사실을 인정하는 취지의 진술 부분은 그 내용을 인정하지 않았다고 보아야 한다(대법원 2023.4.27, 2023도2102).

> 〔보충〕 피고인은 제1심에서 공소사실을 부인하였으므로 증거목록에 피고인이 제1심에서 검찰 피의자신문조서에 동의한 것으로 기재되어 있어도 그중 공소사실을 인정하는 취지의 진술 내용을 인정하지 않았다고 보아야 하고 증거목록에 위와 같이 기재되어 있는 것은 착오 기재이거나 조서를 잘못 정리한 것으로 이해될 뿐 이로써 위 검찰 피의자신문조서가 증거능력을 가지게 되는 것은 아니다.

⚬solution 인정되지 않는다.

---

143 형사소송법 제312조 제1항의 해석
• 경찰1차 24, 국가9급 24, 변호사시험 24

〔판례〕 ① 형사소송법 제312조 제1항에서 '내용을 인정할 때'의 의미: 2020.2.4. 법률 제16924호로 개정되어 2022.1.1.부터 시행된 형사소송법 제312조 제1항은 검사가 작성한 피의자신문조서의 증거능력에 대하여 '적법한 절차와 방식에 따라 작성된 것으로서 공판준비, 공판기일에 그 피의자였던 피고인 또는 변호인이 그 내용을 인정할 때에 한정하여 증거로 할 수 있다'고 규정하였다. 여기서 '그 내용을 인정할 때'라 함은 피의자신문조서의 기재 내용이 진술 내용대로 기재되어 있다는 의미가 아니고 그와 같이 진술한 내용이 실제 사실과 부합한다는 것을 의미한다(대법원 2023.4.27, 2023도2102). ② 형사소송법 제312조 제1항의 '검사 작성 피의자신문조서'의 범위: 형사소송법 제312조 제1항에서 정한 '검사가 작성한 피의자신문조서'란 당해 피고인에 대한 피의자신문조서만이 아니라 당해 피고인과 공범관계에 있는 다른 피고인이나 피의자에 대하여 검사가 작성한 피의자신문조서도 포함되고, 여기서 말하는 '공범'에는 형법 총칙의 공범 이외에도 서로 대향된 행위의 존재를 필요로 할 뿐 각자의 구성요건을 실현하고 별도의 형벌 규정에 따라 처벌되는 강학상 필요적 공범 또는 대향범까지 포함한다. 따라서 피고인이 자신과 공범관계에 있는 다른 피고인이나 피의자에 대하여 검사가 작성한 피의자신문조서의 내용을 부인하는 경우에는 형사소송법 제312조 제1항에 따라 유죄의 증거로 쓸 수 없다(대법원 2023.6.1, 2023도3741).

보충 피고인과 변호인이 필로폰 매도 범행과 관련하여 필로폰을 매수한 '김○○에 대한 검찰 피의자신문조서 사본'에 대해 내용 부인
취지에서 증거로 사용함에 동의하지 않는다는 의견을 밝혔음에도, 원심이 이를 유죄인정의 증거로 사용한 것은 형사소송법 제
312조 제1항에 관한 법리를 오해한 것이다.

보충 [연습] 피고인 甲과 그 변호인은 甲의 필로폰 매도 범행과 관련하여 필로폰을 매수한 '김○○에 대한 검사 작성 피의자신문조서'
에 대하여 내용 부인 취지에서 증거로 사용함에 동의하지 않는다는 의견을 밝혔지만, 원진술자 김○○가 피고인 甲의 공판절차
에 출석하여 위 조서의 실질적 진정성립을 인정하여 피고인 甲과 그 변호인에게 원진술자에 대한 반대신문의 기회가 부여된
이상 위 조서의 증거능력은 부정되지 아니한다. (×)

144 공범자에 대한 검사 또는 사법경찰관 작성 피의자신문조서의 증거능력 인정 요건

A는 B로부터 현금을 건네받은 후 B에게 필로폰을 교부하여 매도하였다는 「마약류관리에 관
한 법률」 위반(향정)으로 기소되었다. A와 대향범으로서 공범관계에 있는 B에 대한 검사 또는
사법경찰관 작성 피의자신문조서에 대하여 A와 A의 변호인은 내용부인 취지에서 '증거로 사
용함에 동의하지 않는다'는 의견을 밝혔다. B에 대한 각 피의자신문조서는 형사소송법 제312
조 제1항, 제3항에 따라 A에 대한 유죄의 증거로 쓸 수 있는가?

판례 형사소송법 제312조 제1항에서 정한 '검사가 작성한 피의자신문조서'란 당해 피고인에 대한 피의자
신문조서만이 아니라 당해 피고인과 공범관계에 있는 다른 피고인이나 피의자에 대하여 검사가 작성한 피
의자신문조서도 포함되고, 여기서 말하는 '공범'에는 형법 총칙의 공범 이외에도 서로 대향된 행위의 존재
를 필요로 할 뿐 각자의 구성요건을 실현하고 별도의 형벌 규정에 따라 처벌되는 강학상 필요적 공범 또는
대향범까지 포함한다. 따라서 피고인이 자신과 공범관계에 있는 다른 피고인이나 피의자에 대하여 검사가
작성한 피의자신문조서의 내용을 부인하는 경우에는 형사소송법 제312조 제1항에 따라 유죄의 증거로
쓸 수 없다(대법원 2023.6.1, 2023도3741; 2024.8.29, 2024도8200).

ℹsolution 쓸 수 없다.

145 압수조서와 수사기관 제출 변호인의견서에 기재된 피의자 진술의 증거능력 • 경찰2차 24

[제1문] 수사기관이 작성한 압수조서의 압수경위란에 피의자였던 피고인의 자백 진술이 기재
된 경우 피고인 또는 변호인이 쟁점 공소사실을 일관되게 부인한다면 위 압수조서의
기재된 피고인의 자백 진술의 증거능력이 인정되는가?
[제2문] 피고인이 피의자였을 때 수사기관에 한 진술이 기재된 조서나 수사과정에서 작성된
진술서 등의 증거능력을 인정할 수 없는 경우, 수사기관에 제출된 변호인의견서에 기
재된 같은 취지의 피의자 진술 부분의 증거능력은 인정되는가?

[제1문]
판례 형사소송법 제312조 제3항에 의하면, 검사 이외의 수사기관이 작성한 피의자신문조서는 그 피의자
였던 피고인 또는 변호인이 그 내용을 인정할 때에 한하여 증거로 할 수 있다. 피의자의 진술을 기재한 서류

내지 문서가 수사기관의 수사과정에서 작성된 것이라면 그 서류나 문서의 형식과 관계없이 피의자신문조서와 달리 볼 이유가 없으므로, 이 사건 압수조서는 수사기관이 수사과정에서 작성한 서류로서 거기에 기재된 피고인의 진술 부분은 피고인 또는 변호인이 그 내용을 인정하는 경우에 한하여 증거로 할 수 있다. 따라서 수사기관이 작성한 압수조서에 기재된 피의자였던 피고인의 자백 진술 부분은 피고인 또는 변호인이 내용을 부인하는 이상 증거능력이 없다(대법원 1983.7.26, 82도385; 2006.1.13, 2003도6548; 2024.5.30, 2020도16796).

♀solution 인정되지 않는다.

[제2문]

판례 수사기관에 제출된 변호인의견서 즉, 변호인이 피의사건의 실체나 절차에 관하여 자신의 의견 등을 기재한 서면에 피의자가 당해사건 수사기관에 한 진술이 인용되어 있는 경우가 있다. 변호인의견서에 기재된 이러한 내용의 진술은 수사기관의 수사과정에서 작성된 '피의자의 진술이 기재된 신문조서나 진술서 등'으로부터 독립하여 증거능력을 가질 수 없는 성격의 것이고, '피의자의 진술이 기재된 신문조서나 진술서 등'의 증거능력을 인정하지 않는 경우에 변호인의견서에 기재된 동일한 내용의 피의자 진술 부분을 유죄의 증거로 사용할 수 있다면 피의자였던 피고인에게 불의의 타격이 될 뿐만 아니라 피의자 등의 보호를 목적으로 하는 변호인의 지위나 변호인 제도의 취지에도 반하게 된다. 따라서 피고인이 피의자였을 때 수사기관에 한 진술이 기재된 조서나 수사과정에서 작성된 진술서 등의 증거능력을 인정할 수 없다면 수사기관에 제출된 변호인의견서에 기재된 같은 취지의 피의자 진술 부분도 유죄의 증거로 사용할 수 없다(대법원 2024.5.30, 2020도16796).

♀solution 인정되지 않는다.

---

146 진술조서의 실질적 진정성립의 대체증명 수단인 영상녹화물의 요건

> 사법경찰관 P는 피해자 A 등의 진술을 영상녹화하면서 사전에 영상녹화에 동의한다는 취지의 서면 동의서를 받지 않았고, A 등 피해자들이 조서를 열람하는 도중 영상녹화가 중단되어 조서 열람과정 일부와 조서에 기명날인 또는 서명을 마치는 과정이 영상녹화물에 녹화되지 않았다. 이 경우 위 영상녹화물에 의하여 피해자들에 대한 진술조서의 실질적 진정성립을 인정할 수 있는가?

판례 형사소송법과 형사소송규칙의 규정 내용과 취지에 비추어 보면, 수사기관이 작성한 피고인이 아닌 자의 진술을 기재한 조서에 대하여 실질적 진정성립을 증명하기 위해 영상녹화물의 조사를 신청하려면 영상녹화를 시작하기 전에 피고인 아닌 자의 동의를 받고 그에 관해서 피고인 아닌 자가 기명날인 또는 서명한 영상녹화 동의서를 첨부하여야 하고, 조사가 개시된 시점부터 조사가 종료되어 참고인이 조서에 기명날인 또는 서명을 마치는 시점까지 조사 전 과정이 영상녹화되어야 하므로 이를 위반한 영상녹화물에 의하여는 특별한 사정이 없는 한 피고인 아닌 자의 진술을 기재한 조서의 실질적 진정성립을 증명할 수 없다. …… 증거능력이 인정되지 않는 전문증거에 대하여 예외적으로 증거능력을 부여하기 위한 요건을 정한 법조항은 엄격하게 해석·적용되어야 한다는 전제에서, 형사소송법 제312조 제4항에서 조서의 실질적 진정성립을 증명하기 위한 수단으로 규정하는 영상녹화물도 형사소송법과 형사소송규칙에서 정한 방식과 절차에 따라 제작·조사 신청되어야 하고, 만일 이를 위반하였다면 특별한 사정이 없는 한 그러한 영상녹화물에 의하여는 조서의 실질적 진정성립이 증명되지 않는다고 보아야 하므로, 사전에 피해자들로부터 서면동의를 받지 않고 조사 전 과정이 녹화되지 않은 영상녹화물에 의하여 피해자들에 대한 진술조서의 실질적 진정성립을 인정할 수 없다(대법원 2022.6.16, 2022도364).

(유사) 형사소송법 제312조 제4항이 실질적 진정성립을 증명할 수 있는 방법으로 규정하는 영상녹화물에 대하여는 형사소송법 및 형사소송규칙에서 영상녹화의 과정, 방식 및 절차 등을 엄격하게 규정하고 있으므로(형사소송법 제221조 제1항 후문, 형사소송규칙 제134조의2, 제134조의3) 수사기관이 작성한 피고인 아닌 자의 진술을 기재한 조서에 대한 실질적 진정성립을 증명할 수 있는 수단으로서 형사소송법 제312조 제4항에 규정된 '영상녹화물'이라 함은 형사소송법 및 형사소송규칙에 규정된 방식과 절차에 따라 제작되어 조사 신청된 영상녹화물을 의미한다고 봄이 타당하다(대법원 2016.2.18, 2015도16586 참조).

(보충) 형사소송법은 제221조 제1항 후문에서 "검사 또는 사법경찰관은 피의자가 아닌 자의 출석을 요구하여 진술을 들을 경우 그의 동의를 받아 영상녹화할 수 있다"고 규정하고 있고, 형사소송규칙은 제134조의3에서 검사는 피의자가 아닌 자가 공판준비 또는 공판기일에서 조서가 자신이 검사 또는 사법경찰관 앞에서 진술한 내용과 동일하게 기재되어 있음을 인정하지 아니하는 경우 그 부분의 성립의 진정을 증명하기 위하여 영상녹화물의 조사를 신청할 수 있고(제1항), 검사가 이에 따라 영상녹화물의 조사를 신청하는 때에는 피의자가 아닌 자가 영상녹화에 동의하였다는 취지로 기재하고 기명날인 또는 서명한 서면을 첨부하여야 하며(제2항), 조사 신청한 영상녹화물은 조사가 개시된 시점부터 조사가 종료되어 피의자 아닌 자가 조서에 기명날인 또는 서명을 마치는 시점까지 전 과정이 영상녹화된 것으로서 피의자 아닌 자의 진술이 영상녹화되고 있다는 취지의 고지, 영상녹화를 시작하고 마친 시각 및 장소의 고지, 신문하는 검사 또는 사법경찰관과 참여한 자의 성명과 직급의 고지, 조사를 중단·재개하는 경우 중단 이유와 중단 시각, 중단 후 재개하는 시각, 조사를 종료하는 시각의 내용을 포함하는 것이어야 한다고 규정하고 있다(제3항에 의하여 제134조의2 제3항 제1호부터 3호, 제5호, 제6호를 준용한다). 형사소송규칙에서 피의자 아닌 자가 기명날인 또는 서명한 영상녹화 동의서를 첨부하도록 한 취지는 피의자 아닌 자의 영상녹화에 대한 진정한 동의를 받아 영상녹화를 시작했는지를 확인하기 위한 것이고, 조사가 개시된 시점부터 조사가 종료되어 조서에 기명날인 또는 서명을 마치는 시점까지 조사 전 과정이 영상녹화된 것을 요구하는 취지는 진술 과정에서 연출이나 조작을 방지하여야 할 필요성이 인정되기 때문이다.

⫯solution 인정할 수 없다.

(참고) 형사소송법 제312조(검사 또는 사법경찰관의 조서 등) ④ 검사 또는 사법경찰관이 피고인이 아닌 자의 진술을 기재한 조서는 적법한 절차와 방식에 따라 작성된 것으로서 그 조서가 검사 또는 사법경찰관 앞에서 진술한 내용과 동일하게 기재되어 있음이 원진술자의 공판준비 또는 공판기일에서의 진술이나 영상녹화물 또는 그 밖의 객관적인 방법에 의하여 증명되고, 피고인 또는 변호인이 공판준비 또는 공판기일에 그 기재 내용에 관하여 원진술자를 신문할 수 있었던 때에는 증거로 할 수 있다. 다만, 그 조서에 기재된 진술이 특히 신빙할 수 있는 상태하에서 행하여졌음이 증명된 때에 한한다.

●●●○
147 영상물에 수록된 19세 미만 성폭력범죄 피해자 진술에 관한 증거능력 특례조항 사건

> 성폭력범죄의 처벌 등에 관한 특례법 제30조 제6항 중 '제1항에 따라 촬영한 영상물에 수록된 피해자의 진술은 공판준비기일 또는 공판기일에 조사 과정에 동석하였던 신뢰관계에 있는 사람 또는 진술조력인의 진술에 의하여 그 성립의 진정함이 인정된 경우에 증거로 할 수 있다' 부분 가운데 19세 미만 성폭력범죄 피해자에 관한 부분(이하 '심판대상조항')은 헌법에 위반되는가?

[심판대상조항] 성폭력범죄의 처벌 등에 관한 특례법(2012.12.18. 법률 제11556호로 전부개정된 것) 제30조(영상물의 촬영·보존 등) ⑥ 제1항에 따라 촬영한 영상물에 수록된 피해자의 진술은 공판준비기일 또는 공판기일에 피해자나 조사 과정에 동석하였던 신뢰관계에 있는 사람 또는 진술조력인의 진술에 의하여 그 성립의 진정함이 인정된 경우에 증거로 할 수 있다.

[관련조항] 성폭력범죄의 처벌 등에 관한 특례법 제30조(19세 미만 피해자등 진술 내용 등의 영상녹화 및 보존 등) ① 검사 또는 사법경찰관은 19세 미만 피해자등의 진술 내용과 조사 과정을 영상녹화장치로 녹화(녹음이 포함된 것을 말하며, 이하 "영상녹화"라 한다)하고, 그 영상녹화물을 보존하여야 한다.

(판례) 성폭력범죄의 처벌 등에 관한 특례법 제30조 제6항 중 '제1항에 따라 촬영한 영상물에 수록된 피해자의 진술은 공판준비기일 또는 공판기일에 조사 과정에 동석하였던 신뢰관계에 있는 사람 또는 진술조력인의 진술에 의하여 그 성립의 진정함이 인정된 경우에 증거로 할 수 있다' 부분 가운데 19세 미만 성폭

력범죄 피해자에 관한 부분은 헌법에 위반된다(헌법재판소 2021.12.23, 2018헌바524).

보충1 (이유 요약) ① (목적의 정당성 및 수단의 적합성) 미성년 피해자가 받을 수 있는 2차 피해를 방지하는 것은, 성폭력범죄에 관한 형사절차를 형성함에 있어 결코 포기할 수 없는 중요한 가치라 할 것이나 그 과정에서 피고인의 공정한 재판을 받을 권리 역시 보장되어야 한다. 그런데 성폭력범죄의 특성상 영상물에 수록된 미성년 피해자 진술이 사건의 핵심 증거인 경우가 적지 않고, 이러한 진술증거에 대한 탄핵의 필요성이 인정됨에도 심판대상조항은 그러한 주요 진술증거의 왜곡이나 오류를 탄핵할 수 있는 효과적인 방법인 피고인의 반대신문권을 보장하지 않고 있으며, 이를 대체할 만한 수단도 마련하고 있지 못하다. …… 심판대상조항에 의하여 피고인은 사건의 핵심적인 진술증거에 관하여 충분히 탄핵할 기회를 갖지 못한 채 유죄 판결을 받을 수 있게 되므로, 그로 인한 피고인의 방어권 제한의 정도는 매우 중대하다. …… 피고인의 반대신문권을 보장하면서도 미성년 피해자를 보호할 수 있는 조화적인 방법을 상정할 수 있음에도, 영상물의 원진술자인 미성년 피해자에 대한 피고인의 반대신문권을 실질적으로 배제하여 피고인의 방어권을 과도하게 제한하는 심판대상조항은 피해의 최소성 요건을 갖추지 못하였다. ② (법익의 균형성) 심판대상조항으로 인하여 피고인의 방어권이 제한되는 정도가 중대하고, 미성년 피해자의 2차 피해를 방지할 수 있는 여러 조화적인 대안들이 존재함은 앞서 살핀 바와 같다. 이러한 점들을 고려할 때, 심판대상조항이 달성하려는 공익이 제한되는 피고인의 사익보다 우월하다고 쉽게 단정하기는 어렵다. 따라서 심판대상조항은 법익의 균형성 요건도 갖추지 못하였다. ③ (결론) 심판대상조항은 과잉금지원칙을 위반하여 청구인의 공정한 재판을 받을 권리를 침해한다.

보충2 (결정의 의의) 이번 위헌결정은 원진술자에 대한 피고인의 반대신문권을 제한하는 성폭법 제30조 제6항에 관한 특례조항에 관한 것으로서, 헌법재판소는, 미성년 피해자의 2차 피해를 방지하는 것은 성폭력범죄에 관한 형사절차를 형성함에 있어 결코 포기할 수 없는 중요한 가치라 할 것이나, 피고인의 반대신문권을 보장하면서도 성폭력범죄의 미성년 피해자를 보호할 수 있는 조화적인 방법을 상정할 수 있음에도, 심판대상조항이 영상물에 수록된 미성년 피해자 진술에 있어 원진술자에 대한 피고인의 반대신문권을 실질적으로 배제하여 피고인의 방어권을 과도하게 제한하는 것은 과잉금지원칙에 반한다고 보아, 재판관 6:3의 의견으로 위헌 결정을 내린 것이다.

♀solution 헌법에 위반된다.

●○○○
148 피해자가 변호인의 반대신문을 절반가량 남겨둔 상황에서 속행된 증인신문기일에 출석하지 않고 이후 소재불명에 이른 사건
• 경찰간부 22

> 반대신문권의 기회는 제공되었으나 반대신문사항을 모두 신문하지 못한 경우, 증인의 법정진술이나 그 진술이 기재된 증인신문조서의 증거능력을 인정할 수 있는가?

판례 피고인에게 불리한 증거인 증인이 주신문의 경우와 달리 반대신문에 대하여는 답변을 하지 아니하는 등 진술내용의 모순이나 불합리를 그 증인신문 과정에서 드러내어 이를 탄핵하는 것이 사실상 곤란하였고, 그것이 피고인 또는 변호인에게 책임있는 사유에 기인한 것이 아닌 경우라면, 관계 법령의 규정 혹은 증인의 특성 기타 공판절차의 특수성에 비추어 이를 정당화할 수 있는 특별한 사정이 존재하지 아니하는 이상, 이와 같이 실질적 반대신문권의 기회가 부여되지 아니한 채 이루어진 증인의 법정진술은 위법한 증거로서 증거능력을 인정하기 어렵다. 이 경우 피고인의 책문권 포기로 그 하자가 치유될 수 있으나, 책문권 포기의 의사는 명시적인 것이어야 한다(대법원 2010.1.14, 2009도9344; 2022.3.17, 2016도17054).

보충 채무자 특수상해 혐의를 받은 폭력조직 두목에 대하여 증거 부족을 이유로 무죄판결을 내린 판례이다.

♀solution 인정할 수 없다.

●●○
149 형사소송법 제312조 제5항의 적용범위

> 甲은 乙을 위하여 처리 후 보관하던 '입당원서'를 작성자의 동의 없이 수사기관에 임의 제출하였다. 사법경찰관은 위 입당원서 작성자의 주거지·근무지를 방문하여 그 작성 경위 등을 질문한 후 작성을 요구하여 '진술서'를 제출받았다(이때 사법경찰관은 조사과정의 진행경과를 확인하기 위하여 필요한 사항을 그 진술서에 기록하거나 별도의 서면에 기록한 후 수사기록에 편철하는 등 적절한 조치를 취하지 않았다). 이는 형사소송법에 따라 증거능력이 인정되는가?

판례 형사소송법 제312조 제5항은 피고인 또는 피고인이 아닌 자가 수사과정에서 작성한 진술서의 증거능력에 관하여 형사소송법 제312조 제1항부터 제4항까지 준용하도록 규정하고 있으므로, 검사 또는 사법경찰관이 피고인이 아닌 자의 진술을 기재한 조서의 증거능력이 인정되려면 '적법한 절차와 방식에 따라 작성된 것'이어야 한다는 법리가 피고인이 아닌 자가 수사과정에서 작성한 진술서의 증거능력에 관하여도 적용된다. 이러한 형사소송법 규정 및 문언과 그 입법 목적 등에 비추어 보면, 형사소송법 제312조 제5항의 적용대상인 '수사과정에서 작성한 진술서'란 수사가 시작된 이후에 수사기관의 관여 아래 작성된 것이거나, 개시된 수사와 관련하여 수사과정에 제출할 목적으로 작성한 것으로, 작성 시기와 경위 등 여러 사정에 비추어 그 실질이 이에 해당하는 이상 명칭이나 작성된 장소 여부를 불문한다. 한편 검사 또는 사법경찰관이 피의자가 아닌 자의 출석을 요구하여 조사하는 경우에는 피의자를 조사하는 경우와 마찬가지로 조사 장소에 도착한 시각, 조사를 시작하고 마친 시각, 그 밖에 조사과정의 진행경과를 확인하기 위하여 필요한 사항을 조서에 기록하거나 별도의 서면에 기록한 후 수사기록에 편철하도록 하는 등 조사과정을 기록하게 한 형사소송법 제221조 제1항, 제244조의4 제1·3항의 취지는 수사기관이 조사과정에서 피조사자로부터 진술증거를 취득하는 과정을 투명하게 함으로써 그 과정에서의 절차적 적법성을 제도적으로 보장하려는 것이다. 따라서 수사기관이 수사에 필요하여 피의자가 아닌 자로부터 진술서를 작성·제출받는 경우에도 그 절차는 준수되어야 하므로, 피고인이 아닌 자가 수사과정에서 진술서를 작성하였지만 수사기관이 조사과정의 진행경과를 확인하기 위하여 필요한 사항을 그 진술서에 기록하거나 별도의 서면에 기록한 후 수사기록에 편철하는 등 적절한 조치를 취하지 아니하여 형사소송법 제244조의4 제1·3항에서 정한 절차를 위반한 경우에는, 그 진술증거 취득과정의 절차적 적법성의 제도적 보장이 침해되지 않았다고 볼 만한 특별한 사정이 없는 한 '적법한 절차와 방식'에 따라 수사과정에서 진술서가 작성되었다고 할 수 없어 증거능력을 인정할 수 없다(대법원 2015.4.23, 2013도3790; 2022.10.27, 2022도9510).

참고 일부 피고인들이 다른 공동피고인을 위하여 처리하였던 입당원서를 작성자의 동의 없이 임의로 수사기관에 제출한 행위는 「개인정보 보호법」 제59조 제2호가 금지한 행위로서, 구 「개인정보 보호법」 제18조 제2항 제2호 또는 제7호가 적용될 수 없고, 위법수집증거에 해당함에도 예외적으로 증거능력을 인정하여야 할 경우에 해당하지도 않는다(대법원 2022.10.27, 2022도9510).

§solution 인정되지 않는다.

●●●
150 형사소송법 제313조 제1항의 전 2조의 규정 이외에 피고인 아닌 자의 진술을 기재한 서류의 의미

• 경찰2차 24

> [제1문] 피고인이 아닌 자의 진술을 기재한 서류가 수사기관이 아닌 자에 의하여 작성된 경우, 수사가 시작된 이후 수사기관의 관여나 영향 아래 작성된 경우로서 실질적으로 고찰

할 때 그 서류가 수사과정 외에서 작성된 것이라고 보기 어려운 경우, 형사소송법 제313조 제1항의 '전 2조의 규정 이외에 피고인이 아닌 자의 진술을 기재한 서류'에 해당하는가?

[제2문] 대검찰청 소속 진술분석관이 피해자와의 면담 내용을 녹화한 영상녹화물은 형사소송법 제312조에 의하여 증거능력을 인정할 수 있는가?

[제1문]

판례 형사소송법 제313조 제1항은 '전2조의 규정 이외에 피고인 또는 피고인이 아닌 자가 작성한 진술서나 그 진술을 기재한 서류'로서 그 작성자 또는 진술자의 자필이거나 그 서명 또는 날인이 있는 것에 대하여 그 진정성립이 증명되면 증거능력을 인정한다. 수사과정에서 작성된 서류의 증거능력에 관하여 형사소송법 제313조 제1항보다 더욱 엄격한 요건을 규정한 형사소송법 제312조의 취지에 비추어 보면, 형사소송법 제313조 제1항이 규정하는 서류는 수사과정 외에서 작성된 서류를 의미한다. 피고인이 아닌 자의 진술을 기재한 서류가 비록 수사기관이 아닌 자에 의하여 작성되었다고 하더라도, 수사가 시작된 이후 수사기관의 관여나 영향 아래 작성된 경우로서 서류를 작성한 자의 신분이나 지위, 서류를 작성한 경위와 목적, 작성 시기와 장소 및 진술을 받는 방식 등에 비추어 실질적으로 고찰할 때 그 서류가 수사과정 외에서 작성된 것이라고 보기 어렵다면, 이를 형사소송법 제313조 제1항의 '전2조의 규정 이외에 피고인이 아닌 자의 진술을 기재한 서류'에 해당한다고 할 수 없다(대법원 2022.10.27, 2022도9510; 2024.3.28, 2023도15133, 2023전도163, 2023전도164).

♀solution 해당하지 않는다.

[제2문]

판례 전문증거의 증거능력은 이를 인정하는 법적 근거가 있는 때에만 예외적으로 인정된다는 원칙 및 수사기관이 제작한 영상녹화물의 증거능력 내지 증거로서의 사용 범위를 다른 전문증거보다 더욱 엄격하게 제한하는 관련 판례의 취지에 비추어 보면, 수사기관이 아닌 자가 수사과정에서 피고인이 아닌 자의 진술을 녹화한 영상녹화물의 증거능력도 엄격하게 제한할 필요가 있다. 검사가 피고인들의 성폭력범죄의 처벌 등에 관한 특례법 위반(친족관계에의한강간) 등 혐의를 수사하면서 아동인 피해자의 진술 내용에 대하여 대검찰청 과학수사부 소속 진술분석관에게 분석을 의뢰하였고, 이에 따라 진술분석관이 피해자를 면담하고 그 내용을 녹화한 '피해자 진술분석 과정 영상녹화 CD'가 제작되어 증거로 제출됨으로써 그 증거능력이 문제된 경우, 검사는 성폭력범죄의 처벌 등에 관한 특례법 제33조 제4항, 제1항에 의하여 진술분석관에게 피해자 진술의 신빙성 여부에 대한 분석을 의뢰한 점, 진술분석관은 사건 기록을 받아 검찰청 여성·아동 조사실에서 피해자를 면담하였는데, 면담은 당시까지 수사기관이 사건에 대하여 조사한 내용에 관해 피해자에게 문답을 하는 방식으로 진행되었고, 면담 과정은 녹화되어 영상녹화물로 제작된 점 등 진술분석관의 소속 및 지위, 진술분석관이 피해자와 면담을 하고 영상녹화물을 제작한 경위와 목적, 진술분석관이 면담과 관련하여 수사기관으로부터 확보한 자료의 내용과 성격, 면담 방식과 내용, 면담 장소 등에 비추어 영상녹화물은 수사과정 외에서 작성된 것이라고 볼 수 없으므로 형사소송법 제313조 제1항에 따라 증거능력을 인정할 수 없고, 나아가 수사기관이 작성한 피의자신문조서나 피고인이 아닌 자의 진술을 기재한 조서가 아니고, 피고인 또는 피고인이 아닌 자가 작성한 진술서도 아니므로 형사소송법 제312조에 의하여 증거능력을 인정할 수도 없다(대법원 2024.3.28, 2023도15133, 2023전도163, 2023전도164).

보충 대검찰청 소속 진술분석관이 피고인들의 「성폭력범죄의 처벌 등에 관한 특례법」 위반(친족관계에의한강간)등 혐의에 대한 수사과정에서 검사로부터 「성폭력범죄의 처벌 등에 관한 특례법」 제33조에 따라 피해자 진술의 신빙성 여부에 대한 의견조회를 받아 자신이 피해자를 면담하는 내용을 녹화하였고, 검사가 위 영상녹화물을 법원에 증거로 제출한 사건이다.

♀solution (영상녹화물은 수사기관이 작성한 피의자신문조서나 피고인이 아닌 자의 진술을 기재한 조서가 아니고, 피고인 또는 피고인이 아닌 자가 작성한 진술서도 아니므로) 형사소송법 제312조에 의하여 증거능력을 인정할 수 없다.

151 형사소송법 제313조 제1항 단서의 '작성자의 진술' 및 '피고인의 공판준비 또는 공판기일에서의 진술에 불구하고'의 의미: 피고인의 진술을 기재한 서류의 증거능력 인정 요건

판례 형사소송법 제313조 제1항 단서는 "단, 피고인의 진술을 기재한 서류는 공판준비 또는 공판기일에서의 그 작성자의 진술에 의하여 그 성립의 진정함이 증명되고 그 진술이 특히 신빙할 수 있는 상태하에서 행하여진 때에 한하여 피고인의 공판준비 또는 공판기일에서의 진술에 불구하고 증거로 할 수 있다."라고 규정하고 있다. 피고인이 피고인의 진술을 기재한 서류를 증거로 할 수 있음에 동의하지 않은 이상 그 서류에 기재된 피고인의 진술 내용을 증거로 사용하려면 형사소송법 제313조 제1항 단서에 따라 공판준비 또는 공판기일에서 작성자의 진술에 의하여 그 서류에 기재된 피고인의 진술 내용이 피고인이 진술한 대로 기재된 것임이 증명되고 나아가 진술이 특히 신빙할 수 있는 상태하에서 행하여진 것임이 인정되어야 한다(대법원 2012.9.13, 2012도7461 등). 여기서 '특히 신빙할 수 있는 상태'라 함은 진술 내용이나 서류의 작성에 허위개입의 여지가 거의 없고, 진술 내용의 신빙성이나 임의성을 담보할 구체적이고 외부적인 정황이 있는 것을 말한다(대법원 2006.9.28, 2006도3922 등; 2022.4.28, 2018도3914).

보충 충남 ○○군 사무관인 피고인이 어선 선주들로부터 1,020만원 상당의 뇌물을 수수하는 등으로 뇌물수수죄 등으로 기소된 사건에서, 국무조정실 산하 정부합동공직복무점검단 소속 점검단원이 작성한 피고인의 진술을 기재한 서류(확인서)의 증거능력에 관하여 작성자인 점검단원의 진술에 의하여 성립의 진정함이 증명되고 나아가 진술이 특히 신빙할 수 있는 상태 하에서 행하여졌다고 보아 형사소송법 제313조 제1항 단서에 따라 확인서의 증거능력을 인정한 사례로서, 형사소송법 제313조 제1항 단서의 의미에 관하여, 완화요건설(원진술자인 피고인의 '진정성립을 부정하는 진술'에도 불구하고 특신상태 등이 인정되면 진술기재서의 증거능력을 인정하는 견해)의 입장을 분명히 한 판례이다.

152 세무공무원 작성 심문조서의 증거능력

> [제1문] 소관 업무의 성질이 수사업무와 유사하거나 이에 준하는 경우, 그 업무를 담당하는 공무원을 원칙적으로 사법경찰관리 또는 특별사법경찰관리에 해당한다고 해석할 수 있는가?
> [제2문] 조세범 처벌절차법 등 관련 법령에 조세범칙조사를 담당하는 세무공무원에게 압수·수색 및 혐의자 또는 참고인에 대한 심문권한이 부여되어 있어 업무의 내용과 실질이 수사절차와 유사한 점이 있고 이를 기초로 수사기관에 고발하는 경우 형사절차로 이행되는 측면이 있다면, 조세범칙조사를 원칙적으로 형사절차의 일환으로 볼 수 있는가?
> [제3문] 조세범칙조사를 담당하는 세무공무원이 피고인이 된 혐의자 또는 참고인에 대하여 심문한 내용을 기재한 조서의 증거능력을 판단할 때, 형사소송법 제312조와 제313조 중 어느 규정에 의하여야 하는가?

[제1문]

판례 사법경찰관리 또는 특별사법경찰관리에 대하여는 헌법과 형사소송법 등 법령에 따라 국민의 생명·신체·재산 등을 보호하기 위하여 광범위한 기본권 제한조치를 할 수 있는 권한이 부여되어 있으므로, 소관 업무의 성질이 수사업무와 유사하거나 이에 준하는 경우에도 명문의 규정이 없는 한 함부로 그 업무를 담당하는 공무원을 사법경찰관리 또는 특별사법경찰관리에 해당한다고 해석할 수 없다(대법원 2022.12.15, 2022도8824).

solution 원칙적으로 해석할 수 없다.

[제2문]

판례 구 형사소송법(2020.2.4. 법률 제16924호로 개정되기 전의 것) 제197조는 세무 분야에 관하여 특별사법경찰관리의 직무를 행할 자와 그 직무의 범위를 법률로써 정한다고 규정하였고, 이에 따라 구 사법경찰관리의 직무를 수행할 자와 그 직무범위에 관한 법률(2021.3.16. 법률 제17929호로 개정되기 전의 것, 이하 '구 사법경찰직무법'이라 한다)은 특별사법경찰관리를 구체적으로 열거하면서 '관세법에 따라 관세범의 조사 업무에 종사하는 세관공무원'만 명시하였을 뿐 '조세범칙조사를 담당하는 세무공무원'을 포함시키지 않았다(구 사법경찰직무법 제5조 제17호). 뿐만 아니라 현행 법령상 조세범칙조사의 법적 성질은 기본적으로 행정절차에 해당하므로, 조세범 처벌절차법 등 관련 법령에 조세범칙조사를 담당하는 세무공무원에게 압수 · 수색 및 혐의자 또는 참고인에 대한 심문권한이 부여되어 있어 그 업무의 내용과 실질이 수사절차와 유사한 점이 있고, 이를 기초로 수사기관에 고발하는 경우에는 형사절차로 이행되는 측면이 있다 하여도, 달리 특별한 사정이 없는 한 이를 형사절차의 일환으로 볼 수는 없다(대법원 2022.12.15, 2022도8824).

◊solution 원칙적으로 볼 수 없다.

[제3문]

판례 조세범칙조사를 담당하는 세무공무원이 피고인이 된 혐의자 또는 참고인에 대하여 심문한 내용을 기재한 조서는 검사 · 사법경찰관 등 수사기관이 작성한 조서와 동일하게 볼 수 없으므로 형사소송법 제312조에 따라 증거능력의 존부를 판단할 수는 없고, 피고인 또는 피고인이 아닌 자가 작성한 진술서나 그 진술을 기재한 서류에 해당하므로 형사소송법 제313조에 따라 공판준비 또는 공판기일에서 작성자 · 진술자의 진술에 따라 성립의 진정함이 증명되고 나아가 그 진술이 특히 신빙할 수 있는 상태 아래에서 행하여진 때에 한하여 증거능력이 인정된다. 이때 '특히 신빙할 수 있는 상태'란 조서 작성 당시 그 진술내용이나 조서 또는 서류의 작성에 허위 개입의 여지가 거의 없고, 그 진술내용의 신빙성과 임의성을 담보할 구체적이고 외부적인 정황이 있는 경우를 의미하는데, 조세범 처벌절차법 및 이에 근거한 시행령 · 시행규칙 · 훈령(조사사무처리규정) 등의 조세범칙조사 관련 법령에서 구체적으로 명시한 진술거부권 등 고지, 변호사 등의 조력을 받을 권리 보장, 열람 · 이의제기 및 의견진술권 등 심문조서의 작성에 관한 절차규정의 본질적인 내용의 침해 · 위반 등도 '특히 신빙할 수 있는 상태' 여부의 판단에 있어 고려되어야 한다(대법원 2022.12.15, 2022도8824).

◊solution 형사소송법 제313조

●●●
153 양벌규정상 행위자인 다른 피의자에 대한 사법경찰관 작성의 피의자신문조서가 사업주인 당해 피고인에 대하여 증거능력을 가지기 위한 요건 및 형사소송법 제314조의 적용 여부

• 국가7급 21, 변호사시험 21

> 양벌규정의 종업원과 사업주(피고인) 중에서 망인인 종업원에 대한 경찰 피의자신문조서에 대하여 형사소송법 제314조에 기초하여 증거능력을 인정할 수 있는가?

판례 형사소송법 제312조 제3항은 검사 이외의 수사기관이 작성한 해당 피고인에 대한 피의자신문조서를 유죄의 증거로 하는 경우뿐만 아니라 검사 이외의 수사기관이 작성한 해당 피고인과 공범관계에 있는 다른 피고인이나 피의자에 대한 피의자신문조서를 해당 피고인에 대한 유죄의 증거로 채택할 경우에도 적용된다. 따라서 해당 피고인과 공범관계가 있는 다른 피의자에 대하여 검사 이외의 수사기관이 작성한

피의자신문조서는 그 피의자의 법정진술에 의하여 그 성립의 진정이 인정되는 등 형사소송법 제312조 제4항의 요건을 갖춘 경우라고 하더라도 해당 피고인이 공판기일에서 그 조서의 내용을 부인한 이상 이를 유죄 인정의 증거로 사용할 수 없고, 그 당연한 결과로 위 피의자신문조서에 대하여는 사망 등 사유로 인하여 법정에서 진술할 수 없는 때에 예외적으로 증거능력을 인정하는 규정인 형사소송법 제314조가 적용되지 아니한다(대법원 2004.7.15, 2003도7185 전원합의체 등 참조). 그리고 이러한 법리는 공동정범이나 교사범, 방조범 등 공범관계에 있는 자들 사이에서뿐만 아니라, 법인의 대표자나 법인 또는 개인의 대리인, 사용인, 그 밖의 종업원 등 행위자의 위반행위에 대하여 행위자가 아닌 법인 또는 개인이 양벌규정에 따라 기소된 경우, 이러한 법인 또는 개인과 행위자 사이의 관계에서도 마찬가지로 적용된다고 보아야 한다. 그 구체적 이유는 다음과 같다. 대법원은 앞서 본 바와 같이 형사소송법 제312조 제3항의 규정이 검사 이외의 수사기관이 작성한 해당 피고인과 공범관계에 있는 다른 피고인이나 피의자에 대한 피의자신문조서에 대해서까지 적용된다는 입장을 확고하게 취하고 있다. 이는 하나의 범죄사실에 대하여 여러 명이 관여한 경우 서로 자신의 책임을 다른 사람에게 미루려는 것이 일반적인 인간심리이므로, 만일 위와 같은 경우에 형사소송법 제312조 제3항을 해당 피고인 외의 자들에 대해서까지 적용하지 않는다면 인권보장을 위해 마련된 위 규정의 취지를 제대로 살리지 못하여 부당하고 불합리한 결과에 이를 수 있기 때문이다(대법원 1986.11.1, 86도1783). 나아가 대법원은 형사소송법 제312조 제3항이 형법총칙의 공범 이외에도, 서로 대향된 행위의 존재를 필요로 할 뿐 각자의 구성요건을 실현하고 별도의 형벌규정에 따라 처벌되는 강학상 필요적 공범 내지 대향범 관계에 있는 자들 사이에서도 적용된다는 판시를 하기도 하였다(대법원 1996.7.12, 96도667; 2007.10.25, 2007도6129 등). 이는 필요적 공범 내지 대향범의 경우 형법총칙의 공범관계와 마찬가지로 어느 한 피고인이 자기의 범죄에 대하여 한 진술이 나머지 대향적 관계에 있는 자가 저지른 범죄에도 내용상 불가분적으로 관련되어 있어 목격자, 피해자 등 제3자의 진술과는 본질적으로 다른 속성을 지니고 있음을 중시한 것으로 볼 수 있다. 무릇 양벌규정은 법인의 대표자나 법인 또는 개인의 대리인, 사용인, 그 밖의 종업원 등 행위자가 법규위반행위를 저지른 경우, 일정 요건하에 이를 행위자가 아닌 법인 또는 개인이 직접 법규위반행위를 저지른 것으로 평가하여 행위자와 같이 처벌하도록 규정한 것으로서, 이때의 법인 또는 개인의 처벌은 행위자의 처벌에 종속되는 것이 아니라 법인 또는 개인의 직접 책임 내지 자기책임에 기초하는 것이기는 하다(대법원 2006.2.24, 2005도7673; 2010.9.9, 2008도7834; 2010.9.30, 2009도3876 등). 그러나 양벌규정에 따라 처벌되는 행위자와 행위자가 아닌 법인 또는 개인 간의 관계는, 행위자가 저지른 법규위반행위가 사업주의 법규위반행위와 사실관계가 동일하거나 적어도 중요부분을 공유한다는 점에서 내용상 불가분적 관련성을 지닌다고 보아야 하고, 따라서 앞서 본 형법총칙의 공범관계 등과 마찬가지로 인권보장적인 요청에 따라 형사소송법 제312조 제3항이 이들 사이에서도 적용된다고 보는 것이 타당하다(대법원 2020.6.11, 2016도9367).

ℹsolution 인정할 수 없다.

●●●
154 증인이 정당한 이유 없이 증언을 거부한 경우, 그의 진술이 기재된 검찰 진술조서의 증거능력이 인정되는지 문제된 사건
• 국가7급 20, 경찰2차 21, 법원9급 21

> 수사기관에서 진술한 참고인이 법정에서 증언을 거부하여 피고인이 반대신문을 하지 못하였으나 정당하게 증언거부권을 행사한 것이 아닌 경우, 원칙적으로 형사소송법 제314조의 '그 밖에 이에 준하는 사유로 인하여 진술할 수 없는 때'에 해당하는가?

판례 [다수의견] ㉠ 수사기관에서 진술한 참고인이 법정에서 증언을 거부하여 피고인이 반대신문을 하지 못한 경우에는 정당하게 증언거부권을 행사한 것이 아니라도, 피고인이 증인의 증언거부 상황을 초래하였다는 등의 특별한 사정이 없는 한 형사소송법 제314조의 '그밖에 이에 준하는 사유로 인하여 진술할 수 없는 때'에 해당하지 않는다고 보아야 한다. 따라서 증인이 정당하게 증언거부권을 행사하여 증언을 거부한 경우와 마찬가지로 수사기관에서 그 증인의 진술을 기재한 서류는 증거능력이 없다. 다만 ㉡ 피고인이 증인의 증언거부 상황을 초래하였다는 등의 특별한 사정이 있는 경우에는 형사소송법 제314조의 적용을 배제할 이유가 없다. 이러한 경우까지 형사소송법 제314조의 '그밖에 이에 준하는 사유로 인하여 진술할 수 없는 때'에 해당하지 않는다고 보면 사건의 실체에 대한 심증 형성은 법관의 면전에서 본래증거에 대한 반대신문이 보장된 증거조사를 통하여 이루어져야 한다는 실질적 직접심리주의와 전문법칙에 대하여 예외를 정한 형사소송법 제314조의 취지에 반하고 정의의 관념에도 맞지 않기 때문이다(대법원 2019.11.21, 2018도13945 전원합의체).

보충 피고인 A가 공소외 B에게 필로폰을 매도하였다는 혐의로 공소제기된 이 사건에서, 검사는 B에 대한 검사 작성의 진술조서와 피의자신문조서(이하 '검찰 조서')의 증거능력이 문제된 바, 위 필로폰 매수 혐의로 별도의 재판을 받고 있던 B는 A의 공판정에서 증언을 거부하였으며 이것이 형사소송법 제314조의 예외에 해당하는가를 판시한 사건이다. B는 A의 공판정에 출석하여 총 3차례에 걸쳐 증언을 거부하였는데, 그 중 1차와 2차의 증언거부는 정당한 증언거부권의 행사에 해당하고, B에 대한 판결이 확정된 후에 증언거부사유도 소명하지 않고 이루어진 B의 3차 증언거부는 정당하지 않은 증언거부권 행사에 해당한다. 이 판례는 정당하지 않은 증언거부권 행사도 제314조의 '그밖에 이에 준하는 사유'에 해당되지 않는다고 판시한 것이다.

보충 2007년 개정된 제314조는 전문서류의 증거능력을 인정할 수 있는 예외 사유로 '사망·질병·외국거주·소재불명 그밖에 이에 준하는 사유'를 규정하고 있다. 이는 종래의 '사망·질병·외국거주 기타 사유'보다 분명하고 제한된 규정이며, 이에 대법원은 2012년 정당하게 증언을 거부한 경우는 제314조의 예외사유에 해당하지 않는다고 판시한 것(대법원 2012.5.17, 2009도6788 전원합의체)과 일관된 흐름에서 2020년 전원합의체 판례를 통하여 정당하지 않은 증언거부권 행사도 제314조의 예외사유에 해당하지 않는다고 판시한 것이다. 이는 공판중심주의, 직접심리주의, 반대신문권의 보장을 철저히 중시한 것으로 평가된다.

solution 해당하지 않는다.

●●●
155 가해자의 14년여 전 집단 성폭행 자백 유서에 대한 형사소송법 제314조의 특신상태의 의미
• 경찰2차 24

> [제1문] 형사소송법 제314조에서 '특히 신빙할 수 있는 상태하에서 행하여졌음에 대한 증명'의 정도는 ① 그러할 개연성이 있다는 정도인가, ② 합리적 의심의 여지를 배제할 정도인가?
>
> [제2문] 피고인들이 망인 甲과 합동하여 피해자 乙(여, 당시 14세)의 심신상실 또는 항거불능 상태를 이용하여 乙을 간음하였다는 성폭력처벌법위반(특수준강간)의 공소사실과 관련하여, 甲이 사건 발생 14년여 후 자살하기 직전 작성한 유서가 발견되어 증거로 제출되었다. 유서에는 甲이 자신의 범행을 참회하는 듯한 내용이 포함되어 있는데, 제반 사정을 종합할 때, 유서가 신빙할 수 있는 상태에서 작성되었을 개연성이 있다고 평가할 여지가 있으면 그 증거능력이 인정되는가?

[제1문]

판례 형사소송법 제314조에서 '그 진술 또는 작성이 특히 신빙할 수 있는 상태하에서 행하여졌음'이란 그 진술 내용이나 조서 또는 서류의 작성에 허위가 개입할 여지가 거의 없고, 그 진술 내지 작성 내용의 신빙성이나 임의성을 담보할 구체적이고 외부적인 정황이 있는 경우를 가리킨다. 형사소송법 제312조, 제313조는 진술조서 등에 대하여 피고인 또는 변호인의 반대신문권이 보장되는 등 엄격한 요건이 충족될 경우에 한하여 증거능력을 인정할 수 있도록 함으로써 직접심리주의 등 기본원칙에 대한 예외를 정하고 있는데, 형사소송법 제314조는 원진술자 또는 작성자가 사망·질병·외국거주·소재불명 등의 사유로 공판준비 또는 공판기일에 출석하여 진술할 수 없는 경우에 그 진술이 특히 신빙할 수 있는 상태하에서 행하여졌다는 점이 증명되면 원진술자 등에 대한 반대신문의 기회조차도 없이 증거능력을 부여할 수 있도록 함으로써 보다 중대한 예외를 인정한 것이므로, 그 요건을 더욱 엄격하게 해석·적용하여야 한다. 따라서 형사소송법 제314조에서 '특히 신빙할 수 있는 상태하에서 행하여졌음에 대한 증명'은 단지 그러할 개연성이 있다는 정도로는 부족하고, 합리적 의심의 여지를 배제할 정도, 즉 법정에서의 반대신문 등을 통한 검증을 굳이 거치지 않더라도 진술의 신빙성을 충분히 담보할 수 있어 실질적 직접심리주의와 전문법칙에 대한 예외로 평가할 수 있는 정도에 이르러야 한다(대법원 2024.4.12, 2023도13406).

📍solution ②

[제2문]

(판례) 유서에서 甲이 피고인들을 무고할 만한 뚜렷한 동기나 이유가 발견되지 않았고, 피고인들 스스로도 당시 甲 및 乙과 함께 술을 마셨던 사실은 인정하고 있는 점, 乙은 수사기관에서 당시 만취 상태에서 귀가하였는데 속옷에 피가 묻어 있었고 사타구니 부근이 아팠으며 산부인과에서 진료를 받고 사후피임약 등을 처방받았다고 진술한 점 등에 비추어 유서가 신빙할 수 있는 상태에서 작성되었을 개연성이 있다고 평가할 여지는 있으나, 유서는 작성 동기가 명확하지 아니하고, 수사기관에서 작성 경위, 구체적 의미 등이 상세하게 밝혀진 바가 없으며, 사건 발생일로부터 무려 14년 이상 경과된 후 작성된 점, 유서의 주요 내용이 구체적이거나 세부적이지 않고, 다른 증거에 의하여 충분히 뒷받침되지도 아니하며, 오히려 일부 내용은 乙의 진술 등과 명백히 배치되기도 하는 점, 甲에 대한 반대신문이 가능하였다면 그 과정에서 구체적, 세부적 진술이 현출됨으로써 기억의 오류, 과장, 왜곡, 거짓 진술 등이 드러났을 가능성을 배제하기 어려운 점 등 제반 사정을 종합하면, 유서의 내용이 법정에서의 반대신문 등을 통한 검증을 굳이 거치지 않아도 될 정도로 신빙성이 충분히 담보된다고 평가할 수 없어 유서의 증거능력을 인정할 수 없다(대법원 2024.4.12, 2023도13406).

📍solution 증거능력이 인정되지 않는다(개연성이 있다고 평가할 여지가 있다고 하여 그 증거능력이 인정되는 것은 아니다).

● ● ●

156 피의자신문조서, 진술조서, 전문진술의 증거능력 인정 요건

> 피고인 A는 새마을금고 이사장 선거와 관련하여 대의원 甲에게 자신을 지지해 달라고 부탁하면서 돈 50만원을 제공하였다고 하여 새마을금고법 위반으로 기소되었다. 검사는 ㉠ 사법경찰관 작성의 공범 甲에 대한 피의자신문조서 및 진술조서를 증거로 제출하고, ㉡ 검사가 신청한 증인 乙은 법정에 출석하여 '甲으로부터 A에게서 돈을 받았다는 취지의 말을 들었다'고 증언하였다. A는 공판기일에서 조서의 내용을 모두 부인하였고, 甲은 일관되게 A로부터 50만원을 받았다는 취지의 공소사실을 부인하였다. ㉠과 ㉡ 중 증거능력이 인정되는 것이 있는가? 있다면 어느 것인가?

(판례) 피고인이 새마을금고 이사장 선거와 관련하여 대의원 甲에게 자신을 지지해 달라고 부탁하면서 현금 50만원을 제공하였다고 하여 새마을금고법 위반으로 기소되었는데, 검사는 사법경찰관 작성의 공범 甲에 대한 피의자신문조서 및 진술조서를 증거로 제출하고, 검사가 신청한 증인 乙은 법정에 출석하여 '甲으로부터 피고인에게서 50만원을 받았다는 취지의 말을 들었다'고 증언한 사안에서, ① 甲이 법정에 출석

하여 위 피의자신문조서 및 진술조서의 성립의 진정을 인정하였더라도 피고인이 공판기일에서 그 조서의 내용을 모두 부인한 이상 이는 증거능력이 없고('진술조서'의 형식을 취하였다 하더라도 그 실질이 공범에 대한 피의자신문이라면 피의자신문조서에 준하여 취급 – 필자 주), ② 한편 제1심 및 원심 공동피고인인 甲은 원심에 이르기까지 일관되게 피고인으로부터 50만원을 받았다는 취지의 공소사실을 부인한 사실에 비추어 원진술자 甲이 사망, 질병, 외국거주, 소재불명 그 밖에 이에 준하는 사유로 인하여 진술할 수 없는 때에 해당하지 아니하여 甲의 진술을 내용으로 하는 乙의 법정증언은 전문증거로서 증거능력이 없으며, 나아가 피고인은 일관되게 甲에게 50만원 자체를 교부한 적이 없다고 주장하면서 적극적으로 다툰 점, 이에 따라 사법경찰관 작성의 甲에 대한 피의자신문조서 및 진술조서의 내용을 모두 부인한 점, 乙의 법정증언이 전문증거로서 증거능력이 없다는 사정에 대하여 피고인 또는 변호인에게 의견을 묻는 등의 적절한 방법으로 고지가 이루어지지 않은 채 증인신문이 진행된 다음 증거조사 결과에 대한 의견진술이 이루어진 점, 乙이 위와 같이 증언하기에 앞서 원진술자 甲이 피고인으로부터 50만원을 제공받은 적이 없다고 이미 진술한 점 등을 종합하면 피고인이 乙의 법정증언을 증거로 삼는 데에 동의하였다고 볼 여지는 없고, 乙의 증언에 따른 증거조사 결과에 대하여 별 의견이 없다고 진술하였더라도 달리 볼 수 없으므로, 결국 사법경찰관 작성의 甲에 대한 피의자신문조서 및 진술조서와 乙의 전문진술은 증거능력이 없다. 따라서 위 각 증거의 증거능력을 인정하여 공소사실에 대한 유죄의 증거로 삼은 원심의 조치에 형사소송법 제312조, 제316조 등에서 정한 증거능력에 관한 법리 등을 오해한 잘못이 있다(대법원 2019.11.14, 2019도11552).

⚲solution 증거능력이 인정되는 것이 없다.

157 피고인의 진술을 원진술로 하는 조사자의 증언

[사례] 경찰관 P는 피고인에 대하여 세 차례 피의자신문을 하였는데, 세 차례 모두 피고인의 변호인은 동석하지 아니하였다. 피고인은 임의동행 직후 경찰관 P로부터 제1회 피의자신문을 받으면서 당초에는 필로폰 투약 범행을 부인하였으나 경찰관 P가 소변의 임의제출을 종용하는 듯한 태도를 취하자 이를 번복하여 '2021.8.4. 18:00경 김해시 B 소재 ○○공원 내 벤치에서 불상량의 필로폰을 커피에 타서 마시는 방법으로 투약하였다'는 취지로 진술하였다. 그 후, 경찰관 P는 피고인 휴대전화의 발신 기지국 위치를 통하여 피고인이 2021.8.4. 18:00경 위 ○○공원이 아닌 다른 곳에 있었고, 같은 날 22:46경 위 ○○공원 부근에 있었음을 확인하여, 피고인을 재차 소환하여 위와 같은 사실을 언급하면서 2021.8.4. 18:00경이 아닌 같은 날 22:46경에 필로폰을 투약한 것이 아닌지 물었고, 이에 피고인은 기존 진술을 번복하면서 공소사실 기재와 같이 2021.8.4. 23:00경 필로폰을 투약하였던 것 같다는 취지로 진술하였다. 피고인은 법정에서 경찰관 P가 작성한 피의자신문조서의 내용을 부인하였다.

[제1문] 경찰관 P는 제1심 법정에 출석하여 피고인이 조사 당시 강요나 회유 없이 자발적으로 공소사실 기재 필로폰 투약 범행을 자백하였다는 취지로 증언하였다. P의 증언의 증거능력을 인정하기 위하여 적용되어야 하는 법조문은 형사소송법 제 몇 조 몇 항인가?

[제2문] 경찰관 P의 증언은 증거능력이 인정되는가?

조문 **형사소송법 제316조(전문의 진술)** ① 피고인이 아닌 자(공소제기 전에 피고인을 피의자로 조사하였거나 그 조사에 참여하였던 자를 포함한다. 이하 이 조에서 같다)의 공판준비 또는 공판기일에서의 진술이 피고인의 진술을 그 내용으로 하는 것인 때에는 그 진술이 특히 신빙할 수 있는 상태하에서 행하여졌음이 증명된 때에 한하여 이를 증거로 할 수 있다.

[제1문]

판례 형사소송법은 검사, 사법경찰관 등 수사기관이 작성한 피의자신문조서는 그 피의자였던 피고인 또는 변호인이 공판준비 또는 공판기일에 내용을 인정하지 아니하면 증거능력을 부정하면서도(제312조 제1항·제3항), 검사, 사법경찰관 등 공소제기 전에 피고인을 피의자로 조사하였거나 그 조사에 참여하였던 자, 즉 조사자의 공판준비 또는 공판기일에서의 진술이 피고인의 수사기관 진술을 내용으로 하는 것인 때에는 그 진술이 '특히 신빙할 수 있는 상태하에서 행하여졌음이 증명된 때'에 한하여 이를 증거로 할 수 있다고 규정하고 있다(제316조 제1항)(대법원 2023.10.26, 2023도7301).

ⓘsolution 제316조 제1항

[제2문]

판례 법 제316조 제1항에서 규정하는 '그 진술이 특히 신빙할 수 있는 상태하에서 행하여졌음'이란 그 진술을 하였다는 것에 허위 개입의 여지가 거의 없고, 그 진술내용의 신빙성이나 임의성을 담보할 구체적이고 외부적인 정황이 있음을 의미한다(대법원 2015.12.10, 2015도16105). 이러한 특신상태는 증거능력의 요건에 해당하므로 검사가 그 존재에 대하여 구체적으로 주장·증명하여야 하는데(대법원 2001.9.4, 2000도1743), 피고인의 수사기관 진술이 '특히 신빙할 수 있는 상태하에서 행하여졌음에 대한 증명'은 단지 그러할 개연성이 있다는 정도로는 부족하고 합리적인 의심의 여지를 배제할 정도에 이르러야 한다. 피고인이나 변호인이 그 내용을 인정하지 않더라도 검사, 사법경찰관 등 조사자의 법정증언을 통하여 피고인의 수사기관 진술내용이 법정에 현출되는 것을 허용하는 것은, 형사소송법 제312조 제1항·제3항이 피고인의 수사기관 진술은 신용성의 정황적 보장이 부족하다고 보아 피고인이나 변호인이 그 내용을 인정하지 않는 이상 피의자신문조서의 증거능력을 인정하지 않음으로써 그 진술내용이 법정에 현출되지 않도록 규정하고 있는 것에 대하여 중대한 예외를 인정하는 것이어서, 이를 폭넓게 허용하는 경우 형사소송법 제312조 제1항·제3항의 입법취지와 기능이 크게 손상될 수 있기 때문이다. 피고인이 경찰 조사 당시 변호인의 동석 없이 진술한 점, 피고인의 진술 중 범인만이 알 수 있는 내용에 관한 자발적, 구체적 진술로 평가될 수 있는 부분이 존재하지 않는 점, 오히려 피고인은 임의동행 직후 경찰관이 소변의 임의제출을 종용하자 필로폰 투약 사실을 인정하고, 이후 경찰관이 발신 기지국 위치를 통하여 확인된 사실을 기초로 진술번복을 유도하자 그에 따라 공소사실 기재와 같은 필로폰 투약 범행을 인정한 것으로 보이는 등 피고인이 조사 당시 그 진술내용을 신빙하기 어려운 상태에 있었다고 의심되는 정황이 존재하는 점 등에 비추어 보면, 피고인을 경찰에서 조사하였던 경찰관의 제1심 증언은 증거능력이 인정된다고 보기 어렵다(대법원 2023.10.26, 2023도7301).

ⓘsolution 인정되지 않는다.

6 당사자의 동의와 증거능력

7 탄핵증거

8 자백과 보강증거

●●●
158 피고인이 휴대전화기의 카메라로 피해자를 몰래 촬영한 현장에서 현행범으로 체포되면서 위 휴대전화기를 수사기관에 임의제출한 사안에서, 피고인의 자백을 보강할 증거가 있는지 여부가 쟁점이 된 사건
• 국가9급 20, 경찰2차 21, 국가7급 21

> [제1문] 피고인 A는 지하철역 에스컬레이터에서 휴대전화기의 카메라를 이용하여 성명불상 여성 피해자의 치마 속을 몰래 촬영하다가 현행범으로 체포되어 성폭력범죄의 처벌 등에 관한 특례법 위반(카메라등이용촬영)으로 기소되었다. 검사가 제출한 증거 중 체포 당시 임의제출 방식으로 압수된 A 소유 휴대전화기에 대한 압수조서가 있다. 이 압수조서 중 '압수경위'란에 기재된 내용은 A가 범행을 저지르는 현장을 직접 목격한 사법경찰관 B의 진술이 담긴 것이다. 이는 전문증거에 해당하는데, 그렇다면 그 증거능력을 인정하기 위한 전문법칙의 예외규정 중 제 몇 조 제 몇 항에 해당하는가?
>
> [제2문] (현행범 체포현장에서 형사소송법 제218조에 따른 임의제출물 압수가 가능하다고 하더라도, 제출의 임의성이 있어야만 압수물에 대한 증거능력이 인정될 수 있는 것인데, 이 사건에서 만약 임의제출에 의한 압수절차와 그 효과에 대한 피고인의 인식 또는 경찰관의 고지가 없었다고 보이는 등 피고인이 현행범으로 체포될 당시 임의제출 방식으로 압수된 피고인 소유의 휴대전화기 – 제1호증, 이하 '이 사건 휴대전화기' – 에 대하여 경찰관의 강제수사 또는 피고인의 임의적 제출의사 부재가 의심되는 반면 이를 배제할 검사의 증명이 전혀 이루어지지 않아 이 사건 휴대전화기의 증거능력은 인정되지 않는다고 하여도) 위 제1문의 목격자 B의 진술이 담긴 압수조서는 이 사건 휴대전화기에 대한 임의제출절차가 적법하였는지에 따라 그 증거능력에 영향을 받지 않는 별개의 독립적인 증거에 해당하는가?
>
> [제3문] A가 공소사실에 대하여 자백하고 검사가 제출한 모든 서류에 대하여 증거로 함에 동의하였을 경우, 위 제1문의 목격자 B의 진술이 담긴 압수조서는 자백을 보강하는 증거가 될 수 있는가?
>
> [제4문] 현행범 체포현장이나 범죄 현장에서 소지자 등이 임의로 제출하는 물건을 형사소송법 제218조에 의하여 영장 없이 압수할 때, 검사나 사법경찰관은 별도로 사후에 영장을 받아야 하는가?

[제1문 · 제2문 · 제3문]

(판례) 피고인은 공소사실에 대해 자백하고 검사가 제출한 모든 서류에 대하여 증거로 함에 동의하였는데, 그 서류들 중 체포 당시 임의제출 방식으로 압수된 피고인 소유 휴대전화기(이하 '휴대전화기'라고 한다)

에 대한 압수조서의 '압수경위'란에 '지하철역 승강장 및 게이트 앞에서 경찰관이 지하철범죄 예방·검거를 위한 비노출 잠복근무 중 검정 재킷, 검정 바지, 흰색 운동화를 착용한 20대 가량 남성이 짧은 치마를 입고 에스컬레이터를 올라가는 여성을 쫓아가 뒤에 밀착하여 치마 속으로 휴대폰을 집어넣는 등 해당 여성의 신체를 몰래 촬영하는 행동을 하였다'는 내용이 포함되어 있고, 그 하단에 피고인의 범행을 직접 목격하면서 위 압수조서를 작성한 사법경찰관 및 사법경찰리의 각 기명날인이 들어가 있으므로, 위 압수조서 중 '압수경위'란에 기재된 내용은 피고인이 범행을 저지르는 현장을 직접 목격한 사람의 진술이 담긴 것으로서 형사소송법 제312조 제5항에서 정한 '피고인이 아닌 자가 수사과정에서 작성한 진술서'에 준하는 것으로 볼 수 있고(이상 제1문의 판례), 이에 따라 휴대전화기에 대한 임의제출절차가 적법하였는지에 영향을 받지 않는 별개의 독립적인 증거에 해당하여(이상 제2문의 해결), 피고인이 증거로 함에 동의한 이상 유죄를 인정하기 위한 증거로 사용할 수 있을 뿐 아니라 피고인의 자백을 보강하는 증거가 된다고 볼 여지가 많다(이상 제3문의 해결). 따라서 이와 달리 피고인의 자백을 뒷받침할 보강증거가 없다고 보아 무죄를 선고한 원심판결에 자백의 보강증거 등에 관한 법리를 오해하거나 필요한 심리를 다하지 아니한 잘못이 있다(대법원 2019.11.14, 2019도13290).

♀solution [제1문] 제312조 제5항
　　　　　[제2문] 별개의 독립적인 증거에 해당한다.
　　　　　[제3문] 자백을 보강하는 증거가 될 수 있다.

[제4문]

(판례) 범죄를 실행 중이거나 실행 직후의 현행범인은 누구든지 영장 없이 체포할 수 있고(형사소송법 제212조), 검사 또는 사법경찰관은 피의자 등이 유류한 물건이나 소유자·소지자 또는 보관자가 임의로 제출한 물건은 영장 없이 압수할 수 있으므로(제218조), 현행범 체포현장이나 범죄 현장에서도 소지자 등이 임의로 제출하는 물건은 형사소송법 제218조에 의하여 영장 없이 압수하는 것이 허용되고, 이 경우 검사나 사법경찰관은 별도로 사후에 영장을 받을 필요가 없다(대법원 2019.11.14, 2019도13290).

♀solution 별도로 사후에 영장을 받을 필요가 없다.

● ● ● ○
159 자백에 대한 보강증거가 되기 위한 기준 (1)

• 경찰2차 19, 법원9급 21

(판례) 피고인이 마약류취급자가 아님에도 향정신성의약품인 러미라를 3회에 걸쳐 甲에게 제공하고, 2회에 걸쳐 스스로 투약하였다고 하여 마약류 관리에 관한 법률 위반(향정)으로 기소된 경우, 피고인은 동종 범죄전력이 4회 더 있어 공소사실을 자백하면 더 불리한 처벌을 받으리라는 사정을 알고 있었음에도, 수사기관에서 '乙로부터 러미라 약 1,000정을 건네받아 그중 일부는 甲에게 제공하고, 남은 것은 자신이 투약하였다'고 자백하면서 투약방법과 동기 등에 관하여 구체적으로 진술한 이래 원심에 이르기까지 일관되게 진술을 유지하여 자백의 임의성이 인정되고, 乙에 대한 검찰 진술조서 및 수사보고(피의자 휴대전화에서 복원된 메시지 관련)의 기재 내용에 의하면, 乙은 피고인의 최초 러미라 투약행위가 있었던 시점에 피고인에게 50만원 상당의 채무변제에 갈음하여 러미라 약 1,000정이 들어있는 플라스틱통 1개를 건네주었다고 하고 있고, 甲은 乙에게 피고인으로부터 러미라를 건네받았다는 취지의 카카오톡 메시지를 보낸 사실을 알 수 있어, 이러한 乙에 대한 검찰 진술조서 및 수사보고는 피고인이 乙로부터 수수한 러미라를 투약하고 甲에게 제공하였다는 자백의 진실성을 담보하기에 충분하다(대법원 2018.3.15, 2017도20247).

● ● ○
160 자백에 대한 보강증거가 되기 위한 기준 (2) – 휴대전화가 위법하게 압수된 경우 휴대전화에 대한 임의제출서, 압수조서 등의 자백보강증거 여부

> 피고인이 2017.9.1. ~ 2018.5.25.까지 지하철역 등지에서 총 26회 성명불상의 피해자들의 신체를 의사에 반하여 촬영한 사실로 공소가 제기되었고 피고인이 공소사실을 자백하였는데, 피고인의 휴대전화에 저장된 전자정보 탐색·복제·출력 과정에서 피고인의 참여권이 보장되지 않아 증거능력이 인정되지 않는 경우, 위 휴대전화에 대한 임의제출서, 압수조서 등은 피고인의 자백을 보강하는 증거가 될 수 있는가?

[판례] 자백에 대한 보강증거는 자백사실이 가공적인 것이 아니고 진실한 것이라고 담보할 수 있는 정도이면 족한 것이지 범죄사실의 전부나 중요부분의 전부에 일일이 보강증거를 필요로 하는 것이 아니다(대법원 1994.9.30, 94도1146). 이 사건 휴대전화에 대한 임의제출서, 압수조서, 압수목록, 압수품 사진, 압수물 소유권 포기 여부 확인서는 경찰이 피고인의 이 부분 범행 직후 범행 현장에서 피고인으로부터 위 휴대전화를 임의제출 받아 압수하였다는 내용으로서 이 사건 휴대전화에 저장된 전자정보의 증거능력 여부에 영향을 받지 않는 별개의 독립적인 증거에 해당하므로, 피고인이 증거로 함에 동의한 이상 유죄를 인정하기 위한 증거로 사용할 수 있고, 이 부분 공소사실에 대한 피고인의 자백을 보강하는 증거가 된다고 볼 여지가 많다(대법원 2022.11.17, 2019도11967).

♀solution 될 수 있다.

9 **공판조서의 증명력**

CHAPTER

03 재판

1 재판의 기본개념

○●○

161 선고절차에서 피고인의 태도를 문제삼아 선고형을 징역 1년에서 징역 3년으로 변경하여 선고한 사건: 선고의 종료시점과 변경 선고가 가능한 한계 · 국가9급 23

판례 형사소송법은 재판장이 판결을 선고함에는 주문을 낭독하고 이유의 요지를 설명하여야 하고(제43조 후문), 형을 선고하는 경우에는 피고인에게 상소할 기간과 상소할 법원을 고지하여야 한다고 정한다(제 324조). 형사소송규칙은 재판장은 판결을 선고할 때 피고인에게 이유의 요지를 말이나 판결서 등본 또는 판결서 초본의 교부 등 적절한 방법으로 설명하고, 판결을 선고하면서 피고인에게 적절한 훈계를 할 수 있으며(제147조), 재판장은 판결을 선고하면서 피고인에게 형법 제59조의2, 형법 제62조의2의 규정에 의하여 보호관찰, 사회봉사 또는 수강을 명하는 경우에는 그 취지 및 필요하다고 인정하는 사항이 적힌 서면을 교부하여야 한다고 정한다(제147조의2 제1항). 이러한 규정 내용에 비추어 보면 판결 선고는 전체적으로 하나의 절차로서 재판장이 판결의 주문을 낭독하고 이유의 요지를 설명한 다음 피고인에게 상소기간 등을 고지하고, 필요한 경우 훈계, 보호관찰 등 관련 서면의 교부까지 마치는 등 선고절차를 마쳤을 때에 비로소 종료된다. 재판장이 주문을 낭독한 이후라도 선고가 종료되기 전까지는 일단 낭독한 주문의 내용을 정정하여 다시 선고할 수 있다. 그러나 판결 선고절차가 종료되기 전이라도 변경 선고가 무제한 허용된다고 할 수는 없다. 재판장이 일단 주문을 낭독하여 선고 내용이 외부적으로 표시된 이상 재판서에 기재된 주문과 이유를 잘못 낭독하거나 설명하는 등 실수가 있거나 판결 내용에 잘못이 있음이 발견된 경우와 같이 특별한 사정이 있는 경우에 변경 선고가 허용된다(대법원 2022.5.13, 2017도3884).

보충 제1심 재판장이 선고기일에 법정에서 '피고인을 징역 1년에 처한다'는 주문을 낭독한 뒤, 상소기간 등에 관한 고지를 하던 중 피고인이 '재판이 개판이야, 재판이 뭐 이 따위야' 등의 말과 욕설을 하면서 난동을 부려 당시 그곳에 있던 교도관이 피고인을 제압하여 구치감으로 이동시키는 등 소란이 발생하였는데, 제1심 재판장이 법정질서가 회복되자 피고인에게 '선고가 아직 끝난 것이 아니고 선고가 최종적으로 마무리되기까지 이 법정에서 나타난 사정 등을 종합하여 선고형을 정정한다'는 취지로 말하고, 피고인에게 '징역 3년'을 선고한 경우. (항소심은 제1심의 변경 선고가 적법하다 하였으나) 대법원은 변경 선고가 정당하다고 볼 만한 특별한 사정이 발견되지 않으므로 위법하다고 보아 원심을 파기한 사건이다.

●●○

162 군판사가 재판서에 다른 군판사의 인영을 날인한 사건

> 군판사가 재판서에 다른 군판사의 인영을 날인한 경우 파기사유에 해당하는가?

판례 군사법원법 제72조에 의하면 재판은 재판관인 군판사가 작성한 재판서로 하여야 하고, 제75조에 의하면 재판서에는 **재판한 재판관이 서명날인하여야** 하며(제1항), 재판장 외의 재판관이 서명날인할 수 없을 때에는 재판장이 그 사유를 부기하고 서명날인하여야 하므로(제2항), 이러한 **재판관의 서명날인이**

없는 재판서에 의한 판결은 군사법원법 제442조 제1호가 정한 '판결에 영향을 미친 법률의 위반이 있는 때'에 해당하여 파기되어야 한다(대법원 2020.11.26, 2020도12358). 이는 서명한 재판관의 인영이 아닌 다른 재판관의 인영이 날인되어 있는 경우에도 마찬가지이다(대법원 2021.4.29, 2021도2650).

♀solution 해당한다.

163 재판서 경정의 적법 여부가 문제된 사건

> 누범 해당 범죄가 일부임을 간과하고 전부에 대해 누범가중을 한 제1심판결에 대해 원심이 이를 파기하지 않고 이유에서만 경정을 한 조치가 적법한가?

〔판례〕 법원은 '재판서에 잘못된 계산이나 기재, 그 밖에 이와 비슷한 잘못이 있음이 분명한 때'에는 경정결정을 통하여 위와 같은 재판서의 잘못을 바로잡을 수 있다(형사소송규칙 제25조 제1항). 그러나 이미 선고된 판결의 내용을 실질적으로 변경하는 것은 위 규정에서 예정하고 있는 경정의 범위를 벗어나는 것으로서 허용되지 않는다(대법원 2017.4.26, 2016도21439). 그리고 경정결정은 이를 주문에 기재하여야 하고, 판결 이유에만 기재한 경우 경정결정이 이루어졌다고 할 수 없다(대법원 2015.6.11, 2015도2435; 2021.1.28, 2017도18536). 원심이 이 사건 범행 중 제1심 판시 제1죄 및 제2의 가.죄, 나.죄만이 누범에 해당하는 것으로 판단하였음에도 제1심판결의 이유 중 법령의 적용 부분을 정정하여 누범에 해당하는 범행의 범위를 변경하는 것으로 경정하는 것은 이미 선고된 제1심판결의 내용을 실질적으로 변경하는 것으로서 경정의 범위를 벗어날뿐더러 판결 이유에서 직권으로 경정결정을 하였다고 하더라도 주문에 이를 기재하지 아니한 이상 경정결정으로서 효력도 생기지 않는다. 원심이 제1심판결의 잘못된 판단을 적법하게 바로잡는 조치를 취하지 않고 피고인의 항소를 기각한 것에는 경정의 허용범위와 방식에 관한 법리를 오해하는 등 잘못을 저질렀고 이는 판결결과에도 영향을 미쳤다고 보이므로, 이를 지적하는 피고인의 상고이유 주장은 이유 있다(원심이 결론적으로 동일한 양형에 이르더라도 위의 판단과정은 거쳐야 할 것이다)(대법원 2021.4.29, 2021도26).

♀solution 적법하지 않다.

② 종국재판

164 법 제323조 제2항의 형의 가중, 감면의 이유되는 사실의 의미 · 경찰간부 20, 국가9급 20

〔판례〕 형사소송법 제323조 제2항은 '법률상 범죄의 성립을 조각하는 이유 또는 형의 가중, 감면의 이유되는 사실의 진술이 있을 때에는 이에 대한 판단을 명시하여야 한다'고 규정하고 있다. 여기에서 '형의 가중, 감면의 이유되는 사실'이란 형의 필요적 가중, 감면의 이유되는 사실을 말하고 형의 감면이 법원의 재량에 맡겨진 경우, 즉 임의적 감면사유는 이에 해당하지 않는다. 따라서 피해회복에 관한 주장이 있었더라도 이는 작량감경 사유에 해당하여 형의 양정에 영향을 미칠 수 있을지언정 유죄판결에 반드시 명시하여야 하는 것은 아니다(대법원 2017.11.9, 2017도14769).

165 공소제기의 근거가 된 집시법 규정에 대하여 계속적용을 명하는 헌법불합치결정이 이루어진 사안의 처리

> 해산명령불응죄에 있어서 해산명령 사유의 근거규정에 해당하는 집회 및 시위에 관한 법률 제11조 제1호에 대해서만 헌법불합치결정이 이루어지고, 해산명령불응에 대한 처벌규정인 집회 및 시위에 관한 법률 제24조에 대한 별도의 헌법불합치결정은 없는 경우, 집회 및 시위에 관한 법률 제11조 제1호 위반을 이유로 발령된 해산명령에 대한 해산명령불응죄를 처벌할 수 있는가?

(판례) 헌법재판소는 "집회 및 시위에 관한 법률(2007.5.11. 법률 제8424호로 전부개정된 것, 이하 '집시법') 제11조 제1호 중 '국회의사당'에 관한 부분 및 제23조 중 제11조 제1호 가운데 '국회의사당'에 관한 부분은 모두 헌법에 합치되지 아니한다.", "위 법률조항은 2019.12.31.을 시한으로 개정될 때까지 계속 적용한다."라는 헌법불합치 결정을 선고하였고[헌법재판소 2018.5.31, 2013헌바322, 2016헌바354, 2017헌바360, 398, 471, 2018헌가3, 4, 9(병합) 결정, 이하 '이 사건 헌법불합치결정'이라고 하고, 위 법률조항을 '이 사건 법률조항'이라고 한다], 국회는 2019.12.31.까지 이 사건 법률조항을 개정하지 않았다. 헌법재판소의 헌법불합치결정은 헌법과 헌법재판소법이 규정하고 있지 않은 변형된 형태이지만 법률조항에 대한 위헌결정에 해당한다(대법원 2009.1.15, 2004도7111; 헌법재판소 2004.5.27, 2003헌가1,2004헌가4 등). 집시법 제23조 제1호는 집시법 제11조를 위반할 것을 구성요건으로 규정하고 있고, 집시법 제24조 제5호는 집시법 제20조 제2항, 제1항과 결합하여 집시법 제11조를 구성요건으로 삼고 있다(헌법재판소 2018.6.28, 2015헌가28,2016헌가5). 결국 **집시법 제11조 제1호는 집시법 제23조 제1호 또는 집시법 제24조 제5호와 결합하여 형벌에 관한 법률조항을 이루게 되므로, 이 사건 헌법불합치결정은 형벌에 관한 법률조항에 대한 위헌결정**이라 할 것이다. 그리고 헌법재판소법 제47조 제3항 본문에 따라 형벌에 관한 법률조항에 대하여 위헌결정이 선고된 경우 그 조항은 소급하여 효력을 상실하므로, 법원은 당해 조항이 적용되어 공소가 제기된 피고사건에 대하여 형사소송법 제325조 전단에 따라 무죄를 선고하여야 한다(대법원 2011.6.23, 2008도7562 전원합의체; 2020.6.4, 2018도17454).

♀solution 처벌할 수 없다.

166 소년보호처분의 변경

> 소년법상 보호처분을 받은 소년에 대한 보호처분의 변경이 종전 보호처분 사건에 관한 재판인지 여부(적극) 및 종전 보호처분에서 심리가 결정된 사건이 아닌 사건에 대하여 공소를 제기하거나 소년부에 송치하는 것이 소년법 제53조에 위배되는지 여부(소극)

(판례) 소년부 판사는 심리 결과 보호처분을 할 필요가 있다고 인정하면 결정으로써 보호처분을 하여야 하고(소년법 제32조 제1항), 보호관찰처분에 따른 부가처분을 동시에 명할 수 있다(소년법 제32조의2 제1항). 소년부 판사는 위탁받은 자나 보호처분을 집행하는 자의 신청에 따라 또는 직권으로 보호처분과 부가처분을 변경할 수 있다(소년법 제37조 제1항). 한편 보호처분을 받은 소년에 대하여는 그 심리가 결정된 사건은 다시 공소를 제기하거나 소년부에 송치할 수 없다(소년법 제53조 본문). 이러한 **보호처분의 변경**은 보호처분결정에 따른 위탁 또는 집행 과정에서 발생한 준수사항 위반 등 사정변경을 이유로 종전

보호처분결정을 변경하는 것이다. 즉 이는 종전 보호처분 사건에 관한 재판이다. 따라서 종전 보호처분에서 심리가 결정된 사건이 아닌 사건에 대하여 공소를 제기하거나 소년부에 송치하는 것은 소년법 제53조에 위배되지 않는다(대법원 2019.5.10, 2018도3768).

167 종전 간통죄 합헌결정일 이전에 선고된 재심대상판결에 대하여 간통죄 위헌결정일 이후 재심 개시결정이 확정된 사건

> 피고인은 간통죄로 유죄의 확정판결을 받았다. 이후 헌법재판소는 간통죄 규정에 대하여 합헌 결정을 하였다. 그런데 이후 2015년 2월 26일 헌법재판소는 위헌결정을 내렸다. 이에 피고인 은 재심을 청구하였다. 그렇다면 재심심판에서는 무죄판결을 선고하여야 하는가, 면소판결을 선고하여야 하는가?

〔판례〕 피고인이 간통죄로 유죄의 확정판결을 받은 후 헌법재판소가 구 형법(2016.1.6. 법률 제13719호로 개정되기 전의 것, 이하 같다) 제241조에 대하여 **2008.10.30.** 합헌결정(이하 '종전 합헌결정'이라 한다) 을 하였다가 **2015.2.26.** 위헌결정을 하게 되자 재심을 청구하였는데, 제1심이 재심개시결정을 한 후 심급에 따라 다시 심리하여 면소판결을 선고하고, 원심이 피고인의 항소를 기각하자, 구 형법 제241조에 대한 위 위헌결정의 효력이 공소사실에 미쳐 무죄가 선고되어야 한다는 취지로 상고한 경우, 구 헌법재판소법(2014.5.20. 법률 제12597호로 개정되기 전의 것) 제47조 제2항 단서는 위헌으로 결정된 형벌에 관한 법률 또는 법률의 조항은 소급하여 그 효력을 상실한다고 정하면서 소급효를 제한하지 않았으나, 위와 같이 개정된 헌법재판소법 제47조 제3항 단서는 형벌에 관한 해당 법률 또는 법률의 조항에 대하여 종전에 합헌으로 결정한 사건이 있는 경우에는 그 결정이 있는 날의 다음 날로 소급하여 효력을 상실한다고 정하여 소급효를 제한하고 있고, 한편 형사소송법 제326조 제4호는 '범죄 후의 법령개폐로 형이 폐지되었을 때'를 면소판결을 선고하여야 하는 경우로 정하고 있으므로, 종전 합헌결정일 이전의 범죄행위에 대하여 재심 개시결정이 확정되었는데 그 범죄행위에 적용될 법률 또는 법률의 조항이 위헌결정으로 헌법재판소법 제47조 제3항 단서에 의하여 종전 합헌결정일의 다음 날로 소급하여 효력을 상실하였다면 범죄행위 당시 유효한 법률 또는 법률의 조항이 그 이후 폐지된 경우와 마찬가지이므로 법원은 형사소송법 제326조 제4호에 해당하는 것으로 보아 면소판결을 선고하여야 하는 점에 비추어 보면, 공소사실 기재 범행일이 종전 합헌결정일 이전이고, 구 형법 제241조가 위 위헌결정으로 인하여 종전 합헌결정일의 다음 날인 2008. 10.31.로 소급하여 효력을 상실하므로 공소사실을 심판하는 제1심은 형사소송법 제326조 제4호에 따라 면소판결을 선고하여야 한다(대법원 2019.12.24, 2019도15167).

◍solution 면소판결

168 성명모용과 범칙금납부 통고처분의 범칙행위의 동일성 • 변호사시험 24

> 피고인 甲은 무전취식을 하고 출동한 경찰관에게 친형 乙의 인적사항을 모용함에 따라 친형 乙의 이름으로 「경범죄 처벌법」상 경찰서장의 통고처분을 받았다가 모용사실이 적발되어 경찰

관이 내부적으로 통고처분 오손처리 경위서를 작성하였고, 이후 납부 통고 등 후속절차는 중단된 상태에서 甲은 무전취식의 범칙행위와 동일성이 인정되는 사기의 공소사실로 재차 기소되었다. 법원은 위 기소에 대하여 어떻게 처리하여야 하는가? (공소기각판결, 면소판결, 실체재판 중 택일)

〔판례〕 ① (범칙금납부 통고처분의 효력)「경범죄 처벌법」상 범칙금제도는 범칙행위에 대하여 형사절차에 앞서 경찰서장의 통고처분에 따라 범칙금을 납부할 경우 이를 납부하는 사람에 대하여는 기소를 하지 않는 처벌의 특례를 마련해 둔 것으로 법원의 재판절차와는 제도적 취지와 법적 성질에서 차이가 있다(대법원 2012.9.13, 2012도6612). 또한 범칙자가 통고처분을 불이행하였더라도 기소독점주의의 예외를 인정하여 경찰서장의 즉결심판청구를 통하여 공판절차를 거치지 않고 사건을 간이하고 신속·적정하게 처리함으로써 소송경제를 도모하되, 즉결심판 선고 전까지 범칙금을 납부하면 형사처벌을 면할 수 있도록 함으로써 범칙자에 대하여 형사소추와 형사처벌을 면제받을 기회를 부여하고 있다. 따라서 경찰서장이 범칙행위에 대하여 통고처분을 한 이상, 범칙자의 위와 같은 절차적 지위를 보장하기 위하여 통고처분에서 정한 범칙금 납부기간까지는 원칙적으로 경찰서장은 즉결심판을 청구할 수 없고, 범칙행위에 대한 형사소추를 위하여 이미 한 통고처분을 임의로 취소할 수 없으며, **검사도 동일한 범칙행위에 대하여 공소를 제기할 수 없다**고 보아야 한다(대법원 2020.4.29, 2017도13409; 2021.4.1, 2020도15194). 이때 공소를 제기할 수 없는 범칙행위는 통고처분시까지의 행위 중 범칙금 통고의 이유에 기재된 당해 범칙행위 자체 및 그 범칙행위와 동일성이 인정되는 범칙행위에 한정된다(대법원 2011.4.28, 2009도12249). ② (성명모용에 있어서 공소제기의 효력) 그리고 형사소송법 제248조에 따라 공소는 검사가 피고인으로 지정한 이외의 다른 사람에게 그 효력이 미치지 아니하는 것이므로 공소제기의 효력은 검사가 피고인으로 지정한 자에 대하여만 미치는 것이고, 따라서 피의자가 다른 사람의 성명을 모용한 탓으로 공소장에 피모용자가 피고인으로 표시되었더라도 이는 당사자의 표시상의 착오일 뿐이고, 검사는 모용자에 대하여 공소를 제기한 것이므로 **모용자가 피고인이 되고 피모용자에게 공소의 효력이 미친다고는 할 수 없다**(대법원 1997.11.28, 97도2215). 이와 같은 법리는「경범죄 처벌법」에 따른 경찰서장의 통고처분의 효력에도 마찬가지로 적용된다고 보아야 한다. …… 이미 발령된 통고처분의 효력이 기소된 사기의 공소사실에도 미쳐 이 부분 공소제기의 절차가 법률의 규정을 위반하여 무효인 때에 해당한다고 보아 공소기각 판결을 하여야 한다(대법원 2023.3.16, 2023도751).

⸘solution 공소기각판결

---

3 **재판의 확정과 효력**

● ● ○

169 기판력이 인정되지 않는 경우: 임대차계약의 방법으로 장소제공의 성매매알선행위를 수회한 경우

〔판례〕 포괄일죄의 관계에 있는 범행 일부에 대하여 판결이 확정된 경우에는 사실심 판결선고시를 기준으로 그 이전에 이루어진 범행에 대하여는 확정판결의 기판력이 미쳐 면소의 판결을 선고하여야 할 것인데, 동일 죄명에 해당하는 여러 개의 행위 혹은 연속된 행위를 단일하고 계속된 범의하에 일정 기간 계속하여 행하고 그 피해법익도 동일한 경우에는 이들 각 행위를 통틀어 포괄일죄로 처단하여야 할 것이나, 범의의

단일성과 계속성이 인정되지 아니하거나 범행방법 및 장소가 동일하지 않은 경우에는 각 범행은 실체적 경합범에 해당한다(대법원 2013.5.24, 2011도9549 등). …… 확정된 위 각 약식명령은 영업이 아닌 단순 성매 매장소 제공행위 범행으로 처벌된 것이고, 이 사건 역시 영업이 아닌 단순 성매매장소 제공행위 범행으로 기소된 것이어서 그 구성요건의 성질상 동종 행위의 반복이 예상되는 경우라고 볼 수 없다. 또한 성매매 장소 제공행위와 성매매알선행위의 경우 성매매알선행위가 장소제공행위의 필연적 결과라거나 반대로 장 소제공행위가 성매매알선행위에 수반되는 필연적 수단이라고 볼 수도 없다. …… 확정된 위 각 약식명령 과 이 사건 범행의 장소제공행위는, 장소를 제공받은 성매매업소 운영주가 성매매알선 등 행위로 단속되 어 기소 · 처벌을 받는 과정에서 함께 처벌을 받게 된 것으로, 피고인은 그때마다 새로운 성매매업소 운영 주와 사이에 다시 임대차계약을 체결하여 온 것으로 보인다. 위와 같이 피고인이 수사기관의 단속 등으로 인해 새로운 임대차계약을 체결하여 온 것으로 보이는 이상, 그와 같이 성매매장소를 제공한 수개의 행위 가 동일한 범죄사실이라고 쉽게 단정하여 포괄일죄로 인정을 하면, 자칫 범행 중 일부만 발각되어 그 부 분만 공소가 제기되어 확정판결을 받게 된 후에는 나중에 발각된 부분을 처벌하지 못하여 그 행위에 합당 한 기소와 양형이 불가능하게 될 수 있는 불합리가 나타나 이 사건 처벌규정을 둔 입법취지가 훼손될 여지도 있다(대법원 2020.5.14, 2020도1355).

4 소송비용 및 기타 절차

상소·비상구제절차·특별절차

CHAPTER 01 상소

1 상소 통칙

170 피고인은 주소지 등을 법원에 신고하지 않아 공시송달에 의하여 공판이 진행되고 판결이 선고된 경우의 상소권회복청구 사례

• 법원9급 23

[판례] 형사소송법 제345조의 상소권회복청구는 자기 또는 대리인이 책임질 수 없는 사유로 상소 제기기간 내에 상소를 하지 못한 경우에만 청구할 수 있다. ① 형사피고사건으로 법원에 재판이 계속 중인 사람은 공소제기 당시의 주소지나 그 후 신고한 주소지를 옮길 때 새로운 주소지를 법원에 신고하거나 기타 소송 진행 상태를 알 수 있는 방법을 강구하여야 하고, 만일 이러한 조치를 하지 않았다면 특별한 사정이 없는 한 소송서류가 송달되지 않아서 공판기일에 출석하지 못하거나 판결 선고사실을 알지 못하여 상소 제기기간을 도과하는 등 불이익을 면할 수 없다(대법원 2008.3.10, 2007모795 등). 그러나 ② 위와 같이 피고인이 재판이 계속 중인 사실을 알면서도 새로운 주소지 등을 법원에 신고하는 등 조치를 하지 않아 소환장이 송달불능되었더라도, 법원은 기록에 주민등록지 이외의 주소가 나타나 있고 피고인의 집 전화번호 또는 휴대전화번호 등이 나타나 있는 경우에는 위 주소지 및 전화번호로 연락하여 송달받을 장소를 확인하여 보는 등의 시도를 해 보아야 하고, 그러한 조치 없이 곧바로 공시송달 방법으로 송달하는 것은 형사소송법 제63조 제1항, 소송촉진 등에 관한 특례법 제23조에 위배되어 허용되지 아니하는데(대법원 2011.7.28, 2011도6762; 2014.5.29, 2014도3141 등), 이처럼 허용되지 아니하는 잘못된 공시송달에 터 잡아 피고인의 진술 없이 공판이 진행되고 피고인이 출석하지 않은 기일에 판결이 선고된 경우에는, 피고인은 자기 또는 대리인이 책임질 수 없는 사유로 상소 제기기간 내에 상소를 하지 못한 것으로 봄이 타당하다(대법원 2014.10.16, 2014모1557). 민사소송과 달리 형사소송에서는, 피고인이 공판기일에 출석하지 아니한 때에는 특별한 규정이 없으면 개정하지 못하는 것이 원칙이고(형소송법 제276조), 소송촉진 등에 관한 특례법 제23조, 소송촉진 등에 관한 특례규칙 제19조에 의하여 예외적으로 제1심 공판절차에서 피고인 불출석 상태에서의 재판이 허용되지만, 이는 피고인에게 공판기일 소환장이 적법하게 송달되었음을 전제로 하기 때문에 공시송달에 의한 소환을 함에 있어서도 공시송달 요건의 엄격한 준수가 요구된다(대법원 2022.5.26, 2022모439).

171 상소권회복청구 사유가 종지한 날

[판례] 피고인에 대하여 공시송달로 공소장 등이 송달되고 피고인이 불출석한 가운데 판결이 선고되어 검사만이 양형부당을 이유로 항소하고 항소이유서를 제출하였는데, 피고인이 별건으로 구속되자 원심법원이 피고인에게 소송기록접수통지서와 검사의 항소이유서를 함께 송달하였고, 피고인이 소송기록접수통지서와 검사의 항소이유서 등을 통해서 대상판결의 선고일자, 사건번호, 죄명과 선고형량 등을 알게 된 경우, 상소권회복청구의 사유가 종지한 날은 원칙적으로 소송기록접수통지서와 검사의 항소이유서를 송달

받은 날이므로, 그날부터 상소 제기기간 내에 상소권회복청구와 상소를 하지 않은 경우 상소권회복청구를 할 수 없다(대법원 2019.2.14, 2018도15109).

---

172 확정판결 전의 공소사실과 후의 공소사실 중 일부상소한 사례
• 국가7급 20

> 확정판결 전의 공소사실과 확정판결 후의 공소사실에 대하여 따로 유죄를 선고하여 두 개의 형을 정한 제1심판결에 대하여 피고인만이 확정판결 전의 유죄판결 부분에 대하여 항소한 경우, 항소심이 심리·판단하여야 할 범위는 확정판결 전의 유죄판결 부분인가, 확정판결 전의 공소 사실과 확정판결 후의 공소사실 모두인가?

판례 형법 제37조 전단의 경합범으로 동시에 기소된 수 개의 공소사실에 대하여 일부 유죄, 일부 무죄를 선고하거나 수 개의 공소사실이 금고 이상의 형에 처한 확정판결 전후의 것이어서 형법 제37조 후단, 제39조 제1항에 의하여 각기 따로 유·무죄를 선고하거나 형을 정하는 등으로 판결주문이 수 개일 때에는 그 1개의 주문에 포함된 부분을 다른 부분과 분리하여 일부상소를 할 수 있고, 이때 당사자 쌍방이 상소하지 아니한 부분은 분리 확정된다. 그러므로 확정판결 전의 공소사실과 확정판결 후의 공소사실에 대하여 따로 유죄를 선고하여 두 개의 형을 정한 제1심판결에 대하여 피고인만이 확정판결 전의 유죄판결 부분에 대하여 항소한 경우, 피고인과 검사가 항소하지 아니한 확정판결 후의 유죄판결 부분은 항소기간이 지남으로써 확정되어 항소심에 계속된 사건은 확정판결 전의 유죄판결 부분뿐이고, 그에 따라 항소심이 심리·판단하여야 할 범위는 **확정판결 전의 유죄판결 부분**에 한정된다. 따라서 피고인을 금고 이상의 형에 처한 판결이 확정된 후, 확정판결 전의 사기범행에 대해 징역 2년을, 확정판결 후의 산지관리법위반 등 범행에 대해 징역 6월에 집행유예 2년을 선고한 제1심판결에 대하여 피고인만이 확정판결 전 범행인 사기 부분에 한하여 항소한 경우, 이미 유죄로 확정된 산지관리법위반죄 등 부분까지 다시 심리하여 판결로 산지관리법위반죄 등에 대한 피고인의 항소를 기각한 원심판결 부분에 잘못이 있어 이 부분을 파기하되, 이 부분은 원심에 환송할 수 없고, 상고심이 이를 파기하는 것으로 충분하다(대법원 2018.3.29, 2016도18553).

보충 확정판결 후 범행인 산지관리법위반죄 등 부분은 항소기간이 지남으로써 확정되고 사기 부분만이 원심에 계속되게 되었으므로, 원심으로서는 사기 부분만을 심리·판단하였어야 하고, 설령 변호인이 항소이유서에 이미 확정된 산지관리법위반죄 등 부분에 대한 항소이유를 기재하였더라도 그 부분은 원심의 심리·판단의 대상이 될 수 없는데도, 이와 달리 이미 유죄로 확정된 산지관리법위반죄 등 부분까지 다시 심리하여 판결로 위 부분에 대한 피고인의 항소를 기각한 원심판결 부분에는 항소심의 심리·판단의 범위에 관한 법리오해의 잘못이 있어 이 부분을 파기하되, 다만 이 부분은 이미 확정되어 당초부터 원심의 심판대상이 아니었으므로 원심에 환송할 수 없고, 상고심이 이를 파기하는 것으로 충분하다.

solution 확정판결 전의 유죄판결 부분

---

173 일부상소, 전부상소의 판단에서 상소장과 상소이유서를 모두 고려하여야 한다는 사례

판례 실체적 경합범으로 기소되어 전부 무죄가 선고된 제1심판결에 대하여 검사가 전부 항소한 경우 적법한 항소이유의 주장이 있었는지는 항소장 및 항소이유서의 기재를 해석하여 판단하여야 할 것이다(대법원 2022.10.14, 2022도1229).

보충 피고인에 대한 사기방조 및 국민건강보험법위반방조 부분 공소사실은 피고인이 약사 면허를 대여한 행위의 구체적인 사정으로서 논리적인 측면과 행위의 측면에서 모두 약사 면허를 대여한 사실을 전제로 하는 점, 검사는 항소장에서 제1심의 피고인에 대한 무죄판결 전부를 항소 범위로 기재하였고, 항소이유서에도 사기 및 국민건강보험법위반 방조 행위뿐만 아니라 '약사 면허를 대여한 행위'가 유죄로 인정되어야 한다고 명시적으로 기재한 다음, 항소이유서에서 제1심판결 무죄 판단의 공통된 주된 근거인 사실인정을 다투는 취지의 주장들을 구체적으로 하면서 사실오인을 항소이유로 하고 있는바, 검사가 전제사실인 약사 면허 대여 사실을 주장하며 사기방조 및 국민건강보험법위반 방조 부분을 다투면서도 약사법위반 부분만을 다투지 않는다는 것은 오히려 이례적으로 보이는 점, 피고인이 약사법위반 부분에 대한 검사의 항소이유에 대하여 변호인 의견서, 공판기일에서의 변론 등을 통해 충분히 방어권을 행사한 것으로 보이고, 달리 검사의 항소이유서 기재가 피고인의 방어권을 침해하였다는 사정은 보이지 않는 점 등에 의하면, 검사가 항소장 및 항소이유서에 그에 관한 항소이유를 적법하게 기재하였다고 보아야 하므로 약사법위반 부분에 대해서도 판단해야 한다.

비교 검사가 일부 유죄, 일부 무죄가 선고된 제1심판결에 대하여 항소하면서 항소장의 '항소의 범위'란에 '전부(양형부당 및 무죄 부분, 사실오인, 법리오해)'라고 기재하였으나 적법한 기간 내에 제출된 항소이유서에는 제1심판결 중 무죄 부분에 대한 항소이유만 기재한 경우 항소장에 '양형부당'이라는 문구를 적법한 항소이유의 기재라고 볼 수 없고 유죄 부분에 대하여는 법정기간 내에 항소이유서를 제출하지 아니한 경우에 해당한다(대법원 2008.1.31, 2007도8117).

174 주위적 공소사실과 예비적 공소사실의 관계

> [제1문] 주위적·예비적 공소사실 중 예비적 공소사실만 유죄로 인정되고 그 부분에 대하여 피고인만 상고한 경우, 주위적 공소사실까지 상고심의 심판대상에 포함되는가?
> [제2문] (제1문의 경우) 상고심이 예비적 공소사실에 대한 원심판결의 잘못을 지적하여 원심판결을 전부 파기환송하는 경우, 환송 후 원심의 심판대상에 주위적 공소사실까지 포함되는가?

판례 원래 주위적·예비적 공소사실의 일부에 대한 상고제기의 효력은 나머지 공소사실 부분에 대하여도 미치는 것이고, 동일한 사실관계에 대하여 서로 양립할 수 없는 적용법조의 적용을 주위적·예비적으로 구하는 경우에는 예비적 공소사실만 유죄로 인정되고 그 부분에 대하여 피고인만 상고하였다고 하더라도 주위적 공소사실까지 함께 상고심의 심판대상에 포함된다(대법원 2006.5.25, 2006도1146). 이때 상고심이 예비적 공소사실에 대한 원심판결이 잘못되었다는 이유로 원심판결을 전부 파기환송한다면, 환송 후 원심은 예비적 공소사실은 물론 이와 동일체 관계에 있는 주위적 공소사실에 대하여도 이를 심리·판단하여야 한다(대법원 2023.12.28, 2023도10718).

solution [제1문] 포함된다.
[제2문] 포함된다.

175 불이익변경금지원칙 위반 여부가 문제되는 사건

> 환송 후 원심이, 환송 전 원심판결에서 인정한 범죄사실 중 일부를 무죄로 판단하고 나머지 부분만 유죄로 판단하면서 이에 대하여 환송 전 원심판결과 동일한 형을 선고한 것은 불이익변경금지원칙에 위반되는가?

판례 '불이익변경의 금지'에 관한 형사소송법 제368조에서 피고인이 항소한 사건과 피고인을 위하여 항소한 사건에 대하여는 원심판결의 형보다 중한 형을 선고하지 못한다고 규정하고 있고, 위 법률조항은 형사소송법 제399조에 의하여 상고심에도 준용된다. 한편 피고인만의 상고에 의한 상고심에서 원심판결을 파기하고 사건을 항소심에 환송한 경우 불이익변경금지원칙은 환송 전 원심판결과의 관계에서도 적용되어 환송 후 원심법원은 파기된 환송 전 원심판결보다 중한 형을 선고할 수 없다(대법원 1992.12.8, 92도2020 등). …… 위 법률조항의 문언이 '원심판결의 형보다 중한 형'으로의 변경만을 금지하고 있을 뿐이고, 상소심은 원심법원이 형을 정함에 있어서 전제로 삼았던 사정이나 견해에 반드시 구속되는 것이 아닌 점 등에 비추어 보면, 피고인만이 상소한 사건에서 상소심이 원심법원이 인정한 범죄사실의 일부를 무죄로 인정하면서도 피고인에 대하여 원심법원과 동일한 형을 선고하였다고 하여 그것이 불이익변경금지원칙을 위반하였다고 볼 수 없다(대법원 2003.2.11, 2002도5679 등; 2021.5.6, 2021도1282).

₰solution 위반되지 않는다.

176 제1심에서 부정기형을 선고하였는데 피고인만이 항소하여 불이익변경금지원칙이 적용되어 항소심이 부정기형보다 중하지 아니한 정기형을 선고해야 하는 사건

• 국가9급 21, 국가9급개론 21

> 제1심판결시 소년에 해당하여 부정기형을 선고받은 피고인만이 항소한 항소심에서 피고인이 성년에 이르러 항소심이 제1심판결을 파기하고 정기형을 선고하여야 하는 경우, 항소심은 불이익변경금지원칙에 따라 제1심에서 선고한 부정기형보다 중한 정기형을 선고할 수 없는데, 이때 항소심이 선고할 수 있는 정기형의 상한은 ① 부정기형의 단기형인가, ② 부정기형의 장기와 단기의 중간형인가?

[판례] 부정기형은 장기와 단기라는 폭의 형태를 가지는 양형인 반면 정기형은 점의 형태를 가지는 양형이므로 불이익변경금지원칙의 적용과 관련하여 양자 사이의 형의 경중을 단순히 비교할 수 없는 특수한 상황이 발생한다. 결국 피고인이 항소심 선고 이전에 19세에 도달하여 부정기형을 정기형으로 변경해야 할 경우 불이익변경금지원칙에 반하지 않는 정기형을 정하는 것은 부정기형과 실질적으로 동등하다고 평가될 수 있는 정기형이 부정기형의 장기와 단기 사이의 어느 지점에 존재하는지를 특정하는 문제로 귀결된다. 형벌은 책임에 기초하고 그 책임에 비례하여야 한다는 책임주의 원칙과 상소심에서 실질적으로 불이익한 형을 선고받을 수 있다는 우려로 인하여 상소권의 행사가 위축되는 것을 방지하기 위해 채택된 불이익변경금지원칙은 형사법의 대원칙이다. 이 사건 쟁점은 부정기형의 단기부터 장기에 이르는 수많은 형 중 어느 정도의 형이 책임주의 원칙과 불이익변경금지 원칙의 제도적 취지 사이에서 조화를 이룰 수 있는 적절한 기준이 될 수 있는지, 즉 항소심법원이 더 이상 소년법을 적용받을 수 없게 된 피고인에 대하여 책임주의 원칙에 따라 적절한 양형재량권을 행사하는 것을 과도하게 제한함으로써 피고인에게 부당한 이익을 부여하게 되는 결과를 방지하면서도, 피고인만이 항소한 사건에서 제1심법원이 선고한 부정기형보다 중한 형이 선고될 위험으로 인해 상소권의 행사가 위축되는 것을 방지할 수 있는 기준이 될 수 있는지를 정하는 '정도'의 문제이지, 부정기형의 장기와 단기 중 어느 하나를 택일적으로 선택하여 이를 정기형의 상한으로 정하는 문제가 아니다. 부정기형을 정기형으로 변경할 때 불이익변경금지원칙의 위반 여부는 부정기형의 장기와 단기의 중간형을 기준으로 삼는 것이 부정기형의 장기 또는 단기를 기준으로 삼는 것보다 상대적으로 우월한 기준으로 평가될 수 있음은 분명하다고 볼 수 있다(대법원 2020.10.22, 2020도4140 전원합의체).

[보충] 살인죄 및 사체유기죄를 범한 피고인이 제1심판결 시 소년에 해당하여 징역 장기 15년, 단기 7년의 부정기형을 선고받았고, 피고인만이 항소를 하였는데 피고인이 항소심에 이르러 성년에 이르러 항소심(원심)이 부정기형을 선고한 제1심판결을 파기하고 정기형을 선고한 사안으로서, 원심은 부정기형의 단기를 정기형과 비교하여 불이익변경금지원칙 위반 여부를 판단해야 한다는 종전 대법원 판례에 따라 피고인에 대하여 7년을 초과하는 형을 선고할 수 없다는 이유로 피고인에 대하여 징역 7년을 선고하였으나, 대법원은 판례를 변경하여 이러한 경우 부정기형과 실질적으로 동등하다고 평가될 수 있는 정기형으로서 항소심이 선고할 수 있는 정기형의 상한은 부정기형의 장기와 단기의 정중앙에 해당하는 중간형이므로 중간형을 기준으로 삼아 불이익변경금지

원칙 위반 여부를 판단해야 하고, 그렇다면 원심은 징역 11년(= 장기 15년 + 단기 7년 / 2)까지를 선고할 수 있었다는 이유로 원심에 불이익변경금지원칙에 대한 법리를 오해하여 판결에 영향을 미친 잘못이 있다고 판단하여 원심판결 중 피고인에 대한 부분을 파기하였다.

♀solution ②

●●●○
177 취업제한명령과 불이익변경금지원칙 (1)

> 2018.1.16. 법률 제15352호로 개정된 아동·청소년의 성보호에 관한 법률(이하 개정 아청법)의 시행 전에 아동·청소년 대상 성범죄를 범한 피고인에 대하여, 제1심이 개정법 시행일 이전에 유죄를 인정하여 징역 5년과 성폭력치료프로그램 이수명령(40시간), 추징(18만원)을 선고하였고, 이에 대하여 피고인만 사실오인과 양형부당을 이유로 항소하였는데, 개정법 시행일 이후에 판결을 선고한 항소심은 개정법 부칙 제3조와 제56조 제1항에 따라 판결 선고와 동시에 취업제한 명령을 선고하여야 한다는 이유로 제1심판결을 직권으로 파기하고 유죄를 인정하여 제1심과 동일한 형과 함께 5년간의 취업제한 명령을 선고하였다. 항소심 판결은 불이익변경금지원칙에 반하는가?

판례 피고인은 구 아청법 제56조 제1항에 따라 취업제한을 받는 사람으로서 개정법 시행 전에 징역 5년을 선고한 제1심판결이 확정될 경우 별도의 취업제한 명령의 선고가 없더라도 개정법 부칙 제4조 또는 제5조의 특례 규정에 따라 아동·청소년 관련기관 등에 5년간 취업이 제한되는데, 이러한 특례 규정은 예외 없이 일률적으로 10년간 취업제한의 효력이 당연히 발생하는 구 아청법 규정보다 피고인에게 유리하므로, 원심이 개정법 부칙 제3조에 따라 개정규정을 적용하여 피고인에게 제1심과 동일한 형을 선고하면서 동시에 5년간의 취업제한 명령을 선고하였지만 제1심판결을 그대로 유지하는 것보다 피고인에게 특별히 신분상의 불이익이 없어 불이익변경금지원칙에 반하지 않는다고 하여야 한다(대법원 2018.10.25, 2018도13367).

보충 (1) 구 아동·청소년의 성보호에 관한 법률(2018.1.16. 법률 제15352호로 개정되기 전의 것) 제56조 제1항은 아동·청소년대상 성범죄 또는 성인대상 성범죄(이하 '성범죄'라 한다)로 형 또는 치료감호를 선고받아 확정된 자는 그 형 또는 치료감호의 전부 또는 일부의 집행을 종료하거나 집행이 유예·면제된 날부터 10년 동안 아동·청소년 관련기관 등을 운영하거나 아동·청소년 관련기관 등에 취업 또는 사실상 노무를 제공할 수 없다고 정하고 있었다(이하 '종전 규정'이라 한다). (2) 헌법재판소는 성범죄 전력에 기초하여 어떠한 예외도 없이 일률적으로 10년의 취업제한을 부과한 종전 규정이 직업선택의 자유를 침해한다고 위헌결정을 하였다(헌법재판소 2016.3.31, 2013헌마585, 786, 2013헌바394, 2015헌마199, 1034, 1107 전원재판부 결정, 헌법재판소 2016.4.28, 2015헌마98 전원재판부 결정, 헌법재판소 2016.7.28, 2013헌마436 전원재판부 결정, 헌법재판소 2016.10.27, 2014헌마709 전원재판부 결정 등 참조). 이에 따라 2018.1.16. 법률 제15352호로 개정된 아동·청소년의 성보호에 관한 법률(이하 '개정법'이라 한다) 제56조 제1항(이하 '개정규정'이라 한다)에 따르면, 법원은 성범죄로 형 또는 치료감호를 선고하는 경우에는 그 형 또는 치료감호의 전부 또는 일부의 집행을 판결로 종료하거나 집행이 유예·면제된 날부터 일정 기간(이하 '취업제한 기간'이라 한다) 동안 아동·청소년 관련기관 등을 운영하거나 아동·청소년 관련기관 등에 취업 또는 사실상 노무를 제공할 수 없도록 하는 명령(이하 '취업제한 명령'이라 한다)을 성범죄 사건의 판결과 동시에 선고하여야 한다고 정하면서, 다만 재범의 위험성이 현저히 낮은 경우, 그 밖에 취업을 제한해서는 안 되는 특별한 사정이 있다고 판단하는 경우에는 취업제한 명령을 선고하지 않을 수 있는 예외를 인정하였다. (3) 한편 개정법의 시행일과 적용 범위 등에 관하여 개정법 부칙은 다음과 같이 정하고 있다. 개정법은 공포 후 6개월이 경과한 날부터 시행한다(제1조). 개정규정은 개정법 시행 전에 성범죄를 범하고 확정판결을 받지 않은 사람에 대해서도 적용한다(제3조). 종전 규정에 따라 취업제한을 받는 사람의 취업제한 기간은 종전 규정에도 불구하고 확정된 주형의 범위에 따라 5년·3년·1년으로 구분하여 정한 기간[① 3년 초과의 징역 또는 금고형이나 치료감호를 선고받아 그 형이 확정된 사람: 그 형 또는 치료감호의 전부 또는 일부의 집행을 종료하거나 집행이 유예·면제된 날(이하 같다)부터 5년, ② 3년 이하의 징역 또는 금고형이나 치료감호를 선고받아 그 형이 확정된 사람: 3년, ③ 벌금형을 선고받아 그 형이 확정된 사람: 1년]으로 하되, 종전 규정을 적용하는 것이 유리한 경우에는 종전의 규정에 따른다(제4조 제1항 제3호 각 목). 또한 헌법재판소의 위헌결정 후 개정법 시행일 전까지 성범죄로 형 또는 치료감호를 선고받아 그 형이 확정된 사람에 대하여도 부칙 제4조 제1항 제3호 각 목의 구분에 따른 기간 동안 취업을 제한한다(제5조).

♀solution 반하지 않는다.

178 취업제한명령과 불이익변경금지원칙 (2)

(판례) 2018.12.11. 법률 제15904호로 개정되어 2019.6.12. 시행된 장애인복지법(이하 '개정법'이라 한다)의 시행 전에 아동 · 청소년 대상 성범죄를 범한 피고인에 대하여, 제1심이 개정법 시행일 이전에 유죄를 인정하여 징역 7년과 80시간의 성폭력 치료프로그램 이수명령, 아동 · 청소년 관련기관 등에 10년간의 취업제한명령을 선고하였고, 이에 대하여 피고인만이 양형부당으로 항소하였는데, 개정법 시행일 이후에 판결을 선고한 원심이 제1심판결을 직권으로 파기하고 유죄를 인정하면서 제1심보다 가벼운 징역 6년과 80시간의 성폭력 치료프로그램 이수명령, 아동 · 청소년 관련기관 등에 10년간의 취업제한명령과 함께 개정법 부칙 제2조와 개정법 제59조의3 제1항 본문에 따라 장애인복지시설에 10년간의 취업제한명령을 선고한 사안에서, 제1심판결이 항소제기 없이 그대로 확정되었다면 개정법 부칙 제3조 제1항 제1호의 특례규정에 따라 피고인은 5년간 장애인복지시설에 대한 취업이 제한되었을 것인데, 원심은 제1심이 선고한 징역형을 1년 단축하면서 제1심판결이 그대로 확정되었을 경우보다 더 긴 기간 동안 장애인복지시설에 대한 취업제한을 명한 것이므로 원심판결이 제1심판결보다 전체적 · 실질적으로 피고인에게 더 불이익한 판결이라고 할 수 없다(대법원 2019.10.17, 2019도11609).

179 취업제한명령과 불이익변경금지원칙 (3)   국가7급 20. 경찰1차 21

(판례) 피고인만이 항소한 사건에 대하여는 제1심판결의 형보다 중한 형을 선고하지 못한다. 불이익변경금지원칙을 적용할 때에는 주문을 개별적 · 형식적으로 고찰할 것이 아니라 전체적 · 실질적으로 고찰하여 판단하여야 한다. 취업제한명령은 범죄인에 대한 사회내 처우의 한 유형으로서 형벌 그 자체가 아니라 보안처분의 성격을 가지는 것이지만, 실질적으로 직업선택의 자유를 제한하는 것이다. 따라서 원심이 제1심판결에서 정한 형과 동일한 형을 선고하면서 제1심에서 정한 취업제한기간보다 더 긴 취업제한명령을 부가하는 것은 전체적 · 실질적으로 피고인에게 불리하게 변경한 것이므로, 피고인만이 항소한 경우에는 허용되지 않는다. 2018.12.11. 법률 제15904호로 개정된 장애인복지법(이하 '개정법'이라 한다)의 시행 전에 성범죄를 범한 피고인에 대하여, 제1심이 개정법 시행일 이전에 유죄를 인정하여 징역 1년과 120시간의 성폭력 치료프로그램 이수명령, 아동 · 청소년 관련기관 등에 5년간의 취업제한명령을 선고하였고, 이에 대하여 피고인만 양형부당을 이유로 항소하였는데, 개정법 시행일 이후에 판결을 선고한 원심이 개정법 부칙 제2조와 개정법 제59조의3 제1항(이하 '개정규정'이라 한다)에 따라 판결 선고와 동시에 아동 · 청소년 관련기관 등에 대한 취업제한명령뿐 아니라 장애인복지시설에 대한 취업제한명령을 선고하여야 한다는 이유로 제1심판결을 직권으로 파기하고 유죄를 인정하면서 제1심과 동일한 형 등과 함께 장애인복지시설에 5년간의 취업제한명령을 선고한 사안에서, 개정규정과 개정법 부칙 제1조, 제2조, 제3조 제1항 각호, 제4조의 내용과 취지 등에 비추어 보면, 피고인은 구 장애인복지법(2018.12.11. 법률 제15904호로 개정되기 전의 것) 제59조의3 제1항에 따라 취업제한을 받는 사람으로서, 개정법 시행 전에 징역 1년을 선고한 제1심판결에 대하여 검사와 피고인이 항소하지 않아 제1심판결이 확정되었다면 별도의 취업제한명령의 선고가 없더라도 개정법 부칙 제3조 제1항 제2호에 따라 장애인복지시설에 취업이 제한되는 기간은 3년이 되었을 것인데, 원심은 개정법 부칙 제2조에 따라 개정규정을 적용하여 피고인에게 제1심과 동일한 형 등과 함께 장애인복지시설에 5년간의 취업제한명령을 선고하였으므로, 결국 제1심판결에 대하여 피고인만이 항소하였는데도, 원심은 제1심과 동일한 형 등을 선고하면서 개정법 부칙에서 정한 취업제한기간보다 더 긴 5년간의 취업제한명령을 선고함으로써 피고인에게 불리하게 제1심판결을 변경한 것이어서 허용되지 않는다(대법원 2019.10.17, 2019도11540).

2 항소

180 반의사불벌죄의 처벌희망 의사표시의 철회

(판례) 폭행죄는 피해자의 명시한 의사에 반하여 공소를 제기할 수 없다(형법 제260조 제3항). 반의사불벌죄에서 처벌을 희망하는 의사표시의 철회 또는 처벌을 희망하지 않는 의사표시는 제1심 판결 선고 전까지 할 수 있다(형사소송법 제232조 제1항, 제3항). 피해자가 처벌을 희망하지 않는 의사표시나 처벌을 희망하는 의사표시의 철회를 하였다고 인정하기 위해서는 피해자의 진실한 의사가 명백하고 믿을 수 있는 방법으로 표현되어야 한다(대법원 2001.6.15, 2001도1809 등). 처벌을 희망하지 않는 의사표시의 부존재는 소극적 소송조건으로서 직권조사사항에 해당하므로 당사자가 항소이유로 주장하지 않았더라도 원심은 이를 직권으로 조사·판단해야 한다. 피고인이 제1심 판결 선고 전에 제출한 제1심 법원에 제출한 '합의서'에 피해자가 처벌을 희망하지 않는다는 내용이 기재되어 있고, 원심 법원에 제출한 '합의서 및 처벌불원서'에는 피해자가 제1심에서 피고인을 용서하고 합의서를 작성하여 주었다는 내용이 기재되어 있는 사건에서, 피해자가 제1심 판결 선고 전에 처벌희망 의사표시를 철회하였다고 볼 여지가 있으므로 원심은 제1심 판결 선고 전에 피해자의 처벌희망 의사표시가 적법하게 철회되었는지를 직권으로 조사하여 반의사불벌죄의 소극적 소송조건을 명확히 심리·판단할 필요가 있다(대법원 2001.4.24, 2000도3172; 2002.3.15, 2002도158; 2021.10.28, 2021도10010).

181 항소이유서 제출기간이 경과하기 전에 항소사건을 심판할 수 있는지 여부

• 경찰2차 19. 국가7급 21

> 피고인이 제1심판결에 대하여 항소를 제기하여 원심으로부터 소송기록 접수통지서가 2017.7.4. 피고인에게, 2017.7.6. 피고인의 사선변호인에게 각 송달되었고, 피고인 및 사선변호인이 2017.7.19. 열린 제1회 공판기일에서 항소이유를 사실오인 및 양형부당이라고 주장하며 추후 항소이유서를 제출할 예정이라고 진술하였는데, 원심이 변론을 종결하고 선고기일을 2017.8.9.로 지정한 다음 피고인의 사선변호인이 2017.7.21. 사실오인 및 양형부당의 사유를 구체적으로 기재한 항소이유서를 제출하면서 선고기일 연기를 요청하였음에도 변론을 재개하지 아니한 채 지정된 선고기일에 판결을 선고하였다. 원심의 조치는 위법한가?

(판례) 형사소송법 제361조의3, 제364조의 각 규정에 의하면 항소심의 구조는 피고인 또는 변호인이 법정기간 내에 제출한 항소이유서에 의하여 심판하는 것이고, 이미 항소이유서를 제출하였더라도 항소이유를 추가·변경·철회할 수 있으므로, 항소이유서 제출기간의 경과를 기다리지 않고는 항소사건을 심판할 수 없다. 따라서 항소이유서 제출기간 내에 변론이 종결되었는데 그 후 위 제출기간 내에 항소이유서가 제출되었다면, 특별한 사정이 없는 한 항소심법원으로서는 변론을 재개하여 항소이유의 주장에 대해서도 심리를 해 보아야 한다. …… 사선변호인의 항소이유서 제출기간은 소송기록 접수통지서가 송달된 2017.7.6.로부터 20일 이내인 2017.7.26.까지인데, 피고인과 사선변호인이 2017.7.19. 제1회 공판기일에서 구두로 항소이유는 사실오인 및 양형부당이라고 진술할 당시는 형사소송법 제361조의5에 규정된 항소이유를 구체적으로 기재한 항소이유서가 제출되지 않은 상태였으므로, 형사소송법 제361조의3, 제364조의 각 규정에서

예정하고 있는 것처럼 항소이유서에 의하여 심판대상이 특정되었다거나 그에 대한 심리가 이루어졌다고 보기 어렵고, 더욱이 이러한 상태에서 변론이 종결된 후 항소이유서 제출기간 내인 2017.7.21. 적법한 항소이유서가 제출된 이상 원심으로서는 특별한 사정이 없는 한 변론을 재개하여 항소이유서에 기재된 내용에 대하여 심리를 해 보았어야 함에도, 이와 달리 항소이유서 제출 후 공판기일을 열어 피고인에게 변론할 기회를 부여하는 등의 절차를 거치지 아니한 채 그대로 판결을 선고한 원심의 조치에는 항소이유서 제출기간 및 변론재개에 관한 법리오해의 위법이 있다(대법원 2018.4.12, 2017도13748).

⌂solution 위법하다.

182 소송기록 접수통지
• 법원9급 19, 경찰간부 20

> 피고인의 항소대리권자인 배우자가 피고인을 위하여 항소한 경우, 소송기록접수통지는 항소인인 피고인에게 하여야 하는가, 실제 항소한 항소대리권자인 배우자에게 하여야 하는가?

판례 형사소송법 제361조의4, 제361조의3, 제361조의2에 따르면, 항소인이나 변호인이 항소법원으로부터 소송기록접수통지를 받은 날로부터 20일 이내에 항소이유서를 제출하지 않고 항소장에도 항소이유의 기재가 없는 경우에는 결정으로 항소를 기각할 수 있도록 정하고 있다. 그러나 항소이유서 부제출을 이유로 항소기각의 결정을 하기 위해서는 항소인이 적법한 소송기록접수통지서를 받고서도 정당한 이유 없이 20일 이내에 항소이유서를 제출하지 않았어야 한다(대법원 2017.11.7, 2017모2162 등). 피고인의 항소대리권자인 배우자가 피고인을 위하여 항소한 경우(형사소송법 제341조)에도 소송기록접수통지는 항소인인 피고인에게 하여야 하는데(형사소송법 제361조의2), 피고인이 적법하게 소송기록접수통지서를 받지 못하였다면 항소이유서 제출기간이 지났다는 이유로 항소기각결정을 하는 것은 위법하다(대법원 2018.3.29, 2018모642).

⌂solution 항소인인 피고인에게 하여야 한다.

183 국선변호인이 법정기간 내에 항소이유서를 제출하지 아니한 사례
• 경찰1차 20, 국가9급 20, 법원9급 20

> 국선변호인이 항소이유서를 제출하지 아니한 데 대하여 피고인에게 귀책사유가 없는 경우, 항소법원은 종전 국선변호인의 선정을 취소하고 새로운 국선변호인을 선정하여 다시 소송기록접수통지를 하여야 한다(대법원 2012.2.16, 2009모1044 전원합의체 결정). 이러한 법리는 항소법원이 종전 국선변호인의 선정을 취소하고 새로운 국선변호인을 선정하여 소송기록접수통지를 하기 이전에 피고인 스스로 변호인을 선임한 경우 그 사선변호인에 대하여도 마찬가지로 적용되어야 하는가?

판례 피고인을 위하여 선정된 국선변호인이 항소이유서 제출기간 내에 항소이유서를 제출하지 아니하면 이는 피고인을 위하여 요구되는 충분한 조력을 제공하지 아니한 것으로 보아야 하고, 이런 경우에 피고인에게 책임을 돌릴 만한 아무런 사유가 없음에도 항소법원이 형사소송법 제361조의4 제1항 본문에 따라 피고인의 항소를 기각한다면, 이는 피고인에게 국선변호인으로부터 충분한 조력을 받을 권리를 보장하고 이를 위한 국가의 의무를 규정하고 있는 헌법의 취지에 반하는 조치이다. 따라서 피고인과 국선변호인이 모두 법정기간 내에 항소이유서를 제출하지 아니하였더라도, 국선변호인이 항소이유서를 제출하지 아니한 데 대하여 피고인에게 귀책사유가 있음이 특별히 밝혀지지 않는 한, 항소법원은 종전 국선변호인의 선정을 취소하고 새로운 국선변호인을 선정하여 다시 소송기록접수통지를 함으로써 새로운 변호인으로 하여금 그 통지를 받은 때로부터 형사소송법 제361조의3 제1항의 기간 내에 피고인을 위하여 항소이유서를 제출하도록 하여야 한다. 그리고 이러한 법리는 항소법원이 종전 국선변호인의 선정을 취소하고 새로운 국선변호인을 선정하여 소송기록접수통지를 하기 이전에 피고인 스스로 변호인을 선임한 경우 그 사선변호인에 대하여도 마찬가지로 적용되어야 한다(대법원 2019.7.10, 2019도4221).

> **보충** 미성년자인 피고인이 제1심판결에 불복하여 항소하였다가 항소취하서를 제출하며 항소이유서를 제출하지 아니하였고, 피고인의 법정대리인 중 어머니가 항소취하에 동의하는 취지의 서면을 제출하였으나 아버지는 항소취하 동의서를 제출하지 아니하였는데, 원심이 국선변호인을 선정하여 소송기록접수통지를 하였음에도 국선변호인이 항소이유서 제출기간 만료일까지 항소이유서를 제출하지 아니하자 피고인의 어머니가 사선변호인을 선임한 사안에서, 피고인이 항소취하서를 제출하였으나 법정대리인인 피고인 아버지의 동의가 없었으므로 항소취하는 효력이 없고, 따라서 국선변호인은 항소이유서 제출기간 내에 항소이유서를 제출하여야 함에도 법정기간 내에 항소이유서를 제출하지 아니하였으므로, 미성년자로서 필요적으로 변호인의 조력을 받아야 하는 피고인이 위와 같이 법정대리인의 동의 없이 항소취하서를 제출하였다는 사정만으로 국선변호인이 항소이유서 제출기간 내에 항소이유서를 제출하지 않은 것에 대하여 피고인에게 귀책사유가 있다고 볼 수 없는데, 이와 달리 보아 국선변호인의 선정을 취소하고 사선변호인에게 다시 소송기록접수통지를 하여 사선변호인으로 하여금 그 통지를 받은 때로부터 형사소송법 제361조의3 제1항의 기간 내에 피고인을 위하여 항소이유서를 제출할 수 있도록 기회를 주지 아니한 채 곧바로 피고인의 항소를 기각한 원심판결에 국선변호인의 조력을 받을 권리에 관한 헌법 및 형사소송법의 법리를 오해한 잘못이 있다.

Ɂsolution 마찬가지로 적용되어야 한다.

---

184 필요적 변호사건에서 사선변호인에 대한 소송기록접수통지 · 경찰2차 20, 경찰간부 20, 국가9급 20

> 다음은 대법원 2018.11.22, 2015도10651 전원합의체 결정을 문제로 만든 것이다. 잘 읽고 물음에 답하시오.
> **[제1문]** 필요적 변호사건에서 항소법원이 국선변호인을 선정하고 항소인인 피고인과 그 변호인에게 소송기록접수통지를 한 다음 피고인이 사선변호인을 선임함에 따라 항소법원이 국선변호인의 선정을 취소한 경우, 새로 선임된 사선변호인에게 다시 같은 통지를 하여야 하는가?
> **[제2문]** 항소이유서 제출기간 내에 피고인이 책임질 수 없는 사유로 국선변호인이 변경되면 그 국선변호인에게도 소송기록접수통지를 하도록 정한 형사소송규칙 제156조의2 제3항을 새로 선임된 사선변호인의 경우까지 확대적용하거나 유추적용할 수 있는가?

[제1문]

판례 **[다수의견]** 형사소송법은 항소법원이 항소인인 피고인에게 소송기록접수통지를 하기 전에 변호인의 선임이 있는 때에는 변호인에게도 소송기록접수통지를 하도록 정하고 있으므로(제361조의2 제2항), 피고인에게 소송기록접수통지를 한 다음에 변호인이 선임된 경우에는 변호인에게 다시 같은 통지를 할 필요가 없다. 이는 필요적 변호사건에서 항소법원이 국선변호인을 선정하고 피고인과 그 변호인에게 소송기록접수통지를 한 다음 피고인이 사선변호인을 선임함에 따라 항소법원이 국선변호인의 선정을 취소한 경우에도 마찬가지이다. 이러한 경우 항소이유서 제출기간은 국선변호인 또는 피고인이 소송기록접수통지를 받은 날부터 계산하여야 한다(대법원 2018.11.22, 2015도10651 전원합의체).

〔solution〕 다시 같은 통지를 하여야 하는 것은 아니다.

[제2문]

〔판례〕 형사소송규칙 제156조의2 제3항은 항소이유서 제출기간 내에 피고인이 책임질 수 없는 사유로 국선변호인이 변경되면 그 국선변호인에게도 소송기록접수통지를 하여야 한다고 정하고 있는데, 이 규정을 새로 선임된 사선변호인의 경우까지 확대해서 적용하거나 유추적용할 수는 없다. 결국, 형사소송법이나 그 규칙을 개정하여 명시적인 근거규정을 두지 않는 이상 현행 법규의 해석론으로는 필요적 변호사건에서 항소법원이 국선변호인을 선정하고 피고인과 국선변호인에게 소송기록접수통지를 한 다음 피고인이 사선변호인을 선임함에 따라 국선변호인의 선정을 취소한 경우 항소법원은 사선변호인에게 다시 소송기록접수통지를 할 의무가 없다고 보아야 한다(대법원 2018.11.22, 2015도10651 전원합의체).

〔solution〕 확대적용하거나 유추적용할 수 없다.

●●○ 185 피고인에게 소송기록접수통지를 하지 않은 상태에서 항소심에서 새로 선임된 사선변호인에게 소송기록접수를 하지 않은 항소심 법원의 소송절차 •법원9급 24

> [제1문] 피고인에 대한 적법한 소송기록접수통지가 이루어지지 않은 상태에서 선임된 사선변호인에게 항소심법원은 소송기록접수통지를 하여야 하는가?
>
> [제2문] ① 제1심은 2023.9.13. 피고인 1에 대한 유죄판결을 선고하였다. 제1심판결에 대해 피고인 1과 검사는 각 항소하였다. ② 항소심은 2023.9.27. 국선변호인선정결정을 하고 2023.10.4. 국선변호인에게 국선변호인선정결정, 소송기록접수통지서 등을 송달하였다. ③ 항소심은 2023.10.5. 제1심 변호인의 사무소로 피고인 1에 대한 소송기록접수통지서 등을 송달하였다. ④ 피고인 1은 항소심에서 제1심과 다른 변호인을 선임하여 2023.10.10. 그 변호인 선임서를 원심법원에 제출하였다. ⑤ 항소심은 국선변호인 선정을 취소한 후 2023.10.16. <u>피고인 1에 대한 제1회 공판기일 소환장을 제1심 변호인의 사무소로 송달하고, 항소심 변호인에게 소송기록접수통지를 하지 않은 채</u> 2023.11.7. 제1회 공판기일을 진행하였고, 2023.12.19. 제2회 공판기일을 진행한 후 변론을 종결하였다. 항소심법원의 소송절차는 적법한가?

[제1문 · 제2문]

〔판례〕 형사소송법 제65조에 의하여 준용되는 민사소송법 제183조 제1항, 제184조에 의하면, 송달은 송달받을 사람의 주소 · 거소 · 영업소 또는 사무소 등의 송달장소에서 하여야 하고, 당사자 · 법정대리인 또는 변호인은 주소 등 외의 장소를 송달받을 장소로 정하여 법원에 신고할 수 있으며, 이 경우에는 송달영수인을 정하여 신고할 수 있다. 송달영수인의 신고가 있으면 송달은 신고된 장소와 영수인에게 하여야 하고, 송달영수인이 송달받은 때에 송달의 효력이 발생하나, 송달영수인 신고의 효력은 그 심급에만 미치므로, 상소 또는 이송을 받은 법원의 소송절차에서는 그 신고의 효력이 없다(대법원 2018.4.12, 2017다52064). 또한 항소법원이 기록의 송부를 받은 때에는 즉시 항소인과 상대방에게 그 사유를 통지하여야 하고, 그 통지 전에 변호인의 선임이 있는 때에는 변호인에게도 소송기록접수통지를 하여야 하며(형사소송법 제361조의2 제1항, 제2항), 항소인 또는 변호인은 그 통지를 받은 날부터 20일 이내에 항소이유서를 항소법원에 제출하여야 한다(제361조의3 제1항). 항소심의 구조는 피고인 또는 변호인이 법정기간 내에 제출한 항소이유서에 의하여 심판되는 것이므로 항소이유서 제출기간의 경과를 기다리지 않고는 항소사건을 심

판할 수 없다(대법원 1964.5.19, 64도71; 1968.5.21, 68도457; 2004.6.25, 2004도2611; 2024.1.25, 2023도12199). 제1심 변호인의 사무소는 피고인의 주소·거소·영업소 또는 사무소 등의 송달장소가 아니고, 제1심에서 한 송달영수인 신고의 효력은 원심법원에 미치지 않으므로, 피고인 1에게 소송기록접수통지서가 적법하게 송달되었다고 볼 수 없으며, 이와 같이 피고인 1에 대한 적법한 소송기록접수통지가 이루어지지 않은 상태에서 사선변호인이 선임되고 국선변호인 선정이 취소되었으므로 원심으로서는 피고인 1과는 별도로 원심에서 선임된 변호인에게도 소송기록접수통지를 하여야 하는데, 그럼에도 원심은 피고인 1에 대한 적법한 소송기록접수통지가 이루어지지 않은 상태에서 원심에서 선임된 변호인에게도 소송기록접수통지를 하지 아니한 채 판결을 선고하였으므로, 소송절차의 법령위반으로 인하여 판결에 영향을 미친 위법이 있다 (대법원 2024.5.9, 2024도3298).

(비교) 형사소송법은 항소법원이 항소인인 피고인에게 소송기록접수통지를 하기 전에 변호인의 선임이 있는 때에는 변호인에게도 소송기록접수통지를 하도록 정하고 있으므로(제361조의2 제2항), 피고인에게 소송기록접수통지를 한 다음에 변호인이 선임된 경우에는 변호인에게 다시 같은 통지를 할 필요가 없다. 이는 필요적 변호사건에서 항소법원이 국선변호인을 선정하고 피고인과 그 변호인에게 소송기록접수통지를 한 다음 피고인이 사선변호인을 선임함에 따라 항소법원이 국선변호인의 선정을 취소한 경우에도 마찬가지이다. 이러한 경우 항소이유서 제출기간은 국선변호인 또는 피고인이 소송기록접수통지를 받은 날부터 계산하여야 한다. 한편 형사소송규칙 제156조의2 제3항은 항소이유서 제출기간 내에 피고인이 책임질 수 없는 사유로 국선변호인이 변경되면 그 국선변호인에게도 소송기록접수통지를 하여야 한다고 정하고 있는데, 이 규정을 새로 선임된 사선변호인의 경우까지 확대해서 적용하거나 유추적용할 수는 없다. 결국, 형사소송법이나 그 규칙을 개정하여 명시적인 근거규정을 두지 않는 이상 현행 법규의 해석론으로는 필요적 변호사건에서 항소법원이 국선변호인을 선정하고 피고인과 국선변호인에게 소송기록접수통지를 한 다음 피고인이 사선변호인을 선임함에 따라 국선변호인의 선정을 취소한 경우 항소법원은 사선변호인에게 다시 소송기록접수통지를 할 의무가 없다고 보아야 한다(대법원 2018.11.22, 2015도10651 전원합의체).

(관련) 피고인이 원심 공판기일에 불출석하자, 검사가 피고인과 통화하여 피고인이 변호인으로 선임한 甲 변호사의 사무소로 송달을 원하고 있음을 확인하고 피고인의 주소를 甲 변호사 사무소로 기재한 주소보정서를 원심에 제출하였는데, 그 후 甲 변호사가 사임하고 새로이 乙 변호사가 변호인으로 선임된 경우, 검사가 피고인의 주소로서 보정한 甲 변호사 사무소는 피고인의 주소, 거소, 영업소 또는 사무소 등의 송달장소가 아니고, 피고인이 형사소송법 제60조에 따라 송달영수인과 연명하여 서면으로 신고한 송달영수인의 주소에도 해당하지 아니하며, 달리 그곳이 피고인에 대한 적법한 송달장소에 해당한다고 볼 자료가 없으므로, 원심이 피고인에 대한 공판기일소환장 등을 甲 변호사 사무소로 발송하여 그 사무소 직원이 수령하였더라도 형사소송법이 정한 적법한 방법으로 피고인의 소환이 이루어졌다고 볼 수 없다(대법원 2018.11.29, 2018도13377).

solution [제1문] 소송기록접수통지를 하여야 한다.
        [제2문] 적법하지 않다.

●○○
186 **형사소송법 제364조 제4항 위반 여부가 문제된 사건**   • 국가7급 21, 변호사시험 21

검사 및 피고인 양쪽이 상소를 제기한 경우, 어느 일방의 상소는 이유 없으나 다른 일방의 상소가 이유 있어 원판결을 파기하고 다시 판결하는 때에 이유 없는 상소에 대하여 주문에서 상소를 기각하는 표시를 하여야 하는가?

판례 검사와 피고인 양쪽이 상소를 제기한 경우, 어느 일방의 상소는 이유 없으나 다른 일방의 상소가 이유 있어 원판결을 파기하고 다시 판결하는 때에는 이유 없는 상소에 대해서는 판결이유 중에서 그 이유가 없다는 점을 적으면 충분하고 주문에서 그 상소를 기각해야 하는 것은 아니다(대법원 1959.7.31, 4292형상 327; 2020.6.25, 2019도17995 참조).

보충 피고인과 검사가 제1심 판결에 불복하여 항소하였고, 원심은 판결이유 중 '피고인 허○○의 강제추행죄 성립 여부에 관한 판단' 부분에서 '피고인이 피해자의 어깨를 주무르듯이 만져 강제추행한 사실이 인정된다. 그런데도 피고인이 피해자의 어깨를 톡톡 쳤다고만 인정한 제1심 판결에는 사실 오인한 위법이 있다.'고 판단하고, '검사의 성폭력범죄의 처벌 등에 관한 특례법 위반(특수강제추행)의 점에 관한 항소이유에 대한 판단' 부분에서 검사의 이 부분 항소이유를 배척한 다음, 형사소송법 제364조 제6항에 따라 제1심 판결 중 피고인에 대한 부분을 파기하고 다시 판결을 하면서 주문에서 피고인의 항소를 기각한다는 표시를 하지 않은 사안에서, 원심이 명시적으로 피고인의 항소를 이유 없다고 판단하지는 않았으나 검사의 항소가 일부 이유 있다는 원심 판단 속에는 피고인의 항소를 받아들이지 않는다는 판단이 포함되어 있다고 봄이 타당하고, 이러한 경우 원심이 판결 주문에서 피고인의 항소를 기각한다는 표시를 하지 않았다고 하더라도 형사소송법 제364조 제4항을 위반한 잘못이 없다.

🔑solution 하여야 하는 것은 아니다.

---

3   상 고

●●○
187 사형, 무기 또는 10년 이상의 징역이나 금고가 선고된 사건에서 검사가 형의 양정이 심히 부당하다는 이유로 상고를 제기할 수 없다는 사례: 정인이 사건

판례 형사소송법 제383조 제4호 후단은 '사형, 무기 또는 10년 이상의 징역이나 금고가 선고된 사건에서 형의 양정이 심히 부당하다고 인정할 현저한 사유가 있는 때'를 원심판결에 대한 상고이유로 할 수 있다고 정한다. 상고심의 본래 기능은 하급심의 법령위반을 사후에 심사하여 잘못을 바로잡음으로써 법령 해석·적용의 통일을 도모하는 것이고 형사소송법은 상고심을 원칙적으로 법률심이자 사후심으로 정하고 있다. 그런데도 형사소송법이 양형부당을 상고이유로 삼을 수 있도록 한 이유는 무거운 형이라고 할 수 있는 사형, 무기 또는 10년 이상의 징역이나 금고를 선고받은 피고인의 이익을 한층 두텁게 보호하고 양형문제에 관한 권리구제를 최종적으로 보장하려는 데 있다(헌법재판소 2012.5.31, 2010헌바90,2011헌바389; 2015.9.24, 2012헌마798). 원심의 양형이 가볍다는 이유로 상고를 허용할 필요성은 10년 이상의 징역이나 금고 등의 형이 선고된 사건보다 10년 미만의 징역이나 금고 등의 형이 선고된 사건이 더 클 수 있다. 형사소송법 제383조 제4호 후단에 따르더라도 10년 미만의 징역이나 금고 등의 형이 선고된 사건에서 검사는 원심의 양형이 가볍다는 이유로 상고할 수 없다. 그런데도 그보다 중한 형인 10년 이상의 징역이나 금고 등이 선고된 사건에서는 검사가 위와 같은 이유로 상고할 수 있다고 보는 것은 균형이 맞지 않는다. 이러한 사정에 비추어 형사소송법 제383조 제4호 후단이 정한 양형부당의 상고이유는 10년 이상의 징역이나 금고 등의 형을 선고받은 피고인의 이익을 위한 것으로 볼 수 있다. 따라서 검사는 피고인에게 불리하게 원심의 양형이 가볍다거나 원심이 양형의 전제사실을 인정하는 데 자유심증주의의 한계를 벗어난 잘못이 있다는 사유를 상고이유로 주장할 수 없다(대법원 1994.8.12, 94도1705; 2001.12.27, 2001도5304; 2005.9.15, 2005도 1952 등; 2022.4.28, 2021도16719).

보충 피고인 1에 대하여 징역 35년을 선고한 원심판결에 대하여 검사가 원심이 선고한 형은 너무 가볍다는 이유로 상고를 제기하면서 10년 이상의 징역형 등이 선고된 사건에서는 검사가 양형부당을 이유로 상고를 제기할 수 없다는 종래 대법원 판결은 변경되어야 한다고 주장하였으나, 대법원은 형사소송법 제383조 제4호 후단이 정한 양형부당의 상고이유의 취지에 대하여 종래 대법원 판결을 유지하면서 검사의 피고인 1에 대한 양형부당의 상고이유 주장을 배척한 것이다.

188 공소가 제기되지 않은 사실이 양형의 이유에 기재되어 있는 경우의 위법성 판단

> 피고인에 대하여 공소가 제기되지 않은 사실이 원심 판결서의 양형의 이유에 기재되어 있는 경우 단순한 양형판단의 부당성을 넘어 죄형 균형 원칙이나 책임주의 원칙의 본질적 내용을 침해한 것이라 판단할 수 있는가?

(판례) 양형의 조건에 관한 형법 제51조는 형을 정하는 데 참작할 사항을 정하고 있다. 형을 정하는 것은 법원의 재량사항이므로, 형사소송법 제383조 제4호에 따라 사형·무기 또는 10년 이상의 징역·금고가 선고된 사건에서 양형의 당부에 관한 상고이유를 심판하는 경우가 아닌 이상, 사실심법원이 양형의 기초 사실에 관하여 사실을 오인하였다거나 양형의 조건이 되는 정상에 관하여 심리를 제대로 하지 않았다는 주장은 적법한 상고이유가 아니다(대법원 1988.1.19, 87도1410; 1990.10.26, 90도1940 참조). 그러나 사실심법원의 양형에 관한 재량도, 범죄와 형벌 사이에 적정한 균형이 이루어져야 한다는 죄형 균형 원칙이나 형벌은 책임에 기초하고 그 책임에 비례하여야 한다는 책임주의 원칙에 비추어(대법원 2007.4.19, 2005도7288 전원합의체) 피고인의 공소사실에 나타난 범행의 죄책에 관한 양형판단의 범위에서 인정되는 내재적 한계를 가진다. 사실심법원이 피고인에게 공소가 제기된 범행을 기준으로 범행의 동기나 결과, 범행 후의 정황 등 형법 제51조가 정한 양형조건으로 포섭되지 않는 별도의 범죄사실에 해당하는 사정에 관하여 합리적인 의심을 배제할 정도의 증명력을 갖춘 증거에 따라 증명되지 않았는데도 핵심적인 형벌가중적 양형조건으로 삼아 형의 양정을 함으로써 피고인에 대하여 사실상 공소가 제기되지 않은 범행을 추가로 처벌한 것과 같은 실질에 이른 경우에는 단순한 양형판단의 부당성을 넘어 죄형 균형 원칙이나 책임주의 원칙의 본질적 내용을 침해하였다고 볼 수 있다. 따라서 그 부당성을 다투는 피고인의 주장은 이러한 사실심법원의 양형심리와 양형판단 방법의 위법성을 지적하는 것으로 보아 적법한 상고이유라고 할 수 있다(대법원 2008.5.29, 2008도1816; 2020.9.3, 2020도8358).

(보충) 원심판결 이유 중 '양형의 이유'란에 피고인에게 공소가 제기되지 않았고 따로 양형조건도 될 수 없는 사실인 메트암페타민(이하 '필로폰') '판매'가 양형 사유처럼 기재된 부분이 있는 경우, 원심이 제1심과 비교하여 양형의 조건에 실질적인 변화가 없는 상태에서 필로폰 '판매'를 양형 사유로 기재하지 않은 제1심과 같은 형을 정하여 선고한 점 등에 비추어 위 필로폰 판매 사실을 핵심적인 형벌가중적 양형조건으로 삼아 양형에 반영하였다고 보기 어려우므로, 원심이 피고인에 대하여 사실상 공소가 제기되지 않은 필로폰 판매 범행을 추가로 처벌한 것과 같은 실질에 이르렀다고 볼 수 없어 원심의 양형판단에 죄형 균형 원칙이나 책임주의 원칙의 본질적 내용을 침해하여 판결에 영향을 미친 잘못이 없다.

solution 판단할 수 있다.

189 사실심법원의 양형판단의 내재적 한계

• 경찰2차 22

> 항소심 변론 종결 후 판결 선고 전 피해자가 사망한 사정을 추가 심리 없이 양형에 반영하여 판결을 선고한 것은 위법한가?

(판례) ① 양형의 조건에 관한 형법 제51조는 형을 정하는 데 참작할 사항을 정하고 있다. 형을 정하는 것은 법원의 재량사항이므로, 형사소송법 제383조 제4호에 따라 사형·무기 또는 10년 이상의 징역·금고가 선고된 사건에서 양형의 당부에 관한 상고이유를 심판하는 경우가 아닌 이상, 사실심법원이 양형의 기초 사실에 관하여 사실을 오인하였다거나 양형의 조건이 되는 정상에 관하여 심리를 제대로 하지 않았다는 주장은 적법한 상고이유가 아니다. 그러나 ② 사실심법원의 양형에 관한 재량도, 범죄와 형벌 사이에

적정한 균형이 이루어져야 한다는 죄형 균형 원칙이나 형벌은 책임에 기초하고 그 책임에 비례하여야 한다는 책임주의 원칙에 비추어 피고인의 공소사실에 나타난 범행의 죄책에 관한 양형판단의 범위에서 인정되는 내재적 한계를 가진다(대법원 2008.5.29, 2008도1816 등). …… 피고인이 자신에게 유리한 증거조사결과는 이익으로 원용하고 자신에게 불리한 조사결과에 대하여는 반박할 수 있는 기회를 주기 위해 피고인에게 증거조사의 결과에 대한 의견진술의 기회와 증거신청권을 절차적으로 보장하고 있다(형사소송법 제293조 참조). 한편 피해자의 의견진술에 갈음하는 서면은 피고인에게 취지를 통지하여야 하고 공판정에서 서면의 취지를 명확하게 하여야 한다(형사소송규칙 제134조의11 제2항 · 제3항). 위와 같은 형사재판의 기본이념과 관련 규정들을 종합하여 볼 때, **사실심 변론종결 후 검사나 피해자 등에 의해 피고인에게 불리한 새로운 양형조건에 관한 자료가 법원에 제출되었다면, 사실심 법원으로서는 변론을 재개하여 그 양형자료에 대하여 피고인에게 의견진술 기회를 주는 등 필요한 양형심리절차를 거침으로써 피고인의 방어권을 실질적으로 보장해야 한다**(대법원 2021.9.30, 2021도5777).

보충 원심판결에 사실심 변론종결 후 피고인에게 불리한 양형자료(피해자의 사망)가 제출된 경우 사실심법원이 취해야 할 양형심리절차에 관한 법리를 오해하여 필요한 심리를 다하지 아니한 잘못이 있고, 이러한 잘못이 판결에 영향을 미쳤다는 이유로, 제1심(징역 4년)과 달리 징역 9년을 선고한 원심판결을 파기환송한 사례이다.

⸎solution 위법하다.

• • •
190 상고이유 제한에 관한 법리에 대한 대법원 판례의 변경 여부가 쟁점이 된 사건
• 경찰2차 21, 국가7급 21

> [제1문] 상고심은 항소심에서 심판대상으로 되었던 사항에 한하여 상고이유의 범위 내에서 그 당부만을 심사하여야 하는가?
> [제2문] 항소인이 항소이유로 주장하거나 항소심이 직권으로 심판대상으로 삼아 판단한 사항 이외의 사유를 상고이유로 삼아 다시 상고심의 심판범위에 포함시키는 것은 상고심의 사후심 구조에 반하는가?
> [제3문] 피고인이 유죄가 인정된 제1심판결에 대하여 항소하지 않거나 양형부당만을 이유로 항소하고 검사는 양형부당만을 이유로 항소하였는데, 항소심이 검사의 항소를 받아들여 제1심판결을 파기하고 그보다 높은 형을 선고한 경우, 피고인이 항소심의 심판대상이 되지 않았던 법령위반 등 새로운 사항을 상고이유로 삼아 상고하는 것은 적법한가?

판례 [다수의견] ① 형사소송법상 상고인이나 변호인은 소정의 기간 내에 상고법원에 상고이유서를 제출하여야 하고, 상고이유서에는 소송기록과 항소법원의 증거조사에 표현된 사실을 인용하여 그 이유를 명시하여야 한다(제379조 제1항, 제2항). 상고법원은 원칙적으로 상고이유서에 포함된 사유에 관하여 심판하여야 하고(제384조 본문), 상고이유가 있는 때에는 판결로써 항소심판결을 파기하여야 하는데(제391조), 파기하는 경우에도 환송 또는 이송을 통해 항소심으로 하여금 사건을 다시 심리 · 판단하도록 함이 원칙이며 자판은 예외적으로만 허용된다(제393조 내지 제397조). 또한 상고심은 항소심까지의 소송자료만을 기초로 하여 항소심판결 선고 시를 기준으로 그 당부를 판단하여야 하므로, 직권조사 기타 법령에 특정한 경우를 제외하고는 새로운 증거조사를 할 수 없을뿐더러 항소심판결 후에 나타난 사실이나 증거의 경우 비록 그것이 상고이유서 등에 첨부되어 있다 하더라도 사용할 수 없다. 위 규정 및 법리를 종합해 보면, 상고심은 항소심판결에 대한 사후심으로서 항소심에서 심판대상으로 되었던 사항에 한하여 상고이유의 범위 내에서 그 당부만을 심사하여야 한다(이상 제1문의 판례). 그 결과 항소인이 항소이유로 주장하거나 항소심이 직권으로 심판대상으로 삼아 판단한 사항 이외의 사유는 상고이유로 삼을 수 없고 이를 다시 상고심의 심판범위에 포함시키는 것은 상고심의 사후심 구조에 반한다(이상 제2문의 판례). …… 피고인들이 약사법 위반으로 기소되어 제1심에서 각각 벌금형을 선고받은 후 항소하지 않거나 양형부당만을 이유로 항소하였고 검사도 양형부당을 이유로 항소하였는데, 항소심에서 검사의 항소이유가 인용됨으로써 제1심판결이 파기되고 피고인들에 대해 각각 그보다 높은 형이 선고되자, 피고인들이 항소심에서 심판대상이 되지 않았던 채증법칙위반, 심리미진 및 법리오해의 새로운 사유를 상고이유로 삼아 상고한 경우, 기존 대법원 판례가 일관되게 유지해 온 이른바 '상고이유 제한에 관한 법리'가 그대로 적용되어야 한다는 전제에서, 피고인들의 위 상고이유 주장은 항소심에서 심판대상이 되지 아니한 사항이므로 적법한 상고이유가 아니라고 하여야 한다(이상 제3문의 판례)(대법원 2019.3.21, 2017도16593-1 전원합의체).

♀solution [제1문] 심사하여야 한다.
[제2문] 반한다.
[제3문] 적법하지 않다.

191 군검사가 상고를 제기한 경우 상고심 당사자에 관한 사건

[판례] (원심법원에 대응하는 해군검찰단 고등검찰부 소속 군검사가 상고를 제기하였고, 대법원이 대검찰청 소속 검사에게 소송기록접수통지를 하여 2022.12.27. 송달되었는데, 상고를 제기한 해군검찰단 고등검찰부 소속 군검사가 상고이유서 제출기간 만료일로부터 하루가 지난 2023.1.17. 상고이유서를 제출하였다.) 검사가 상고한 경우에는 상고법원에 대응하는 검찰청 소속 검사가 소송기록접수통지를 받은 날로부터 20일 이내에 그 이름으로 상고이유서를 제출하여야 한다. 다만, 상고를 제기한 검찰청 소속 검사가 그 이름으로 상고이유서를 제출하여도 유효한 것으로 취급되지만, 이 경우 상고를 제기한 검찰청이 있는 곳을 기준으로 법정기간인 상고이유서 제출기간이 형사소송법 제67조에 따라 연장될 수 없다(대법원 2003.6.26, 2003도2008). 이러한 법리는 군검사가 상고한 경우에도 마찬가지로 적용된다(상고장에도 구체적인 불복이유를 기재하지 않았으므로 상고기각결정, 대법원 2023.4.21, 2022도16568).

[조문] 형사소송법 제67조(법정기간의 연장) 법정기간은 소송행위를 할 자의 주거 또는 사무소의 소재지와 법원 또는 검찰청 소재지와의 거리 및 교통통신의 불편정도에 따라 대법원규칙으로 이를 연장할 수 있다.
제380조(상고기각 결정) ① 상고인이나 변호인이 전조 제1항의 기간 내에 상고이유서를 제출하지 아니한 때에는 결정으로 상고를 기각하여야 한다. 단, 상고장에 이유의 기재가 있는 때에는 예외로 한다.

[정리] ① 군검사가 상고를 제기한 경우 소송기록접수통지의 상대방은 대검찰청 소속 검사이다. ② 군검사가 제출한 상고이유서를 유효하게 취급할 수 있다. ③ 군검사가 상고이유서를 제출한 경우 법정기간인 상고이유서 제출기간이 연장될 수 없다.

192 이른바 '국정농단' 사건으로서 피고인 최○○, 안○○에 대한 재상고심 사건

[판례] ① 상고심에서 상고이유의 주장이 이유 없다고 판단되어 배척된 부분은 그 판결 선고와 동시에 확정력이 발생하여 그 부분에 대하여는 피고인은 더 이상 다툴 수 없고, 또한 환송받은 법원으로서도 그와 배치되는 판단을 할 수 없으므로, 피고인으로서는 더 이상 그 부분에 대한 주장을 상고이유로 삼을 수 없다(대법원 2005.10.28, 2005도1247; 2006.5.11, 2006도920 등). ② 환송 전 원심판결 중 일부분에 대하여 상고하지

않은 경우, 상고심에서 상고이유로 삼지 않은 부분은 그 부분에 대한 상고가 제기되지 아니하여 확정된 것과 마찬가지의 효력이 있으므로 피고인으로서는 더 이상 이 부분에 대한 주장을 상고이유로 삼을 수 없다 (대법원 2001.4.10, 2001도265; 2020.6.11, 2020도2883).

193 피고인이 제기한 비약적 상고에 항소제기의 효력을 인정할 수 있는지가 문제된 사건

• 변호사시험 24

> 제1심판결에 대한 피고인의 비약적 상고와 검사의 항소가 경합하여 형사소송법 제373조에 따라 피고인의 비약적 상고에 상고의 효력이 상실되고 검사의 항소에 기한 항소심이 진행되는 경우, 피고인의 비약적 상고에 항소로서의 효력을 인정할 수 있는가?

〔판례〕 형사소송법 제372조, 제373조(제1심판결에 대한 상고는 그 사건에 대한 항소가 제기된 때에는 그 효력을 잃는다. 단, 항소의 취하 또는 항소기각의 결정이 있는 때에는 예외로 한다.) 및 관련 규정의 내용과 취지, 비약적 상고와 항소가 제1심판결에 대한 상소권 행사로서 갖는 공통성, 이와 관련된 피고인의 불복의사, 피고인의 상소권 보장의 취지 및 그에 대한 제한의 범위와 정도, 피고인의 재판청구권을 보장하는 헌법합치적 해석의 필요성 등을 종합하여 보면, 제1심판결에 대하여 피고인은 비약적 상고를, 검사는 항소를 각각 제기하여 이들이 경합한 경우 피고인의 비약적 상고에 상고의 효력이 인정되지는 않더라도, 피고인의 비약적 상고가 항소기간 준수 등 항소로서의 적법요건을 모두 갖추었고, 피고인이 자신의 비약적 상고에 상고의 효력이 인정되지 않는 때에도 항소심에서는 제1심판결을 다툴 의사가 없었다고 볼 만한 특별한 사정이 없다면, 피고인의 비약적 상고에 항소로서의 효력이 인정된다고 보아야 한다(대법원 2022.5.19, 2021도17131 전원합의체).

〔보충〕 이와 달리 피고인의 비약적 상고와 검사의 항소가 경합한 경우 피고인의 비약적 상고에 항소로서의 효력을 인정할 수 없다고 판시한 대법원 2005.7.8, 2005도2967, 대법원 2015.9.11, 2015도10826, 대법원 2016.9.30, 2016도11358, 대법원 2017.7.6, 2017도6216 판례를 비롯한 같은 취지의 대법원 판결 및 결정들은 이 판결의 견해에 배치되는 범위 내에서 모두 변경하기로 한다.

♀solution 있다.

④ 항 고

194 형사소송법 제15조에 따라 관할이전의 신청을 한 사건

> 관할이전의 신청을 기각한 결정에 대해 불복이 가능한가?

〔판례〕 법원의 관할 또는 판결 전의 소송절차에 관한 결정에 대하여는 특히 즉시항고를 할 수 있는 경우 외에는 항고를 하지 못한다(형사소송법 제403조 제1항). 그런데 관할이전의 신청을 기각한 결정에 대하여

즉시항고를 할 수 있다는 규정이 없으므로, 원심결정에 대하여 재항고인이 불복할 수 없다(대법원 2021.4.2, 2020모2561).

ℹ solution 가능하지 않다.

195 즉시항고의 제기기간을 3일로 제한하고 있는 형사소송법 제405조는 헌법에 합치되지 아니한다.

판례 심판대상조항은 즉시항고 제기기간을 지나치게 짧게 정함으로써 실질적으로 즉시항고 제기를 어렵게 하고, 즉시항고 제도를 단지 형식적이고 이론적인 권리로서만 기능하게 하므로, 입법재량의 한계를 일탈하여 재판청구권을 침해한다. …… 심판대상조항의 위헌성은 즉시항고 제기기간인 3일이 지나치게 짧아 재판청구권을 침해한다는 것에 있는데, 만약 위 조항을 단순위헌으로 선언하는 경우 즉시항고의 기간 제한이 없어지게 됨에 따라 혼란이 초래될 우려가 있고, 즉시항고 제기의 적정한 기간에 관하여는 입법자가 충분한 논의를 거쳐 결정해야 할 사항에 속한다. 따라서 심판대상조항에 대하여 헌법불합치결정을 선고하되, 입법자의 개선입법이 있을 때까지 잠정적용을 명하기로 한다. 입법자는 늦어도 2019.12. 31.까지 개선입법을 하여야 하며, 그때까지 개선입법이 이루어지지 않으면 심판대상조항은 2020.1.1.부터 그 효력을 상실하도록 한다(헌법재판소 2018.12.27, 2015헌바77, 2015헌마832).

형사소송법 개정사항 – 2019.12.31. 일부개정 · 시행

[개정이유]

2018.12.27. 헌법재판소는 즉시항고 제기기간이 지나치게 짧아 실질적으로 즉시항고 제기를 어렵게 하고 제도를 단지 형식적이고 이론적인 권리로서만 기능하게 하므로 재판청구권을 침해한다고 하여 헌법불합치 결정을 하였다. 이에 2019.12.31. 즉시항고 및 준항고 제기기간을 현행 3일에서 7일로 연장하였다(제405조 및 제416조).

[개정내용]

제405조 중 "3일"을 "7일"로 한다. 제416조 제3항 중 "3일"을 "7일"로 한다.

제405조(즉시항고의 제기기간) 즉시항고의 제기기간은 **7일**로 한다. <개정 2019.12.31.>
제416조(준항고) ① 재판장 또는 수명법관이 다음 각 호의 1에 해당한 재판을 고지한 경우에 불복이 있으면 그 법관소속의 법원에 재판의 취소 또는 변경을 청구할 수 있다.
　1. 기피신청을 기각한 재판
　2. 구금, 보석, 압수 또는 압수물환부에 관한 재판
　3. 감정하기 위하여 피고인의 유치를 명한 재판
　4. 증인, 감정인, 통역인 또는 번역인에 대하여 과태료 또는 비용의 배상을 명한 재판
② 지방법원이 전항의 청구를 받은 때에는 합의부에서 결정을 하여야 한다.
③ 제1항의 청구는 재판의 고지있는 날로부터 **7일** 이내에 하여야 한다. <개정 2019.12.31.>
④ 제1항 제4호의 재판은 전항의 청구기간 내와 청구가 있는 때에는 그 재판의 집행은 정지된다.

196 항고법원의 소송기록접수통지

> 형사소송법 제411조에 의하면, 항고법원은 제1심법원으로부터 소송기록과 증거물을 받은 날부터 5일 이내에 당사자에게 그 사유를 통지하여야 한다. 그런데, 재항고인이 집행유예의 취소청구를 인용한 제1심결정에 대하여 즉시항고를 하고, 즉시항고장에 항고이유를 적지 않았는데, 원심이 제1심법원으로부터 소송기록을 송부받은 당일에 항고를 기각하는 결정을 하면서, 항고를 제기한 재항고인에게 소송기록과 증거물을 송부받았다는 통지를 하지 않았다. 원심결정에는 위법이 있는가?

(판례) 형사소송법 제411조에 의하면, 항고법원은 제1심법원으로부터 소송기록과 증거물을 받은 날부터 5일 이내에 당사자에게 그 사유를 통지하여야 한다. 그 취지는 당사자에게 항고에 관하여 이유서를 제출하거나 의견을 진술하고 유리한 증거를 제출할 기회를 부여하려는 데 있다. …… (따라서) 원심은 재항고인에게 항고에 관하여 이유서를 제출하거나 의견을 진술하고 유리한 증거를 제출할 기회를 부여하였다고 할 수 없으므로, 원심결정에는 형사소송법 제411조에 관한 법리를 오해한 잘못이 있다(대법원 2018.6.22, 2018모1698).

(보충) 항고심 절차를 요약해보면 다음과 같다. ① 항고의 제기(항고장제출, 즉시항고는 원칙적 7일, 보통항고는 언제든지). ② 항고기각결정, 이유 있으면 경정결정, 이유 없으면 3일 내 의견이 첨부하여 항고법원에 송부. ③ 소송기록·증거물 송부는 임의적, 송부를 받은 항고법원은 5일 내 당사자에게 사유 통지, 소송기록 접수통지 없이 항고기각결정을 한 것은 위법. ④ 항고인의 항고이유서 제출의무는 없음.

⌐solution 위법이 있다.

197 항고심의 의견진술절차

> 형사소송법 제411조 제3항에 의하면, 원심법원으로부터 항고법원이 소송기록과 증거물의 송부를 받은 날로부터 5일 이내에 당사자에게 그 사유를 통지하여야 한다. 그렇다면 항고심에서 항고인이 항고에 대한 의견진술을 한 경우에는 위 규정을 위반한 것인가?

(판례) 형사소송법 제411조는 당사자에게 항고에 관하여 그 이유서를 제출하거나 의견을 진술하고 유리한 증거를 제출할 기회를 부여하려는 데 취지가 있으므로(대법원 2003.9.22, 2003모300 등), 항고심에서 항고인이 항고에 대한 의견진술을 한 경우에는 위와 같은 기회가 있었다고 봄이 상당하므로 형사소송법 제411조를 위반하였다고 볼 수 없다(대법원 2016.1.20, 2016모73; 2019.1.4, 2018모3621).

⌐solution 위반한 것이 아니다.

● ● ○

198 집행유예취소청구사건과 국선변호인

국선변호인제도는 집행유예 취소청구 사건의 심리절차에서도 인정되는가?

[판례] 국선변호인 제도는 구속영장실질심사, 체포 · 구속 적부심사의 경우를 제외하고는 공판절차에서 피고인의 지위에 있는 자에게만 인정되고 이 사건과 같이 집행유예의 취소청구 사건의 심리절차에서는 인정되지 않는다(대법원 2013.2.13, 2013모281; 2019.1.4, 2018모3621).

ⓘsolution 인정되지 않는다.

CHAPTER 02 비상구제절차

1 재 심

199 위헌결정을 이유로 재심청구를 하면서 제1심 유죄판결이 아니라 항소기각 판결을 재심대상으로 삼아 재심을 청구한 사건

> 피고인이 제1심에서 도로교통법위반(음주운전)죄 등으로 유죄를 선고받고, 항소하여 항소기각 판결을 선고받아 판결이 확정되었는데, 도로교통법위반(음주운전)죄 부분에 관하여 피고인에게 적용된 형벌 조항이 헌법재판소에서 위헌으로 결정되었다는 재심청구이유(헌법재판소법 제47조 제4항에서 정한 재심사유)로 위 항소기각 판결에 대하여 재심을 청구하였다. 위 재심청구는 법률상 방식에 위반한 것인가?

[판례] 형벌조항에 대하여 헌법재판소의 위헌결정이 있는 경우 헌법재판소법 제47조에 의한 재심은 원칙적인 재심대상판결인 제1심 유죄판결 또는 파기자판한 상급심판결에 대하여 청구하여야 한다. 제1심이 유죄판결을 선고하고, 그에 대하여 불복하였으나, 항소 또는 상고기각판결이 있었던 경우에 헌법재판소법 제47조를 이유로 재심을 청구하려면 재심대상판결은 제1심판결이 되어야 하고, 항소 또는 상고기각판결을 재심대상으로 삼은 재심청구는 법률상의 방식을 위반한 것으로 부적법하다(대법원 2022.6.16, 2022모509).

[보충] 대법원은 피고인의 재심청구이유는 항소기각 판결에 대한 재심사유로서 형사소송법 제420조 제1호, 제2호, 제7호에 정한 재심사유 중 어느 것에도 해당하지 아니한다는 이유로 재심청구를 기각하였다. …… 민사항소심은 속심제를 취하고 있고, 민사소송법은 '항소심에서 사건에 관하여 본안판결을 하였을 때에는 제1심판결에 대하여 재심의 소를 제기하지 못한다'라고 규정하고 있다(제451조 제3항). 그러나 형사항소심은 속심이면서도 사후심으로서 성격을 가지고 있고, 헌법재판소법 제47조에 따라 '유죄 확정판결'에 대하여 재심을 청구하는 경우 준용되는 형사소송법은 원칙적인 재심대상판결을 '유죄 확정판결'로 규정하고 있는데(제420조), 항소 또는 상고기각판결은 그 확정으로 그 원심의 유죄판결이 확정되는 것이지 그 자체가 유죄판결은 아니기 때문에, 민사재심에서와 달리 보아야 한다. 한편 민사소송법은 원칙적으로 재심의 소 제기에 시간적 제한을 두고 있으나(제456조), 형사소송법은 재심청구 제기기간에 제한을 두고 있지 않으므로(제427조 참조), 법률상의 방식을 위반한 재심청구라는 이유로 기각결정이 있더라도, 청구인이 이를 보정한다면 다시 동일한 이유로 재심청구를 할 수 있다.

♀solution 법률상 방식에 위반한 것이다.

[참고] **헌법재판소법 제47조(위헌결정의 효력)** ③ 제2항에도 불구하고 형벌에 관한 법률 또는 법률의 조항은 소급하여 그 효력을 상실한다. 다만, 해당 법률 또는 법률의 조항에 대하여 종전에 합헌으로 결정한 사건이 있는 경우에는 그 결정이 있는 날의 다음 날로 소급하여 효력을 상실한다.
④ 제3항의 경우에 위헌으로 결정된 법률 또는 법률의 조항에 근거한 유죄의 확정판결에 대하여는 재심을 청구할 수 있다.
⑤ 제4항의 재심에 대하여는 「형사소송법」을 준용한다.
형사소송법 제420조(재심이유) 재심은 다음 각 호의 어느 하나에 해당하는 이유가 있는 경우에 유죄의 확정판결에 대하여 그 선고를 받은 자의 이익을 위하여 청구할 수 있다.
1. 원판결의 증거가 된 서류 또는 증거물이 확정판결에 의하여 위조되거나 변조된 것임이 증명된 때
2. 원판결의 증거가 된 증언, 감정, 통역 또는 번역이 확정판결에 의하여 허위임이 증명된 때
3. 무고(誣告)로 인하여 유죄를 선고받은 경우에 그 무고의 죄가 확정판결에 의하여 증명된 때
4. 원판결의 증거가 된 재판이 확정재판에 의하여 변경된 때

5. 유죄를 선고받은 자에 대하여 무죄 또는 면소를, 형의 선고를 받은 자에 대하여 형의 면제 또는 원판결이 인정한 죄보다 가벼운 죄를 인정할 명백한 증거가 새로 발견된 때

6. 저작권, 특허권, 실용신안권, 디자인권 또는 상표권을 침해한 죄로 유죄의 선고를 받은 사건에 관하여 그 권리에 대한 무효의 심결 또는 무효의 판결이 확정된 때

7. 원판결, 전심판결 또는 그 판결의 기초가 된 조사에 관여한 법관, 공소의 제기 또는 그 공소의 기초가 된 수사에 관여한 검사나 사법경찰관이 그 직무에 관한 죄를 지은 것이 확정판결에 의하여 증명된 때. 다만, 원판결의 선고 전에 법관, 검사 또는 사법경찰관에 대하여 공소가 제기되었을 경우에는 원판결의 법원이 그 사유를 알지 못한 때로 한정한다.

제421조(동전) ① 항소 또는 상고의 기각판결에 대하여는 전조 제1호, 제2호, 제7호의 사유있는 경우에 한하여 그 선고를 받은 자의 이익을 위하여 재심을 청구할 수 있다.

② 제1심확정판결에 대한 재심청구사건의 판결이 있은 후에는 항소기각 판결에 대하여 다시 재심을 청구하지 못한다.

③ 제1심 또는 제2심의 확정판결에 대한 재심청구사건의 판결이 있은 후에는 상고기각판결에 대하여 다시 재심을 청구하지 못한다.

●●○
200 대통령긴급조치 제9호 위반에 대한 면소판결에 재심을 구하는 사건

> 면소판결을 대상으로 한 재심청구가 적법한가?

(판례) 형사재판에서 재심은 형사소송법 제420조, 제421조 제1항의 규정에 의하여 유죄 확정판결 및 유죄 판결에 대한 항소 또는 상고를 기각한 확정판결에 대하여만 허용된다. 면소판결은 유죄 확정판결이라 할 수 없으므로 면소판결을 대상으로 한 재심청구는 부적법하다(대법원 2014.4.25, 2013재도29; 2018.5.2, 2015모3243; 2021.4.2, 2020모2071).

♀solution 적법하지 않다.

●●●
201 재심의 대상 및 형사소송법 제420조 제7호의 재심사유
• 경찰3차 18, 경찰승진 19, 국가9급 19, 경찰1차 20, 법원9급 21

[제1문] 면소판결을 대상으로 한 재심청구는 적법한가?

[제2문] 형사재판에서의 재심은 유죄의 확정판결에 중대한 하자가 있는 경우 피고인의 이익을 위하여 이를 바로잡기 위한 비상구제절차로서, 형사소송법 제420조 제7호는 이러한 재심사유의 하나로서 "원판결, 전심판결 또는 그 판결의 기초된 조사에 관여한 법관, 공소의 제기 또는 그 공소의 기초된 수사에 관여한 검사나 사법경찰관이 그 직무에 관한 죄를 범한 것이 확정판결에 의하여 증명된 때[원판결, 전심판결 또는 그 판결의 기초가 된 조사에 관여한 법관, 공소의 제기 또는 그 공소의 기초가 된 수사에 관여한 검사나 사법경찰관이 그 직무에 관한 죄를 지은 것이 확정판결에 의하여 증명된 때 (전문개정 2020.12.8.)]"를 들고 있다. 그렇다면, 수사기관이 영장주의를 배제하는 위헌적 법령에 따라 영장 없는 체포·구금을 한 경우에도 불법체포·감금의 직무범죄가 인정되는 경우에 준하는 것으로 보아 형사소송법 제420조 제7호의 재심사유가 있다고 보아야 하는가?

[제1문]

(판례) 형사재판에서 재심은 형사소송법 제420조, 제421조 제1항의 규정에 의하여 **유죄 확정판결 및 유죄판결에 대한 항소 또는 상고를 기각한 확정판결에 대하여만 허용**된다. 면소판결은 유죄 확정판결이라 할 수 없으므로 **면소판결을 대상으로 한 재심청구는 부적법**하다.

보충 재심의 대상은 원칙적으로 유죄의 확정판결이다(이외 유죄판결을 확정시키는 유죄판결에 대한 상소 기각의 판결도 포함). 따라서 무죄, 면소, 공소기각, 관할위반의 판결, 상습심에 의하여 파기된 하급심의 유죄판결, 약식명령에 대한 정식재판절차에서 유죄판결이 선고되어 확정된 경우의 약식명령, 유죄판결에 대한 상소심 계속 중 피고인이 사망함으로 인한 공소기각결정이 내려진 경우의 유죄판결 등은 모두 재심청구의 대상이 될 수 없다.

♀solution 적법하지 않다.

[제2문]

(판례) 형법 제124조의 불법체포·감금죄는 위 재심사유가 규정하는 대표적인 직무범죄로서 헌법상 영장주의를 관철하기 위한 것이다. 헌법 제12조 제3항은 영장주의를 천명하고 있는데, 이는 강제처분의 남용으로부터 신체의 자유 등 국민의 기본권을 보장하기 위한 핵심 수단이 된다. 수사기관이 영장주의에 어긋나는 체포·구금을 하여 불법체포·감금의 직무범죄를 범하는 상황은 일반적으로 영장주의에 관한 합헌적 법령을 따르지 아니한 경우에 문제 된다. 이와 달리 영장주의를 배제하는 위헌적 법령이 시행되고 있는 동안 수사기관이 그 법령에 따라 영장 없는 체포·구금을 하였다면 법체계상 그러한 행위를 곧바로 직무범죄로 평가하기는 어렵다. 그러나 이러한 경우에도 **영장주의를 배제하는 법령 자체가 위헌이라면 결국 헌법상 영장주의에 위반하여 영장 없는 체포·구금을 한 것이고 그로 인한 국민의 기본권 침해 결과는 수사기관이 직무범죄를 저지른 경우와 다르지 않다. 즉, 수사기관이 영장주의를 배제하는 위헌적 법령에 따라 체포·구금을 한 경우 비록 그것이 형식상 존재하는 당시의 법령에 따른 행위라고 하더라도 그 법령 자체가 위헌이라면 결과적으로 그 수사에 기초한 공소제기에 따른 유죄의 확정판결에는 수사기관이 형법 제124조의 불법체포·감금죄를 범한 경우와 마찬가지의 중대한 하자가 있다고 보아야 한다.** 만일 이러한 경우를 재심사유로 인정하지 않는다면, 수사기관이 헌법상 영장주의를 위반하여 국민을 체포·구금하였고 그 수사에 기초한 공소제기에 따라 진행된 유죄 확정판결에 형사소송법 제420조 제7호의 재심사유와 동일하게 평가할 수 있는 중대한 하자가 존재함에도 단지 위헌적인 법령이 존재하였다는 이유만으로 그 하자를 바로잡는 것을 거부하는 결과가 된다. 이는 위헌적인 법령을 이유로 국민의 재판받을 권리를 제한하는 것일 뿐만 아니라 확정판결에 중대한 하자가 있는 경우 법적 안정성을 후퇴시키더라도 구체적 정의를 실현하고자 하는 재심제도의 이념에도 반한다. 한편 이러한 수사기관의 행위에 관하여도 당시의 법령에 의하여 불법체포·감금죄가 성립하는 경우에만 형사소송법 제420조 제7호의 재심사유가 인정된다고 해석하는 것은 위헌적 법령으로 인하여 갖출 수 없게 된 요건을 요구하며 재심사유를 부정하는 것이 되어 부당하다. 따라서 위와 같은 재심제도의 목적과 이념, 형사소송법 제420조 제7호의 취지, 영장주의를 배제하는 위헌적 법령에 따른 체포·구금으로 인한 기본권 침해 결과 등 제반 사정을 종합하여 보면, **수사기관이 영장주의를 배제하는 위헌적 법령에 따라 영장 없는 체포·구금을 한 경우에도 불법체포·감금의 직무범죄가 인정되는 경우에 준하는 것으로 보아 형사소송법 제420조 제7호의 재심사유가 있다고 보아야 한다.** 위와 같이 유추적용을 통하여 영장주의를 배제하는 위헌적 법령에 따라 영장 없는 체포·구금을 당한 국민에게 사법적 구제수단 중의 하나인 재심의 문을 열어놓는 것이 헌법상 재판받을 권리를 보장하는 헌법합치적 해석이다(대법원 2018.5.2, 2015모3243).

보충 원심결정에 의하면, 피고인은 1979.7.4. 천안경찰서 소속 사법경찰관들에 의하여 "이 조치 또는 이에 의한 주무부장관의 조치에 위반한 자는 법관의 영장 없이 체포·구속·압수 또는 수색할 수 있다."라고 규정한 긴급조치 제9호 제8항에 따라 영장 없이 체포되어 구속영장 발부일인 1979.7.13.까지 영장 없이 구금되었고, 그 수사를 기초로 공소가 제기되어 재심대상판결이 확정된 사실을 알 수 있다. 그런데 긴급조치 제9호는 그 발동 요건을 갖추지 못한 채 목적상 한계를 벗어나 국민의 자유와 권리를 지나치게 제한함으로써 헌법상 보장된 국민의 기본권을 침해한 것으로 그것이 해제 또는 실효되기 이전부터 유신헌법에 위배되어 위헌·무효이고, 그중 제8항 역시 영장주의를 전면적으로 배제하여 법치국가원리를 부인하는 것으로서 원천적으로 위헌·무효이다(대법원 2013.4.18, 2011초기689 전원합의체 결정 참조). 따라서 앞에서 본 법리를 이 사건에 적용하면, 피고인을 체포·구금한 위 사법경찰관들은 영장주의를 배제하는 위헌적 법령에 따라 피고인을 영장 없이 체포·구금한 것이므로 재심대상판결 중 위 수사를 기초로 공소가 제기되어 유죄가 확정된 부분에는 형사소송법 제420조 제7호의 재심사유가 있다고 보아야 한다.

♀solution 있다고 보아야 한다.

보충 [참고판례] 여순사건 당시 군법회의 판결에 대한 재심청구 사건

대법원 2019.3.21. 2015모2229 전원합의체 결정

[1] '여순사건' 당시 내란 및 국권문란 혐의로 군법회의에 회부되어 사형을 선고받고 그 판결에 따라 사형이 집행된 피고인들의 유족들이 그 후 위 판결에 대해 재심을 청구하여 재심개시결정이 있게 되자 검사가 재항고를 한 사안에서, 위 재심대상판결에 형사소송법 제422조, 제420조 제7호의 재심사유가 있다고 본 원심판단이 정당하다고 한 사례

[2] '여순사건' 당시 내란 및 국권문란 혐의로 군법회의에 회부되어 사형을 선고받고 그 판결에 따라 사형이 집행된 피고인들의 유족들이 그 후 위 판결에 대해 재심을 청구하여 재심개시결정이 있게 되자 검사가 재항고를 한 사안에서, 유죄의 확정판결로서 재심의 대상이 되는 위 재심대상판결이 존재한다고 본 원심판단이 정당하다고 한 사례

【결정요지】

[1] [다수의견] '여순사건' 당시 내란 및 국권문란 혐의로 군법회의에 회부되어 사형을 선고받고 그 판결에 따라 사형이 집행된 피고인들의 유족들이 그 후 위 판결(이하 '재심대상판결'이라 한다)에 대해 재심을 청구하여 재심개시결정이 있게 되자 검사가 재항고를 한 사안에서, 형사소송법 제415조에서 정한 재항고의 절차에 관하여는 형사소송법에 아무런 규정을 두고 있지 않으므로 성질상 상고에 관한 규정을 준용하여야 하고, 사실인정의 전제로서 하는 증거의 취사선택과 증거의 증명력은 사실심 법원의 자유판단에 속하는 점, 형사재판에서 심증형성은 반드시 직접증거로 해야만 하는 것은 아니고 간접증거로 할 수도 있는 점, 재심청구를 받은 법원은 재심청구 이유의 유무를 판단함에 필요한 경우 사실을 조사할 수 있고(형사소송법 제37조 제3항), 공판절차에 적용되는 엄격한 증거조사 방식에 따라야만 하는 것은 아닌 점 및 대한민국헌법(1948.7.17. 제정된 것, 제헌헌법) 제9조, 구 형사소송법(1948. 3. 20. 군정법령 제176호로 개정된 것) 제3조, 제6조 등의 규정, 그리고 진실·화해를 위한 과거사 정리위원회의 여순사건 진실규명결정서를 비롯한 기록에서 알 수 있는 사정을 종합하면, 피고인들은 여순사건 당시 진압군이 순천지역을 회복한 후 군경에 의하여 반란군에 가담하거나 협조하였다는 혐의로 체포되어 감금되었다가 내란죄와 국권문란죄로 군법회의에 회부되어 유죄판결을 받았고, 피고인들을 체포·감금한 군경이 법원으로부터 구속영장을 발부받았어야 하는데도 이러한 구속영장 발부 없이 불법 체포·감금하였다고 인정하여 재심대상판결에 형사소송법 제422조, 제420조 제7호의 재심사유가 있다고 본 원심판단이 정당하다고 한 사례.

[2] [다수의견] '여순사건' 당시 내란 및 국권문란 혐의로 군법회의에 회부되어 사형을 선고받고 그 판결에 따라 사형이 집행된 피고인들의 유족들이 그 후 위 판결(이하 '재심대상판결'이라 한다)에 대해 재심을 청구하여 재심개시결정이 있게 되자 검사가 재항고를 한 사안에서, 재심대상판결의 판결서는 발견되지 않았으나 판결의 존재와 판결서의 존재는 구별되는 것이고, 재심대상판결의 존재, 즉 판결의 선고와 확정 사실은 계엄지구사령부 사령관 명의로 작성된 고등군법회의명령 제3호 문서(이하 '판결집행명령서'라 한다), 당시의 언론보도, 진실·화해를 위한 과거사 정리위원회의 여순사건 진실규명결정서 등 다른 자료를 통하여 인정할 수 있는 점, 재심대상판결의 판결서 원본이 작성되었으나 사변 등으로 멸실·분실되었을 가능성이 있고, 설령 처음부터 판결서가 작성되지 않았더라도 판결이 선고되고 확정되어 집행된 사실이 인정되는 이상 판결의 성립을 인정하는 데에는 영향이 없는 점, 여순사건 당시 선포된 계엄령과 그 계엄령 선포에 따라 설치된 군법회의에 대하여 법적 근거와 절차 등의 위헌·위법 논란이 있으나, 대한민국헌법(1948. 7. 17. 제정된 것, 제헌헌법) 제64조, 제76조 제2항, 제100조 아래 이루어진 계엄선포 상황에서 국가 공권력에 의한 사법작용으로서 군법회의를 통한 판결이 선고된 이상 그 근거법령이나 절차, 내용 등이 위헌·위법하다고 평가되어 판결이 당연무효가 되는 것은 별론으로 하고 판결의 성립을 부정할 수는 없는 점, 또한 **판결이 위와 같은 위헌·위법 사유로 당연무효라고 하더라도 그것이 성립한 이상 형식적 확정력은 인정되고, 오히려 그러한 중대한 위헌·위법 상태를 바로잡기 위하여 재심의 대상이 될 수 있다**고 보아야 하며, 이러한 판결에 대하여 재심을 통한 구제를 긍정하는 것이 유죄의 확정판결에 중대한 하자가 있는 경우 피고인의 이익을 위하여 이를 바로잡는다는 재심제도의 존재 목적에도 부합하는 점 등을 종합하면, 유죄의 확정판결로서 재심의 대상이 되는 재심대상판결이 존재한다고 본 원심판단이 정당하다고 한 사례.

202 형사소송법 제420조 제7호의 재심사유의 의미

> 검사가 피고인에 대한 피의자신문 과정에서 자신의 의도대로 진술을 이끌어내기 위하여 피고인에게 검사의 생각을 주입하며 유도신문을 하는 등 진술의 임의성을 보장하지 못하고 사회통념상 현저히 합리성을 잃은 신문방법을 사용한 경우는 형사소송법 제420조 제7호의 "원판결, 전심판결 또는 그 판결의 기초가 된 조사에 관여한 법관, 공소의 제기 또는 그 공소의 기초가 된 수사에 관여한 검사나 사법경찰관이 그 직무에 관한 죄"를 지은 경우에 해당하는가?

조문 형사소송법 제420조(재심이유) 재심은 다음 각 호의 어느 하나에 해당하는 이유가 있는 경우에 유죄의 확정판결에 대하여 그 선고를 받은 자의 이익을 위하여 청구할 수 있다.

7. 원판결, 전심판결 또는 그 판결의 기초가 된 조사에 관여한 법관, 공소의 제기 또는 그 공소의 기초

가 된 수사에 관여한 검사나 사법경찰관이 그 직무에 관한 죄를 지은 것이 확정판결에 의하여 증명된 때. 다만, 원판결의 선고 전에 법관, 검사 또는 사법경찰관에 대하여 공소가 제기되었을 경우에는 원판결의 법원이 그 사유를 알지 못한 때로 한정한다.

판례 직권남용권리행사방해죄(형법 제123조)는 공무원이 일반적 직무권한에 속하는 사항에 관하여 직권을 행사하는 모습으로 실질적 · 구체적으로 위법 · 부당한 행위를 한 경우에 성립한다. 이 때 '직권의 남용'에 해당하는지 여부는, 구체적인 공무원의 직무행위가 본래 법령에서 그 직권을 부여한 목적에 따라 이루어졌는지, 직무행위가 행해진 상황에서 볼 때 필요성 · 상당성이 있는 행위인지, 직권행사가 허용되는 법령상의 요건을 충족했는지 등을 종합하여 판단하여야 한다(대법원 2020.1.30, 2018도2236 전원합의체). 그 판단의 대상이 검사의 수사권 행사라면, 수사는 수사의 목적을 달성할 필요가 있는 경우에 한하여 상당하다고 인정되는 방법에 의하여 이루어져야 한다는 수사원칙(대법원 2007.11.30, 2005다40907)과 공익의 대표자로서 실체적 진실에 입각한 국가 형벌권의 실현을 위하여 공소를 제기하고 그 과정에서 피고인의 정당한 이익을 옹호하여야 한다는 검사의 의무(대법원 2022.9.16, 2022다236781)도 함께 고려되어야 한다. 원심은 검사가 피고인 1에 대한 3회 피의자신문 과정에서 자신의 의도대로 진술을 이끌어내기 위하여 피고인 1에게 검사의 생각을 주입하며 유도신문을 하는 등 진술의 임의성을 보장하지 못하고 사회통념상 현저히 합리성을 잃은 신문방법을 사용함으로써 위법하게 수사권을 남용하였다고 판단하였다. 기록에 비추어 살펴보면, 원심의 판단은 위에서 본 법리를 따른 것으로 정당하고 거기에 재판에 영향을 미친 헌법 · 법률 · 명령 또는 규칙 위반의 잘못이 없다(대법원 2024.9.19, 2024모179).

Ⓘsolution 해당한다.

●○○
203 재심청구절차의 관할 법원

판례 4 · 3사건법 제14조 제3항에 따라 제주지방법원에 관할이 있는 사건은 특별재심사건에 한정되고, 위원회로부터 희생자 결정을 받지 않은 상태에서 형사소송법에 따른 일반재심을 청구하는 사건에는 형사소송법에 따라 원판결법원이 관할권을 가진다(대법원 2023.7.14, 2023모1121).

보충 「제주4 · 3사건 진상규명 및 희생자 명예회복에 관한 특별법」(이하 '4 · 3사건법') 제2조 제2호에서 '희생자'는 제주4 · 3사건으로 인하여 사망하거나 행방불명된 사람. 후유장애가 남은 사람 또는 수형인으로서 제5조 제2항 제2호에 따라 제주4 · 3사건 진상규명 및 희생자 명예회복위원회의 심사를 통하여 제주4 · 3사건의 희생자로 결정된 사람을 말한다고 규정하고 있고, 같은 법 제14조는 '특별재심'이라는 제목 아래 제1항에서 희생자로서 제주4·3사건으로 인하여 유죄의 확정판결을 선고받은 사람. 수형인 명부 등 관련 자료로서 위와 같은 사람으로 인정되는 사람은 형사소송법과 군사법원법의 재심이유. 재심청구권자에 관한 규정에도 불구하고 재심을 청구할 수 있다고 규정하여. 희생자에게 형사소송법 등의 재심절차와 별도로 특별재심을 청구할 수 있는 권리를 부여하고 있으며, 같은 조 제3항은 형사소송법과 군사법원법의 재심의 관할에 관한 규정에도 불구하고 재심의 청구는 제주지방법원이 관할한다고 규정하여 재심사건에 관하여 원판결 법원이 어디인지에 관계없이 제주지방법원에 전속관할을 인정하고 있다. 위와 같이 4 · 3사건법 제14조는 제1조의 목적 달성을 위하여 형사소송법과 군사법원법상 재심의 예외적 제도로서 특별재심절차에 관하여 정하고 있는 조항이라는 점과 4 · 3사건법 제2조 제2호, 제14조 등 관련 규정의 문언 및 체계적 해석에 비추어 보면, 제14조 제3항에서 제주지방법원에 전속관할권을 인정한 사건은 제5조 제2항 제2호에 따라 위원회로부터 제주4 · 3사건의 희생자로 결정된 경우에 청구하는 제14조 제1항의 특별재심사건에 한정된다고 보아야 한다. 따라서 위원회로부터 희생자 결정을 받지 않은 상태에서 형사소송법에 따른 재심을 청구하는 사건에는 형사소송법 제423조가 적용되어 원판결의 법원이 관할권을 가진다.

조문 형사소송법 제423조(재심의 관할) 재심의 청구는 원판결의 법원이 관할한다.

●●○
204 재심개시결정 후 재심심판의 대상 및 범위에 관한 사건

> 경합범 관계에 있는 수개의 범죄사실 중 일부 범죄사실에 대하여 재심청구의 이유가 있어 재심 개시결정이 있는 경우, 재심법원이 나머지 범죄사실에 대하여도 재심사유가 있다고 보아 심리 후 무죄판결을 선고할 수 있는가?

〔판례〕 경합범 관계에 있는 수개의 범죄사실을 유죄로 인정하여 한 개의 형을 선고한 불가분의 확정판결에서 그중 일부의 범죄사실에 대하여만 재심청구의 이유가 있는 것으로 인정된 경우에는 형식적으로는 1개의 형이 선고된 판결에 대한 것이어서 그 판결 전부에 대하여 재심개시의 결정을 할 수밖에 없지만, 비상구제수단인 재심제도의 본질상 재심사유가 없는 범죄사실에 대하여는 재심개시결정의 효력이 그 부분을 형식적으로 심판의 대상에 포함시키는데 그치므로 재심법원은 그 부분에 대하여는 이를 다시 심리하여 유죄인정을 파기할 수 없고, 다만 그 부분에 관하여 새로이 양형을 하여야 하므로 양형을 위하여 필요한 범위에 한하여만 심리를 할 수 있을 뿐이다(대법원 2021.7.8, 2021도2738).

♀solution 선고할 수 없다.

●●○
205 재심청구에 대한 재판에서 소송당사자에게 사실조사신청권이 없다는 사례

〔판례〕 재심의 청구를 받은 법원은 필요하다고 인정한 때에는 형사소송법 제431조에 의하여 직권으로 재심청구의 이유에 대한 사실조사를 할 수 있으나, 소송당사자에게 사실조사신청권이 있는 것이 아니다. 그러므로 당사자가 재심청구의 이유에 관한 사실조사신청을 한 경우에도 이는 단지 법원의 직권발동을 촉구하는 의미밖에 없는 것이므로, 법원은 이 신청에 대하여는 재판을 할 필요가 없고 설령 법원이 이 신청을 배척하였다고 하여도 당사자에게 이를 고지할 필요가 없다(대법원 2021.3.12, 2019모3554).

> 보충 재항고인들이 원심에서 문서송부촉탁신청을 하였는데 원심은 이에 대한 기각결정을 한 후 재항고인들에게 별도의 통지 없이 재항고인들의 즉시항고를 기각한 사안에서, 재심청구에 대한 재판에서는 형사본안절차와는 달리 소송당사자에게 사실조사신청권이 없으므로 위 기각결정을 통지하지 않더라도 위법하지 않으므로, 재항고인들의 주장을 배척한 원심결정을 수긍하고 재항고인들의 재항고를 기각한 판례이다.

> 참고 형사소송법 제431조(사실조사) ① 재심의 청구를 받은 법원은 필요하다고 인정한 때에는 합의부원에게 재심청구의 이유에 대한 사실조사를 명하거나 다른 법원판사에게 이를 촉탁할 수 있다.
> ② 전항의 경우에는 수명법관 또는 수탁판사는 법원 또는 재판장과 동일한 권한이 있다.

●●●
206 재심에서의 불이익변경금지원칙 등 사건
• 경찰간부 20, 국가7급 20, 법원9급 21, 경찰1차 21

> 다음은 대법원 2018.2.28, 2015도15782 판결을 문제로 만든 것이다. 잘 읽고 물음에 답하시오.
> [제1문] 경합범 관계에 있는 수 개의 범죄사실을 유죄로 인정하여 1개의 형을 선고한 불가분의 확정판결 중 일부 범죄사실에만 재심청구의 이유가 있으나 판결 전부에 대하여 재심개시결정을 한 경우, 재심법원이 재심사유가 없는 범죄에 대하여 새로이 양형을 하는 것

이 헌법상 이중처벌금지 원칙에 반하는가?
[제2문] (제1문에서) 이때 불이익변경금지원칙이 적용되는가?
[제3문] 재심판결이 확정되면 원판결은 당연히 효력을 잃는가?
[제4문] 원판결이 선고한 집행유예가 실효 또는 취소됨이 없이 유예기간이 지난 후에 새로운
형을 정한 재심판결이 선고되고, 재심판결의 확정에 따라 원판결이 효력을 잃게 되는
결과 집행유예의 법률적 효과까지 없어졌으나 재심판결의 형이 원판결의 형보다 중하
지 않은 경우, 불이익변경금지원칙이나 이익재심원칙에 반하는가?

[제1문 · 제2문]

(판례) 경합범 관계에 있는 수 개의 범죄사실을 유죄로 인정하여 1개의 형을 선고한 불가분의 확정판결에
서 그중 일부의 범죄사실에 대하여만 재심청구의 이유가 있는 것으로 인정되었으나 형식적으로는 1개의
형이 선고된 판결에 대한 것이어서 그 판결 전부에 대하여 재심개시의 결정을 한 경우, 재심법원은 재심사
유가 없는 범죄에 대하여는 새로이 양형을 하여야 하는 것이므로 이를 헌법상 이중처벌금지의 원칙을 위반
한 것이라고 할 수 없고(이상 제1문의 판례), 다만 불이익변경의 금지원칙이 적용되어 원판결의 형보다 중
한 형을 선고하지 못할 뿐이다(이상 제2문의 판례).

⌷solution [제1문] 반하지 않는다.
[제2문] 적용된다.

[제3문 · 제4문]

(판례) 형사소송법은 유죄의 확정판결과 항소 또는 상고의 기각판결에 대하여 각 그 선고를 받은 자의
이익을 위하여 재심을 청구할 수 있다고 규정함으로써 피고인에게 이익이 되는 이른바 이익재심만을 허
용하고 있으며(제420조, 제421조 제1항), 그러한 이익재심의 원칙을 반영하여 제439조에서 "재심에는 원
판결의 형보다 중한 형을 선고하지 못한다[재심에서는 원판결의 형보다 무거운 형을 선고할 수 없다(전문
개정 2020.12.8.)]."라고 규정하고 있는데, 이는 단순히 원판결보다 무거운 형을 선고할 수 없다는 원칙만
을 의미하는 것이 아니라 실체적 정의를 실현하기 위하여 재심을 허용하지만 피고인의 법적 안정성을 해치
지 않는 범위 내에서 재심이 이루어져야 한다는 취지이다. 다만 재심심판절차는 원판결의 당부를 심사하는
종전 소송절차의 후속절차가 아니라 사건 자체를 처음부터 다시 심판하는 완전히 새로운 소송절차로서
재심판결이 확정되면 원판결은 당연히 효력을 잃는다. 이는 확정된 판결에 중대한 하자가 있는 경우 구체
적 정의를 실현하기 위하여 그 판결의 확정력으로 유지되는 법적 안정성을 후퇴시키고 사건 자체를 다시
심판하는 재심의 본질에서 비롯된 것이다(이상 제3문의 판례). 그러므로 재심판결이 확정됨에 따라 원판
결이나 그 부수처분의 법률적 효과가 상실되고 형 선고가 있었다는 기왕의 사실 자체의 효과가 소멸하는
것은 재심의 본질상 당연한 것으로서, 원판결의 효력 상실 그 자체로 인하여 피고인이 어떠한 불이익을
입는다 하더라도 이를 두고 재심에서 보호되어야 할 피고인의 법적 지위를 해치는 것이라고 볼 것은 아니
다. 따라서 원판결이 선고한 집행유예가 실효 또는 취소됨이 없이 유예기간이 지난 후에 새로운 형을 정한
재심판결이 선고되는 경우에도, 그 유예기간 경과로 인하여 원판결의 형 선고 효력이 상실되는 것은 원판
결이 선고한 집행유예 자체의 법률적 효과로서 재심판결이 확정되면 당연히 실효될 원판결 본래의 효력
일 뿐이므로, 이를 형의 집행과 같이 볼 수는 없고, 재심판결의 확정에 따라 원판결이 효력을 잃게 되는
결과 그 집행유예의 법률적 효과까지 없어진다 하더라도 재심판결의 형이 원판결의 형보다 중하지 않다면
불이익변경금지의 원칙이나 이익재심의 원칙에 반한다고 볼 수 없다.

(보충) 재심대상판결에서는 피고인이 2005.1.13.경부터 2006.5.7.경까지 총 8회 간통하였다는 범죄사실과 2003.11.10. 및 2006.11.
배우자에게 상해를 가하였다는 범죄사실에 대하여 형법 제241조 제1항 등을 적용하여 2009.1.15. 피고인에게 징역 1년에 집행
유예 2년을 선고하였고, 위 판결은 2009.1.23. 확정되었다. 이후 헌법재판소는 2015.2.26. 형법 제241조가 헌법에 위반된다고
결정하였다(2011헌가31 등). 이후 피고인이 2015.3.17. 헌법재판소법 제47조 제3항 · 제4항에 따라 재심을 청구함에 따라, 원
심은 2015.4.16. 재심개시결정을 하였다. 원심은 2015.5.29. 피고인에 대하여 판결을 선고하면서, 간통의 공소사실에 대하여는
위헌결정으로 형벌규정이 효력을 상실하였다는 이유로 무죄를 선고하고, 상해의 공소사실에 대하여는 양형을 위한 심리를 한

후 벌금 400만원을 선고하였다.

♀solution [제3문] 당연히 효력을 잃는다.
[제4문] 반하지 않는다.

207 재심판결 확정의 효과

> [제1문] 재심판결이 확정되면 원판결은 당연히 효력을 잃게 되는데, 원판결의 효력 상실 자체로 인하여 피고인이 입는 불이익이 재심에서 보호되어야 할 피고인의 법적 지위를 해치는 것인가?
>
> [제2문] 피고인이 재심대상판결에서 정한 집행유예의 기간 중 특정범죄 가중처벌 등에 관한 법률 위반(보복협박 등)죄로 징역 6개월을 선고받아 그 판결이 확정됨으로써 위 집행유예가 실효되고 피고인에 대하여 유예된 형이 집행되었는데, 재심판결에서 새로이 형을 정하고 재심판결 확정일을 기산일로 하는 집행유예를 다시 선고하였다. 이 경우 재심판결에서 정한 형이 재심대상판결의 형보다 중하지 않다 하더라도 불이익변경금지원칙이나 이익재심원칙에 반하는 것인가?

[제1문]

(판례) 재심심판절차는 원판결의 당부를 심사하는 종전 소송절차의 후속 절차가 아니라 사건 자체를 처음부터 다시 심판하는 완전히 새로운 소송절차로서 재심판결이 확정되면 원판결은 당연히 효력을 잃는다. 이는 확정된 판결에 중대한 하자가 있는 경우 구체적 정의를 실현하기 위하여 그 판결의 확정력으로 유지되는 법적 안정성을 후퇴시키고 사건 자체를 다시 심판하는 재심의 본질에서 비롯된 것이다. 그러므로 재심판결이 확정됨에 따라 원판결이나 그 부수처분의 법률적 효과가 상실되고 형 선고가 있었다는 기왕의 사실 자체의 효과가 소멸하는 것은 재심의 본질상 당연한 것으로서, 원판결의 효력 상실 그 자체로 인하여 피고인이 어떠한 불이익을 입는다 하더라도 이를 두고 재심에서 보호되어야 할 피고인의 법적 지위를 해치는 것이라고 볼 것은 아니다(대법원 2019.2.28, 2018도13382).

♀solution 해치는 것이 아니다.

[제2문]

(판례) 재심판결에서 피고인에게 또다시 집행유예를 선고할 경우 그 집행유예 기간의 시기는 재심대상판결의 확정일이 아니라 재심판결의 확정일로 보아야 하고, 그로 인하여 재심대상판결이 선고한 집행유예의 실효 효과까지 없어지더라도, 재심판결이 확정되면 재심대상판결은 효력을 잃게 되는 재심의 본질상 당연한 결과이므로, 재심판결에서 정한 형이 재심대상판결의 형보다 중하지 않은 이상 불이익변경금지원칙이나 이익재심원칙에 반하지 않는다고 보아야 한다(대법원 2019.2.28, 2018도13382).

♀solution 반하는 것이 아니다.

2 비상상고

○●○○
208 형제복지원 비상상고 사건

판례 ① 상급심의 파기판결에 의해 효력을 상실한 재판도 형사소송법 제441조에 따른 비상상고의 대상이 될 수 있는지 여부(소극): 형사소송법 제441조는 "검찰총장은 판결이 확정한 후 그 사건의 심판이 법령에 위반한 것을 발견한 때에는 대법원에 비상상고를 할 수 있다."라고 규정하고 있다. **상급심의 파기판결에 의해 효력을 상실한 재판**의 법령위반 여부를 다시 심사하는 것은 무익할 뿐만 아니라, 법령의 해석 · 적용의 통일을 도모하려는 비상상고 제도의 주된 목적과도 부합하지 않는다. 따라서 상급심의 파기판결에 의해 효력을 상실한 재판은 위 조항에 따른 비상상고의 대상이 될 수 없다(대법원 2021.3.11, 2019오1).
② 형사소송법 제441조에서 정한 '그 사건의 심판이 법령에 위반한 때'의 의미 및 단순히 법령 적용의 전제사실을 오인함에 따라 법령위반의 결과를 초래한 것과 같은 경우가 여기에 해당하는지 여부(소극): 형사소송법이 정한 비상상고이유인 '그 사건의 심판이 법령에 위반한 때'란 확정판결에서 인정한 사실을 변경하지 아니하고 이를 전제로 한 '실체법의 적용에 관한 위법 또는 그 사건에서의 절차법상의 위배'가 있는 경우를 뜻한다. 단순히 그 법령을 적용하는 과정에서 '전제가 되는 사실을 오인함'에 따라 법령위반의 결과를 초래한 것과 같은 경우에는 이를 이유로 비상상고를 허용하는 것이 법령의 해석 · 적용의 통일을 도모한다는 비상상고 제도의 목적에 유용하지 않으므로 '그 사건의 심판이 법령에 위반한 때'에 해당하지 않는다고 해석하여야 한다(대법원 1962.9.27, 62오1; 2005.3.11, 2004오2 등; 2021.3.11, 2018오2).

보충 검찰총장은 원판결 법원(2차 환송심)이 위헌 · 무효인 이 사건 훈령(내무부 훈령)을 근거로 삼아 피고인에 대한 공소사실 중 특수감금 부분에 대해 형법 제20조를 적용하여 무죄로 판단한 것이 법령위반에 해당한다고 비상상고를 하였으나, 대법원은 … **이 사건 훈령의 존재는 형법 제20조를 적용하기로 하면서 그 적용의 전제로 삼은 여러 사실 중 하나일 뿐**이므로, 비상상고 신청인이 비상상고이유로 들고 있는 사정은 형법 제20조의 적용에 관한 전제사실을 오인하였다는 것에 해당하고, 그로 말미암아 피고인의 특수감금 행위에 형법 제20조를 적용한 잘못이 있더라도 이는 형법 제20조의 적용에 관한 전제사실을 오인함에 따라 법령위반의 결과를 초래한 경우에 불과하다고 보아, 형사소송법이 정한 비상상고이유가 인정되지 않는다고 판단한 것이다.

CHAPTER 03 재판의 집행과 형사보상

1 재판의 집행

209 피고인에 대한 추징판결에 기초하여 신청인들 명의로 등기되어 있는 부동산을 압류한 검사의 처분에 대한 이의신청 사건

> 피고인의 차명재산이라는 이유만으로 제3자 명의로 등기되어 있는 부동산에 관하여 피고인에 대한 추징판결을 곧바로 집행하는 것이 허용되는가?

(판례) 피고인의 차명재산이라는 이유만으로 제3자 명의로 등기되어 있는 부동산에 관하여 피고인에 대한 추징판결을 곧바로 집행하는 것은 허용되지 아니한다. 따라서 신청인들 명의의 원심결정 별지 목록 기재 부동산은 피고인의 차명재산이므로 피고인에 대한 추징판결을 곧바로 집행할 수 있다는 검사의 재항고이 유는 받아들이기 어렵다. …… 피고인이 범죄행위를 통하여 취득한 불법수익 등을 철저히 환수할 필요성 이 크더라도 추징의 집행 역시 형의 집행이므로 법률에서 정한 절차에 따라야 하고, 피고인이 제3자 명의 로 부동산을 은닉하고 있다면 적법한 절차를 통하여 피고인 명의로 그 등기를 회복한 후 추징판결을 집행하 여야 한다(대법원 2021.4.9, 2020모4058).

♀solution 허용되지 않는다.

2 형사보상

210 형사보상청구의 기간

(판례) 형사보상 및 명예회복에 관한 법률(이하 '형사보상법') 제26조 제1항 제1호는 국가에 대하여 구금 에 대한 보상을 청구할 수 있는 경우로 '형사소송법에 따라 면소 또는 공소기각의 재판을 받아 확정된 피고인이 면소 또는 공소기각의 재판을 할 만한 사유가 없었더라면 무죄재판을 받을 만한 현저한 사유가 있었을 경우'를 규정하고, 같은 조 제2항은 '제1항에 따른 보상에 대하여는 무죄재판을 받아 확정된 사건 의 피고인에 대한 보상에 관한 규정을 준용한다.'고 규정한다. 형사보상법 제8조는 '보상청구는 무죄재판 이 확정된 사실을 안 날부터 3년, 무죄재판이 확정된 때부터 5년 이내에 하여야 한다.'고 규정한다. 따라서

면소 또는 공소기각의 재판을 받아 확정되었으나, 그 면소 또는 공소기각의 사유가 없었더라면 무죄재판을 받을 만한 현저한 사유가 있음을 이유로 구금에 대한 보상을 청구하는 경우, 보상청구는 면소 또는 공소기각의 재판이 확정된 사실을 안 날부터 3년, 면소 또는 공소기각의 재판이 확정된 때부터 5년 이내에 하는 것이 원칙이다. 다만 면소 또는 공소기각의 재판이 확정된 이후에 비로소 해당 형벌법령에 대하여 위헌·무효 판단이 있는 경우 등과 같이 면소 또는 공소기각의 재판이 확정된 이후에 무죄재판을 받을 만한 현저한 사유가 생겼다고 볼 수 있는 경우에는 해당 사유가 발생한 사실을 안 날부터 3년, 해당 사유가 발생한 때부터 5년 이내에 보상청구를 할 수 있다(대법원 2022.12.20, 2020모627).

〔조문〕 형사보상 및 명예회복에 관한 법률 제26조(면소 등의 경우) ① 다음 각 호의 어느 하나에 해당하는 경우에도 국가에 대하여 구금에 대한 보상을 청구할 수 있다. 다만, 제3호의 경우 재심 절차에서 선고된 형을 초과하여 집행된 구금일수를 제5조 제1항에 따른 구금일수로 본다.

1. 「형사소송법」에 따라 면소(免訴) 또는 공소기각(公訴棄却)의 재판을 받아 확정된 피고인이 면소 또는 공소기각의 재판을 할 만한 사유가 없었더라면 무죄재판을 받을 만한 현저한 사유가 있었을 경우

② 제1항에 따른 보상에 대하여는 무죄재판을 받아 확정된 사건의 피고인에 대한 보상에 관한 규정을 준용한다. 보상결정의 공시에 대하여도 또한 같다.

제8조(보상청구의 기간) 보상청구는 무죄재판이 확정된 사실을 안 날부터 3년, 무죄재판이 확정된 때부터 5년 이내에 하여야 한다.

211 법 제194조의2 제1항에서 규정한 무죄판결 확정시 형사비용보상제도

> 판결 주문에서 무죄가 선고된 경우뿐만 아니라 판결 이유에서 무죄로 판단된 경우에도 재판에 소요된 비용 가운데 무죄로 판단된 부분의 방어권 행사에 필요하였다고 인정된 부분에 관하여 보상을 청구할 수 있는가?

〔판례〕 형사소송법 제194조의2 제1항은 "국가는 무죄판결이 확정된 경우에는 당해 사건의 피고인이었던 자에 대하여 그 재판에 소요된 비용을 보상하여야 한다."라고 규정하고 있다. 이와 같은 비용보상제도는 국가의 잘못된 형사사법권 행사로 인하여 피고인이 무죄를 선고받기 위하여 부득이 변호사 보수 등을 지출한 경우, 국가로 하여금 피고인에게 그 재판에 소요된 비용을 보상하도록 함으로써 국가의 형사사법 작용에 내재한 위험성 때문에 불가피하게 비용을 지출한 비용보상청구권자의 방어권 및 재산권을 보장하려는 데 목적이 있다. 이러한 입법 취지와 규정의 내용 등에 비추어 볼 때 판결 주문에서 무죄가 선고된 경우뿐만 아니라 판결 이유에서 무죄로 판단된 경우에도 재판에 소요된 비용 가운데 무죄로 판단된 부분의 방어권 행사에 필요하였다고 인정된 부분에 관하여는 보상을 청구할 수 있다고 보아야 한다. 다만 법원은 이러한 경우 형사소송법 제194조의2 제2항 제2호를 유추적용하여 재량으로 보상청구의 전부 또는 일부를 기각할 수 있다(대법원 2019.7.5, 2018모906).

⌁solution 청구할 수 있다.

212 형사비용보상의 소극적 요건에 관한 증명

> 형사소송법 제194조의2 제2항 제1호에서 정한 무죄판결 확정 후 비용보상의 소극적 요건 중 '수사 또는 심판을 그르칠 목적'에 관한 증명책임은 누구에게 있는가?

조문 형사소송법 제194조의2(무죄판결과 비용보상) ① 국가는 무죄판결이 확정된 경우에는 당해 사건의 피고인이었던 자에 대하여 그 재판에 소요된 비용을 보상하여야 한다.
② 다음 각 호의 어느 하나에 해당하는 경우에는 제1항에 따른 비용의 전부 또는 일부를 보상하지 아니할 수 있다.
1. 피고인이었던 자가 수사 또는 재판을 그르칠 목적으로 거짓 자백을 하거나 다른 유죄의 증거를 만들어 기소된 것으로 인정된 경우
제194조의5(준용규정) 비용보상청구, 비용보상절차, 비용보상과 다른 법률에 따른 손해배상과의 관계, 보상을 받을 권리의 양도·압류 또는 피고인이었던 자의 상속인에 대한 비용보상에 관하여 이 법에 규정한 것을 제외하고는 「형사보상법」에 따른 보상의 예에 따른다.
형사보상법 제14조(보상청구에 대한 재판) ② 보상청구에 대하여는 법원은 검사와 청구인의 의견을 들은 후 결정을 하여야 한다.

판례 형사소송법 제194조의2 제2항 제1호는 피고인이었던 사람이 수사 또는 심판을 그르칠 목적으로 거짓 자백을 하거나 다른 유죄의 증거를 만들어 기소된 것으로 인정된 경우에는 그 재판에 소요된 비용의 전부 또는 일부를 보상하지 아니할 수 있다고 규정하고 있고, 형사소송법 제194조의5에 의하여 준용되는 「형사보상 및 명예회복에 관한 법률」 제14조 제2항은 보상청구에 대하여 법원은 검사와 청구인의 의견을 들은 후 결정을 하여야 한다고 규정하고 있다. 그런데 형사소송법 제194조의2 제2항 제1호에 따라 법원이 비용보상청구의 전부 또는 일부를 기각하기 위해서는 피고인이었던 사람이 단순히 거짓 자백을 하거나 다른 유죄의 증거를 만드는 것만으로는 부족하고 그에게 '수사 또는 심판을 그르칠 목적'이 있어야 한다. 여기서 '수사 또는 심판을 그르칠 목적'은 헌법 제28조가 보장하는 형사보상청구권을 제한하는 예외적인 사유임을 감안할 때 신중하게 인정하여야 하고, 형사보상청구권을 제한하고자 하는 측에서 이를 입증하여야 한다(대법원 2008.10.28, 2008모577; 2010.9.30, 2010모1021). 따라서 원심으로서는 청구인의 이 사건 비용보상청구 사실을 검사에게 알려주고 그 의견을 듣는 등으로 이 사건 청구가 형사소송법 제194조의2 제2항 제1호에 해당하는지 및 이 사건 청구의 전부 또는 일부를 기각할 것인지를 심리·판단하였어야 한다. 그럼에도 원심은 이 사건 청구에 대하여 검사의 의견을 듣는 절차를 거치지 아니한 채 청구를 일부 인용하는 결정을 하였다. 이러한 원심결정에는 형사보상법 제14조 제2항의 절차규정을 위반하고 형사소송법 제194조의2 제2항 제1호에 관한 법리를 오해하여 필요한 심리를 다하지 아니함으로써 재판에 영향을 미친 잘못이 있다. 이를 지적하는 재항고이유 주장은 이유 있다(대법원 2024.9.10, 2023모1766).

solution 형사보상청구권을 제한하고자 하는 측에서 이를 입증하여야 한다.

CHAPTER

04 특별절차

1 약식절차

213 청구인의 기명날인이나 서명이 없는 정식재판청구서가 적법한 것으로 오인되어 보정요구 없이 그대로 접수됨에 따라 정식재판청구기간을 넘긴 사건
• 변호사시험 24

> [제1문] 청구인의 기명날인이나 서명이 없는 정식재판청구서를 적법한 것으로 오인하여 접수한 경우 법원이 취하여야 할 조치는?
> [제2문] 청구인의 기명날인이나 서명이 없는 정식재판청구서를 적법한 것으로 오인하여 접수한 사유로 정식재판청구기간을 넘긴 경우 피고인은 정식재판청구권회복청구를 할 수 있는가?

[제1문]

(판례) 약식명령에 대한 정식재판의 청구는 서면으로 제출하여야 하고(형사소송법 제453조 제2항), 공무원 아닌 사람이 작성하는 서류에는 연월일을 기재하고 기명날인 또는 서명하여야 하며, 인장이 없으면 지장으로 한다(형사소송법 제59조). 따라서 정식재판청구서에 청구인의 기명날인 또는 서명이 없다면 법령상의 방식을 위반한 것으로서 그 청구를 결정으로 기각하여야 한다. 이는 정식재판의 청구를 접수하는 법원공무원이 청구인의 기명날인이나 서명이 없음에도 불구하고 이에 대한 보정을 구하지 아니하고 적법한 청구가 있는 것으로 오인하여 청구서를 접수한 경우에도 마찬가지이다(대법원 2023.2.13, 2022모1872).

♀solution 정식재판청구기각결정

[제2문]

(판례) (그러나) 법원공무원의 위와 같은 잘못으로 인하여 적법한 정식재판청구가 제기된 것으로 신뢰한 피고인이 그 정식재판청구기간을 넘기게 되었다면, 이때 피고인은 자기가 '책임질 수 없는 사유'로 청구기간 내에 정식재판을 청구하지 못한 때에 해당하여 정식재판청구권의 회복을 구할 수 있다(대법원 2008.7.11, 2008모605; 2023.2.13, 2022모1872).

♀solution 할 수 있다.

214 형종상향금지원칙의 적용 (1)

• 경찰2차 21

판례 피고인이 절도죄 등으로 벌금 300만원의 약식명령을 발령받은 후 정식재판을 청구하였는데, 제1심 법원이 위 정식재판청구 사건을 통상절차에 의해 공소가 제기된 다른 점유이탈물횡령 등 사건들과 병합한 후 각 죄에 대해 모두 징역형을 선택한 다음 경합범으로 처단하여 징역 1년 2월을 선고하자, 피고인과 검사가 각 양형부당을 이유로 항소한 사안에서, 형사소송법 제457조의2 제1항은 "피고인이 정식재판을 청구한 사건에 대하여는 약식명령의 형보다 중한 종류의 형을 선고하지 못한다."라고 규정하여 정식재판청구 사건에서의 형종 상향 금지의 원칙을 정하고 있는데, 제1심판결 중 위 정식재판청구 사건 부분은 피고인만이 정식재판을 청구한 사건인데도 약식명령의 벌금형보다 중한 종류의 형인 징역형을 선택하여 형을 선고하였으므로 여기에 형사소송법 제457조의2 제1항에서 정한 형종상향금지의 원칙을 위반한 잘못이 있고, 제1심판결에 대한 피고인과 검사의 항소를 모두 기각함으로써 이를 그대로 유지한 원심판결에도 형사소송법 제457조의2 제1항을 위반한 잘못이 있다(대법원 2020.1.9, 2019도15700).

215 형종상향금지원칙의 적용 (2)

판례 형사소송법 제457조의2 제1항은 "피고인이 정식재판을 청구한 사건에 대하여는 약식명령의 형보다 중한 종류의 형을 선고하지 못한다."라고 규정하여, 정식재판청구 사건에서의 형종상향금지의 원칙을 정하고 있다. 위 형종상향금지의 원칙은 피고인이 정식재판을 청구한 사건과 다른 사건이 병합·심리된 후 경합범으로 처단되는 경우에도 정식재판을 청구한 사건에 대하여 그대로 적용된다(대법원 2020.3.26, 2020도355).

216 약식명령에 대하여 검사가 정식재판을 청구한 경우와 형종상향금지원칙

> 검사가 약식명령에 대한 정식재판을 청구한 사건이 정식 기소된 사건과 병합되어 심리되었고, 제1심이 정식재판청구 사건의 일부 범죄와 정식 기소된 사건의 범죄에 대하여 징역형을 선택한 것은 적법한가?

판례 피고인뿐만 아니라 검사가 피고인에 대한 약식명령에 불복하여 정식재판을 청구한 사건에 있어서는 형사소송법 제457조의2에서 정한 '약식명령의 형보다 중한 종류의 형을 선고하지 못한다'는 형종상향의 금지원칙이 적용되지 않는다. 따라서 원심이 검사가 정식재판을 청구한 이 사건에서 형종상향의 금지 원칙을 적용하지 않고 징역형을 선택한 제1심판결을 그대로 유지한 데에 어떠한 잘못이 있다고 할 수 없다(대법원 2020.12.10, 2020도13700).

보충 형사소송법 개정 전 정식재판 청구사건에 관한 불이익변경금지원칙에 관한 "검사가 정식재판을 청구한 사건에서는 불이익변경금지의 원칙이 적용되지 않는다."는 법리(대법원 2011.4.14, 2010도17636)가, 형사소송법 개정 이후 정식재판 청구사건에 관한 형종상향의 금지원칙에서도 동일하게 적용됨을 최초로 확인한 사례이다.

ℹsolution 적법하다.

2 **즉결심판절차**

● ● ○
217 경찰서장이 범칙행위에 대하여 통고처분을 하였는데 통고처분에서 정한 범칙금 납부기간이 경과하지 아니한 경우, 원칙적으로 즉결심판을 청구할 수 없고, 검사도 동일한 범칙행위에 대하여 공소를 제기할 수 없는지 여부(적극)

> 경찰서장이 범칙행위에 대하여 통고처분을 하였고 범칙금 납부기간이 경과하지 아니한 경우, 검사는 동일한 범칙행위에 대하여 공소를 제기할 수 있는가?

〔판례〕 경범죄 처벌법은 제3장에서 '경범죄 처벌의 특례'로서 범칙행위에 대한 통고처분(제7조), 범칙금의 납부(제8조, 제8조의2)와 통고처분 불이행자 등의 처리(제9조)를 정하고 있다. 경찰서장으로부터 범칙금 통고처분을 받은 사람은 통고처분서를 받은 날부터 10일 이내에 범칙금을 납부하여야 하고, 위 기간에 범칙금을 납부하지 않은 사람은 위 기간의 마지막 날의 다음 날부터 20일 이내에 통고받은 범칙금에 20/100을 더한 금액을 납부하여야 한다(제8조 제1항, 제2항). 경범죄 처벌법 제8조 제2항에 따른 납부기간에 범칙금을 납부하지 않은 사람에 대하여 경찰서장은 지체 없이 즉결심판을 청구하여야 하고(제9조 제1항 제2호), 즉결심판이 청구되더라도 그 선고 전까지 피고인이 통고받은 범칙금에 50/100을 더한 금액을 납부하고 그 증명서류를 제출하였을 경우에는 경찰서장은 즉결심판 청구를 취소하여야 한다(제9조 제2항). 이와 같이 통고받은 범칙금을 납부한 사람은 그 범칙행위에 대하여 다시 처벌받지 않는다(제8조 제3항, 제9조 제3항). 위와 같은 규정 내용과 통고처분의 입법 취지를 고려하면, 경범죄 처벌법상 범칙금 제도는 범칙행위에 대하여 형사절차에 앞서 경찰서장의 통고처분에 따라 범칙금을 납부할 경우 이를 납부하는 사람에 대하여는 기소를 하지 않는 처벌의 특례를 마련해 둔 것으로 법원의 재판절차와는 제도적 취지와 법적 성질에서 차이가 있다. 또한 범칙자가 통고처분을 불이행하였더라도 기소독점주의의 예외를 인정하여 경찰서장의 즉결심판 청구를 통하여 공판절차를 거치지 않고 사건을 간이하고 신속·적정하게 처리함으로써 소송경제를 도모하되, 즉결심판 선고 전까지 범칙금을 납부하면 형사처벌을 면할 수 있도록 함으로써 범칙자에 대하여 형사소추와 형사처벌을 면제받을 기회를 부여하고 있다. 따라서 경찰서장이 범칙행위에 대하여 통고처분을 한 이상, 범칙자의 위와 같은 절차적 지위를 보장하기 위하여 통고처분에서 정한 범칙금 납부기간까지는 원칙적으로 경찰서장은 즉결심판을 청구할 수 없고, 검사도 동일한 범칙행위에 대하여 공소를 제기할 수 없다고 보아야 한다(대법원 2020.4.29, 2017도13409).

♀solution 공소를 제기할 수 없다.

● ● ○
218 경범죄처벌법상 통고처분이 이루어진 이후 동일한 범칙행위에 대하여 공소가 제기된 사건
• 경찰승진 22

> [제1문] 경범죄처벌법상 통고처분이 이루어진 경우 검사가 동일한 범칙행위에 대하여 공소를 제기할 수 있는가?
> [제2문] 경찰서장이 형사소추를 위하여 이미 한 통고처분을 임의로 취소할 수 있는가?

[제1문·제2문]

판례 경찰서장으로부터 범칙금 통고처분을 받은 사람은 통고처분서를 받은 날부터 10일 이내에 범칙금을 납부하여야 하고, 위 기간에 범칙금을 납부하지 않은 사람은 위 기간의 마지막 날의 다음 날부터 20일 이내에 통고받은 범칙금에 20/100을 더한 금액을 납부하여야 한다(경범죄처벌법 제8조 제1항·제2항). 동 제8조 제2항에 따른 납부기간에 범칙금을 납부하지 않은 사람에 대하여 경찰서장은 지체 없이 즉결심판을 청구하여야 하고(동 제9조 제1항 제2호), 즉결심판이 청구되더라도 그 선고 전까지 피고인이 통고받은 범칙금에 50/100을 더한 금액을 납부하고 그 증명서류를 제출하였을 경우에는 경찰서장은 즉결심판 청구를 취소하여야 한다(동 제9조 제2항). 이와 같이 통고받은 범칙금을 납부한 사람은 그 범칙행위에 대하여 다시 처벌받지 않는다(동 제8조 제3항, 제9조 제3항). 위와 같은 규정 내용과 통고처분제도의 입법 취지를 고려하면, 「경범죄 처벌법」상 범칙금제도는 범칙행위에 대하여 형사절차에 앞서 **경찰서장의 통고처분에 따라 범칙금을 납부할 경우 이를 납부하는 사람에 대하여는 기소를 하지 않는 처벌의 특례**를 마련해 둔 것으로 법원의 재판절차와는 제도적 취지와 법적 성질에서 차이가 있다(대법원 2012.9.13, 2012도6612 등). 또한 범칙자가 통고처분을 불이행하였더라도 기소독점주의의 예외를 인정하여 경찰서장의 즉결심판청구를 통하여 공판절차를 거치지 않고 사건을 간이하고 신속·적정하게 처리함으로써 소송경제를 도모하되, 즉결심판 선고 전까지 범칙금을 납부하면 형사처벌을 면할 수 있도록 함으로써 범칙자에 대하여 형사소추와 형사처벌을 면제받을 기회를 부여하고 있다. 따라서 **경찰서장이 범칙행위에 대하여 통고처분을 한 이상, 범칙자의 위와 같은 절차적 지위를 보장하기 위하여 통고처분에서 정한 범칙금 납부기간까지는 원칙적으로 경찰서장은 즉결심판을 청구할 수 없고, 검사도 동일한 범칙행위에 대하여 공소를 제기할 수 없다. 또한 범칙자가 범칙금 납부기간이 지나도록 범칙금을 납부하지 아니하였다면 경찰서장이 즉결심판을 청구하여야 하고, 검사는 동일한 범칙행위에 대하여 공소를 제기할 수 없다**(대법원 2020.4.29, 2017도13409; 2020.7.29, 2020도4738). 나아가 특별한 사정이 없는 이상 경찰서장은 범칙행위에 대한 형사소추를 위하여 이미 한 통고처분을 임의로 취소할 수 없다(대법원 2021.4.1, 2020도15194).

♀solution [제1문] 공소제기 할 수 없다.
[제2문] 취소할 수 없다.

● ● ○
219 즉결심판에 대한 정식재판청구가 있는 경우와 검사의 공소제기 • 경찰2차 19·21

> 경찰서장의 청구에 의해 즉결심판을 받은 피고인으로부터 적법한 정식재판의 청구가 있는 경우, 별도의 공소제기 없이 공판절차에 의하여 심판하여야 하는가?

판례 즉결심판에 관한 절차법 제14조 제1항·제3항·제4항 및 형사소송법 제455조 제3항에 의하면, 경찰서장의 청구에 의해 즉결심판을 받은 피고인으로부터 적법한 정식재판의 청구가 있는 경우 경찰서장의 즉결심판청구는 공소제기와 동일한 소송행위이므로 공판절차에 의하여 심판하여야 한다(대법원 2012.3.29, 2011도8503). …… 즉결심판에 대하여 피고인의 정식재판 청구가 있는 경우 경찰서는 검찰청으로, 검찰청은 법원으로 정식재판청구서를 첨부한 사건기록과 증거물을 그대로 송부하여야 하고 검사의 별도의 공소제기는 필요하지 아니한데도, 검사가 정식재판을 청구한 즉결심판 사건에 대하여 법원에 사건기록과 증거물을 그대로 송부하지 아니하고 즉결심판이 청구된 위반 내용과 동일성 있는 범죄사실에 대하여 약식명령을 청구하였다면, 이 사건 공소제기 절차는 법률의 규정에 위반하여 무효인 때에 해당하거나 공소가 제기된 사건에 대하여 다시 공소가 제기되었을 때에 해당한다(대법원 2017.10.12, 2017도10368).

♀solution 심판하여야 한다.

220 납부한 범칙금을 회수한 경우 공소제기의 허용 여부

판례 도로교통법 제162조 제2항에서 범칙금 통고처분의 대상인 '범칙자'를 같은 조 제1항이 정한 '범칙행위'를 한 사람으로 정의하면서 각 호에서 예외를 정하고 있는데, 범칙행위로 교통사고를 일으킨 사람은 범칙자에서 제외되나(제2호 본문), 다만 「교통사고처리 특례법」 제3조 제2항 및 제4조에 따라 업무상과실치상죄 · 중과실치상죄 또는 도로교통법 제151조의 죄에 대한 벌을 받지 아니하게 된 사람은 범칙자에 해당하는 것으로 정하고 있다(제2호 단서). 한편 범칙금 통고처분을 불이행한 사람에 대해서는 경찰서장 등은 지체 없이 즉결심판을 청구하여야 하고(동법 제165조 제1항), 즉결심판에서 판사가 결정으로 즉결심판의 청구를 기각한 경우 경찰서장은 지체 없이 관할 지방검찰청 또는 지청의 장에게 송치하여야 한다(「즉결심판에 관한 절차법」 제5조 제2항). …… 피고인은 진로변경방법 위반의 범칙행위로 교통사고를 일으켰으나 종합보험 가입으로 벌을 받지 아니하게 되었으므로 도로교통법 제162조 제2항 제2호 단서에 따라 통고처분의 대상인 '범칙자'에 해당하고, 통고처분에 따라 범칙금을 납부하면 범칙행위에 대하여 다시 처벌받지 않게 되는데(도로교통법 제164조 제3항), 피고인이 면허벌점 부과가 부당하다는 이유로 이미 납부한 범칙금을 회수한 후 범칙금을 납부하지 아니한 결과 도로교통법과 「즉결심판에 관한 절차법」에 따라 후속절차가 진행되어 이 사건 공소제기에 이르렀으므로, 이 사건 공소제기 절차는 관련 법령이 정한 요건과 절차에 따라 이루어진 것으로서 거기에 「교통사고처리 특례법」의 취지에 반하는 위법이 있다고 보기 어렵다(대법원 2024.10.31, 2024도8903).

---

3 소년형사절차

221 소년부 송치 사유인 보호처분에 해당할 사유의 판단

판례 법원은 소년에 대한 피고사건을 심리한 결과 '보호처분에 해당할 사유'가 있다고 인정하면 결정으로써 사건을 관할 소년부에 송치하여야 한다(소년법 제50조). 소년에 대한 피고사건을 심리한 법원이 그 결과에 따라 보호처분에 해당할 사유가 있는지 여부를 인정하는 것은 법관의 자유재량에 의하여 판정될 사항이다(대법원 2003.4.25, 2003도29; 2009.11.26, 2009도9416; 2021.5.28, 2021모978). …… 법원은 소년에 대한 형사사건을 심리할 때 소년이 건전하게 성장하도록 돕는다는 지도이념에 초점을 맞추어 소년의 심신상태, 품행, 경력, 가정상황, 그 밖의 환경 등에 대하여 정확한 사실을 밝힐 수 있도록 특별히 유의하여(소년법 제58조 제2항), 소년의 나이, 성행, 지능, 부모의 보호의지 및 보호능력 등의 주변 환경, 피해자와의 관계 및 학교생활, 교우관계, 비행 · 보호 처분경력, 범죄 정상의 경중, 범행 후의 정상, 과형에 의한 폐해 · 영향, 공범자의 처우와의 균형, 피해감정, 사회의 불안 · 처벌감정 · 정의관념 등을 종합하여 보호처분에 해당할 사유를 판단하여야 하고, 그러한 판단은 소년 한 사람 한 사람에게 개별적으로 이루어져야 한다(대법원 2024.3.13, 2024모398).

조문 **소년법 제50조(법원의 송치)** 법원은 소년에 대한 피고사건을 심리한 결과 보호처분에 해당할 사유가 있다고 인정하면 결정으로써 사건을 관할 소년부에 송치하여야 한다.

4 **배상명령절차와 범죄피해자구조제도**

222 합의된 손해배상액에 관한 배상명령이 문제된 사건

> 피고인이 사기 피해자와 합의하여 합의서가 제출된 후 실제 피해변제를 하지 않은 경우 배상명령을 내릴 수 있는가?

[판례] 제1심 또는 제2심의 형사공판 절차에서 사기죄 등에 관하여 유죄판결을 선고할 경우, 법원은 직권 또는 피해자 등의 신청에 의하여 피고사건의 범죄행위로 인하여 발생한 직접적인 물적 피해, 치료비 손해 및 위자료의 배상을 명할 수 있고, 피고인과 피해자 사이에 합의된 손해배상액에 관하여도 배상을 명할 수 있다(「소송촉진 등에 관한 특례법」제25조 제1항·제2항 참조). …… 원심이 피고인에게 합의된 손해 배상액 27,500,000원에 대한 배상명령을 선고한 것은 정당하다(대법원 2021.7.8, 2021도4944).

♀solution 내릴 수 있다.

223 배상명령의 적법 여부가 문제된 사건

> 제1심에서 배상명령신청이 변론종결 후 제기되었다는 이유로 각하된 후 항소심에서 다시 동일한 배상명령신청이 제기되자, 항소심이 배상명령을 한 것은 적법한가?

[판례] 소송촉진 등에 관한 특례법(이하 '소송촉진법') 제32조 제1항은 배상신청이 적법하지 아니한 경우는 물론, 신청이 이유 없거나 배상명령을 하는 것이 타당하지 않은 경우에도 모두 배상신청을 각하하도록 규정하고 있고, 같은 조 제4항은 배상신청이 각하된 경우 신청인은 불복하거나 다시 동일한 배상신청을 할 수 없도록 규정하고 있다. 제1심에서 변론이 종결된 후 배상신청인이 배상신청을 한 경우 소송촉진법 제26조 제1항, 제32조 제1항 제1호에 따라 이를 각하하여야 하고, 제32조 제4항에 따라 배상신청인은 그 판단에 대하여 불복하지 못할뿐더러, 피고인 등의 불복으로 항소가 제기된 경우에도 항소심에서 다시 동일한 배상신청을 할 수도 없다(대법원 2016.8.24, 2016도7968; 2022.1.14, 2021도13768).

[보충] 따라서 제1심 법원으로서는 공판절차의 진행이나 배상신청에 대한 결정을 함에 있어 피해자의 배상신청이 소송촉진법이 정한 나머지 요건을 갖추었으나 변론종결 후에 접수되었다는 이유로 이를 각하하는 경우 피해자가 더 이상 배상명령 제도를 통해서는 구제받을 수 없다는 점을 유념할 필요가 있다(위 판례).

♀solution 적법하지 않다.

판·례·색·인

형법 · 형사소송법 **판례정리의 표준**

MEMO